革命前的寧靜

THE QUIET BEFORE

GAL BECKERMAN

ON THE UNEXPECTED ORIGINS OF RADICAL IDEAS

激進想法的起源，往往在意料之外

蓋爾・貝克曼／著
劉議方／譯

「無論我們是透過言論的鏡頭、印刷的文字還是電視攝影機來體驗這個世界，我們的媒體隱喻會為我們對世界進行分類、排序、框定、放大、縮小、著色，論證這個世界的模樣。」

——尼爾・波茲曼（Neil Postman）

「你不能只是一直大喊大叫。」

——巴拉克・歐巴馬（Barack Obama）

各界讚譽

「貝克曼所談及的內容廣度令人驚豔，《革命前的寧靜》成為我很長時間以來讀過最具獨創性的著作。」

——《紐約書評》（*The New York Review of Books*）

「出色佳作……《革命前的寧靜》給予人的樂趣之一，在於將看似瑣碎的日常交流重新定義為默示的顛覆性之舉。」

——《芝加哥論壇報》（*Chicago Tribune*）

「《革命前的寧靜》一書獨樹一格而引人入勝……貝克曼廣泛的歷史案例研究及迷人的故事敘述，使《革命前的寧靜》與眾不同且值得一讀。」

——《華盛頓郵報》（*Washington Post*）

「貝克曼所撰《革命前的寧靜》並非又一本網路悲觀主義者的哀嘆之作，而是以深入研究和報導，提供了我們一系列詳盡的歷史敘事……幫助我們退後一步，思考下一批激進的想法將來自何處，如果我們要度過災難性的一個世紀，這些激進想法不可或缺。」

——《洛杉磯書評》（*Los Angeles Review of Books*）

「如電影一般……內容廣博、充滿雄心卻不張揚……貝克曼帶領我們走上一趟神奇的歷史之旅——一六三五年的普羅旺斯艾克斯、一九六八年的莫斯科、一九八五年的索薩利托——耐心地堆積細節、呈現畫面，而非平鋪直敘。」

——安德魯·馬蘭茨（Andrew Marantz），《紐約客》（*The New Yorker*）

「引人入勝的研究之作……視野遼闊、求知慾旺盛。」

——《經濟學人》（*The Economist*）

「《革命前的寧靜》起初看似一本『偉大思想』之書，將晦澀難懂的歷史片段串聯起來，轉為當今的宏大理論。但貝克曼這本最新作品的出類拔萃之處在於，其具有情感與意志。」

——沙龍網（*Salon*）

「《革命前的寧靜》可以幫助讀者想像，一起在烹調思想的廚房中進行更好的對話。」

——《金融時報》（*Financial Times*）

「你說你想要一場革命？蓋爾·貝克曼有一些建議。在《革命前的寧靜》中，貝克曼雄心勃勃地引用學術研究及新聞報導，講述了許多精彩的人物故事及跌宕起伏的事件，背景一路從十七世紀的法國到羅馬、莫斯科、開羅，以及現代的明尼阿波利斯。我們能清楚看到，一個想法或不滿如何演變為一場社會運動，以及為何一些運動能成功，而另外一些失敗。這是本發人深省的著作，同時也會帶給你希望。這本書將改變你對變革的想法。」

——路易斯・梅南（Louis Menand），《自由世界》（*Free World*）作者

「歷史不會只是呈現在我們眼前；它一上演就輾轉翻騰，帶給我們驚喜。蓋爾・貝克曼在《革命前的寧靜》中，以優美俐落的文字與敏銳的觀察力，從溝通交流的角度切入，描寫並重塑社會變革出乎意料的發展方式。現在，我們正遨遊於一個充滿虛擬互動的新時代，並揣想著我們是如何走到這裡，而目的地又是何處，因此正是此書登場的時刻。」

——蘇珊・奧爾良（Susan Orlean），《論動物》（*On Animals*）作者

「《革命前的寧靜》是一部精彩絕倫的歷史——絕佳的故事講述，優雅的散文，內容跨越幾個世紀，卻又恰逢其時，以新鮮而富有啟發性的方式連接點點滴滴，跌宕的曲折令人驚喜，不費吹灰之力地激發靈感。」

——寇特・安德森（Kurt Andersen），《邪惡的天才》（*Evil Geniuses*）作者

「《革命前的寧靜》是一本難得一見的書：假定前提具吸引力，有歷史範例的支持，並且與當下相關。貝克曼仔細研究了導致過去革命『改變思想』的種種媒介，然後挑戰我們用新的眼光對待今天的媒體。我們如何才能使它服務於我們迫切的全人類目標——包括重新思考人類平等和民主的可能性？我愛這本書。」

——雪莉・特寇（Sherry Turkle），《移情日記》（*The Empathy Diaries*）作者

「人類為開創世界歷史而創造的無數事件——無論是戰爭還是革命、藝術運動或面對全球流行疾病的防疫行動——都來自於討論、論述、論戰、釘在教堂門上的簡單陳述、在地下室酒吧裡偷偷摸摸的評論，或者在等待紅綠燈改變時的頓悟。在這本極富原創性和引人入勝的書中，蓋爾．貝克曼提醒我們，儘管自然事件經常以意料之外的方式顯現，但人為事件的起源通常可以追溯到一連串輕柔的耳語。」

——西蒙．溫徹斯特（Simon Winchester），《瘋子．教授．大字典》（*The Professor and the Madman*）作者

「多麼美麗而人性化的一本書啊。《革命前的寧靜》是一本令人愛不釋手的智識冒險故事傑作，從中世紀的普羅旺斯到法西斯崛起前的佛羅倫斯，再到二十一世紀的夏洛特維爾市，中間停留在莫斯科、開羅和許多其他精巧呈現的地方場景。貝克曼是一位富有感染力的嚮導，以深入淺出的方式，揭示了孕育我們現在共存的『共同世界』的一些地方與人物。」

——湯馬士．查特頓．威廉姆（Thomas Chatterton Williams），《黑白自畫像》（*Self-Portrait in Black and White*）作者

「我們無法想像更美好的未來，如果我們什麼事也無法想像。創造力不會來自更強烈的狂熱，而是來自對我們所處的位置以及我們如何到達此處的反思。蓋爾．貝克曼指明了方向。」

——提摩希．史奈德（Timothy Snyder），《暴政》（*On Tyranny*）作者

「《革命前的寧靜》記述了歷史變化發生的地下路線，從（男性）普遍選舉權的實施到#MeToo運動，並檢視了社群媒體在實現真正的社會轉型上的限制，精彩而引人入勝。蓋爾．貝克曼以清晰和優雅的文字風格，將令人生畏的大量研究和原創反思融合成易讀的敘述，讓人讀了就停不下來。這是一本吸引人的書，且出現得正是時候，應該會在全國的Zoom上引發激烈的討論。」

——達芙妮．梅金（Daphne Merkin），《二十二分鐘無條件的愛》（*22 Minutes of Unconditional Love*）作者

「深刻又迫切，貝克曼從令過去幾場革命得以發生的通訊工具切入，重新審視了這幾場革命，提供了見解，讓我們能更懂得如何駕馭塑造此時此刻的科技所帶來的希望和危險。」

——卡爾．紐波特（Cal Newport），《深度數位大掃除》（*Digital Minimalism*）作者

「蓋爾．貝克曼這本引人入勝的著作，只是假裝成針對媒體和社會變革的研究，它其實是一系列非小說類的中篇小說，內容講述革命者們無意間使用新的通訊技術改造世界，令人無法抗拒。」

——茱蒂絲．修爾維滋（Judith Shulevitz），《安息日世界》（*The Sabbath World*）作者

「沒有什麼比一個時機成熟的想法更強大了，但想法是如何發展到時機成熟的呢？想法必須為人們所構思、改進和接受，而對於這是如何發生的，我們知之甚少。《革命前的寧靜》是場迷人而重要的探索之旅，讓我們了解改變世界的想法是如何孕育並傳播。」

——史迪芬．平克（Steven Pinker），《理性》（*Rationality*）作者

「真正的社會變革是如何發生的？在這本充滿深刻見解及豐富故事的精彩著作中，蓋爾・貝克曼說明了，需要通過深思熟慮的討論孕育新思想，才能創造出持之以恆的社會運動。不幸的是，今天的社群媒體溫室往往造就會熄火的快閃族。如果我們想促成真正的轉變，我們需要恢復親密的交流方式。很少有一本書能帶給你一種看待社會變革的新角度。而這本可以。」

——華特・艾薩克森（Walter Isaacson），《破解基因碼的人》（*The Code Breaker*）作者

「蓋爾・貝克曼在這本充滿智慧的突破性著作中，解釋了新原則的構想與透過社會變革的形式實現這些原則之間冗長而複雜的關係。他運用了令人驚嘆的多樣化敘述，整理出證據，顯示這個過程是漫長、緩慢和微妙的。我們傾向於欽佩（或不屑）將想法轉化為行動的活動家的工作，但事實上，那些構思這些想法並將之緩緩傳播出去的人可能是最偉大的英雄。任何對思辨感興趣的人都應該閱讀這本書。」

——安德魯・所羅門（Andrew Solomon），《背離親緣》（*Far from the Tree*）作者

目次

推薦序

革命要回到日常對話

管中祥（中正大學傳播學系教授）

一個國家的進步通常不會來自執政者的恩澤，也未必是因為反對黨的監督，而在於社會運動是否發達。參與社會運動者通常是被體制忽視的受壓迫者，或是對未來有遠大理想的先知，更可能是搖旗吶喊的熱血鄉民，社會運動者的主張未必全然都對或合乎時宜，但至少點出制度的可能不足，讓社會有思考與討論的機會。

隨著網際網路興起、社群媒體普及，在人手一機的時代，社會運動似乎變得更為容易。一九九四年墨西哥薩帕塔（Zapatistas）游擊隊透過網路傳播獲得全球輿論聲援，成了數位時代第一個資訊游擊戰運動，而一九九九年西雅圖的「反全球化」運動，以及近年來的埃及革命、阿拉伯之春、美國占領華爾街、台灣反服貿、香港反送中等，網際網路在其中都扮演著重要角色。

曼威．柯司特（Manuel Castells）將網路傳播稱為「大眾自主傳播」（mass self-communication）的時代，公民可以在網路發布訊息，自主發展橫向溝通，分享自己的痛苦、恐懼、夢想、希望，連結彼此，克服孤獨絕望的無力感，從中找到行動目標，形成有歸屬感的社會連帶對抗權勢集團。對向來資源貧乏的社會運動行動者來說，網路可以快速推廣理念，召喚公眾行動，網路民主游擊戰也在全球蔓延開來。

不過，也許有人會問，社會運動真的改變社會了嗎？網路讓社會改革變得更好？社會的改變本來就是慢的，強調速度的網路社會運動也很難帶來社會的立即改變，更何況，改變社會的行動不單要在網路發生，也更需要落實在實體生活中。

網路號召的行動來得快也去得快，就像人們的憤怒快速被激起，也可能因為找到出口快速消散，即使成功地推翻權力者，但有時也只是統治階層換人做做看。頭人換了、政權交替，政治體制、民心思維與社會文化並沒有隨之改變。

這並不是說，網路無法成為革命的節點或是社運發動機，而是得進一步思考，即使透過網路拉倒了政權，如何讓「改變」在日常生活裡實踐？

以選舉幕僚為故事背景的台劇《天選之人—造浪者》頗受好評，劇中「三十歲以前不是左派沒有良心，三十歲以後還是左派沒有腦袋」的台詞也引起不少討論，如果你曾是懷抱改革理想的憤青或許對此並不陌生，句中的「左派」有時會置換成「社會主義」，意味著理想與現實的落差，如果有理想的人沒有認清／識現實，恐怕是沒見識也沒腦袋。

「理想」與「現實」本來存在落差，但「理想」卻是改變社會世界、推向進步的動力，重點是「理想」有沒有回應／到「現實」社會？有沒有把「左派價值」融入到日常生活？

草根運動組織行動者阿林斯基（Saul Alinsky）在《叛道》（*Rules for Radicals*）書中提到他心中理想

社會——平等、正義、和平、合作、平等充分的教育機會、充分且有益的就業、健康，以及創造出讓人們得以依循那些讓生命有意義的價值而活的環境。

雖然這是對生活的美好想像，也是許多人投入改革行動的初心，不過，這些理想未必會因為某個政權被推翻或政黨輪替就會立即實踐，有時甚至有可能越來越糟。因為即使是實施了民主制度也不代表一切變得美好，不是每個群體的聲音都會被聽見，仍然充滿著性別、種族、年齡、階級等種種壓迫，以及各式各樣的「微歧視」。

革命是容易的，民主是困難的，革命之後未必會帶來民主，理想的民主生活是需要先將人視為主體，平等尊重不同的意見，相互理解，透過共同討論才有可能共同完成。例如，如何使社會成員在家庭、學校、社區生活中就能學習互為主體、彼此尊重，同理溝通、尋求共識，而非傻傻或無奈地聽命於家長、教師、理事長權威，而忘了每個人都是有思想的獨立個體，但現實上這些價值也往往只是號召革命的口號，很少在日常生活或社會行動中真正實踐。然而，這更是社會改革者在革命初始就得有的認知，如同阿林斯基所說的：「作為一個組織者，我從世界真實所在之處著手，而非從我希望世界成為的樣子起步。」

這並不是說你要像政客一樣討好選民，而是進入群眾、走入社區，透過不斷地討論及對話，了解生活的現實與需求，從人民的角度思考問題，讓「理想」連結到人們日常生活進而產生思想與力量，才有機會實踐真正的政治與文化革命。

換句話說，社會行動不只是宣傳，更重要的是社會溝通，而溝通就不能只是夸言高深且難以落實的理想，是要在群眾的經驗範圍裡進行溝通，尊重對方的價值觀，因為人們需要一座橋樑，協助他們從自身的經驗跨越到新的道路上。

我們必須承認，翻轉式的社會改革是緩慢的，這樣的溝通也是緩慢的，就如同蓋爾．貝克曼（Gal Beckerman）在《革命前的寧靜：激進想法的起源，往往在意料之外》書中開宗明義說的：「改變——那種顛覆社會規範並根除正統觀念的改變——起初發生得很慢。」他還指出：「孕育一個激進的新觀念的過程十分獨特，而且具備某些條件：狹小的空間、大量的熱度、充滿激情的竊竊私語，以及能為一個共同明確的目標而爭論、努力的一定程度的自由。」

這就是社會溝通，但也是難以落實的艱難理想，一方面我們總是迫不及待地期待瞬間發生戲劇性的革命轉變，同時又要求受壓迫的人充滿耐心與人溝通，而社群媒體近期發展，讓人越來越沒耐心，溝通更為困難。

網路的確帶來對話，也讓社會運動有了新的力量與可能，但也因為演算法與自我選擇而形成密不通風、難容異議的同溫層，不僅讓社會大眾各據戰場，相互對立，更成了假新聞擴散的溫床，甚至是民主國家也以捍衛民主之名強化網路的管制。另一方面，權力者越來越熟悉網路的操作，或者是乘著網路風向而起，懂得如何靈活地操控網路，透過製作假訊息獲取利益。

網路是史上速度最快、擴散最廣的傳播媒介，但即使帶來了社會的變革、政權的更替，從近年來的許多地區的「革命」經驗來看，往往在一陣短暫騷動後，又回到既有的政治體制，原有的權力架構未有太大的改變，網路成為革命先鋒的期待，似乎只是短暫的曙光，其原有最不受宰制、互動性最強、自由度最高的特性，也因為僵固的政治文化與權力結構越趨黯淡。

不同的媒介會帶來不同的互動模式與思考方式，也會形成不同的社會關係與行動力量，《革命前的寧靜》回顧了世界各國近期的「革命」歷史，探討在行動之前的媒介使用與社會影響，也反思不同媒介所造成的行動侷限與問題。

網路如水，既能載舟，亦能覆舟。要提醒的是，不論你想用什麼方式改變社會，或者用什麼手段推翻政權，都要回到人們的日常生活之中，互為主體、相互理解，共同行動，才有真正改變的可能。

推薦序

革命在發生前，就已開始

羅冠聰（前香港立法會議員）

一座帝國的崩塌，一場革命的發生，一個浪潮的出現，遠在狂人落幕前就已開始。

在二〇一九年香港反送中運動後，很多香港人一直思索：革命如何成功？失敗後的參與者，又可以如何延續當中的理念和價值，在破瓦頹垣中自處？數以千計的示威者、政治人物被判入獄，數以十萬計的港人遠赴他鄉；城市的表面仍舊繁華，但內裡已面目全非。人民推翻極權的行動尚未成功，極權推倒人民的計畫卻暢通無阻：在《國安法》以及被政權全面控制的司法體系下，就連呼籲選民不要投票、批評政府的防疫措施都是犯法行為，一旦違法就要面對多年的監禁。

世界瞬息萬變，尤其是極權進化的速度，比所有觀察者預想的快。

但我們能夠絕望嗎？不。

所有改變歷史的轉折，都是在無數失敗和「不可能」下發生。

身在漩渦中，我們所能做的是貪婪地學習。只有透過閱讀、思考、討論，才能豐富我們的想像力，構築那條將「不可能」打破的路徑。

這對華文世界的讀者亦同樣重要：中國前陣子爆發了一九八九年民主運動後最大型的公眾示威浪潮「白紙運動」，台灣也面對中國共產黨的武力入侵威嚇，整個社會加速迎來整頓備戰的階段。面對這些困局，假若沒有急劇而具體的變化，我們都將無法適應時代的挑戰，也無法促使我們的國家、集體迎來這些改變及人民的呼聲。

社會變革背後的軌跡

《革命前的寧靜：激進想法的起源，往往在意料之外》記錄了一場場轟轟烈烈的社會變革背後的軌跡，包括於二〇一一年席捲埃及和其他中東國家的「茉莉花革命」、二〇二〇年在美國發生的非裔人士種族平權運動，甚至是另類右派的崛起、科學家在疫情中的警示，作者都以訪談、觀察的形式囊括在分析之中。那些曾被視為「不可能」的情景，在一眾「凡人」不自覺的努力和團結下，逐漸被瓦解。

羅馬非一日建成，同樣，社會的變革也需要長時間的累積：由核心成員發現問題，意識到問題的嚴重性，到教育、啟迪社群，然後獲取相應資源，將理念演化成群眾運動，這些步驟都不可能一蹴而就，需要若干中堅份子的時間付出、努力以及熱誠投入。了解變革背後的故事，除了更清楚那些登上雜誌頭版的高光時刻是如何促成，也更了解我們需要準備什麼，來迎接下一次的歷史轉折。

慶幸的是，人民能夠從失敗中學習，也能夠有失敗的機會，讓我們再次整頓，重新出發。

而極權，只能面對一次失敗。

二〇一九年六月九日，香港銅鑼灣街道萬頭攢動。銅鑼灣除了是著名的商業、購物區域外，也是政治示威、遊行集會的重要場所。香港作為前英國殖民地，在這片市中心區域存在著一個香港面積第二大、港島面積最大的公園，俗稱「維園」的維多利亞公園，是群眾集會的主要場所。每年最大型的中秋節晚會和年宵市場都於此舉辦，已被停播的時政節目《時事論壇》亦是取景於此，連一九八九年後連續三十一年風雨不改的六四燭光集會，每年數以十萬計的人群，都在這片公園上的草地、運動場默哀並悼念先烈。

毗鄰銅鑼灣交通便利，也有近水樓台之利，遊行除了會將起點設立在維多利亞公園，有時也會選擇在東角道等離港鐵站更近的路段。二〇二〇年前的香港，當這片區域充滿人潮時，除了可能是百貨公司SOGO的清貨大減價，便是遊行集會的時間。

二〇一九年六月九日，上百萬名穿著白色上衣的示威者占據了這個商業中心。他們乘坐地下鐵、公共巴士，或者將座車停在鄰近地區，然後徒步走來。幾條原本車水馬龍的主要幹道都被封路停用，一股壓抑肅殺的氣氛籠罩著整個城市。根據當天人潮洶湧的跡象，所有人都知道，香港即將會迎來翻天覆地的改變。

二〇一九年六月至二〇二〇年初的反送中運動占據了世界所有媒體的關注，每次大型示威都會令這場魔幻般的運動登上頭版。然而，在此之前，香港公民社會歷經了一場又一場的失利，陷入了多年的低潮。反送中運動的爆發，就如同一條涓涓細流的小河，突然噴發成洶湧巨流。在這個令所有香港人吃驚的突變出現前，是公民社會中堅力量在過去數年的跌跌撞撞，以及在議題默默無聞時不斷喚醒群眾的努力。

二〇一四年雨傘運動功敗垂成，縱使運動成功動員數以十萬計香港人，首次將公民抗命的理念大規模實現，然而，占領交通樞紐的壓力，顯然不足以令背後有中共撐腰的香港政府讓步，結果占領行動在被警察清場的結尾下落幕。以學生團體和包括戴耀庭、陳健民為首的「占領中環」團體在事後被政治光譜更激進的派別「問責」；由各大學學生會聯合組成的「學聯」的成員在院校出現「退聯」潮；不少在雨傘運動積極參與的組織被譏「左膠」，元氣大傷。香港的社會運動在二〇一五年起，於如此背景下逐漸消沉。

同樣的疲態反映在遊行集會的參與度上。香港過去每年舉辦的七一大遊行都有對公民參與的積極程度有借鏡作用，在二〇一四年的七一大遊行中，主辦單位民間人權陣線（現已因《國安法》的影響而解散）宣布有五十一萬人參與；然而在雨傘運動完結後，二〇一五年的參與人數驟降至四萬八千人，當時有分析指人數急降的原因是，不少民主派支持者已對「和理非」（和平、理性、非暴力）的遊行感到厭倦，認為遊行無法取得成果。二〇一六年七一遊行的人數在立法會選舉在即、發生「銅鑼灣書店」事件刺激下，人數稍微回升至十一萬，但仍遠遠未達二〇一四年的水平。

低潮期的公民社會

在這幾年公民政治參與的低潮期，公民社會中堅分子的持續經營、激進派的不斷開拓嘗試，無意中形成了二〇一九年民間力量大爆發的基礎。在反對ＤＱ議員（取消立法會議員資格）、「一地兩檢」、「普教中」（以普通話取代廣東話在學校教授中文）等政治爭議中，即使缺乏大規模的群眾參與，民陣、學聯、各政黨以及公民組織依舊在二〇一五至二〇一九年初的低潮期持續發聲並行動，維持了核心行動者的基本動員力以及組織力。

在雨傘運動後，在金鐘罷課現場以「雨傘大學＠流動民主課室」推廣民間授課的學者們，創立了「流動共學課室」，課程內容從哲學政治到流行文化，從身分政治到英國脫歐，鼓勵了不少學生開拓自身的政治參與。學生組織持續活躍，各大學的學生會都會在新生入學時舉辦時政推廣環節，令更多入學新生留意時政，甚或投入學生運動。

政治組織數量持續上升，政治更顯多元化，代表「自決派」的新興力量如香港眾志、朱凱廸等，傾向港獨立場的「本土派」青年新政、本土民主前線，亦在這幾年相繼累積不少支持，各自都成功在二〇一六年獲香港市民選出，於立法會擁有黨派代表。在直接行動方面，本土派更是於二〇一六年年宵發動了「魚蛋革命」，在捍衛傳統香港小販本土文化的意識下，與香港警察發生了武力衝突，為日後「以武制暴」的行動立下先例。

在群眾參與的低潮期，若缺乏了公民運動組織者的不懈努力，反抗的種子不可能在社群中全面播種，更遑論引發上百萬人潮上街抗議。反送中運動當中耳熟能詳的「教條」，包括「無領導、無大台」、「如水抗爭」、「兄弟爬山，各自努力」，其源起都是來自對雨傘運動的檢討，以及在過去數年的經驗反省，從而得出非中心化抗爭形態較適合香港抗爭的結論，令反送中運動具備了難以想像的韌性和毅力。

反送中大遊行前的醞釀工作

二〇一九年年初，香港政府放消息指將會提出修訂《逃犯條例》草案，容許中國政府引渡香港法律體系下的疑犯，到大陸受審。此舉引起香港民間社會關注，市民普遍對中國大陸的司法體制極不信任，也認為修例主要目的是令中國政府能引渡香港的異見人士，藉此製造寒蟬效應。

在六月九號的反修例大遊行前，我當時所屬的政治團體香港眾志（現已因《國安法》的影響解散）便曾在三月份發起直接行動，成員們「突襲」政治總部的出入口大堂，並靜坐抗議，呼籲撤回《逃犯條例》修訂。最終，成員們被保安以及警察抬走，引起社會輿論關注。

三月底，民陣發起針對《逃犯條例》修訂的首次遊行，有逾一萬二千人參與。當民陣四月底再次發起遊行時，由於民間討論愈發熾熱，最終有十三萬人參與，成為時任行政長官林鄭月娥上任後人數最高的遊行。民主派議員亦多次在議會內外發起抗議示威行動，當中包括直接對質、通宵留守，成功在政府計劃於六月十二日向立法會提交草案二讀前，令全港市民聚焦在這個反修例運動中。

愈來愈多市民認知到，一旦這條條例通過，香港的「一國兩制」將會遭到前所未有的打擊，市民言論自由將會在惡法的影響下消失殆盡。

於是，對《逃犯條例》修訂的關注在五月底、六月初直線上升，各行各業、各大學中學舊生會、地區團體紛紛成立各自的「反送中組織」，去中心化的社會參與格局初步形成，其動員力遠超任何公民團體的想像。在民陣召開宣布六月九號第三次反修例遊行的記者會中，他們只是預料有萬人出席，從沒想過這將會是一場徹底改變香港的百萬人遊行。

結果，在六月九號深夜，民陣公布當日有一百零三萬人出席；在一星期後的六月十六號，超過兩百萬人，一同在香港最核心的商業地帶怒吼。

波瀾壯闊的反送中運動，其實也是無數前期工作累積而成，當時我們根本不會想像到香港人民的自由意志會奇蹟般爆發。

煙火消逝，但抗爭的餘溫持續。仍有反抗者陸續被囚，自由繼續收緊，政府以紙醉金迷的話語麻醉失去自由的市民，香港機場依舊有一批又一批含淚告別的人飛往他鄉。

即使失敗，即使離去，我們也有責任，捍衛我們共同的理想——誰也不知道，你現在正在做的自認不足掛齒的事，是否會成為下一場革命的起點。

當極權指「Nobody can win over them」，我們這些Nobody，終有一日會平淡地創造奇蹟，奪回自己的權力。

序曲

改變——那種顛覆社會規範並根除正統觀念的改變——起初發生得很慢。人們不是直接就砍掉國王的頭，而是先會花上數年甚至數十年講他的八卦，想像他光著身子、滑稽的樣子，將他從神祇降為會犯錯的凡人（從此有顆頭可被砍掉）。各式各樣的革命皆是如此。先是奴隸制存在，然後有一小群人開始憂慮起他們染上另一群人所擁有的道德敗壞，並仔細忖度有什麼事可做。他們的談話將他們變成了一個有目的的團體，這個目的就是廢除奴隸制，而隨著彼此的討論越來越熱烈，最後化為行動，進而促成思想的改變，最終寫進法律。

我們的注意力往往集中在人群集結上街的那一刻——腎上腺素、催淚瓦斯、震耳欲聾的口號，騎馬的警察追趕著孤身一人的抗議者，或一個男人挺身面對一輛坦克車。但是，如果我們回到共有現實（shared reality）的某塊實心磚第一次裂開的那一瞬間，當下通常是一群人在交談。更具體地說（且讓我重新詮釋一個被矽谷變為無意義行話的詞語），這些人正在「孕育」（incubating）。孕育一個激進的新觀念的過程十分獨特，而且具備某些條件：狹小的空間、大量的熱度、充滿激情的竊竊私語，以及能為一個共同明確的目標而爭論、努力的一定程度的自由。

社區組織者索爾・阿林斯基（Saul Alinsky）的《叛道》（*Rules for Radicals*）已成為社運人士們的聖經。他在書中寫道，成功的革命遵循著一部劇本的三幕式結構。「第一幕介紹人物及劇情；第二幕，劇情和人物會有所進展，力圖抓住觀眾的注意力；而最後一幕，則是善與惡戲劇化的衝突及其化解之道。」[1]阿林斯基站在一九六〇年代末期的高處上，觀察到一整代革命者的問題在於他們「缺乏耐心」。他們衝到第三幕，渴望善戰勝惡的「啟示」。但實際上這並不是捷徑，而是「為對抗而對抗——爆發，然後回到黑暗。」

「孕育」正是在前兩幕中發生。阿林斯基知道，如果沒有前兩幕中想法憑空迸發、計劃、辯論和說服的過程，可能你會有一場精彩的抗議活動，令人目瞪口呆，但一無所獲。

現今，這樣子的「孕育」會在哪裡發生？會不會是在社群媒體上？在一個爆紅的主題標籤（hashtag）仍被視為具顛覆性潛力的網站上，像是推特和臉書？

我們在個人生活中已經意識到，在大多數情況下，這些社群平台既帶來了好處，也帶來壞處。這些平台上的交流皆極度活躍。它們作為社交的場合，就如一場喧鬧的雞尾酒會，你會在不同的對話間跳來跳去，花幾分鐘看某人的瘋狂故事或有趣的笑話，但在晚上結束時筋疲力盡。首先，這些空間是為了盈利而建的，我們對此不再天真無知。創辦這些平台的公司扮演著我們對話的主持人，使某種類型的對話享有特權，並限制了其他類型對話的潛力，這是設計使然。儘管我們仍然將這些工具視為一種聯繫方式，但我們知道——此時此刻在直覺上知道——什麼樣的表達方式會吸引別人按「讚」，按下豎起的大拇指按鈕。那些「讚」源自參與感所激起的多巴胺回饋，因此，我們需要產出能引發強烈情緒的內容（就是「引發」這個詞）：憤怒、悲傷、厭惡。

如果社群媒體使我們變得容易分心，將我們拖入永無止息、一串接著一串的照片與華而不實的評論中，那麼應該不難理解其對社會運動（social movements）的影響。從二〇一〇年開始的阿拉伯之春起義，到本世紀末的#MeToo運動，在社群媒體上進行的運動（movements）也將自己塑造成能適應這些社群擴音機的形式——為了吸引注意力及滿足情感而高聲喧嚷，進行資訊轟炸，但這樣的形式下，資訊往往轉瞬即逝。我們的數位對話常常讓人感覺好像是透過擴音器進行的——一種沒有任何真正親密感的表演。我們發起的各種運動，那些激進變革的熔爐，現在具有同樣的特質。

在唐納．川普（Donald Trump）就職後的幾週期間，我發現自己幾乎每個週末都在參加抗議活動。在那段日子裡，我認識的每個人都覺得他們想做點什麼，將川普獲勝的震驚——甚至還沒有怒火全開，只是震驚——傾注到某種公民行動中。我從不喜歡參加示威活動，但我與我的妻子和女兒們走上了街頭。（她們製作了自己的抗議牌，在牌子上以帶著流痕的紅色油漆寫著：「愛使美國偉大，而非仇恨。」）和其他人一起遊行穿越曼哈頓中城，感覺真好。但我也想到，在一個憤世嫉俗或清醒的時刻，我周圍的每個人都沒完沒了地在他們的照相手機前擺姿勢。我也這樣做了，而當然這些照片是要分享到網路上的。在最初的幾週之後，我沒有再參加任何抗議活動，但我女兒的照片和她們的抗議牌仍然留存於臉書上。我經歷了阿林斯基所說的革命第三幕。

儘管社群媒體為各種運動提供了一股力量，使其能以驚人的速度和前所未有的規模組織動員——讓每個人在幾個小時內到達時代廣場或曼哈頓中城——這股力量卻也阻礙了這些運動的發展。正如社會學家齊納普．圖菲其（Zeynep Tufekci）在她的著作《推特與催淚瓦斯》（*Twitter and Teargas*）中所敘述，此矛盾的狀況在於，社群媒體這台擴音機能為參與社會運動的人們帶來「注意力全面集中的一刻」[2]，「但這些人幾乎或完全沒有一起面對挑戰的共同經歷。」所有這一切都可以被跳過：一番爭論後，才敲定意識型態及組織結構的艱辛，還有確立強烈的身分認同以及設定目標的過程。由此形成的各種運動，它們的深度與堅實度正如那個舉起拳頭的表情符號一般。

「孕育」——因為推特或臉書上真的沒有空間——最終迷失了。

倒不是說「孕育」不能在網路上發生。在某種程度上，川普的當選，證實了另類右派（alt-right）已成功醞釀了屬於白人至上主義和厭女思想的地下世界。因為他們的觀點對主流來說太惡毒了，所以他們創造了自我封閉的宇宙，或者被迫進入其中。首先是保留了早期網路上舊式的、有著激烈聊天室構造的網站，像是Reddit；然後是4chan[i]或8chan[ii]等論壇；或是在更鮮為人知的平台上，例如Gab[iii]。他們不斷地跳入更深的洞，在洞裡他們可以互相慫恿，懷抱陰謀論，爭論哪種方式可以最有效地將他們的觀點帶給更廣大的群眾，分享迷因（memes）看看效果，並爭奪領導地位。在那裡孕育滋長的許多故事情節——關於跨國入侵、控制財富和媒體的邪惡勢力、對於女性主義削弱男性力量的不滿——最終會透過川普總統的嘴，進入美國的文化。

當某些想法太過有害，以至於我們將其排拒到視線之外，然後擔憂這些想法可能如何在無人察覺的情況下發酵時，便會產生這種迫不得已的「孕育」。我們已經在暗網（Dark Web）上的兒童色情內容和ISIS的招募成果中看到了這一點——現在我們想到封閉空間時，腦海中浮現的就是這類例子。這實在很可惜，因為當我們只將這些隱蔽的角落與極具破壞性、令人憎惡的東西聯想在一起時，會忽略了這些隱蔽之地的價值，尤其那是對於具備「利社會」（pro-social）力量之人而言的價值，而他們迫切需要這樣的地方。

想想「黑人的命也是命」（Black Lives Matter），大家都認為這是過去十年中極為成功的運動之一。在二〇一三年，一開始它只是個主題標籤，隨後這場運動經歷起起落落——在數起警察暴力的殘酷事件（並且經常被拍下影片）之後，二〇二〇年人們對這場運動的關注度在激烈的氛圍中達到了巔峰。

社群媒體使社運人士得以向一大群觀眾引介並加強一套陳述——一套極其清楚的陳述，即「應該認真看待黑人的生命」。一個媒體能帶來這樣的病毒式傳播，也能設定議題，再怎麼強調其潛力都不為過。它使之前我們的集體故事中被遺落的部分變得不可忽視。在二〇二〇年的那個夏天，社群媒體掀起一波正面的狂潮。在社群媒體的帶領下，人們集體示威，在草坪插上寫著「黑人的命也是命」的戶外告示牌，思辨並談論種族議題。一些過往似乎不容質疑的象徵符號，例如邦聯旗幟的星星與橫條，幾乎頃刻間便轉而被更多的美國人棄之敝屣。然後那個夏天結束了。

先是陳述，然後是緩慢地聚集力量。「黑人的命也是命」運動參與人士們也開始意識到，社群媒體如何阻礙了後者。他們能在哪裡想出共同的目標？他們能在哪裡制定戰略，並從情感轉向意識型態（在這場運動中，即是將改革延伸為革命的意識型態）？他們能在哪裡發展以贏得政策上的勝利，在哪裡成立組織並選出富有同情心的立法者，在哪裡透過抗議活動達成特定的、地方性的，甚至是不穩定的目標？他們能在哪裡聚集，以執行更艱鉅的任務：重新配置、安排那些支撐著被拆除的美國國旗所象徵的底層體系？

我第一次接觸到「孕育」，是在我研究蘇聯的異議人士時。就像另類右派人士——但他們當然非常不同——為了互相交流溝通，那些蘇聯異議人士被迫創造出更私密的空間：他們的國家完全控制了出版的管道，甚至登記了每一台打字機，如此一來，某個字母是誰打出來的，都能追查到。他們的解決手段是秘密出版「薩祕茲達」（Samizdat）iv。透過在洋蔥紙上寫文章（有時最多同時打出十或十五張），從一人手中傳到另一人手中，薩祕茲達成為了這些異議人士建構並堅持其反對極權國家的方式。他們寫下了所目睹的事情，編纂侵害人權及公民權事件的清單。他們寫了關於「應該做什麼」的文章，然後又寫其他文章反駁那些論點。他們也透過這種方式翻譯並傳播西方世界的著作。異議人士的關係網圍繞著薩祕茲達而形成，並且變得牢固。生產薩祕茲達是危險的——被抓到的話，經常可能會被流放到東邊某個遙遠的地方——但這只會增加那些異議人士的忠誠度。

那些異議人士所處的壓抑環境禁止辯論及自由思考（freethinking），然而，他們用薩祕茲達建造了一個暗影下的公民社會以進行這些活動，此情形持續了幾十年。當蘇聯最終因無法維持其經濟體系而突然解體時，另一個可替換的公民權概念已經存在、被孕育了出來，並傳達了一套很快便成為規範的價值觀。（至少直到二十一世紀，隨弗拉迪米爾・普丁（Vladimir Putin）掌權而出現新的威權主義為止）因為有薩祕茲達與它在表面下不斷醞釀的理想，在國家崩潰時，蘇聯領導人們很難讓人民挨餓或用坦克碾過他們——異議人士的願景就在那裡，被保存下來，無法輕易被粉碎。

在檔案存放室裡，每當我觸碰那些幾乎半透明的紙，感受它們的脆弱，凝視著印在上面就事論事的黑色文字時，我都會為薩祕茲達的功效所震懾。它需要注意力的集中。創造薩祕茲達所涉及的高風險，意味著你必須細細思量你想說什麼。它還允許交流對話。那些紙頁本身包含了多個聲音，任多次來回的對話，全都在他們更遠大計畫的疆域內。薩祕茲達為異議人士打造了一個秘密世界。任何人都無法進入其中，除非有人交給他們一份薩祕茲達。這給了他們自由，他們可以犯錯、嘗試新概念，以及幻想一套更人道的新社會秩序。他們掌控了那些頁面。沒有其他人規定薩祕茲達的形式或限制其內容。如果有人想要散播一首關於布里茲涅夫（Leonid Brezhnev）、具煽動性的詩，或是一篇關於資本主義可能帶來好處的文章，他們只需要找到紙張和打字機（通常是在黑市上），他們的關係網就會接收並傳播他們的貢獻。

我們用來對話的媒介，會塑造我們可以進行的對話類型，甚至設下我們思維的界限。這是馬歇爾．麥克魯漢（Marshall McLuhan）的深刻見解：從口述文化到書寫文化再到電子文化（electronic culture）的變遷，為人類處理現實的方式帶來了轉變，而此轉變改變了人類。[3] 一九八〇年代，美國作家尼爾．波茲曼（Neil Postman）接下麥克魯漢的接力棒，在其著作《娛樂至死》（*Amuse Ourselves to Death*）中將怒火轉向電視，他認為電視對公共論述產生了不利影響。他的說法是「電視的形式會排除其內容」[4]——換句話說，媒介是一個容器，能容納某些類型的思想，卻會屏除其他類型的。對他來說，印刷品一直以來相當有助於理性的爭論，但電視的視覺即時性卻排斥這件事。我們只能猜測，若他還在世，對於抖音之類的媒介會有何感想。

而說到社群媒體，它把什麼排除在外，又把什麼高高舉起了？若以這個問題來探討這個現今似乎無處不在的溝通交流模式，很明顯地，社群媒體並不是很適合讓各種激進的想法留存下來，慢慢地連貫在一起，而且風險很高。儘管當矽谷的社群媒體巨頭們說，這些平台的存在是為了「改變世界」時，我們仍不免懷疑，但我們已經不再考慮任何其他能改變世界的方式了。這些平台占據了主導地位。我們錯誤地認為，這些平台相當於十八世紀的咖啡館（那裡確實孕育了由咖啡因和報紙推動的民主），但社群媒體並不利於變革過程中最重要的第一步，它們只會讓想法爆發，然後返回黑暗。

然而，革命的歷史很長，並且充滿了其他可能性。我們應該如何看待薩祕茲達及所有其他以書寫進行交流、使對立的主張及身分認同得以形成的共有方式——如何看待至少從發明活字印刷時就存在，直到美國線上（AOL）聊天室出現，這之間的漫漫地下文字長流？那麼，信件、請願書、宣言（manifesto）、小報和雜誌呢？那些由偉大的男男女女們所撰寫的鴻篇巨著，遮蔽了這些地下發聲渠道。但它們就在網路時代之前，在我們種種模糊記憶的另一端，依然存在於那裡，而且暫時可見，並提供了另一種方法，讓我們了解到一個媒介將人們團結起來意味著什麼。

這本書的出現源於一股對此一未開發資源的開墾衝動，看看這些發聲渠道是否能為二十一世紀疲憊不堪的我們上個幾堂課。哈佛大學歷史學家羅伯特·丹屯（Robert Darnton）曾寫道：「當今通訊技術的奇蹟已經造成一種對於過去的錯誤意識，大家會覺得通訊沒有歷史可循，或是電視及網路時代前的通訊沒有什麼可供思考的重要之處。」[5]丹屯則在其職業生涯中花了許多時間去了解法國大革命是如何孕育而成的。在一本書中，他研究了嘲諷君主的詩詞片段——在學生、神職人員及教會書記之間流傳、兜兜轉轉——如何促成了導致劇變的巨大思想轉變。

我想回到這樣的開端時刻：回到科學革命誕生，或反殖民主義萌發，或第三波女性主義創始之際，並尋找建立革命第一幕的媒介。在某個層面上，這些時刻的故事似乎都很耳熟能詳——也許是因其改變世界的結果而聞名——但對於什麼有助激進想法形成，每個故事都蘊含著深刻的見解。我們將深入探討這幾段歷史中的通訊媒介此一元素，細細檢視十七世紀某位貴族寫字桌上的墨水瓶，從一九三〇年代阿克拉（Accra）[v]的一台印刷機中飄出的蒸汽，到一九九〇年代一個十幾歲少女臥室裡的剪刀和口紅膠。這些是各自獨特的故事，但是若相互疊在一起，它們就變成了某種像重寫本（palimpsest）[vi]的東西。我們透過窺視它，能看見其中慣有的模式——是什麼讓最具威脅性、解放性的概念得以發展，我們甚至可以看到類似真相的東西。

運用這些前數位化的通訊方式需要耐心。由於需要花時間產出訊息，將訊息從一個人傳遞給另一個人，因此一切的速度都被放慢了，而這樣有利於知識和關係的遞增積累。這些通訊方式還能增加連貫性，將各種發散的意識型態和感受，塑造成一個令人信服的新觀點。使用這些媒介的對話需要更加深思熟慮，花費更多勞力，讓參與對話的人獲得了更堅定的認同感和團結感，進而又幫助他們想像自己可能如何為世界建立不同的秩序。而伴隨著想像而來的是爭論和精益求精，並朝著共同的目標前進。這些是提供焦點的媒介——允許人們將他們對當時一整套規則和社會習俗的不滿情緒，凝縮成一個矛頭。而且，也許最重要的是，使用這些工具的社運人士、異議人士及思想家也支配著它們。他們創建了自己使用的平台——而透過創建這些平台，他們可以設定它們的界限並確保有助於實現他們的目的。

我將在這幾段歷史之上增添更多層次的探討，包含我們最近的過去，那些我們親眼看到或在網路上滑到的運動：年輕的埃及革命人士與揮舞著火炬的白人至上主義者的運動。一個媒介若能快速移動、跨越龐大關係網、賦予公眾和表述者特權、吸收不斷變化的資訊流，並帶著我們走過情緒高潮和低谷，這種媒介將總是有利於快速、廣泛地傳播思想。但是，我認為，這種媒介與改善並實際允許那些激進想法出現的通訊方式之間，將形成十分明顯的對比。在我們從十七世紀一路走來之後，事情應該會看起來很不同。

得知了我們需要的是什麼之後，下一個問題自然是，今天我們要如何在線上生活範圍內找到它。斷開網路是不可能的，但我們可以更懂得欣賞那些我們使用的數位容器，並承認它們所排除的東西。在我們真的遇到孕育的熱烈高溫時，我們不應該假設它只用於實現黑暗的目的。正如我們將看到的，歷史告訴我們根本不是如此。在那些革命第一幕及第二幕的靜謐情境中，革命還只是受屈者和夢想者之間慷慨激昂的對話，但同時也是進步變革的起始。我們需要的是，發現或重新創造可以展開這兩幕的舞台。否則，我們的未來將陷入危機，我們將無以掌握新現實的可能性，以及如何以替代方式在社會中共同生活。

i 譯註：為美國一綜合型討論版網站，原設立目的為分享日本動漫文化，現已有多類型分版，包含政治版。

ii 譯註：為美國一討論版網站，以言論自由不設限著稱，使用者可以自己建立討論版。

iii 譯註：美國一社群平台，因不審查內容，逐漸受到美國右派與保守派人士喜愛。

iv 譯註：指秘密出版蘇聯政府禁止出版著作之活動，同時也指那些秘密出版品本身。

v 譯註：迦納首都。

vi 譯註：古代人們為了重複利用羊皮紙，會將墨跡刮除，重新寫字，然而墨跡往往無法被完全刮除，因此在羊皮紙上就會看到層層相疊的文字，而這種重複書寫、文字相疊的羊皮紙就稱為重寫本。

第一章　耐心：一六三五年，普羅旺斯艾克斯

現在是凌晨四點，月亮很圓。一道淡黃色的光伴隨著綿綿細雨，灑落在了幾個男人身上，他們站在一位貴族的住宅屋頂上，手忙腳亂地一邊測量一邊記錄。其中一名當地神父和一名裝訂工正輪流通過長長的黃銅望遠鏡仰望夜空，而另一群人則發狂似地操作一個巨大象限儀，用它測量各種星星的高度。一處角落裡，坐著一位藝術家，一位沉著的典範，他拿著素描本和木炭筆描繪著月亮，此時陰影開始暈抹月亮。月食終於要開始了。

這整場活動的指揮官遲到了，但他正慢慢地爬著梯子上來，嘴裡一邊發出苦苦呻吟。他的胃像往常一樣在燃燒，而且他視力很差，只能看到前方幾英尺。然而他拒絕幫助。這位就是尼古拉斯－克勞德．法布里．佩雷斯克（Nicolas-Claude Fabri de Peiresc），這幢房屋的主人。他不僅是位自然哲學家，更重要的是，他還將歐洲最偉大的智者們集結了起來。此時，他也是一個病重的老人家，為了這一刻已經等了二十年。

然而，他無法充分享受此刻。佩雷斯克不是那種對夢想的實現沾沾自喜的人。[1] 他十分自律，連飲食穿衣也不例外。他從不穿絲綢。如果他要喝葡萄酒，他只會喝兌了很多水的白酒。他唯一允

許自己多吃的食物是甜瓜，這還是出於他認為對健康有益。他對這場雄心勃勃的實驗懷有重重疑慮。這場實驗的參與者包含數十名與他相距數百英里遠的業餘人士，這些人要同時觀察天文現象，並準確記錄他們所看到的。他們每個人都是由佩雷斯克親自招募，透過數月的書信來往，他掃除了他們的憂慮和不安，並讓他們相信，他們有一個重要非凡的遠大目標：他們要收集數據，這些數據將提供正確的經度測量基準。如果成功，他們將重新繪製已知世界的地圖。

但即便是佩雷斯克，失敗也在所難免。他透過小型望遠鏡看到的，證實了這一點。佩雷斯克早先已指示三名當地男子爬上普羅旺斯艾克斯（Aix-en-Provence）外附近的一座小山，以記錄當晚發生的天象。他們到了山上的時候，會點燃火把作為信號。隨著月食變化，佩雷斯克朝遠處那座小山看過去，卻連絲毫的閃光也見不著。

他的思緒轉到其他的觀測者身上。米開朗基勒・南特神父（Father Michelange de Nantes）在敘利亞的一座岩石山峰上；外交官法蘭索瓦・蓋洛普・卡斯特雅納（François Galaup de Chasteuil）在黎巴嫩；另一位傳教士阿加桑格・旺多姆（Agathange de Vendôme）在埃及；湯瑪士・德阿科斯（Thomas d'Arcos）在突尼斯，他曾是巴巴里海盜[i]的俘虜，後改信伊斯蘭教；歐洲大陸上，還有一群博學多聞的朋友，分別在義大利、法國、德國及荷蘭。甚至魁北克的一位耶穌會牧師也參與其中。如果他們也沒有就定位，該怎麼辦？

那天早上晚些時候，佩雷斯克在鋪著深紅色地毯、掛著陰鬱油畫、塞滿東西的書房裡，著手進行即便在黑暗的時刻也支撐著自己的活動：寫一封信。在他孤獨的生活中，羽毛筆、墨水、紙張及安靜的片刻，使他能夠重新與數十個朋友進行持續的交流，其中許多人他從未謀面，也永遠無緣親自見面。他向合作夥伴之一，學者兼神父皮埃爾・加森迪（Pierre Gassendi）羅列了他焦慮的原因。夜空太多雲了。他的團隊還沒有準備好。他在屋頂上的小組由於「匆忙」，甚至「記錄數字時，象限儀還看錯邊」。[2]至於山上的那群人，後來他才知道發生了什麼事：「當時下雨了，他們被打雷、閃電嚇壞了，躲到了一個隱蔽處，連回去標記月落都不敢也不願意。」[3]佩雷斯克繼續發洩，蘸上羽毛筆，在泛黃的紙上寫下幾個字：「所有的準備都是徒然。」[4]

當時，印刷機的歷史甚至不到兩百年，卻在今日被視作佩雷斯克時代的革命媒介。印刷機能夠複印小冊子和書籍，像馬丁・路德（Martin Luther）這樣持不同思想的神職人員得以傳播自己的觀點，並迅速贏得追隨者，每篇印刷文本都是潛在改信者的耳邊低語。但郵件帶來了一場更寧靜的革命。數百年來，書信是一種先進的技術。書信是思想脫離思想者的身體，跨越一段距離的第一個實例。然而，從西塞羅[ii]時期到近代早期，信件從一個地方移動到另一個地方是如此緩慢、如此不規律，以至於它們讀起來更像是交替的演講，而不是你來我往的對話。而到了佩雷斯克的時代，郵件的傳遞變得快速且相對可靠，這種情況便發生了變化。定期通信的可能性造就了合作、理論的共享及爭論，讓兩個人透過交換想法和見解，相互切磋，緩慢累積知識。

對於佩雷斯克來說，信件是知識交流的單位。當佩雷斯克坐在書房裡，就有如一隻稱心如意的蜘蛛在一張寬闊的網中，他每天都會書寫及口述大約十封信。他唯一的遺產就是這些信件，而這也是我們之所以不認得佩雷斯克這個名字的部分原因。佩雷斯克沒有出版過任何書，但是當他去世時，也就是那場月食發生兩年後，他的朋友們在他的書房裡發現了十萬張快信、備忘錄和讀書筆記，這些紙張代表了他一生的成就。[5]

這些紙張上記載的都是發展中的想法。書信有助於梳理概念，因此對於一個一生都在檢驗既定教條的人來說，書信特別有價值。十七世紀不是大破大立的時代——除非你想落到像佐丹奴．布魯諾（Giordano Bruno）那般的下場。[6]就在三十年前，這位義大利道明會修士因提出地球可能不在宇宙中心的看法，被剝光衣服、綁在木樁上，在羅馬的鮮花廣場（Campo de' Fiori）上被活活燒死。如果其他人願意的話，也可以冒這樣的風險大張旗鼓地挑戰教條，但這不是佩雷斯克採取的方法。他的自尊心使他免不了渴望能出一本自己的書，而且他計劃要出很多本，然而主要是出於謹慎，同時也因為他是如此焦躁不安，信件成了他擅長的形式。

即便在佩雷斯克眼中，這場月食實驗顯得很優雅巧妙，但這場實驗卻將書信的力量推到了極限。他企圖令一群分散的通信人進行集體觀察，這些人以前甚至從來沒有對月亮產生過好奇，或是連經度是什麼都從未想過。佩雷斯克花了數百個小時寫信給他們——無數頁的說明，連同示意圖和簡陋的測量儀器一起寄送。他認為，透過一代代經年累月不斷驗證、修正和進一步驗證的過程，將會領悟自然界的運作方式。他曾寫道：「人的生命短暫，單憑一個人是不夠的，有必要採納過去幾世紀和未來幾世紀許多人的見解，來釐清什麼更符合事實。」[7]但是，對於那幾位不論地理位置還是智力上都與佩雷斯克天差地遠的合作者來說，光是哄勸他們練習正確的符號標記都已是一項艱鉅的任務，更不用說他們雙眼所觀察到的是否有威信了。

月食本身並不是重點。它只是時間的標識——天空中的一個巨大的時鐘，從任何地方都可以望見。但佩雷斯克希望，這個時鐘最終能幫助他完成他眾多畢生計畫中的一項，這個計畫清單的部分內容包含：調查古代度量衡；研究三百五十四日羅馬曆法（他的書房裡保存著現存最古老的抄本）；和法蘭德斯（Flemish）畫家彼得・保羅・魯本斯（Peter Paul Rubens）繼續一起編纂寶石目錄；出版所有撒瑪利亞人版本的希伯來文、亞拉姆文[iii]和阿拉伯文《摩西五經》以及一部詳盡的普羅旺斯史。[8]但他的經度測量計畫，或許是他最具個人標誌性的企圖。一個原因是，這是個雄心勃勃的計畫，他一個人是不可能做到的。不過，他對經度測量的癡迷還有一個特別實際的目的：計算地中海的長度和寬度。

他愛著那片海域，也愛著圍繞著那片海域的人和文化的一切。沒有一個細節是他不感興趣的。佩雷斯克很少離開普羅旺斯艾克斯，但他每次離開，都是為了一訪馬賽港。在那裡，他呼吸著帶有鹹味的空氣，看著沿木造船塢行進的人們。佩雷斯克對穆斯林、撒瑪利亞人和東方基督徒（Eastern Christian）的習俗很好奇，就像他對古希臘人的習俗感到好奇一樣。有次，他從一艘靠港的船上聽到划槳奴隸的歌聲，他便找了一位音樂家幫助他將曲調轉錄成樂譜，如此他便可記錄下「黑摩爾人」[iv]的歌曲。但對於佩雷斯克和其他所有人來說，地中海的確切面積仍然難以捉摸。幾個世代以來，水手們幾乎只能靠著前人傳下來的海岸線知識、星盤以及有一千五百年歷史的圖畫，艱困地從直布羅陀海峽進入這片海域，到基克拉澤斯群島（the Cyclades）附近，再航行到鄂圖曼帝國的海岸。

為了精確地掌握地中海的面積，就必須掌握經度，但長久以來，天文學家和地圖繪製師一直無法計算經度，以至於在一五九八年，西班牙的菲利普三世（Philip III）甚至向任何能算出它的人提供終身撫卹金。[9]計算經度的問題在於運籌測量過程。雖然緯度可以通過測量正午太陽的高度來測量，但經度需要不同人同時觀察——要同時在至少兩個不同的地方觀察天上某種固定的現象，並準確地標記他們每個人看到該現象的時間。佩雷斯克曾在一封信中解釋說，時間上的差異「就等於經度上的差異」。[10]

一六一〇年，佩雷斯克第一次想出這樣一個管弦樂隊般的觀測團隊，當時他三十歲，剛剛讀完伽利略．伽利萊（Galileo Galilei）的驚世著作《星際信使》（*Sidereus Nuncius*）。在此書中，這位天文學家詳細介紹了他透過望遠鏡的發現，包括看到繞行木星的四個衛星。這本書具體地證實了在宇宙中發揮作用的還有其他力量，而且地球可能並非處於那麼宇宙中心的位置，畢竟，那幾顆衛星幾乎不考慮我們的星球，就是要圍繞著木星運行。對此，佩雷斯克和歐洲其他知識分子一樣震驚，但引起他注意的是那些遙遠衛星的用處。他開始每天晚上在自製的方格紙上記錄和繪製那些衛星的轉數，直到他能夠預測它們的運動（他不久後寫道：這些衛星「在它們運行一周的軌道上的位置和我們計算出來的結果完全相符」。）。[11]那幾顆衛星可以作為他經度計畫所需的天體時鐘。他連忙派他的年輕助手橫渡地中海，從馬賽出發，經馬爾他島（Malta）和賽普勒斯島（Cyprus），到達黎巴嫩沿海城市的黎波里（Tripoli）。在每個地點，佩雷斯克的助手都會觀測木星及其衛星，而他自己也會在艾克斯做同樣的事情。理論上，藉由比較他們的數據，便可以得知該助手每個停靠點的經度位置。但此番初次嘗試失敗得很慘。當時望遠鏡才剛問世，不夠精確，無法捕捉到必要的細節。除此之外，那位年輕助手可一點也不喜歡這趟旅行。在他從「海外」寄給佩雷斯克的第一封信中，他寫道：「如果上帝賜恩典於我，讓我回到我們的家，大海將永遠不會再有我這位子民。」[12]

二十五年過後，佩雷斯克仍然夢想著讓許多人在同一個晚上同時仰望天空，藉此計算經度。但這段時間以來，他已經將地球的衛星月球視作一個更明顯的參考點——打算以望遠鏡觀察月食各個階段。現在，五十五歲的他終於能夠實現這樣的集體實驗。

佩雷斯克出生於法國西南部一個地方法官和小地主組成的家族。他一生都在召集與他通信的人，首先是在他作為一名法學院學生的時候，接著是在他旅行到英格蘭、荷蘭和義大利（他在帕多瓦（Padua）的一場數學講座後遇到了伽利略）的時候。[13]後來，甚至是在他回到普羅旺斯艾克斯，於普羅旺斯議會任職的時候，在這期間，他從未停止擴展他的人脈。隨著時間過去，他連接起了一個遍布歐洲，由數十名大學學者、博學貴族和神職人員組成的人際關係網，他將其封為「信件共和國」（Republic of Letters），並且成為了共和國的領導人物。在信件共和國裡，大家一起探索著那個時代新發現的——天文、微觀及地理方面的——奧秘。

「信件共和國」是一個類似於科學期刊編輯委員會的合夥企業（在此類出版物和我們所知的科學概念真正存在之前），透過信件的拼接維持運作。通信者們會寫信給彼此，分享化石或解剖圖，談論各種他們修修補補的東西、提出的理論以及他們的封閉性關係。這些信函初步形塑了之後科學界會有的某些特性。彼得．米勒（Peter Miller）是少數研究過佩雷斯克信件的學者之一，他寫道，這個共和國是「一間實驗室，謙恭有禮的理念在此得到闡述與實踐」。[14]正如另一位歷史學家所描述的，每一封信都是「紳士對話的替代品」[15]，使寫信人「能夠在遠方產生親密感和直接參與感，而不會因爭論而疏遠與其通信的人」。這群寫信的人們一起開始了一項尋求客觀真理的計畫，他們充當了彼此的情報交流所，檢視理論並交換資訊。結果證明，信件作為傳遞聲音的工具，經過調整以表達禮貌和友誼，是這項聯合研究特別有效的形式。而佩雷斯克的語氣總是合宜。他迷人而大方，並且對他人的發現表現出由衷的好奇。

「信件共和國」自文藝復興（復興源於西塞羅之古典概念的運動）以來，便以某種形式存在，但是共和國真正的蓬勃發展，是在宗教改革及其導致一五〇〇年至一七〇〇年席捲歐洲的宗教戰爭期間。在這些衝突發生的期間，旅行對學者來說變得很危險，而且由於大多數的大學都被交戰的不同教派吸收，信件共和國因此成為了世俗世界的學習機構，超脫於紛爭之外。佩雷斯克等人幾乎將此共和國視作一個邪教組織，他們覺得自己正在以一種接力的方式產出知識，並將其一代傳一代，而這讓他們興奮不已。正如與佩雷斯克同時代的法國哲學家勒內．笛卡兒（René Descartes）所寫：「後人自前人停下的地方開始起步，從而將許多人的生命和成就連接起來，藉此我們一起向前走，可以走得比每個人各自能走的還要遠。」[16]

只要看看佩雷斯克位於艾克斯的書房，就能看出信件共和國中存在著多少活力，以及此共和國感興趣的範圍有多麼不拘一格。送到他聯排別墅的信件源源不絕，而且常常一天多次送達，那些信封有時會散發出令人作嘔的甜味，那股味道來自於一種抗瘟疫的消毒劑，也就是醋。收集、觀察並比對，這是信件共和國的成員們在實作上遵照的倫理，其中許多人也是擁有藏珍閣[v]的古物收藏家，像佩雷斯克一樣。在他的書房裡，書架上有大量皮革裝訂的印刷藏書，到處是大量活頁式的手稿，就放在那些古老的器皿及雕刻寶石[vi]旁邊。他的書房裡還收藏著保存在罐子裡的各種胚胎，以及自然界百態——從球莖蘑菇到河馬皮膚——真實、奇異的詳細圖畫。有時，會有個龐然大物稱霸他的書房，例如一具木乃伊或一隻象牙。抽屜裡裝滿了幾個世紀以來的勳章和硬幣——他離世之際，抽屜裡有一萬七千件收藏品。奇物收藏這個事業有個特色，即人們會互贈物品。在他的腳邊，毛茸茸的白毛藍眼小安哥拉貓慵懶地在所有這些生命短暫的物品之間閒晃，他很喜歡養這些小貓，但如果送出牠們代表著他可以在藏珍閣裡增加一件珍貴的收藏品，那麼他願意割愛。（「如果答應送出其中一隻小貓，可以讓你得到維沃特那個人的花瓶，不要猶豫做出承諾。」）[17] 他的興趣也延伸到了房子外面[18]，他的果園裡種了二十多種香櫞，還有六十多種蘋果。他將橄欖嫁接以培植新品種，並用他家族的鄉村莊園所盛產的馬爾瓦西（malvoisie）葡萄釀製葡萄酒。

在學術研究發展成供專家們追求的專業之前，像佩雷斯克這樣，生活在此時的業餘博學家會隨著好奇心涉足任何領域——植物學、動物學、命理學，當然還有天文學。一切的機制——心臟如何跳動、花朵如何繁殖、彗星如何劃過天空——都必須調查。甚至是荒謬怪誕的事情也不放過：佩雷斯克認真地看待關於某個男人的肚子裡長出灌木的報導，關於某個小鎮中每個居民都聲稱被魔鬼附身的報導，以及關於一個據說懷孕了二十三個月的法國女人的報導。對於有人目擊像怪物的多頭動物或巨人，他也沒有嗤之以鼻。[19] 正是這個時候，關於「長頸的馬」，也就是所謂長頸鹿，以及優雅纖細的粉色紅鶴等奇怪而美麗的生物的消息，才剛被證明其真實性，他有什麼理由這麼做呢？佩雷斯克寫道，因為他曾見證以前從未相信過的奇蹟，所以他試圖「在經驗為我們打開通往純粹真理的道路之前，不忽視任何事情」。[20]

佩雷斯克一心一意地投身於探究一切本質，以至於他有意識地選擇了一種清心寡慾的生活。當佩雷斯克的父親為他尋覓到一門好親事，對象是普羅旺斯會計法院[vii]院長的女兒，他卻表明自己「無法一邊照顧妻子和孩子，一邊自由地追求學問、資助學者」[21]，並且終其一生都是個單身漢。

在追求知識上，佩雷斯克並不孤單。他成天寫著信（主要用法文和義大利文，有時用拉丁文），並依靠一個越來越可預測且安全的系統，將這些信送到目的地。一封從艾克斯到巴黎的信大約需要一週時間，到羅馬大約需要兩週時間，而到北非則需要六週時間。而且信件的運送路線變得越來越可靠，越來越有規律，以至於他將寄往巴黎的信件稱作「由巴黎人」（par le Parisien）寄的信，而亞維農（Avignon）－羅馬線的信使簡直就是「普通人」（l'ordinaire）。[22]

這些信件的功能不僅僅是一對一的交流。它們就像順著一條有許多支流的河流流下的訊息一樣——經常被複製並傳遞給原定收件人以外的讀者，或者在學術聚會上被大聲朗讀出來。從佩雷斯克一六三五年寫的一封信的加註摘錄中，可以看出這些信件能傳到多遠：「我打開了迪奧達蒂先生[viii]（巴黎）寄給您的一封信，其中包括希卡德先生[ix]（圖賓根）寫給伯內格「史特拉斯堡（Strasbourg）[x]的印刷商」的一封信，在這封信中，希卡德先生要求伯內格將他的月食觀察評述寄給您。我將此信給高提耶[xi]（艾克斯）看，並要求格拉特（佩雷斯克的秘書阿格拉特）請他（高提耶）將其與您的觀察結果評述進行比對。[23]我以同樣的管道寄出了伽利略寫的第二封信，也就是我先前已將原件寄給迪奧達蒂的那封信，我也寄出了由羅西（伽利略在里昂的親戚）所寄之另一封伽利略所寫之信的副本。」

當佩雷斯克決定再次投入到經度測量計畫時，正是向共和國的所有這些朋友及合作者們尋求幫助。一六二八年初，他組織了一次較小的月食記錄活動——只有他自己在屋頂上，而他的朋友們在巴黎一個接近艾克斯的一個村莊——這一次，他的方法奏效了。佩雷斯克打趣道，儘管「我們這個貧窮國家野蠻、粗魯」，但測量結果是「精確的」。[24]利用收集到的數據，他可以修正巴黎和艾克斯之間的經度差異，當時該差異偏離了兩度以上。

但佩雷斯克想要的不只如此。他的目標仍然是測量地中海的全長及全寬。他開始找尋下一次月食，而當他發現月食會在一六三五年八月二十八日晚上發生時，佩雷斯克開始著手進行工作。為了收集他需要的觀察結果，他將跨出信件共和國的智庫範圍，聯繫駐紮在地圖最邊緣的人們。他們的價值在於他們的地理位置。但在招募他們之前，他必須說服他們。在某些情況下，他們會冒巨大的風險。

重繪地圖可能聽起來像是一個需要高度集中注意力的世俗目標，但這些信件講述了一個不同的故事。佩雷斯克必須輕巧地將這些潛在觀察者拉向一段與自然的新關係，一段完全不熟悉或不安全的關係。事實證明，信件在這個轉換過程中非常有用。信件這個媒介是一條供緩慢思考的管道。信件就像加在生產想法的齒輪上的潤滑油一樣：像在清嗓子一樣的寒暄，思想可以徘徊其中的一行行文字，它具有一種不要求確定性，但能提供空間讓人輕鬆建構論點的非正式性。信件之所以對於原始科學家的社群如此至關重要，原因就在於這樣的特性。而信件對於引入新的世界觀也起了很好的作用。信件反覆思考的面向，也就是其中根深柢固的耐心，避免了某種像是一個真理系統試圖凌駕另一個真理系統，爭論不休的對峙情況。

首先，佩雷斯克調查了可能的參與者。當兩個葡萄牙寶石商人在前往印度的路上途經艾克斯時，他向他們確認，看看他們是否知道在那些地圖邊緣的外國區域，有沒有一些博學的西方人、猶太人或基督徒，能夠在日食或月食期間進行測量，並將測量結果送回給他。[25] 隨後，佩雷斯克審查了潛在的聯繫人。他們夠認真，夠可靠嗎？他們是否具備計算距離的基礎數學技能？他的信中充滿了這些緊要的問題。當他在月食前兩個月得知一位名叫艾薩克的新上任主教住在黎巴嫩山的山腳下時，佩雷斯克寫信給某個第三方的人，想盡可能獲取有關這個境況有趣之人的資訊。他想要知道「有關於艾薩克主教的年齡、國家、良好舉止與主張的教義，有關於你是在什麼地方認識他的，以及，最重要的，他可能懂的阿拉伯語、拉丁語和其他語言等，你所能提供的所有說明。還有，他的興趣是否比普通人更古怪，他是從哪裡獲得主教頭銜的……」[26]

一六三五年初，佩雷斯克開始與住在阿勒坡（Aleppo）[xii]加爾默羅會修道院（Carmelite monastery）的西萊斯丁・聖立德萬神父（Father Celestin de St. Lidwine）通信。一開始佩雷斯克寄的信很典型，內容就是向西萊斯丁表示自己的興趣：「如果您偶然在希臘修道士或伊斯蘭教苦行僧之間看到某本關於音樂的書，有點舊，不一定是用希臘文，也可以是用阿拉伯語或其他東方語言寫的，主要就是那種可能保存了一些古樂樂譜的書籍，我願意花錢買下收藏。」[27]不久後，他還試圖說服西萊斯丁加入經度測量計畫，並承諾即使只是一組良好的觀測結果，也可以幫助得出地方之間的真實距離，以及「在我們這個時代，以及對後代子孫而言，值得稱頌的無數其他偉大事物」。他還建議，西萊斯丁可以讓當地的天文學家參與該計畫，並提出將他自己收集到的數據提供給他們，「讓他們在與我們的數據比對中獲得樂趣。」

但擺在佩雷斯克面前最大的挑戰是，這些偏遠地區受過教育的人往往是虔誠的教徒。他們是傳教士或孤獨的僧侶。這些虔誠的教徒本質上抗拒這樣的計畫。獨自一人——或者更糟的，以團體的型態——探究自然界，在那時對天主教會構成了威脅。當涉及彗星或日食等現象時尤其如此。天主教會所幻想的地球在宇宙中心維持不動的簡略畫面，經常因這些在頭頂上飛奔而過、令人想不透的事件而複雜化。因此，那時連好奇心，某種程度上都似乎很可疑。儘管歐洲經歷了文藝復興和宗教改革，兩者皆提升了主觀性和個人意志，但天主教會要求對教義的遵從，聖奧古斯丁（St. Augustine）於五世紀的格言仍然有效：「不必像希臘人那樣探究事物的本質……基督徒只要相信所有受造物，無論是神聖的還是俗世的，無論是可見的還是不可見的，都是來自於造物主的良善（goodness），獨一的真神的良善。」[28]

如果對於干預自然哲學的憂慮還不足以讓這些教徒們抗拒經度測量計畫的話，還有關於伽利略．伽利萊的具警示性的事件。這位歐洲最著名的人物之一，六十九歲時才剛被迫在宗教裁判所上跪下，並被迫在十位紅衣主教面前，對自己的「錯誤與異端邪說」加以貶斥，並承諾從此會永遠「棄絕、咒罵並憎惡」這些異端邪說。伽利略的罪行是寫了一本書，有力地（而且是以一種像在嘲笑教宗是個愚蠢白癡的方式）論證，天主教會的恆定宇宙觀，也就是地球為宇宙中心的觀點，是錯誤的。伽利略的這本著作《兩個主要世界體系的對話》（*Dialogue of the Two World Systems*）遭到教會公然譴責並被列為為褻瀆上帝的禁書，他本人則被判處軟禁家中，度過餘生。天主教會的怒火讓整個信件共和國都為之顫慄。勒內．笛卡兒在新教國荷蘭收到消息後，寫信給巴黎的一位朋友，說現在他可能需要「廢止」出版他自己的著作《世界》（*The World*）[29]，因為這本書將進一步闡述地球繞太陽公轉的情況。

佩雷斯克一直以敬畏之意與不小的羨慕之心，對伽利略抱著期待，得知伽利略慘遭迫害，他悲從中來。「可憐的伽利略不得不鄭重聲明，他不支持地球運動的觀點，但在他的對話[xiii]中，他用了強有力的理由來支持此觀點。」[30]佩雷斯克在伽利略受到判決後的一封信中寫道。然而，隨著這兩人終其一生朝著相同的目標追尋截然不同的道路，佩雷斯克從此一事件中學到的主要教訓是：最好循序漸進、安靜地工作。佩雷斯克設法保持在教會受到的青睞，同時也與質疑教會最珍視之戒律的知識分子接觸。如果被迫為自己辯護，他可以回應說，他和與他通信的人只是在探索神聖造物（divine creation）的所有表現形式。他相信即使是教會，最終也會改變其教條主義的做法。一些梵蒂岡教廷的成員則不時與信件共和國的自然哲學家們保持謹慎的通信，暗中歡迎新發現，儘管教廷的傳統不允許這些成員公開承認此事。伽利略透過將可接受的推測推向極限，打破了舊的思維方式。因此，我們今天記住的是他的名字，而非佩雷斯克。但是佩雷斯克這位有耐心的古物學家用了另一種方法——以一封信低聲交談論證，而非以一本書大聲宣言——他認為這種方法更可取，不僅因為這方法可避開某些風險，也是因為它可產出集體見解，儘管要「仔細、經過很長一段時間」才會產出。[31]

當佩雷斯克懇求有權勢的紅衣主教法蘭切斯科．巴貝里尼（Francesco Barberini），也就是教宗的侄子，減輕對伽利略的判決時，就充分地展現了這種謹慎的本質。佩雷斯克知道，儘管巴貝里尼虔誠地支持著他叔叔的統治（他親自參與了伽利略的審判），他還是被自然哲學所吸引。為了鞏固他們的關係，佩雷斯克甚至會偶而送這位紅衣主教稀有標本——他有次甚至送了個褐色小小一隻的瞪羚標本，尖角上帶著稜紋，是佩雷斯克從一位北非的通信者那裡收到的，這位通信者將其比作一隻獨角獸。[32]「脆弱有時值得被原諒和寬恕。」[33]佩雷斯克為伽利略辯護。他試圖將伽利略的《兩個主要世界體系的對話》一書輕描淡寫為輕鬆、近乎滑稽、抽象概念的雜耍，而非對教會的巧妙控訴，儘管它的確是。巴貝里尼沒有理睬佩雷斯克的請求，他便再次寫信，加強了自己的論點。他表示，總有一天，伽利略所受到的懲罰會顯得像雅典對蘇格拉底的懲罰一樣，是錯誤的判斷結果，並且會「被其他國家及那些給他帶來如此多麻煩的人的後代所譴責」。[34]佩雷斯克在處理這件事的方法上，就只是一直保持奉承的態度（他信中一開頭寫：「我以我力所能及的最大程度的服從，在您面前彎下腰來。」），但他無法、也沒有隱藏，在他眼中伽利略是一個受到苛待的天才。他的說理及送去的瞪羚標本等禮物奏效了。天文學家伽利略獲准將他的軟禁處轉移到佛羅倫斯，他大力地感謝佩雷斯克，稱他的介入是「許多承認我清白的人保持沉默時的一大工程」。[35]

當佩雷斯克試圖徵召教士們參與他的實驗卻遭拒絕時，他也以類似的精神與他們交涉。他並沒有怯於讓這些教士們參與關於基督信仰及基督信仰所允許之事物的交談。對他來說，這之間幾乎沒有內部衝突。自然哲學只是揭示更多上帝榮耀的過程。天主教會不應該抵制這些發現，而應該拓展以包容它們，教會應該對這些新奇事物感到高興，並在其中看到信仰增強的理由。一六三五年四月，也就是月食前四個月，佩雷斯克在給西萊斯丁神父的信中寫道：「自然之書就是書中之書，沒有什麼比觀察事物更具有決定性的了。」[36]

他還訴諸這件事的可行性，就像他對另一位在阿勒坡嘉布遣會（Capuchin）傳教士米開朗基勒·南特所做的那樣。當這位神父對此事表達了在神學上的擔憂時，佩雷斯克回應說，用望遠鏡進行觀測「不會妨害您虔誠而慈善地駕馭眾生靈魂。相反地，這有朝一日可能會成為一種誘餌，能吸引其他人效仿您」。[37]他還強調，他的天文觀測工作有助於建立更準確的教會日曆。對於那些仍懷有戒心的人，佩雷斯克則會指出他得到了幾位有權勢的紅衣主教的支持，他們下令在義大利及黎凡特（Levant）[xiv]進行觀測，並特別指示羅馬、帕多瓦[xv]和拿坡里的神父和天文學家準備好望遠鏡，並遵守佩雷斯克的要求。

鼓勵這些教士們參與只是第一步。佩雷斯克仍然必須教他們如何準確地進行有條不紊的觀測。如果他要信任他們的觀測結果，他必須制定一些標準——這種想法也是當時時代的新觀念。他需要指導他們如何在透過望遠鏡觀看時保持身體的姿勢，如何核實證據。這些課程以不同的形式出現。佩雷斯克正在為那些經過艾克斯的人建立一套最終被稱為普羅旺斯學院（Ecole Provençale）的課程，一套提供給有抱負的業餘天文學家，不折不扣的培訓課程。[38]他已經在他的屋頂上建了一個簡樸的天文台。而那些無法到達或已經駐紮在國外的人則會收到詳細的指導手冊。

一六三五年五月，在寄給將從開羅觀測月食的阿加桑格．旺多姆神父的一封信中，佩雷斯克非常明確地說明了在哪裡以及如何觀測：「您必須試著在金字塔或其他高處的上方觀看，以便看到太陽從地平線升起，並能注意到月食的進展。但您不應該純粹相信肉眼所見。您必須使用望遠鏡⋯⋯因為用肉眼看，月亮被照亮的部分會看起來比實際上大，結果就是月亮被遮蔽的部分看起來會比較小。」[39]阿加桑格神父必須使用象限儀測量恆星以及中午太陽的高度（以計緯度），並且最好前一天就這樣做，佩雷斯克寫道。而對於標記時間的方式，這位神父必須有嚴格的標準，要麼使用校準良好的時鐘，要麼更好的是，透過檢查星星的位置。

然而，阿加桑格並不是一個學得快的人，佩雷斯克在閱讀了他雜亂無章的月食報告後，決定必須為下一次月食做更好的準備。[40]佩雷斯克勉強控制住了自己的惱怒，在一封信中寫道，他將發送一套新的指示。

佩雷斯克團隊中更奇特的月食觀察者之一是湯瑪士．德阿科斯，他曾是一位紅衣主教的秘書，被海盜俘虜並帶到突尼斯，當佩雷斯克於一六三〇年第一次聯繫他時，他已在那裡當了五年的奴隸。那時，德阿科斯描述了他看到一個巨人的骨頭並親手觸摸它們的情況，這立即吸引了佩雷斯克的注意。[41]一直在尋找新奇事物的佩雷斯克對此很感興趣，並回信表示要幫助德阿科斯恢復自由身，如果真有必要，他甚至可請位高權重的人，包含法國國王，涉入其中。待收到佩雷斯克的提議時，德阿科斯已經設法重獲了自由，儘管他留在了突尼斯，幾年後甚至皈依了伊斯蘭教，將他的名字從湯瑪士改為奧斯曼。

德阿科斯經常會向佩雷斯克寄送當地民間傳說中提及的神秘物體，而佩雷斯克這位自然哲學家則將揭開它們的神秘面紗當作自己的工作。有一次，來信中包含了一塊形狀奇特的石頭，摩爾人聲稱這塊石頭中裝著一位被困住的前皇帝的靈魂。佩雷斯克仔細檢查了它，並回信說它只是一個海膽化石。德阿科斯再次寫信，堅稱如果用血洗這塊石頭，就會響起被判處死刑的那位皇帝的聲音。

這些一來一往的信件通常具有一種動態：德阿科斯提供當地的神話或「深思的想法」，而佩雷斯克則找尋可驗證的證據。德阿科斯將他所看到的巨人牙齒（每顆重三點五磅）寄送到了艾克斯，最後在佩雷斯克的仔細檢查下，發現它原來是一頭早已滅絕的北非大象的遺骸。

當時，許多物品成功橫渡了地中海，從德阿科斯那裡寄出了數個鑲著寶石的匕首握柄、活生生的變色龍和來自古代迦太基的硬幣，而從佩雷斯克那裡，則寄出了數個酒桶、數封特定阿拉伯書籍的需求信，以及最終關於經度測量計畫及德阿科斯之參與方式的三千五百字信函。

佩雷斯克對於觀測這次月食的執念主宰了他們的通信，從艾克斯發出的課程源源不斷。如同佩雷斯克揭穿民間傳說和神話的真相，這也是個推動德阿科斯的機會——讓這個志同道合卻迷失方向的人像自然哲學家一樣思考。佩雷斯克希望他駐紮在迦太基，一心相信這個歷史遺址會是一個吉祥之地。當德阿科斯未能為一六三五年三月三日的月食收集任何數據時——為了八月月食觀測的一次試驗——抱怨自己因痛風無法參加，佩雷斯克惱怒地回信，要求他盡一切努力觀察下一次將在「午夜過後二時三十分左右」開始的月食。[42]兩週後，佩雷斯克再次寫信，他的詳細解釋暗示了他迫使其他傳教士接受的指導型態：「自從上一封以月食為主題急匆匆寫的信……無論如何我都要主動寄給您一個小小的紙板象限儀，您可以將它黏在一塊木頭或更堅固的紙板上，然後抬起兩個平放的瞄具，使其與儀器的平面成直角……」然後他繼續不斷寫下去，「當您觀察月食的開始或進展時，要測量月球邊緣的頂部或底部的高度……」[43]

想想佩雷斯克為了推動他的合作者們前進而貢獻寫出的總字數，就令人感到疲憊。一六三五年，一路從春季到夏季，他寫的信件都在輕推、哄騙和奉承這些人。佩雷斯克不僅教他們如何操作科學實驗，還教他們如何以不同的方式思考，如何成為科學家。如果在他的各種模式中，他的墨水瓶乾涸了，他有時會轉向絕望，那是因為他需要他們——否則他根本無法獨自揭開經度的奧秘。

在八月二十八日晚上的地中海周圍，當佩雷斯克焦急地在他的屋頂來回踱步時，業餘觀察員們盡了他們最大的努力服從他的詳細指示。有些人缺乏信心或缺乏合適的設備——開羅的卡西恩·南特（Cassien de Nantes）不得不承認，儘管他努力做到一絲不苟，但他向佩雷克斯表示「因為沒有那些儀器，我無法記錄您要求的測量值。」[44]而有些人笨手笨腳，另外一些人則失去了興趣。

在阿勒坡有幾個參與者。加爾默羅會修道院的西萊斯丁神父曾試圖聽從佩雷斯克的建議，從卡修斯山頂（Mount Casius）觀看月食，卡修斯山是位於敘利亞北岸的一座小山，其山頂位置遠在地面霧之上。在月食前幾週，他開始召集幾十人的探險隊，但佩雷斯克開始對這個計畫抱持審慎的態度，認為這太昂貴了，他表示：「對我來說，有些太過宏大」，而且西萊斯丁和他的團隊成員可能不會受到當地人的好評，那些當地人的「嫉妒和惡意」會危及這項計畫。[45]謹慎的佩雷斯克寫道：「即使是最無辜的行為，當有點偏離主流時，也必須戒絕。」[46]他寫道，山上的修道士們凝視著夜空，這肯定會是一種奇怪的景象。佩雷斯克請了一位商人朋友前往阿勒坡取消這次旅行。結果，西萊斯丁甚至沒有收到佩雷斯克送他使用的望遠鏡，不得不用肉眼觀察月食。看著西萊斯丁的觀察筆記，佩雷斯克絕望了。幸運的是，當晚在那座敘利亞城市，還有另外兩個人參加：嘉布遣會修道士米開朗基勒·南特以及商人兼法國領事館大臣巴爾塔薩·克萊（Balthaser Claret）。[47]佩雷斯克對克萊懷著很大的信心，他早年曾是一名藥劑師，因此知道如何操作儀器並理解準確性的價值。克萊站在領事館的屋頂上仔細測量，而之後佩雷斯克會發現他的測量結果不同凡響且很有用。

在月食之後的幾個月裡，佩雷斯克心中期望很高。儘管他心存疑慮，又收到了有關不幸事故發生及望遠鏡不見了的消息，他仍然希望各種觀測結果綜合起來，將構成某個新發現。然而，他的回信中充滿了焦慮，他無休無止地向他的合作者們提問，傳達了這份焦慮。他們用的是右眼還是左眼？什麼樣的望遠鏡？還有誰在場？到一六三五年十一月，他收到了來自義大利和法國的大部分數據。十二月初，他再次寫信給敘利亞和埃及的嘉布遣會神父們，敦促他們寄送觀測結果——而當他們的一些記錄送達時，他感到很沮喪，因為那些記錄似乎是從已存的天文圖上複製下來的。佩雷斯克向其中一位合作者表示，他很疑惑為何一個人會「寧願相信數學家對於經度、緯度和恆星尺寸的說法，而不去研究真相」。[48]

到了一六三六年初，他開始利用第三方來糾纏那些仍未將所有記錄寄給他的人。一些傳教士因擔心他們的成果不夠準確而遲遲不敢寄出。佩雷斯克向他們保證他想看到一切，並懇求他們將手上有的記錄寄出來。他派遣了一位與他友好的商人去找米開朗基勒．南特，希望能「使他明智一點」[49]，並表示米開朗基勒不該因任何對於記錄不完整的擔憂而有所顧忌。佩雷斯克希望看到「他觀察的整塊『組織』」，因為「即使是錯誤和模棱兩可的結果也經常有用」。他希望這些沉浸在絕無謬誤之教義中的傳教士明白，獲得知識通常意味著收集破碎的碎片。

當所有可用的測量值——從羅馬、埃及、帕多瓦、拿坡里、黎巴嫩、佛羅倫斯、突尼斯、巴黎、荷蘭和德國等地——被傳送回來時，佩雷斯克在現有的地中海地圖上標出了這些點，並立即發現了一件事，他在一封信中宣稱這件事「令人驚訝且值得注意」。[50]他不僅看到許多城市的公認地球經度錯得有多麼離譜，而且發現整個東地中海地區橫跨的距離比預設的要短兩百里格（leagues，約七百英里）。考慮到水手們的經驗，這是合理的，他們經常不得不偏離原始地圖，根據他們自己對海洋和海岸線的了解，調整他們的路線，對於他們所採取的計策，「他們永遠無法理解緣由和原因」[51]，佩雷斯克寫道。佩雷斯克所做的新修正起到了「縮小」地中海「所占空間」的效果，因此「沒有什麼比這更容易理解了……」修正後的地圖是對自然更清晰的轉錄。

對於最後他們形成的合作方式，佩雷斯克感到很興奮，認真、好奇的人們努力的成果透過他這個中心合併了起來。而在這麼多的信函中流動的是他的意圖，他在每一次信件往來中都試圖灌輸一種理解方法。這對他來說比任何特定技能都重要。耐心的報償是共識之網的緩慢傳播。透過這些信件，他正在招募門徒採用這一個仍然很危險的新方法，對照現實檢驗各種觀念。這場實驗是由一群分散的傳教士和商人所進行的，在某種程度上，這正是讓水手和製圖師感到最驚訝的層面。佩雷斯克興高采烈地寫信給一位朋友，現在他能夠向「馬賽最專業的水手們……以及那些製作航海圖的人們」解釋[52]，為什麼幾個世紀以來用於在地中海東部航行的地圖毫無用處。他寫信給德阿科斯說，這些專家聽到他發現大海真實形狀的方式後，「興奮得幾乎難以自持」。

世上還存有六幅佩雷斯克的肖像畫，描繪於他一生中不同階段，捕捉他日漸衰落的生命力。但在所有這些畫當中，他的雙眼皆會給人十分強烈的感受——他的眼珠看起來幾乎是純黑色的，瞳孔和虹膜幾乎融合為一。他的嘴唇抿成一直線，配上不變的簡樸白色寬衣領及黑色無沿便帽，看起來就像是一個疲憊的修道士。他的最後一幅肖像畫，是由法國藝術家克勞德·梅蘭（Claude Mellan）於一六三六年前往羅馬的途中以炭筆完成，畫中佩雷斯克的眼皮更沉重了，鷹鉤鼻鼻尖向下，嘴唇仍然撅起：這是一個疲憊、博學的人，渴望回去寫他的信。[53]那時，許多他對抗多年的疾病——包括可怕的泌尿道問題——已經對他造成傷害，他的膀胱幾乎完全衰竭，使他大部分時間都在發燒和疼痛。

他於一六三七年六月二十四日去世，享年五十七歲，距離上一次的月食還不到兩年，當時，一切都還在進行中。他的許多計畫幾乎都沒有完成。對於信件共和國的其他人來說，他的死突然將之前的一陣忙亂化作一片虛空。向佩雷斯克獻上的悼念之詞來自整個歐亞大陸，多年來一直擔任他的知識夥伴的博學人士社群，馬賽碼頭上的商人和水手，及受到佩雷斯克贊助的勇猛探險家們紛紛致上哀悼。紅衣主教巴貝里尼則編纂了一本紀念之書，收錄以四十種語言寫的輓歌，用世界上所有已知的語言哀悼他的離世，包括蓋丘亞語[xvi]、科普特語[xvii]和日語——以此表達「全人類的不滿」。[54]

而最重要的是，在他的書房裡發現的那十萬張紙是他的遺產。這些紙張是通訊交流的遺跡，數十年來，他每天致力於寫信給他的通信人們，並收集資訊片段、新研究對象、新理論，傳遞它們，與他人交換它們，而這些時光留下的遺跡，就是這些紙張。當他的朋友加森迪（Gassendi）撰寫他的傳記時，部分原因是為了刻劃他的風格，這個人雖如此有影響力，卻沒有為自己留下明顯的豐功偉業。這本書是對一位學者生平的第一批主要記述之一，實踐了佩雷斯克在他自己身上最重視的事：以對話作為通向知識的渠道。

在他死後，他的書房裡還留著許多未完成的工程，其中包括他繪製月球表面的計畫。當他第一次用望遠鏡看到月球時，他震驚地發現，它像一塊龐大的巨石一樣粗糙且呈奇形怪狀，而非如同他一直以來想像的，像是光滑的大理石板，從那之後，二十多年來，他一直在努力準確地描繪月球景貌。一六三六年夏天，佩雷斯克找到了這份工作的人選：克勞德．梅蘭，就是那年為他畫肖像的法國藝術家。當年八月，梅蘭經過艾克斯時，佩雷斯克委託他製作不同月相的銅版雕刻，並與他一起坐在屋頂上，望著望遠鏡中的月亮並素描。[55]

梅蘭在離開艾克斯之前只完成了三幅銅版雕刻——滿月、上弦月及下弦月。以他們的時代來說，他製作的圖像相當精確，描繪出了一個神秘的、未開發的世界滿是坑洞、發光的表面。但這個計畫隨著其贊助人佩雷斯克的離世而中止了，就像他正在做的其他事情一樣。這些銅版雕刻對佩雷斯克來說很重要，但不是作為一個要贏得並釘在牆上的獎品。他希望它們可以勉強作為月球圖集，史無前例的，作為一種參考。因為這些銅版雕刻詳細介紹了月球表面所有光榮的缺陷——它的隕石坑和山脈——觀察者團隊可以更精確地進行他們的調查。搭配望遠鏡，他們可以使用這個星體圖追蹤未來月食的進展。然後做他們被教導的事情：互相分享他們所看到的。

■

i 譯註：巴巴里海盜（Barbary pirates）指來自北非的海盜。

ii 譯註：西塞羅（Cicero）是羅馬共和晚期的哲學家，其思想對於之後歐洲文藝復興及啟蒙運動等深具影響力。

iii 譯註：亞拉姆文（Aramaic）與希伯來語及阿拉伯語相近，是閃族的語言之一，也是一流傳上千年的古語。

iv 譯註：摩爾人（Moors）一詞在歐洲泛指穆斯林，尤其是指北非及伊比利半島一帶之阿拉伯人及柏柏人。

v 譯註：藏珍閣（cabinet of curiosities）指十五至十八世紀期間，歐洲收藏家們收藏珍奇物品的空間。

vi 譯註：雕刻寶石（engraved gems）指寶石製成之雕刻品，大致可分成浮雕寶石與凹雕寶石，通常精緻小巧。

vii 譯註：會計法院（Chambre des Comptes）為法國君主制下，負責財務事務的主事法院。

viii 譯註：指日內瓦法學家埃利亞・迪奧達蒂（Elia Diodati，1576-1661）。

ix 譯註：指德國希伯來語及天文學教授威廉・希卡德（William Schickard，1592-1635）。

x 譯註：史特拉斯堡乃一位於德法邊境的法國小鎮。

xi 譯註：指法國天文學家喬瑟夫・高提耶（Joseph Gaultier，1564-1647）。

xii 譯註：一敘利亞北部城市。

xiii 譯註：《兩個主要世界體系的對話》一書中，伽利略採用與兩位友人對話的形式進行其觀點的辯證。

xiv 譯註：在歷史上，黎凡特指的是地中海東岸之西亞地區。

xv 譯註：帕多瓦為義大利北部城市。

xvi 譯註：蓋丘亞語（Quechua）為一種南美洲原住民語言。

xvii 譯註：科普特語（Coptic）為古埃及語發展到最後的一分支語言，一直在埃及被使用到十六、十七世紀。

第二章　凝聚：一八三九年，曼徹斯特

攤開的請願書——一頁接著一頁黏在一起，上面塞滿了簽名——延綿了近三英里。簽名者是為了生計流汗的男男女女們：來自布拉德福德（Bradford）的紡織工人、南威爾斯的煤礦工人、倫敦櫥櫃製造商阿什頓安德萊恩（Ashton-under-Lyne）的一群織布工、一位酒館老闆。請願書上總共收集了一百二十八萬五百五十九人的姓名。[1]而這份捲起來的請願書放在一個圓筒裡，很巨大，幾乎無法移動，它是一群新選民的實物代表。一八三九年六月十四日，當這份請願書終於被小心巧妙地放到下議院的地板上，再放到書記員的桌子上時，它引起了議員們的一陣狂笑，他們的笑聲是如此響亮，以至於被記載到了議院記錄中。「這可笑的手段。」[2]一名議員喊道，他指著捲軸，打斷了另一名議員吃力不討好的申訴發言。

當請願者們撰寫的請願書被宣讀時，笑聲繼續響起，此請願書以他們最激進的希望為開頭：「請求尊貴的下議院能夠極其認真地考慮本請願書，並盡最大努力通過一項法律，授予每個達法定年齡、心智健全、未受犯罪影響的人投票權，選出於國會任職之議員。」[3]

他們要求的是普選權。即使這種要求方式石破天驚且前所未有，根本是將一桶火藥放在房子地板上，但這樣的大力疾呼也並非什麼新鮮事。幾個世紀以來——從《大憲章》到湯瑪士・潘恩（Thomas Paine）對自然權利慷慨激昂的捍衛——英國的民族認同根植於他們對於自己的島嶼是個完美民主國家的想像。然而，這是個謊言。擁有選舉權的只有一小部分上流社會的成員。

一份刻劃了工人階級絕望心聲的請願書之所以可以這樣闖入國會，在很大程度上是出自某個人的幹勁與自尊，他明白這樣努力是多麼不切實際，但同時還是全力以赴地推行。操著一口純愛爾蘭口音，兩鬢留著赤黃色落腮鬍的費爾格斯・歐康納（Feargus O'Connor），是這場現在可確切稱之為運動的請願領導者，他講話粗聲粗氣，老愛誇誇其談，是個有魅力的人。歐康納採用了基本上是英國法律補充細則的規則——任何臣民皆能向王室及國會請願以尋求補救，愛德華一世在十三世紀將此細則奉為神聖而不可侵犯——並且他已將此細則以某種規模用於實現前所未有的革命目的。一個被排除在政治代表之外的族群，對於任何當權者而言都無關緊要，因為他們沒有權力，而對他們來說，這條細則是他們唯一的手段，卻幾乎完全未使用過，正如埃德蒙・伯克（Edmund Burke）於一七七五年所言，它是「唯一和平且符合憲法的方式」。[4]直到當時為止，這條細則主要用於處理小事、地方及個人事務，而這群人卻出現在請願書上，希望這個法律漏洞會顯得像絞繩一樣具威嚇力。

但他們的請願反而引起了奚落。這份請願書給了新近自覺的工人階級一個目標，讓他們聯合在一起，將懸浮在工廠地板上空以及煤礦工人狹小潮濕的生活空間中的憤怒粒子，轉變成了更多的東西。在這份文件上簽名的行為使他們團結起來，將他們最初的挫敗感，以及對於因被剝奪權利而加劇的無休止勞動生活的怨恨，磨利成一個共同的目標。歐康納已經可以聲稱這是一場勝利。但是，如果這支他們射出去的矛就只是從目標物彈開了呢？他從未想過國會會簡單地同意他們的要求。但如果議員們將他們的努力僅當成一個玩笑，那麼會發生什麼？儘管這份請願書賦予了人民權力，使他們鼓起勇氣，並讓他們凝聚在一起，歐康納也看到了這群男人和女人眼中的嗜血慾望，他擔心如果這種努力——他們最後的、最好的希望——失敗了，就會出現混亂。

歐康納先前已狂熱地走遍了全國，說服人們簽署請願書。在向國會提交請願書的前一年，他發表了一百四十七次重大演講，並在旅途中度過了一百二十三天。[5] 一八三〇年代的英國，儘管鐵路線延長，全國性報紙湧現，但仍然是一大堆——在文化、經濟，甚至語言上彼此孤立的——分裂地區的集合體。歐康納自己成為了一個吸睛焦點——如他的其中一位同夥煽動者所言：他有「肌肉發達的粗壯身材、寬大圓厚的雙肩、垂在外套領子上的紅色捲髮、哄騙人心的自得笑容、迂迴暗示的態度及伶俐的口才」。[6] 他是一位天生的演說家，具有天生的魅力，是科克郡（County Cork）一個富有的新教地主家族的後裔，他們一家都是紳士階級激進分子，他的父親和叔叔因擁護愛爾蘭獨立而受到監禁，並被迫流放。歐康納於三一學院（Trinity College）[i] 接受過律師培訓，於一八三二年以作為無代表族群代言人的政見參選，意外贏得下議院選舉。但他的任期並沒有持續多久。三年後，他被迫下台，當時，有些國會議員反對他的激進主義，便聲稱他擁有的財產未達符合議員資格的最低限度，成功將他趕出了國會。一離開國會後，他立刻走上了推動普選和其他激進目標的道路。

這次推動及組織全國性請願，最初是由倫敦的一群工匠與技工所提出，他們的領導人是威廉·洛維特（William Lovett），他是個櫥櫃製造商，歐康納有多麼火爆衝動，洛維特就有多麼理智冷靜。

一八三七年二月，在皇冠與錨酒吧（Crown and Anchor）舉行的群眾集會上，洛維特提出了一份要求清單，如果這些要求得到滿足，就能奪走特權階級對政治的壟斷權。[7]除了男性普選權之外，他們還想廢除國會成員需擁有財產的規定，並要求提供當選者薪水，以及允許公民不公開投票選出他們的代表。只是，倫敦的技工是工人階級中的一群菁英，而倫敦作為一個社群——具四百種不同的行業——太過鬆散，難以領導推動這項目標。要實現這份請願書的雄心壯志，就必須利用北方工業區最強烈的憤怒情緒。

這就是費爾格斯．歐康納憑直覺感受到的。他全身心投入推廣所謂的《人民憲章》（People's Charter）。歐康納的表現非常亮眼，以至於洛維特立即便對他感到不滿，並寫信給他說：「你在所有場合都隨身挾帶你的名氣，使得所有其他議題都被掩蓋在陰影下了——你是最偉大的政治界『全能之神[ii]』，激進主義的偉大化身。」[8]

如果像某位早期研究這場運動的歷史學家所講的，歐康納將自己視為「某種工人階級的無冕之王」[9]，那也是因為他能夠疏導他們的挫敗感。他明白工人們近來的憤慨經歷。這份請願書出現的七年前，也就是一八三二年，國會確實通過了一條擴大選舉權的法律，但變革的承諾所帶來的希望只是壓制了他們（「一項措施多麼普遍受到歡迎，就會多麼快引起反感。」歐康納寫道[10]）。當年通過的《改革法案》（Reform Bill）仍嚴格限制有權投票的人，特權還是掌握在有產階級和地主階級手中。在一個擁有一千三百萬人口的國家，該法案將選民的人數從大約四十萬增加至六十五萬三千人——有權投票的仍然只有六分之一的男性。而在愛爾蘭，有無投票權之人數差異鴻溝更加巨大，在七百八十萬人中，只有九萬人可以投票。

而此新改革的國會，由表面上自由的輝格黨（Whig）[iii]控制，依然對勞動人民的現實處境視而不見。一八三四年，一項新的《濟貧法》（Poor Law）為失業者設立了濟貧院——此機構讓人受盡屈辱，進入其中的人要剃光頭，被迫與家人分開，而且他們的體力勞動所換得的工資低到不能再低。有些人寧願餓死也不願進濟貧院。各工會開始受到攻擊，被貼上非法的醜名。在一個臭名昭著的案例中，六名多塞特郡（Dorset）的農場工人僅僅因為向當地農業組織罵髒話，就被送往澳洲流放地。[11]任何為使工人生活好轉所做的努力都未能通過國會的大門。將工作時間限縮為十小時的政治活動也同樣沒有成功。

與此同時，工業化繼續快速發展。越來越多的織布工發現自己被機械化的織布機取代了。而隨著婦女和兒童因廉價勞動力的需求進入紡織廠工作，維繫家庭與社群的紐帶瓦解了。在此時期，最終將成為馬克思主義共同創始人的弗里德里希．恩格斯（Friedrich Engels）做了一份關於曼徹斯特（Manchester）的研究，他覺得自己正目睹著一種緩慢的「謀殺」形式。[12]當時，勞工們的生活條件糟透了。人們擠在一起，「十幾個工人擠在一個房間裡，到了晚上空氣變得如此惡臭，幾乎令他們窒息。」他們在潮濕、通風不良的住宅中度日，這些住宅的周圍則堆滿了腐壞的動物屍體及腐爛的蔬菜。「他們像野獸一樣被棍棒驅趕，永遠沒有機會享受平靜的生活。」恩格斯寫道。他總結說，即使是奴隸和農奴也似乎過得更好。然後到了一八三七年，一波跨大西洋經濟蕭條抬高了糧食和其他基本商品的價格，使得情況變得更糟。逐漸地，工人階級能失去的東西越來越少。

這項組織全國性請願的事業從一八三八年夏末一直持續發展到秋天，期間時不時會出現大規模集會。[13]八月在伯明罕（Birmingham）舉行的一場集會吸引了二十萬人。歐康納一直是主講人，並穿得像個紳士——深色西裝背心、領巾及寬邊大禮帽——但正如他曾說過的，他的話是針對那些「穿著粗斜紋棉布夾克、雙手起水泡、下巴鬍子沒修剪的人」。[14]而那些人蜂擁而至。九月的一場集會占領了曼徹斯特郊外的克薩爾穆爾（Kersal Moor），這裡很久以前是一片綠地，但在每週一次的賽馬踩踏下，成了一塊土灰棕色的裸地。「到了十二點，」某家報紙報導，「一半的地被占領了，而即使是在這個時候，龐大的群眾也表現得很糟糕的樣子。」[15]小販賣著鱔魚凍豌豆湯、烤土豆和羊蹄。這裡還有咖啡攤車，喝著薑汁啤酒和熱紅酒的男人們碰著杯，發出了叮噹聲，而遠處的城市是一個剪影——圓柱形的煙囪噴出廢氣，並像風琴管一樣伸向天空，餵食著厚厚的黑色盤旋雲朵。

到了一八三八年的最後幾個月，暴力的場面似乎差一點就控制不住了。晚上會有男男女女共襄盛舉地參加火炬遊行，因他們唯一的空閒時間是在下工之後。來自北安普頓（Northampton）的一名觀察員從其中一個遊行隊伍中捕捉到了這樣一個場景：當遊行隊伍穿過城市的街道時，橫布條被高高舉起，「天空迴盪著他們雷鳴般的歡呼聲。」[16]他所看到的景象給了他非同凡響的印象：「除了這場景奇怪的一面之外，數千名工匠的外表粗野，他們沒有時間離開工廠回家……因此他們的臉被汗水及污垢弄得很髒。遊行隊伍通常很長，有時多達五萬人。一束光沿著整列隊伍閃耀著，照亮了高聳的天空，就像一座大城市在大火中的倒影。」不久後，也能聽到槍響聲。

儘管此情況讓歐康納很興奮，他也很害怕這些情緒的爆發，擔心它們很容易轉化為魯莽和自我毀滅。這一切都必須發展出某個東西。如果沒有，這些能量會跑到哪裡？十二月，國會取締了這些當地大報開始稱作「怪物」示威的集會活動。歐康納懇求群眾，現在是集中他們憤怒的時候了，別讓他們的怒火在喊叫中消散。他的目標是在請願書上添加盡可能多的名字。一場場群眾集會激起了人們如此有力量的感受，以至於許多人看不出這場緩慢沉重的請願活動有什麼意義。但歐康納認為，這種集體行動是完全嶄新的，是他們的最後一搏。「這是最後一次，最後一次，」他告訴一群又一群的聽眾。「要使他們沉默，就要給他們這個：讓每個男人、女人和孩子在請願書上簽名；立即解除所有敵人的武裝。如果能動一下筆就達成，那就值得嘗試了。」[17]

在這之前，助長這場運動的憤怒已經越演越烈好一陣子，但那股憤怒是沒有任何組織原則的不滿情緒。直到一八三八年，有六百多個組織因應令人失望的《改革法案》而發展起來，或是最近為支持《人民憲章》而成立。[18]歐康納本人在離開國會的那幾年裡一直在扶植成立許多這樣的團體，比如他幫助建立的大北方聯盟（Great Northern Union）——由聚集在伯明罕和曼徹斯特製造中心周圍的多個激進團體組成。唯有到了此刻，他們的事業才變得足夠團結統一到配得上一個名字：憲章運動。

約翰・貝茲（John Bates）年輕時曾是憲章派，在他的回憶錄中，他想起這份請願書所帶來的震撼效果：「全國各地都有組織，但嚴重缺乏凝聚力……激進分子們沒有團結一致的目標和方法，完成任何事情的希望都只有一點點。然而，當《人民憲章》起草時……明確界定了工人階級的迫切要求，我們感到自己有了真正的聯結紐帶，從而將我們各地的激進組織轉變為當地的憲章派中心。」[19]

對歐康納來說，這份請願書不僅僅是一場嗚冤的表演，不僅僅是一顆朝著冷漠、與勞工缺乏交流的國會窗戶扔出的石頭。他反而在收集簽名的實際的體力勞動中看到了這份請願書的真正價值——在於需要挨家挨戶地去說服他人用筆墨記下自己對某個目標的擁戴。這會將工人階級截然不同的部分捆綁在一起，讓他們視自己為一個獨特的階級。他試圖在一八三八年四月一場舉辦在迪斯伯里（Dewsbury）的集會上解釋這一點，他說重要的是——《人民憲章》有助實現的目標——是「一個聯盟，而此聯盟的基礎原則不僅能使激進分子們能夠有相似的想法，並且能使他們知道彼此的想法相通。沒有什麼比他們知曉彼此的想法更必要的了，有了此認知，他們幾乎可以實現他們所希望的任何目標。」[20]這份請願書將使得他們能認可彼此負荷的是同樣的重擔，肯認他們是一個被排除在外的社群。

但收集簽名的起頭並不容易。一八三九年春天，來自英國各個角落的憲章派代表齊聚倫敦，創建了一個代表性機構，這是一個負責收集與交付完成之請願書的全國代表大會。接著，他們馬上遇到了一個意想不到的問題。他們收集到的簽名總數與應有的數量不完全相符，與他們所希望的數十萬相差甚遠。這個總數肯定沒有反映出參加示威的龐大人數。有些問題是運籌方面的。要接觸到從黎明到黃昏都在工廠辛勤工作的工人，一天就只有那麼幾個小時。[21]而在某些情況中，結果證明令人卻步的是國家租金（National Rent），一筆旨在支持代表大會的小額捐款。但也有心理障礙的問題。這種積極、好鬥地爭取完全政治權利的做法是嶄新的，與人們熟悉的當地請願形式完全不同——「這就是格洛斯特郡（Gloucester）的奴隸狀態，人們不敢簽署請願書。」[22]一位憲章派人士在嘗試於迪恩森林（Forest of Dean）收集名字後寫道。即使是在激進行動主義中心華威郡（Warwickshire），從七萬七千人口中收集到的名字也不到六千個。「我完全不能勝任這項任務，」這位沮喪的當地組織發起人寫道。「我們不能再稱其為『全國性請願』。我們進行的預設已被證明是錯誤的。」

歐康納被大會派去說服那些不願意簽署的人，而正是在一八三九年春天那幾趟遊說他人的旅程中，歐康納親眼看見了請願書所能達成的目的、請願書能為勞工族群做到的事，儘管目前困難重重。它是一種成本幾乎為零的媒介。「不管在哪，只要有一小張紙、一枝筆，和幾滴墨水，就有一份請願書的材料。」[23]一位憲章派人士寫道。但是拾起這些材料的行動激發了團結心——一群人們的團結心，他們用尺擬制請願書，挨家挨戶地遊說，偷偷溜到工人工作的廠房，或在繁忙市場擺桌子。當一位憲章派社運人士必須為自己的立場申辯時，他就是在強化自己的信念，一邊說服自己更深地投入其中，一邊使他人信服。而對於深思熟慮，最終簽下名字的工人來說，這是一句發下的誓言，一份締下的合約，一個在這些貧困人民生活中幾乎是最正式、莊嚴的行為。這份請願書出現在一個以口語為主的文化越來越通曉讀寫的時刻，它就處於這個口頭與書寫的交叉路口。這次的請願運動中，一半的工作是用言語說服鄰居、朋友和同胞，另一半則是讓他們簽署。而正是通過簽署，他們感到自己在這項事業中將自己奉獻給了神聖的目標。

根據憲章運動學者馬爾科姆・蔡斯（Malcolm Chase）的說法，收集簽名「是一個對於建立政治意識極其重要的教育過程」。[24]就如同佩雷斯克的信件為他的通信者們開闢了新的對話和思想渠道，憲章運動中的請願書是一記敲門聲，但它也起到了其他作用——在使新的想法與感受迅速浮出檯面的同時，它也提供了一個單一的出口，讓所有這些談話有一個重點。在威廉・洛維特的自傳中，這位最早憑空想出這份請願書的倫敦櫥櫃製造商，將其描述為「最高效率創造、引導並確定公眾輿論的手段」。工人們的參與度越高，收集的簽名越多，他們就越能認同自己是一個擁有假想權利的階級。在某種意義上，將你的名字寫在請願書上就是一種投票方式——工人階級唯一被允許的投票方式。「請願書在光天化日下宣揚著憲章主義，」歐康納說，「將我們帶到這群此前盲目之人的眼前。」[25]

各社群圍繞著此一活動而成立。請願活動為這些社群創造了形式及目標。例如，在離伯明罕不遠的基德明斯特（Kidderminster）這樣的城鎮上，當地工人聽說請願一事後，就成立了他們所謂的「臨時委員會」以組織「工人階級的籌備會議」。[26]他們在那場會議大聲宣讀了請願內容，然後又舉行了另一場會議以正式通過此案，而這一百五十名最初的請願書簽署人開始自稱為基德明斯特工人協會（Kidderminster Working Men's Association）。每個成員皆發誓要收集更多簽名。在接下來的八週裡，他們設法收集了兩千五百個。

從「一人實行一次」的這個核心、相互密切的行為，衍生出了一個完整文化。當憲章運動因缺乏簽名而陷入困境時，更多的協會和拉票小組成立了。憲章派人士們認為這場請願表達的是「人民」的意願，因此以前被排除在此類政治活動之外的兒童和婦女也得以參與。早些時候，較小規模的請願曾明確禁止女性參與。現下發生的事情是前所未有的轉變。「無論我到哪裡，我都會讓女人簽名，」一位請願社運人士對中部地區的群眾說，「她們比男人更感興趣。」[27]而且她們做的不僅僅是簽名。儘管任何新的選舉改革都注定只適用於男性，但她們還是成立了自己的委員會，並拉攏了她們的朋友和鄰居參與。在最終收集的一百二十萬個名字中，估計有二十萬個來自女性工人。[28]

各家新成立的憲章派報紙皆報導了這一巨大的努力成果，而沒有什麼刊物比歐康納自己的《北方之星》（*Northern Star*）更重要的了。此報創辦於一八三七年，辦公室位於里茲（Leeds），在一年內超過了《泰晤士報》（*The Times*），成為英國閱讀量最大的報紙，每週發行量達到五萬份。歐康納會在《北方之星》中一個充滿愛爾蘭笑話和詩歌的固定專欄發表文章，他的側面鋼版印刷像出現第五期當中，這張側面像可以剪下來，掛在憲章派家中，除了提升歐康納的地位之外，此報也詳細報導出每一個憲章運動的領地，列出收集到的簽名記錄，設定目標，創造了一種很有氣勢的感覺。

到了一八三九年春天，倫敦的大會開始宣揚更正向積極的消息。[29]在格拉斯哥（Glasgow）[iv]，四天內收集了兩萬個簽名。在康沃爾郡（Cornwall）的海爾鎮（Hayle），憲章派代表發現人們為了簽署請願書，排隊等到晚上十點。「現在這個國家的政治情緒（political feeling）可能比世界上任何一個國家曾有過的都要強，」某家激進立場報紙的一篇社論宣稱，「似乎每個人都成為了政治家。」[30]

不出所料，請願書在國會引起一陣哄堂大笑後，便遭到駁回。七月十二日，在大量的請願書全部提交一個月後，議院針對是否應考慮請願內容進行了投票。此問題的辯論只持續了幾個小時，除了少數熱情的激進派議員的發言之外，整場辯論幾乎是一面倒地認為請願不值得考慮。而沮喪的憲章派人士們就站在議院的旁聽席，看著議員們以二百三十五票比四十六票的壓倒性多數反對了這項請願，甚至連討論都不願意。

接著是鎮壓。一位有影響力的輝格黨內閣成員布勞頓勳爵（Lord Broughton）回憶說，他大約在這個時候告訴首相：「既然憲章派的目的是打爆我們的頭，搶奪我們的財產，我們可能會在一番掙扎之後陷入這個困境，但也可能不會；我們只會失敗，但我們也可能成功。」[31]武器和士兵開始在全國湧動。例如，皇家軍械庫的一批貨物抵達了蘭開夏郡（Lancashire）的小鎮利鎮（Leigh），其中包括一百五十把劍、三百把長型海勤手槍、三百把燧發槍及六千發彈藥。[32]

甚至那個夏天，在請願書被送入國會後，到表決之前的數週中，也有跡象表明事情的發展方向。七月四日，數百名憲章運動人士在伯明罕市中心的牛環（Bull Ring）廣場上閒蕩，海軍中將霍雷肖・納爾遜（Horatio Nelson）的青銅雕像俯瞰著他們，它的一隻手放在一個巨大的錨上，另一隻手則藏在它的背心下。他們拿著橫幅和旗幟，包括一面骷髏旗。[33]然後，突然間，廣場陷入一片混亂。內政部派出了倫敦警察廳的六十名警官，他們由騎著馬的市長率領，揮舞著警棍，有權逮捕任何被抓到正在向人群發表言論的憲章派人士。直到當地的第四龍騎兵部隊趕到並控制了情勢之前的半個小時間，憲章派人士們投擲著石塊，接著被打得血肉模糊。三名警察被刺傷。到了深夜，八十名憲章派人士被捕，被迫清空他們口袋裡的石頭，然後被押送進了監獄。

接下來是領導人被捕，包括威廉・洛維特。隨著牛環廣場事件爆發，他因寫下「在人們對他們被要求遵守的法律有某種控制權之前，生命、自由或財產都沒有保障」這段文字[34]，而遭控犯下煽動叛亂的罪行，接下來的一年，他都要在獄中度過。

然後，發生了什麼？歐康納本人因其撰寫的一篇專欄文章，而在約克（York）面臨誹謗的指控。在他缺席的情況下，沒有人支持使用「道德的力量」（moral force），取而代之的是更多激進憲章派人士的聲音。在工人階級領袖中，總有一些人不耐煩地挖掘這場運動更狂野的本性。請願失敗後，在伯明罕開會的一個委員會決定號召一次為期一個月的總罷工，叫每個工廠及作坊的男男女女們皆在此期間拒絕上工。而這場罷工始於幾週後的八月十二日。

歐康納嚇壞了。罷工不是一個壞策略，但除非數百個憲章派社群以他們為《人民憲章》所集結的同等意志和方法，一起行動，否則他知道，這將是一場災難。或者，正如《蘇格蘭人報》（*Scotsman*）所言：憲章派「即使不是徹頭徹尾的瘋子，也肯定受到最邪惡的惡意影響，他們正追求一個毫無疑問會導致叛亂和無政府狀態的目標。」[35]如果這場罷工失敗，他們手上最後僅剩的影響力也會被奪走。「一旦讓他們在這件事上被擊敗，他們便會永遠迷失。」歐康納解釋道。[36]

歐康納設法顯著縮短罷工的時間，顯示出他有力量操控這場新萌芽的運動——他提出罷工持續三天就好，比原本的預期少了許多威脅性。罷工終於在八月中旬舉行，卻結束得相當散漫無目的，幾乎沒有造成任何影響，正如歐康納所擔心的那樣。

隨著一八三九年夏天轉變成秋天，憲章運動瓦解為不確定、解體的狀態。歐康納寫道，這場運動曾經被說成「如雲中之物」[37]，而此時，他擔心又會回到那種散漫輕率的情況。這場運動將會「由地方討論與局部勢力決定走向，但此事尤其一定要避免，因為最必要的是，所有輿論之流應該協調、融合在一起，如此它們才能變成現下難以抵擋的浪潮，對抗工人族群的敵人們」。到目前為止，只有請願書取得了與此相近的成就。

後來，當局試圖將接下來發生的暴力事件歸咎於歐康納，他們無法相信這位偉大的「全能之神」不是在每個陰謀背後下指導棋的人，但任何人都可以看出，暴力事件是空虛狀態的結果，是大家現在變得躁動不安、失去目標的結果。

十一月四日凌晨，大雨襲擊了一群憲章派人士，這群人當天早早便已聚集在俯瞰南威爾斯工業中心紐波特（Newport）的山丘上。他們有幾千人，主要是煤礦工人和鋼鐵工人，來自山谷周邊城鎮，如南提格勞（Nantyglo）、龐蒂浦（Pontypool）、布萊克伍德（Blackwood）、紐布里奇（Newbridge）及里斯卡（Risca）。[38]他們的口袋裡放著自製的卡片，上面記錄著他們在這雜牌軍隊中的編號和部隊。幾個星期以來，他們一直構想著襲擊紐波特，這麼做可能會切斷此工業中心與倫敦的聯繫，並點燃全國其他地方的起義。下雨的天氣讓溝通變得困難，他們之間最大的一群約有五千人，整晚大部分時間都站在一家叫威爾斯橡樹（The Welsh Oak）的小村莊酒吧外面，受著凍，全身濕淋淋的。他們傳著酒喝，偶而緊張地開槍射擊。他們的領導人是一位名叫約翰．佛羅斯特（John Frost）的五十四歲亞麻布店老闆，曾任紐波特市長，後成為激進的憲章派人士。當這位領導人命令，他們開始以軍事編隊從西部出發衝向紐波特時，天色已經很亮了。那些看到他們下山的人都被他們終於釋放出的憤怒嚇壞了。「他們來了，他們中的許多人喝得半醉，大喊大叫，飆罵髒話，揮舞著巨大的棍棒，一群可怕的人。」[39]一位目擊者寫道，他記得當時一個男孩從他父親身後偷看著遊行隊伍時的情景，那位父親正手持一把木製握把的雷筒，保護他的家人。

當時的紐波特市長在黎明時分得知這群武裝分子正在逼近，先發制人地逮捕了幾名當地憲章派人士。他將他們關押在韋斯特蓋特酒店（Westgate Hotel），他宣布此處為他的總部，由駐紮在附近的第四十五團三十一名步兵所鎮守。他們將自己鎖起來等待，聽著憲章派人士用槍托打碎窗戶以及穿過城鎮時大聲高呼的可怕聲音。當憲章派人士到達旅館時，他們要求釋放囚犯並交出市長。更多的人朝酒店對面的廣場走了下來，擠進了門廳。隨著他們的身影越來越逼近，一大片的長矛上下擺動著，突然有人朝空中射出一槍。

酒店裡的士兵可以很清楚地看到街道和下面的武裝人群，他們開始用步槍射擊，一次兩人走到大窗戶前，朝人群開槍，然後在另外兩名士兵補上他們的位置時再裝填子彈。[40]人們倒下，尖叫著，憲章派軍隊開始逃竄撤退，與後方的戰友相撞，留下街道上散落的長矛和槍支。仍被囚禁在旅館裡的憲章派人士開始撕毀每一件家具，怒斥剛剛向他們的朋友開槍的士兵。然後，鎮守酒店的步兵打開鎖著的門，朝這群俘虜開槍，空氣中瀰漫著灰色的煙霧。

這一切持續了約二十分鐘。「當時有個可怕的場景，」一位留在酒店裡面的臨時員警寫道，「可怕到難以言喻——垂死者的呻吟，傷者的尖叫，死者猙獰蒼白的臉和充血的眼睛，還有破碎的窗戶和被血跡淹沒的通道。」[41]一些受傷及垂死的人爬著逃走，尋找藏身之處。

那群襲擊了城鎮的憲章派人士，拋下了他們的武器，一路跑到鄉村才停下腳步。可以統計出的人當中，有二十二人死亡，五十人重傷。死者中，一個年輕人的口袋裡有兩張卡片。一張寫著「H部隊五號」[42]，代表著他在這場起義中的地位；另一張破破爛爛的，能證明他是當地憲章派團體阿伯戴爾工人協會（Aberdare Working Men's Association）的成員。

一八三九年冬天，在這個國家仍然對這場紐波特暴動深惡痛絕的時候，蘇格蘭散文家兼歷史學家湯瑪士・卡萊爾（Thomas Carlyle）出版了一本名為《憲章運動》（*Chartism*）的小冊子，他在其中試圖以某種同情的態度找出這整場工人階級躁動的原因。他們的叛亂已經演變成混亂，但他寫道，他渴望「清楚地解釋這種思想，這種思想實際上正折磨著那些口齒不清的狂野靈魂，他們在那裡掙扎著，口齒不清地喧囂，就像痛苦卻叫不出聲音的動物，無法說出內心的話」。[43]

請願書的最大優點在於讓工人階級清楚地讀懂自己的訴求，以及讓上流和中產階級都讀得懂。但暴力擾亂了這種清楚易讀性。它確實讓憲章運動看起來「口齒不清」，讓政治和商業菁英中的許多批評者對這場運動不屑一顧，認為其毫無重點且狂暴，起不了作用。「他們稱自己為群眾，但他們只不過是旋風中的塵埃。」《倫敦查報》（*London Examiner*）的社論寫道。[44]

歐康納對於在紐波特發生的事情感到震驚又沮喪。就在那群威爾斯憲章派人士開始持槍在山上集結的同一天，他剛從愛爾蘭逗留一個月回來。沒有人清楚當時歐康納對於此即將發生的事件了解多深（如果他知道的話）——他堅持說：不比「遠離塵世的人」知道得多[45]——但他極不可能支持以暴力占領一個城鎮。歐康納一直認為，請願失敗後，憲章運動必須以全國競選活動為基礎，拓展其抱負及影響範圍，而不是縮小成一個個竊竊私語、囤積武器的派系。那年秋天在愛爾蘭旅行期間，他一直努力建立一個相互連通的憲章派俱樂部系統，以助於推選下屆議院大選中的激進候選人。在他看來，以強硬言論為支柱、符合憲法的手段仍然是最清晰的道路。

憲章派需要的是一個新的全國性目標，讓過去幾個月似乎失控的所有各社運人士和社群重新團結起來。歐康納意識到這場危機提供了他一個機會：他們的目標可以是挽救約翰・佛羅斯特的生命。

那天，紐波特起義的領袖眼眶含著淚，逃離了大屠殺的現場。他在一台運煤車裡躲了一天，到了晚上，一身濕淋淋又疲憊的他從車裡鑽了出來，到了一位憲章派印刷工的家中，換個衣服，吃點東西，但就在這時，他被逮捕了。他的兩個同夥很快地也被抓到了：四處遊歷的演員威廉・瓊斯（William Jones）被捕時，正藏匿在樹林裡，握著一把手槍；幾週後，秉持著自由思想的旅店老闆西番雅・威廉斯（Zephaniah Williams）也被捕了，當時他在卡地夫（Cardiff），提著一袋金幣，正登上一艘開往葡萄牙的船。政府要求加速審判。因此，瓊斯、威廉斯與佛羅斯特在一八三九年的最後一天，發覺自己在蒙茅斯（Monmouth）的一個法庭上，因遭控嚴重叛國罪而受到審判，嚴重叛國罪的指控很罕見——自一八二〇年以來，便沒有人因此類罪行受到審判和懲罰。[46]

在審判前幾週，歐康納積極投身於籌措法律辯護的資金。畢竟，這是他從一個城鎮到另一個城鎮，每晚在不同的聽眾面前最擅長做的事。他甚至將十二月二十一日《北方之星》報紙的利潤捐給了佛羅斯特的法律團隊。這是一個緊張的時期，許多憲章派人士臆斷，若有人被定罪，最終將表示會發生全國全面的武裝起義。有個謠言傳了開來，說《北方之星》將以血紅色墨水印刷，作為革命開始的標誌。但歐康納並沒有這樣的計畫。一月四日，歐康納本人坐在法庭旁聽審判，而當天發行的《北方之星》社論稱，任何談論暴力的言論皆「極度不明智，必須處處小心壓制。豪言壯語、高聲說話的時代已經一去不復返了」。[47]

聽證會進行了一週，在此期間，尤其是佛羅斯特的臉被細細觀察，連最輕微的一絲抽搐都不放過，聽證會之後，陪審團的審議持續不到半小時。三人被判有罪。「就在那時，他的表情第一次發生了變化，」《觀察家報》（*The Observer*）報導了佛羅斯特的神態，「他嘴唇的抽動，暴露了他的極度焦躁不安。當致命的話語在法庭上迴盪，他悲痛欲絕地往後倒在了被告席上。」[48]然後，懲罰來了。單單的死刑顯然是太輕的判刑。一週後，法官宣讀了處刑的細節：「你，約翰．佛羅斯特，以及你，西番雅．威廉斯，以及你，威廉．瓊斯，從此地被帶去你們的來處，從那裡被拉到一個欄架上的處刑地，你們每個人都在那裡絞頸直到死去，然後你們每個人的頭都將與身體切斷，每個人的身體都將被切成四等份，以女王陛下認為合適的方式處置，願全能的上帝憐憫你們的靈魂。」[49]

憲章派真切地感覺到自己完全無助。他們沒有可求助的依靠，沒有可以讓步的政治權力，也沒有可以投票的權利。甚至他們為佛羅斯特的法律辯護所付出的錢也會是徒勞。許多人想要復仇。但歐康納回到了他開始信任的一種方式：最好的方式，也許是唯一的方式，能提醒憲章派他們是憲章派，是一個必須被傾聽的受屈集體的一部分。他呼籲再次發起請願。

儘管《人民憲章》失敗了，但毫無疑問，它讓這場運動成形——讓這場運動發展，並確立它的方向。如果對佛羅斯特命運的情緒反應得到適當的引導，可能會激發類似的努力，不過此努力更具體的目標，是使輝格黨政府渴望迅速執行的死刑得以減刑。法院於一月十六日下達了這三名男人的懲處指令，即使上訴待決，他們似乎也不太可能獲救。背地裡，政府意圖利用這種聳人聽聞的懲罰，向工人階級傳達訊息。內閣成員布勞頓勳爵在他的日記中記載著，國會在這一點上達成了一致，甚至首相墨爾本勳爵（Lord Melbourne）也認為這些措施「對於預防無政府狀態是必不可少的」[50]。

這一次，簽名收集得很快，而且規模巨大。雖然之前全國請願，得花上好幾個星期、好幾個月，才達到群聚效應[v]，但憲章派此次在幾天內便積累了相似數量的支持者。[51]在桑德蘭（Sunderland），三天內就收集到一萬七千個名字；在奧爾德姆（Oldham），兩天就收集了一萬八千個；而在伯明罕，六天就收集了三萬個。而且蘇格蘭的收穫尤其豐碩：在阿伯丁（Aberdeen）的憲章派人士採用挨家挨戶請求連署的策略，收集了一萬五千個簽名；在愛丁堡，為佛羅斯特簽名的人比一八三九年在請願書上簽名的多了五千人。在丹迪（Dundee），拿到的簽名數還超過了兩萬；而在佩斯利（Paisley），市議會帶頭遊說，於十四小時內收集了一萬四千七百八十四個簽名。

這樣的情況顯示，此次的請願行動正在創造一種能歷久不衰的東西，一個能夠在需要時迅速引起注意的運動。過去的一年半裡，因圍繞著《人民憲章》工作而最初融合成的那個文化——所有小型地方協會——如今似乎可以自己維持運作，出現了各種禁酒協會、為葬禮籌款的團體、集體閱報俱樂部、講座及花園派對。將名字寫在紙上的此一舉動，創造了對於一套價值觀以及共享這套價值觀之人的新式忠誠，人們會唱憲章派歌曲，參與週末集會和大型野餐。[52]許多酒吧都自稱為憲章派，人們可以在每張被啤酒泡沫弄濕的桌子上找到《北方之星》。憲章派人士會以特別版《北方之星》所附的憲章派領袖的印刷版畫，裝飾他們的家。他們可以從憲章派商店訂購憲章派產品——憲章派鞋油、墨水、紡織品或早餐用的玉米粉調製品。他們會在信上簽「你的憲章運動朋友」或「你參與對抗強權正義事業的兄弟」。狂熱投入的人們甚至將他們的孩子命名為費爾格斯，儘管免不了招來一些不好的後果。[53]有一名來自基斯利（Keighley）的小男孩名叫費爾格斯．歐康納．福爾摩斯，他的父母是羊毛梳理工，在他的學生時代，一位不願叫出費爾格斯．歐康納這個激進人士名字的校長僅稱他為「F」。而當另一名叫費爾格斯．歐康納．馬博特的小孩子受洗時，塞爾比（Selby）教區的牧師面無表情地說：「我想他們希望這個孩子被絞死。」

報章雜誌以敬畏的態度，報導了這些社群相當迅速地收集到大量簽名。而最後，這場連署請願起了作用。當絞刑架已經在蒙茅斯監獄外架起，政府突然讓步了。有個原因是，維多利亞女王與艾伯特親王（Prince Albert）的婚禮將於二月十日舉行，政府擔心整場婚禮的盛況會被這幾個男人斬首分屍的血腥可怕報導給毀掉了。但主要的原因不在此。這場請願活動使政府無法忽視反對如此刑罰的廣大群體。紐波特暴動的記憶仍在嘶嘶作響。傾聽民意似乎是明智的判斷。在二月初致國會的一封信中，一位政府部長諾曼比勳爵（Lord Normanby）向女王解釋了他的思考邏輯，以及「自他們的審判以來所發起的種種訴訟」為何使他要「明智地建議女王陛下，以終身流放為條件，施予上述囚犯皇室的恩澤」。[54]於是，他們將被流放。

女王做出決定後，還不到一天，佛羅斯特、瓊斯和威廉斯便在半夜被叫醒，銬上鎖鏈帶到樸茨茅斯（Portsmouth），連與妻小道別的機會都沒有。幾週後，他們被安置在一艘罪犯船曼達林號（the Mandarin）上，前往範迪門之地（Van Diemen's Land），即現在大家所知的澳洲塔斯馬尼亞島（Tasmania）。他們注定要在那裡做著苦工，度過餘生。這艘船停靠在港口時遭逢暴風雨，其中一根桅杆受損，於是因維修而延遲了幾天出航。一位他們的支持者偽裝成傳教士偷偷上船，他瞥見佛羅斯特被鐵鍊鎖在貨艙裡，他的臉「疲憊憔悴，皺紋深陷」。[55]這趟航程是逃不掉的，但此命運比國家本來打算施加的懲罰要好得多。

對於歐康納來說，此結果是一個令人振奮的推動力。儘管這場勝利對某些人來說可能感覺微不足道——用在異國他鄉艱苦勞動的一生取代處決——但對歐康納而言，這清楚地證明了請願是一種策略，它能展現某種權力。改變政府的決心並非一件小事，歐康納認為這是憲章派第一次真正的成功。憲章派集中了集體的注意力，避免了自身以一場運動的形式瓦解，並帶著新的力量興起。憲章運動的學者桃樂絲．湯普森（Dorothy Thompson）視減刑為一個轉捩點，稱此舉是「和平憲政壓力的結果」[56]，並且削弱了當局構成的最大威脅，同時也是其擁有的最大優勢，即他們的「根本暴力」。歐康納不久後轉向另一項請願，目標是為這三個人爭取完全的皇室赦免。到了次年一八四〇年五月，憲章派已經收集了將近一百五十萬個簽名提交給國會，超過了《人民憲章》一案的簽名數，而且差一點就獲得批准（議長決定性的一票打破了平局，寬赦判決的請願最終遭否決）。[57]

然而，這份請願書無法由歐康納提交。載著佛羅斯特的罪犯船啟航前往範迪門之地的那個春天，有五百名憲章派人士被關進監獄，其中包括大多數領導人。歐康納於三月因煽動性誹謗的指控再次受審。他的某一場演講和另一篇印在《北方之星》上的演講稿被認為推動了暴力叛亂。忠於自己的性格的歐康納將法庭變成了他的演講台。他在審判後寫道：「我為整個法庭的空氣注入芳香——憲章主義的精華，我將以此想法安慰自己。」[58]他在法庭的開場白彷彿站在克薩爾穆爾的數十萬人面前的演講，持續了近五個小時。

毫無疑問，他會被判有罪並被判刑。從多方面來說，他一直在等待這一刻：他登上唯一的憲章運動領袖之位後的最後一站。他告訴他的眾追隨者，他當然是無辜的。政府對他的迫害是針對紐波特起義的不公正反應，但他願意接受自己的殉道。「這是我一段時間內的最後一封信，」他在五月被判刑後在《星報》（*Star*）上寫道，「在你讀完這篇文章後的幾個小時內，我將被送入陰暗的地牢，不是因為我自己的任何特殊功績，而是因為你們的分裂。在這種情況下，你會以為我要責罵你們，訓斥你們；但不是的，我的朋友和夥伴們，我的這盞燈所能發出的最後一絲微光，將奉獻於照亮你們通往自由的道路。」[59]

歐康納會在約克城（York Castle）度過十八個月，這座城堡內有多棟建築，隱身在雄偉的石牆和護城河之後，最初由征服者威廉（William the Conqueror）建造。雖然他的牢房比其他所有牢房都寬敞，但既潮濕又黑暗。起初，儘管他是英國極為知名的政治人物之一，但他仍受到與其他囚犯一樣的對待，他唯一的特權就是能夠穿自己的衣服。但歐康納還是歐康納——曾是一位具影響力及說服力的紳士——很快就被允許在牢房裡放入一些自己的家具，甚至養一些異國的籠中鳥作為陪伴。他有酒和自己的食物〔據《約克報》（*York Gazette*）報導，「我們知道，他的飯菜是從城裡的一家旅館送來的。」〕[60]甚至政府明確規定的一項禁令也遭到了藐視：他又開始為《北方之星》寫專欄了。而且他也可以閱讀每週都會走私送來的該報。他讀到的內容很可喜。雖然憲章運動離它的目標還很遠，但在他所希望的所有方面都逐漸成熟。

未來看起來也更清晰了——七月，歐康納收到消息說，曼徹斯特的社運人士會議已經成立了全國憲章協會（National Charter Association）。實際上，他們創建的是歷史上第一個工人階級政黨。以拉票小組為基礎，社運人士的小組將組成地方分會，每個人每季度支付一便士的會費，便可以因此獲得選舉全國協會領導人的權利。然後，收取到的會費將會分配在這些地方憲章委員會和國家組織。這是一場植根於當地，卻以全國為範圍團結實踐其使命的運動，是歐康納的願景。創始的主席是曼徹斯特工廠的一名工人，他是英國所有政黨中第一位民選的政治領袖，乃是通過個人成員的投票而非在煙霧繚繞的幕後選出的。

歐康納本人並未活著看到憲章派使命的最終實現，那還需要很長的時間。但他確實看到了更多的請願。一八四二年，憲章派再次發起運動，努力為一份國家憲章徵集簽名，並且超越了他們上次的簽名數，召集了三百三十萬個人簽署，占英國成年人口的三分之一。這份捲起來的請願書重達六百磅，實際上放不進下議院。當時，他們必須拆除門框才能將請願書塞進去，但這個做法失敗了，於是，他們不得不在國會成員們驚訝的目光下，將這捲連接起來達六英里長的請願書攤開，一張張疊在書記員桌前。[61]從旁聽席觀看的威廉・洛維特說，當時的場景就像下著紙張的雨。接著，此請願以兩百八十七票對四十九票被否決。在革命之年的一八四八年，甚至還有第三份請願書，上面收集了六百萬個簽名，但這個數字受到了書記員的質疑。那一年，歐康納以議員身分重返國會，結果卻陡然死於酗酒及憂鬱症。他於一八五五年去世。

直到一八六七年的《改革法案》，部分男性工人——即使是那時，也非全體——才被賦予投票權，然後到了一九一八年，成年公民，包含婦女，才獲得了像樣的普選權。儘管花了長時間才實現普選，但憲章運動的直接影響是將請願提升為一種政治行動，將簽名者團結在一起並擴大他們的聲音。請願活動在憲章派奮鬥的歲月中達到了巔峰。從一八三八到一八四八年，每屆國會平均收到一萬六千份請願書，相較於一八一五年結束前的整整五年期間只有四千四百九十八份。[62]光是一八四三年一年，就有三萬三千八百九十九份請願書。這群新的選民請願反對不安全的勞動條件；他們請願限制工作日的小時數；他們請願反對削弱提高穀物價格的關稅；他們請願反對《濟貧法》持續存在。他們使自己的聲音清晰易讀。

i 譯註：三一學院全名為「都柏林大學聖三一學院」（Trinity College Dublin, The University of Dublin），位於愛爾蘭都柏林，是愛爾蘭最古老的大學。

ii 譯註：原文為"the great 'I AM'"，此詞通常出現在頌歌裡稱頌神之全知全能。

iii 譯註：輝格黨英國歷史上之一政黨，最早出現於英國王政復辟時期，持限制王權立場，與托利黨（The Tories）對立。

iv 譯註：格拉斯哥為英國蘇格蘭最大城市。

v 譯註：群聚效應（critical mass）為一社會動力學名詞，指在一社會系統中，某一件事的存在達到足夠動量後，能夠維持自體日後的成長動力。

第三章　想像：一九一三年，佛羅倫斯

在那個晚上，六千多名觀眾擠進威爾第劇院（Teatro Verdi），《晚郵報》（*Corriere della Sera*）報導說，他們是「一群焦躁不安、激動無比的人」，帶著雞蛋、乾義大利麵以及腐爛的水果，擠得像「罐頭裡的鯷魚」。[1] 他們會討厭自己所聽到的，而且在進入大廳前，他們就知道會如此了。登上舞台的那名年輕人正在進行一場煽動性的巡迴演說，這場巡迴從三年前開始，永無止境，並以這樣的夜晚為特色，一場輕蔑的塞拉塔（serata）[i]，一個輕蔑的劇場。巡迴演說針對的是觀眾中的義大利同胞：因為他們的生活方式，他們的窩囊和被動，他們的守舊習慣，以及他們對過去的奴性崇拜，體現在他們對佛羅倫斯本身的熱愛上。那名年輕人對此嗤之以鼻，聲稱這座城市是一個只適合活死人的墓地。

那天晚上擠在劇院觀眾之間的，是一位三十歲的英國藝術家米娜·洛伊（Mina Loy），最近她偶然走入了這些人——未來主義者（the Futurists）——充滿激情的圈子。她穿著飄逸的連身裙，戴著垂墜的耳環，長長的黑髮梳成鬆散的髮髻，臉上永遠掛著熱切的神情。五年前米娜和丈夫一起來到佛羅倫斯，而這名丈夫自那時便拋棄了她與兩個孩子。她的畫家生涯曾經很有前途——她甚至曾在巴黎的秋季沙龍展出過作品——現在卻一落千丈。[2]她在給朋友的信中寫道，這是「躊躇羞澀於讓自己適應任何真實的事物——完全沒有能力適應」的一段時間。[3]舞台上的藝術家們——一名雕塑家、一名詩人、一名畫家——在公眾面前完全無所畏懼，透過朗誦粉碎所有古老虔誠信仰的宣言，以宣揚他們激進的願景。她抬頭看著他們，感覺到了某件事，某件之後她開始稱之為「再起」（risorgimento）的事：一場復興。[4]

她極其渴望從她的創作瓶頸中解脫出來。否則要如何解釋，為何就在幾個月前，也就是一九一三年秋天，在共和廣場上的一家咖啡館「紅外套」（Giubbe Rosse），與所有最傑出的未來主義者會面後，她發覺自己與其中兩個人產生了情感上的糾葛？這兩人某種程度上是對手，並且都在十二月的那晚出現在舞台上。其中一位是這場未來主義運動的指揮，菲利波·托馬索·馬里內蒂（Filippo Tommaso Marinetti），他自稱為「歐洲的咖啡因」[5]，留著捲尾八字鬍，戴著圓頂禮帽，就像無聲電影中要將女人綁在鐵軌上的大壞蛋似的。另一位是喬瓦尼·帕皮尼（Giovanni Papini），懷著憂思而嚴肅的他是佛羅倫斯派領導人，也是文學雜誌《拉切巴》（*Lacerba*）的編輯，由於他諂媚的苦瓜臉，他自覺地稱自己為「義大利最醜陋的人」。[6]

米娜看著他們在喧鬧的劇院裡發表演說，震驚不已。佛羅倫斯派未來主義者之一，阿登戈·索菲奇（Ardengo Soffici）後來描述了舞台上的場景。他寫道，台上的場景看起來就像「地獄。還未等我們任何人開口說話，大廳就沸騰了，變得焦躁不安，迴盪著野蠻的聲音，幾乎就像一個廣場上擠滿了等待處決的人」。[7]這就是未來主義者所希望的憤怒宣洩。當花椰菜與一片片蛋糕如雨點般灑落在他們的頭上時，他們宣讀了他們的宣言，並宣布了他們的烏托邦（或反烏托邦，取決於聽眾）

願景。他們希望他們的想法——激進的、有辱人格的、可怕的想法——能喚醒昏昏欲睡的義大利人民。透過震耳欲聾的噓聲、玩具喇叭聲、牛鈴聲、口哨聲和甩動門鑰匙發出的嘎嘎聲，很難知道觀眾除了感覺受辱，還有什麼別的感想，但未來主義者堅持了下去。他們想要一個現代、年輕的義大利及一種新類型的義大利人，這種義大利人會反映出，關於二十世紀閃閃發光、金屬製、震動、快速的新機器的一切，都令人興奮。當帕皮尼宣讀他對於佛羅倫斯的宣言，他表示，這座城市「以其過去為特色，就如以某種疾病為特色一樣」，此時，舞台上已經鋪滿了食物。「丟出想法，不要丟馬鈴薯，你這個白癡！」團體中的畫家卡洛．卡拉（Carlo Carrà）喊道。[8]

米娜不由自主地覺得這一場面令她十分興奮。當晚最後，馬里內蒂試圖宣讀一份政治聲明時，一顆燈泡砸在他的臉上，還有一個男人的腳被綁著，整個人被吊掛在陽台上。[9]直到警察拿著棍棒跳上舞台，才結束了這場秀。如果這些知識分子讓這麼多人抓狂，那麼他們的藝術一定是某種能夠粉碎幻想的藝術，她想。米娜在給某位朋友的信中，寫出了她欣喜若狂的感受，說這個晚上「就像在海邊度過了兩週一樣」。馬里內蒂與他的歡樂夥伴們[ii]的宣言是一道窗，透過這道窗，能夠最為清楚地看懂他們的思想以及這場運動的抱負。宣言的文字本質上是公共的，發揮的作用也像是一本素描本，一個富有想像力的空間，個人或各流派可以在此空間大肆作夢，精心規劃。

然而，儘管他們解放了自己的想法，針對社會成規和傳統進行了招致他們被丟大量食物的嚴厲批判，但米娜也發現了一些令人不安的地方。他們的終極野心是一場戰爭，他們希望這場戰爭會造成一場大災難，以至於淨化這個國家，讓他們從零開始。那天晚上，暴力是重點。疼痛與鮮血是使人重新煥發活力的最快方式——而他們唯一關心的是男人。米娜發現貫穿他們作品的超級大男人主義很醜陋：它損害了女性的人性。（馬里內蒂在一場塞拉塔的典型嘲諷：「我已經受夠了人群的女性氣質和他們集體貞潔性的脆弱。」[10]）女性在理想化的未來中，唯一真正的功能是生育。

米娜無法否認未來主義者對她產生了影響——「就我個人而言，我變得非常年輕。」她寫信給一位朋友——儘管她意識到自己可能是被他們如此迷惑的「唯一一名女性」。[11]有沒有辦法讓她提取未來主義中所有令她振奮的東西，同時遺棄那些貶低她及剝奪她人性的？馬里內蒂通過他的數篇宣言孕育了這場運動，而隨後的每一則宣言皆為這些宣言的集體圖景增添了一個新的維度，為此運動的圖景注入另一股氣息。如果有可能將他們的暴力衝動轉向一個可能容納她的願景，且該願景可以確保她不僅是以一名藝術家的身分，同時也是以一名生活在當時的女性身分，獲得自我救贖，那也是要透過她在塞拉塔聽到的那種文章，才有可能做到。為了平等地與他們交談，米娜必須學會說宣言的語言。

一九〇九年，馬里內蒂採用了某個媒介，自一八四八年卡爾．馬克思（Karl Marx）和弗里德里希．恩格斯撰寫他們的《共產黨宣言》（*Communist Manifesto*）以來，基本上此媒介處於休眠狀態，馬里內蒂使它甦醒，並發揮驚人的效果。宣言這個媒介及其未來式的祈使語氣，讓書寫者可以自由發揮他激進的想像力，或幾乎可說是要求書寫者這樣做：這就是我們要做的。這就是我們將成為的人。馬里內蒂的《未來主義的奠基與宣言》（*Foundation and Manifesto of Futurism*），正如他所謂的原始文件，不僅僅是他的個人表達。他需要第一人稱複數。「我和我的朋友們，我們徹夜未眠。」馬里內蒂開始說道。[12]這種語言形式讓他能立即為一代人發表言論，並提出超出——尚超出——他能力範圍內的主張。「我們打算頌揚積極激烈的行動、狂熱的失眠、奔跑的步伐、致命的一躍、一個拳頭及一記耳光。」他寫道。宣言是憑空變出某樣東西的完美媒介。如果憲章派人士從請願書中獲得了凝聚一場運動的能力，那麼宣言則是提供了未來主義者一個表達他們幻想的地方，這始終是實現幻想的第一步。宣言屬於一個迭代過程，每一個宣言都推動另一個宣言，每個宣言的大破大立都會成為下一個宣言的基礎，在這個過程中，既擴展也時而修正他們共同確定的願景和基調。

馬里內蒂引發了連鎖反應。他的第一份宣言將吸引當時在義大利活動的一些最傑出、最有前途的年輕藝術家和作家，他們將在接下來的幾年裡又產出數十則宣言，每一則都闡明了這群未來主義者核心原則不同的一層面。在馬里內蒂開了頭一炮之後，一九一〇年二月，《未來主義畫家宣言》（*Manifesto of the Futurist Painters*）隨之而來，此宣言由五位藝術家簽署，包含翁貝托・薄邱尼（Umberto Boccioni），一些最恆久的未來主義作品便是出自他手。《未來主義畫家宣言》要求藝術家接納更多相關題材，向藝術家主張：宗教主題在過去激發了畫家的靈感，同樣地，「我們必須汲取當代生活的有形奇蹟。」[13]更清楚地說，真正的未來主義主題是新技術——工廠、火車、飛機——並以曾專屬於耶穌聖嬰的崇敬之意來描繪。幾個月後，《未來主義繪畫：技術宣言》（*Futurist Painting: Technical Manifesto*）推介了「動態」的概念，詳細地闡明《未來主義畫家宣言》。就像新出現的立體主義作品，藝術應該捕捉運動而非靜止的狀態，藝術應該捕捉那種摩肩擦踵地穿過一座城市的體驗。而且，畫家們以未來主義的方式，制定了一些戒律。他們寫道：「我們要求在十年內全面壓制繪畫中的裸體。」[14]倒不是因為它不道德，而是因為它是一個疲憊的主題，最好休息一下。

就這樣，一份關於雕塑的宣言回頭指明了早先一份關於音樂的宣言，另一份關於建築狀態的宣言則暗示性地提及了前面的這兩者。馬里內蒂是催化劑，而每一次富有想像力的思想躍進都會激發另一次躍進，每週都有數十份宣言降生，每一份皆推動了進一步的發展。他們的文字排印讓人想起了宣言這種狂野的內部對話：大寫字母的使用，在頁面上起起伏伏的文字，就像親身站在一群狂熱的演講者中一樣，令人迷失並感到興奮。馬里內蒂最初的宣言闡明了其結構和模式，即在抱怨後列出激進的處方，而隨後，宣言就是不斷迴響此形式。可能每則宣言的願景讀起來都很牽強，幾乎無法想像（音樂應該消除「節奏的專橫」，而且他們想要讓「人行道可以爬到您的桌子上」的雕塑[iii]）[15]，但這一切是有步驟的——這些宣言——是掌握現代性的方法。藝術只是他們敲下大鎚的直接目標。大槌敲出的裂縫將蔓延到整個社會，影響義大利人看待自己和命運的方式。

這種毀滅的意志，可以追溯到既是哲學的，也是民族主義的根源。馬里內蒂出生於埃及的亞歷山卓城（Alexandria），他的父親是一名律師，曾希望在那裡立業致富。這位離鄉背井的年輕人在耶穌會學校長大，從小就源源不絕地寫詩。後來，馬里內蒂在巴黎讀索邦大學時，迷上了當時蔚為流行、最受歡迎、最煽動人心的世紀末[iv]思想——由弗里德里希·尼采所主張，世界需要「勇敢、漠不關心、嘲諷、暴力」的「超人」被任命為獨一無二的領導這一套觀念，再加上喬治·索雷爾（Georges Sorel）基於蔑視自由民主中的妥協及漸進主義所提出的無政府主義。[16]當時，許多年輕人都醉心於這種令人陶醉和情緒化的思想混合體。馬里內蒂以榮耀和犧牲的歌劇概念尋求這一切。不出所料，他愛上了華格納（Richard Wagner），並表示，這位宏大、癡迷於神話的作曲家「激起我的血液中狂喜的熱度，甚至扣住了隱藏在我本質中最深處的心弦」。[17]

一九〇五年，馬里內蒂以他在米蘭塞納托（Via Senato）大街上的公寓為基地，創辦了一本名為

《詩》（*Poesia*）的雜誌。兩年後他的父親去世，留下的遺產讓他一夜暴富，他創辦了一家出版社，甚至設立了一個文學獎，獎金高達一千里拉[v]。他成為了一位文化經理人[vi]，因吸引最前衛和無政府主義的作家，以及不斷批評資產階級令人窒息的墨守成規而為人所知。一九〇九年初，當他的戲劇《電動娃娃》（*La donnàmobile*）在杜林（Turin）首演之夜遭到大聲嘲笑時，馬里內蒂跳上舞台感謝觀眾：「這種口哨聲，讓我感到非常榮幸。」他們的憤怒鼓舞了他；這是他認為對義大利人有益的情緒。次日，當地報紙《工作報》（*Il Lavoro*）對這位與人群對峙，戴著圓頂禮帽的陌生人做出了判決：「並非所有的瘋子都在瘋人院裡。」[18]

馬里內蒂覺得義大利讓他這一代人失望了。一個相當新的民族國家，當時只有五十年歷史，在他眼中還沒有成就偉大。對未來主義者來說，領導這個國家的是一群小心翼翼又無能的領導人，他們對教皇的權位過於崇敬，而且因無法為公民帶來民族團結或使命感的議會民主制而喪失了治國的力量。馬里內蒂與他的同夥想要做的是壯烈且迅速的事，一項可能使義大利擺脫恍惚狀態的愛國事業。在他看來，文化滅絕只是真實流血暴力的前奏，是使國家恢復活力的最快途徑。馬里內蒂到處拋灑現在聽起來很可憎的文字和圖像。「我們將讚美戰爭——世界上唯一的衛生狀態，」他在第一份宣言中寫道，「軍國主義、愛國主義、帶來自由之人的破壞性姿態、值得為之犧牲的美好想法，以及對女性的蔑視」[19]——最後一點不是事後添加的想法，而是創造一個新男人的先決條件，在他眼中，女性氣質帶來了極度有害之影響，而一個新男人不會被此影響限制。

最初的宣言出現在波隆那（Bologna）、拿坡里和維羅納（Verona）的報紙上，然後在一九〇九年二月二十日爆炸性地出現在法國日報《費加羅報》（*Le Figaro*）的頭版上，馬里內蒂以此試圖煽動拆毀，以便新的東西能浮現。關於那新的東西將是什麼，細節仍然模糊不清。除了不斷呼籲將一切夷為平地——「我們將摧毀各博物館、圖書館及學院，」馬里內蒂驚呼道——重點是現代性和年輕的年紀。「我們當中最年長的已經三十歲了，」當時三十二歲的馬里內蒂寫道，「所以我們至少還有十年的時間來完成我們的事業。當我們四十歲時，其他更年輕、更強壯的男人可能會將我們像無用的手稿一樣扔進廢紙簍——我們希望這件事發生！」但其他細節留給了後來的宣言決定。在設計上，宣言這個媒介販賣了渴望。未來主義者是一群苦苦掙扎的藝術家，因此，他們無法將他們的處方強加於他們的小圈子之外。文學評論家馬丁・普赫納（Martin Puchner）寫道：「宣言經常用戲劇性的誇張來過度補償（作家）處境實際上的無能為力，他們的信心往往是假裝的，而不是建立在真正的權威之上。」[20]但正是在這些文本的製作過程中，宣言的作者們帶著他們狂野的願景，開始相信自己有能力「開創不歸路；創造歷史；塑造未來。」

馬里內蒂的《反對愛著過去的威尼斯的宣言》（*Manifesto Against Past-Loving Venice*）是這些文件多麼誇大的一個完美例子。一九一〇年，他與朋友一起攀登到聖馬可廣場（Piazza San Marco）上方的鐘樓頂部，並在黃昏時分從麗都返回的遊客身上灑下數千份的宣言。未來主義者以辭藻堆砌出了對這座城市的仇恨。「讓我們趕緊用這座城市患麻瘋病、搖搖欲墜的宮殿的碎片填滿它散發著惡臭的小運河，」這份宣言寫道，將每個句子堆疊在上面，「讓我們燒掉給白癡用的搖椅、貢多拉（gondola）[vii]，然後將雄偉的金屬橋梁和冒著濃煙的榴彈砲的壯觀幾何形狀升到天空，以消除舊建築的下降曲線。」[21]幾個月後，馬里內蒂回到威尼斯，在鳳凰劇院（Teatro La Fenice）舉行了一場塞拉塔，這次他更誇張，宣讀了另一份宣言，稱威尼斯人是妓女，他們的生活只能作為導遊及酒店服務員，為遊客提供服務。如果他們不能為義大利未來的榮耀做出貢獻，他告訴人群，「你們應該像沙袋一樣將自己一個一個疊起來，在潟湖[viii]的外圍築起堤壩，而我們正在準備一個位於亞得里亞海的偉大、強大、工業、商業和軍事的威尼斯，我們偉大的義大利湖。」[22]

這些可憎的幻想和好戰的語氣符合這種媒介的界限，且宣言也免除了未來主義者的責任。他們能夠公開承認他們的殘酷思想並聲稱這只是藝術——事實上，宣言本身仍然是整個未來主義運動中最獨特的美學遺產。而同時，他們也將這些想法傳播開來，宣言中指點江山的話語助長了一種趾高氣揚的感覺，即世界可以，在拳打腳踢和血腥中，被拖進未來。馬里內蒂提供了一些關於「製作宣言的藝術」的建議，他說，宣言需要「暴力和精確」。[23]它們必須清晰易懂——用一連串明確的步驟來實現難以置信的未來——但同時也能夠刺激、激怒他們的觀眾，將他們趕下懸崖。

米娜無法移開視線。未來主義者點燃了她內心的某種東西。但是，馬里內蒂，這位如她所稱的「誇誇其談超人」所懷抱的仇女主義不斷困擾著她。當她質問馬里內蒂對女性的「蔑視」時，他聲稱，他拒絕了強加給她們的蛇蠍美人與聖母的二元分類，以及與她們相關之男性的二元分類。困擾他的不是個別女性，而是女性「作為愛的神聖寶庫」[24]。

她沒有買帳。他隨意歪曲這些危險信念的方式，暗示著某種不成熟：就像是男孩一邊修補玩具士兵，一邊對女孩翻白眼。「我正處於改信未來主義的困境中，」她寫信給她的朋友，「但我永遠無法說服自己。任何『以惡對抗惡』、以惡鬥惡的體制都沒有希望。這確實是馬里內蒂的哲學——儘管他是我接觸過的最令人滿意的人之一。」[25]馬里內蒂令她心滿意足且顯然無法抗拒，因為在他們見面後不久，米娜很快就在一九一三年秋天與他開始了一段嬉鬧的戀情——「他的觸覺機敏與他的談話敏捷度不相上下。」[26]她用一本影射小說（roman à clef）書寫她逼近這場運動的時間，賦予馬里內蒂一個精心設計的化名布朗托李維多（Brontolivido），而最明顯地，是她將「未來主義者」改名為「驚世駭俗者」（Flabbergasts）。

當時，她已經在佛羅倫斯待了五年，這是她十八歲逃離英國以來，一直四處奔波的人生中一段漫長的歲月。她的父親是一名裁縫師，同時也是個匈牙利猶太裔移民，而她的母親是一名工人階級的英國婦女，對於丈夫的宗教信仰，她感到羞恥，大半輩子都試圖隱匿。米娜出生時姓洛維（Lowy），毫無疑問是猶太人，她在巴黎首次展示她的畫作時將自己的姓氏改為洛伊（Loy）。她的父母希望她嫁個體面的人家，讓她的家庭躋身中產階級。這就是他們對她的希望。但米娜有其他計畫，她用自己的畫作遠離家中令人窒息的環境，她去上藝術學校，先是在倫敦，然後是慕尼黑，最後是在巴黎，在那裡她受到一個古怪的藝術家及思想家社群所吸引，其中包括葛楚・史坦（Gertrude Stein）。一九〇三年，米娜嫁給了英國畫家兼攝影師史蒂芬・哈維斯（Stephen Haweis），然而，她的第一個孩子，她的女兒，在一歲生日後兩天死於腦膜炎後，兩人的關係變得僵硬。他們各自有情人，然後她又懷孕了，但懷的不是她丈夫的孩子。她被悲傷和痛苦的自憐所壓倒，感覺就像「某個可怕的厄運哥列姆（golem）[ix]粉碎了我的渴望」，她寫道。[27]

米娜本來想和哈維斯離婚，但這條路對她來說走不通。她的主要收入來源是她的父親，他使她承諾以維持穩定的婚姻換取金錢。一九〇七年，這對夫婦搬到佛羅倫斯，試圖恢復他們的關係，加入僑民社群及藝術界，然後在托斯卡納市蓬勃發展。至少那裡會很溫暖。他們壓抑著不滿，關係確實和緩了幾年，甚至還生了另一個孩子。但哈維斯在一九一二年底確定了自己焦躁不安，很快就啟程前往澳洲，將米娜和兩個孩子留在距市中心僅隔阿諾河的科斯塔聖喬治（Costa San Giorgio）街區的一棟大別墅中，在那裡，她苦苦掙扎著重新找到她的藝術立足點。

但現在，在威爾第劇院那場振奮人心的塞拉塔之後，從一九一三年邁入一九一四年之際，馬里內蒂經常到佛羅倫斯見她，在他的面前，她開始感受到她的創造力回歸。召喚她的不再是繪畫，而是宣言。她也想要一種可以讓她重塑自我的媒介。如果這些男人可以藉由這些一來一回的聲明，推動他們運動的塑造，為什麼她不也參與呢？

一九一四年冬天，有一陣子馬里內蒂去俄羅斯旅行，會見對未來主義的種種宣言及塞拉塔感興趣的藝術家，最終發起了未來主義的俄羅斯分支〔由凱西米爾・馬列維奇（Kasimier Malevich）與弗拉基米爾・馬雅可夫斯基（Vladimir Mayakovsky）等畫家、詩人組成，他們其中一些人很快便發表自己的創始宣言《給公眾品味的一記耳光》（*A Slap in the Face of Public Taste*）〕。同時，米娜找到了一種方法，繼續她與馬里內蒂和未來主義中令她反感的部分鬥智角力。她也寫下了宣言，進入了男人們開闢的想像空間。對於某個一直將自己視為視覺藝術家的人來說，這是一個不尋常的選擇。這場復興運動也讓她變成了作家和詩人，而她在一九一四年一月撰寫的宣言《未來主義格言》（*Aphorisms on Futurism*），是她出版的第一部作品，很快就出現在美國的一本小雜誌《攝影作品》（*Camera Work*）上，該雜誌由攝影師和藝術推廣者阿爾弗雷・史蒂格利茲（Alfred Stieglitz）所發行。

米娜的這份宣言立即引人注目的地方在於，它比其他宣言更加個人化和自我肯定；米娜沒有構思一個被鄙視的「他們」（例如，「我們屬於未來，但他們被困在過去」），而是對「你」講話，這個「你」很容易被想像為她自己的良心，也或許是，一般的女性。[28]在其中一行行有時含糊的文字中，少了許多「精確性」，當然也少了許多「暴力」，不過，她正試圖利用這場運動的理念，其他宣言的精神，走向一個新的目標：自我解放。雖然這個目標始於一種讓她與馬里內蒂立場保持一致的情操——「過去的死亡／未來的生活」——但她進入了更深層的語域。她執著的難題是真誠生活，相信自己的感受，不受社會和文化成規的阻礙。這是一個未來主義的主題——打破外殼以獲得真實體驗的蛋黃——但她將其更敏銳地應用到自己作為女性的存在中。「生活只是受我們偏見的限制，」她寫道，「摧毀這些偏見，你就不再受自己的擺布了。」這份宣言要求的改變不是來自某種外部力量，而是來自一種內部力量，即她所說的「你」。清除「精神空間的休耕地」，以便騰出「空間給任何你勇敢、美麗得足以從已實現的自我中汲取的東西／讓你羞怯臉紅，我們大喊下流的話語，我們大叫褻瀆神明，你，軟弱的你，獨自在黑暗中低語。」

米娜在向哪個軟弱、低語的人說話？這不是其他宣言中那種集體、自信的聲音。毫無疑問，這是一個女人在為男人沒有問他們自己的問題而苦苦掙扎，這個問題就是，他們是否在心理上準備好成為新世界中的新人。她提出了一種轉變，從想要摧毀所有物理表面——所有那些注定毀滅的圖書館和博物館——的毀滅性精神轉向一種心理清算，拆除過去的態度和確定性。她無法與未來主義者一起進軍夷平城市，或在戰爭中證明自己的實力。但如果這場鬥爭是內心的，探究的問題是自我的征服，那麼，這是一場她可以參與的戰鬥。在宣言的最後，米娜回到了她開始的模式，要求「接受未來主義的巨大真理」，一個她剛剛以自己的宣言為自己重新解釋的真理。「離開所有那些／沒用的小東西。」

米娜不是第一個使用宣言試圖進入未來主義運動的女性。瓦倫丁・聖波因特（Valentine de Saint-Point）是巴黎沙龍社交界核心的一位法國詩人和藝術家——雕塑家羅丹的模特兒兼繆斯，也是一位實驗舞者——她經常穿著奢華的服裝現身，包括高領珠飾緊身胸衣和精緻的鴕鳥毛頭飾。在馬里內蒂發表最初的宣言後不久，她寫了她的《未來主義女性宣言》（*Manifesto of the Futurist Woman*），直接回應了他的「蔑視」：「人類是平庸的。大多數女性並不比大多數男性優越，也不遜色於大多數男性。他們皆是平等的。他們皆應受同樣的蔑視。」[29]她拒絕接受男子氣概（masculinity）與女性氣質（femininity）分別存在於男人與女人身上的觀念。每個人都有這兩種特質，且每個人都需要更多的男子氣概。「女性和男性最缺乏的是陽剛之氣。這就是為什麼，即使充滿各種誇張言論，未來主義還是正確的。為了使在女性氣質中如此麻木的我們這些種族恢復一些陽剛之氣，我們必須訓練他們的陽剛之氣，甚至達到野蠻的動物性。但我們必須向每個人，無論男女，都強加一個新的能量教條，以到達一個人類優越的時期。」她的宣言所希望提供未來主義的推力，最終是對馬里內蒂設立的未來主義基本假設及做法的肯定。她只是希望未來主義同樣適用於女性——「讓女性再次發現她的殘忍和暴力，使她為了征服那些被征服者而攻擊他們，甚至到肢解他們的地步。」

米娜採取了不同的策略。在她的宣言裡，她刪除了未來主義中最令人不安的不自由開明、反人道主義的層面。在某種程度上，她的直覺感受到了某種東西，文化歷史學家馬歇爾・伯曼（Marshall Berman）後來將她直覺所感受到的視為一種意識型態帶來的危機，這種意識型態將現代性視為一股無情的淨化浪潮。「所有被這波潮水沖走的人們會怎麼樣？」伯曼問道，「他們的經驗在未來主義的圖景中無處可尋。即使機器正甦醒過來，一些至關重要的人類情感似乎正在消亡。」[30]米娜的宣言是她試圖將人類的情感帶回這場運動，帶回到這場運動的目標，讓這場運動遠離死亡崇拜，並強調未來主義者所說的是使人積極向上的——以及如果舊的社會成規被抹去，對一個女人來說意味著什麼。

《未來主義格言》是否使米娜成為了未來主義者？在某種程度上，是的。通過撰寫自己的宣言，她與其他人進行了對話。但她還是得和那些不會輕易改變自己想法的霸道男人抗衡。對他們而言，現代性的實現要透過讓自己變得更堅強，透過拆解他們周圍的物質世界，而不是像她建議的那樣，透過仔細審視他們的先入之見及價值體系來實現。

不過，她對帕皮尼抱有希望，他是柔和且自覺的佛羅倫斯派知識分子，處於這場運動的核心位置，她也對他的臉很著迷，一九一四年冬天，在他的允許下，她畫了這張臉。「他淺棕色的豐厚捲髮高高豎起，露出皺紋很深的寬大前額，這個模樣實在叫人驚奇。」她在筆記中寫道。[31]他的嘴似乎屬於「一個無禮的流浪兒」。他們的調情進展得比她與馬里內蒂的戀情要安靜得多（且米娜覺得，深刻得多）。帕皮尼的回憶錄《失敗》（*The Failure*）揭示了一個聰明得超乎尋常的男人仍然努力接受自己的「具體性」、階級的局限性和奇怪的外表。[32]在帕皮尼身上，米娜認出了自己的兩難困境。她也感到自己在追求偉大的決心與身為女性生活的存在感到沮喪之間拉扯。從本質上講，帕皮尼似乎也不像他的未來主義同志那樣教條主義。和米娜一樣，他更感興趣的是宣言如何讓你能檢驗各種主張、擠壓並緊掐現實，而不是如何產生指令。有可能從遠處只能聽到宣言中的喊叫聲，但在更近的地方，可以看著這些宣言作為一種持續的交流，它們顯現了一種源自於各種想法的運轉，一種過程感。正是這種未完成的特質最吸引帕皮尼。正如帕皮尼在他一九一三年創辦的雜誌《拉切巴》的開篇宣言中所寫，他喜歡「隨筆速寫勝過作文，陶器碎片勝過雕像，格言勝過專題論文」。[33]

她將他看作了一個可能的盟友。但帕皮尼理智而疏遠，又嫉妒馬里內蒂的魅力及對未來主義運動的控制權，讓她在個人關係和意識型態上感到失望。儘管帕皮尼充滿哲理，但他對馬里內蒂如此執迷，而且如此競爭激烈，以至於他一頭扎進了極端手法，行為浮躁，且常常適得其反。就在米娜開始與他建立熱情關係的那一刻，帕皮尼隱退到了巴黎。在她後來寫的一首詩〈給喬安妮斯的歌〉（Songs to Joannes）中，馬里內蒂以「男孩」的形象出現，帕皮尼則是「一個頭上有光環的苦行者」，因過於專注於另一個男人而無法識別她的愛。[34] 一九一四年三月，就在帕皮尼離開的那一刻，馬里內蒂冒了出來，邀請米娜去羅馬參加一個未來主義藝術畫廊的開幕式，該畫廊將展出她的一幅畫——他，馬里內蒂的肖像。「他的接近可以說是炙熱的。」她寫到了他是留著八字鬍的發電機。[35] 從她因對帕皮尼「流產的愛」而「破皮」，「她感覺到了被舉起和放下，有益的震動。」她願意屈服於「他的活力」。

在畫廊裡，米娜第一次將自己呈現為一個未來主義者，與其他所有關注馬里內蒂每一句話的人混在一起。在某個時間點，對話轉向了帕皮尼和他最近為《拉切巴》寫的一篇文章，米娜當時努力假裝不存在。這篇文章是對女性的惡毒、近乎兇殺的攻擊，她無法與她開始愛上的男人和解。這篇標題為《女性大屠殺》的文章顯然是帕皮尼試圖超越馬里內蒂的努力：「女性必須消失。我的未來主義者朋友們，如果我們繼續生活在一起，那麼宣揚對女性的蔑視是沒有用的。生活在一起，難免愛她們——愛她們，難免服侍她們——而服侍她們的我們便是懦夫，是自身真正命運的背叛者。」[36]

在羅馬，馬里內蒂站在他的追隨者面前，藉此機會公開攻擊帕皮尼（他當下猜測，帕皮尼正在爭奪米娜的感情）。那個男人如此醜陋，馬里內蒂宣稱，「和他的醜陋坐在同一個房間裡是一種身體上的騷動。」[37]然後，也許是為了米娜的利益，他轉向帕皮尼那篇文章的主題。「一個女人，」馬里內蒂說，「是一種奇妙的動物，當我將我所選擇的她身體的任何部位印出來時，都是最純粹的欣賞。」他說，他喜歡女人。何以他能描述一切讓他快樂的東西，除了「陰道，它給了我無上的快樂，」他如此說道，震驚了房間裡的人。「這是一個美麗的詞。」

馬里內蒂在那一刻對慣例或禮節毫不在意，米娜不禁感到欽佩。在她自己的宣言中，米娜迫切希望這種「淫穢之語」被吶喊出來而不是悄聲說出，而這就是馬里內蒂正在做的事情。「他——清楚、真摯地——說出一個字，打破了故作正經的妨礙，」她後來審視著那晚，寫道，「這種坦率戳穿表象的原始行為可能會改變宇宙」[38]——也許未來主義的目標也是如此。但是，話又說回來，他也粗暴地將女人貶低到只剩下身體部位，只剩下滿足他慾望的能力。沒有真切的理由認為超人會為她騰出一席之地。

然後，突然之間，到了一九一四年夏天，界定未來主義真正目標的工作頓時變得無關輕重。戰爭，一場真正的戰爭，已經到來。而從一開始，流血殺戮便已是未來主義宣言中重要的元素。如果戰爭來了，他們會「唱歌跳舞」，馬里內蒂寫道。[39]在戰爭中，會有一個復興、重生的機會，一種人們可以證明自己的實力並獲得榮耀的混亂局面：正如一份宣言所描述的那樣，這是一種「如同世界末日的過渡期」。[40]未來主義的宣言如此頻繁地提及「血液」一詞以支持其論點，以至於該詞似乎不是指實際流經人體的東西。一九一三年，帕皮尼毫無諷刺意味地寫道：「血液是強盛民族之酒；血液是油，抹在這台從過去飛向未來的巨大機器的輪子上——因為未來會很快成為過去。沒有許多人的犧牲，人類就會倒退；沒有了生命的浩劫，死亡將打敗我們。」[41]

一場波及全歐洲的戰爭於八月爆發，從俄羅斯到法國的所有主要國家都捲入其中，此時，未來主義者認為歷史終於顯現了。抽象的概念變成了現實。未來主義者不懈地提出戰爭會帶來救贖力量的論點，使他們一夜之間成為支持義大利介入戰爭主要的發聲者。更多的宣言緊隨其後，且現在，這些宣言脫下了內容僅關於藝術的偽裝。在八月的槍響炮擊後幾個月，馬里內蒂在一份針對學生的宣言中寫道：「只有戰爭，才能讓人類的智力恢復活力、加速發展並改善提升，才能讓我們更歡愉，讓我們緊張的神經透透氣，將我們從日常負荷的重擔中解放出來，賦予生命美好的滋味，賦予低能者天賦。」[42]

未來主義者想要的是為戰而戰，因此支持哪一方的問題並不像是否加入戰爭一樣重要。義大利政府的作為完全如同未來主義者所擔憂的那樣，宣布中立，既不加入德國和奧地利（兩國皆為義大利自一八八二年以來的盟友）也不與他們為敵。而對於未來主義者和所有狂熱的民族主義者來說，支持哪一方選擇由此變得更簡單了，因為長期以來，他們一直試圖想從奧匈帝國手中奪走講義大利語的特倫托市（Trento）以及的里雅斯德市（Trieste）。燃燒奧地利國旗是未來主義塞拉塔的固定環節。馬里內蒂與他的朋友們想支持由法國和英國領導的協約國，並以武力奪取他們認為屬於他們的土地。義大利政府在戰爭一事上的躊躇是自由秩序衰敗的另一個跡象。

法國的吸引力還有其他原因。法國是先鋒派（the avant-garde）的大本營，馬里內蒂最初的宣言就是在法國登上了頭版。這個國家似乎更準備好迎接現代性的劇變。就帕皮尼所見，這場支持協約國的辯論，是選擇「振奮身心的紅酒以對抗難消化的啤酒」。[43]在一份兼作壁報的新類型宣言《未來主義的戰爭融合》（*Futurist Synthesis of War*）中，支持協約國的論點被呈現為數個自由聯想的形容詞，並以一個象徵以未來對抗過去的巨大「大於」符號區分成兩邊。[44]一邊的形容詞代表同盟國：德國（「窘迫」、「粗魯」及「沉重」）與奧地利（「愚蠢」及「骯髒」）。另一邊則表示法國（「智慧」、「勇氣」、「速度」、「優雅」及「爆發力」）與並駕齊驅的英國（「務實精神」和「責任感」）。這是一份作為簡化示意圖的宣言，並證明此媒介所開放的所有創造性——對米娜如此有吸引力——正在閉合。這份宣言確實就像一個指向一個方向的箭頭。

戰爭爆發後，米娜和孩子們在瓦隆布羅薩（Vallombrosa）避暑，那是佛羅倫斯東部山區的一個村落，具備由修道院改造成的一處度假勝地，周圍環繞著一片高大的松樹林。她很惱火，因為她沒有來自前線的消息（義大利的新聞受到審查），且在她周圍曬太陽的外籍人士和富有的義大利人普遍對這場戰爭志得意滿又不感興趣。

這些人一致認為，戰爭很快就會結束，沒有理由覺得他們會受到影響。她當時開始寫的詩當中，有一首刻劃出了這種氛圍：「在酒店周圍／肆無忌憚的義大利主婦／從更好的寢飾商家討論／到經常做的針線活。」[45]大多數日子米娜都在樹林裡散步，她的打扮仍然時髦，穿著華麗的羊毛斗篷，戴著長串珠項鍊及綴有花朵和羽毛的超大帽子。她焦急地等待著來信——尤其是來自馬里內蒂或帕皮尼的消息。

米娜的兩段戀情似乎引爆了兩位未來主義領導人之間的公開衝突。這兩個人現在充分意識到彼此是競爭對手，他們開始互相憎恨，帕皮尼在《拉切巴》版面上譴責馬里內蒂是破壞未來主義運動的霸道勢力。在三月份和米娜一起去羅馬之後，馬里內蒂一直奔波在外。他在倫敦待了幾個星期，發表了他的長詩《鏘砰隆隆》[x]，這是一部以他稱為「自由文字」（words-in-freedom）風格所創作的戰爭史詩，正如他在最近的一份宣言中所解釋，此風格拋棄了句法、語法及標點符號（例如：「這些重量厚度噪音氣味分子旋風鏈網絡類比的走廊競爭及同步」[xi]）[46]。一九一四年上半年的大多時間裡，帕皮尼也都在離佛羅倫斯很遠的地方。當米娜短暫地見到他時，他表現得很疏離，並且執著於馬里內蒂，彷彿在測試她的忠誠。戰爭來臨時，減緩了未來主義者之間日益擴大的裂痕。所有這些思想家們，無論他們有什麼政治和藝術上的小小爭執，此刻都堅定地站在介入戰爭的一邊，並著迷於實現這件事的挑戰。這場戰爭減輕了細微的分歧，甚至暫時免除了一些個人衝突。

而對於米娜來說，最初幾個月的戰事似乎也令人興奮且激勵人心，預言成真了。即使不忽視未來主義的仇女思想，她的心還是被這場即將到來的激烈衝突所帶動。她開始幻想到前線近距離觀看戰鬥。她不久後得知，馬里內蒂正忙著秘密組織一支志願軍團與法國人並肩作戰，直到義大利放棄中立。他非常渴望體驗戰鬥，以至於他寫信給一位朋友，表示他願意「當一名志願軍或當一顆普通的彈頭，被裝進巨大的遠程大砲中」[47]。突然看到一直期盼的戰爭發生在自己面前，馬里內蒂和他的同志們激動得難以抗拒，開始展開狂熱的活動，試圖善用這個時機。不過，在這一切之間，他在那年八月抽空開車上山，出其不意地拜訪了米娜，這是他們自春季羅馬之行以來的第一次重聚。

他們走在松樹的樹冠下，米娜面對著他，感受到了一如往常的內心拉扯。他還是一樣討人厭。「妳有一顆很棒的腦袋，但它就像一個木鑽。我懷疑它會傷害你！」他告訴她，「只要妳能停止思考」，會帶來很大的好處。[48]他來了，讓她考慮接受一樣東西：他自己，「一個可憐的傢伙，但真心誠意。」她寫道。他甚至承諾自羅馬之行以來，他就一直忠誠——她覺得這個說法很可笑。他一切的行為，他發表的所有言論——此人根本無法信任。「我對我的性別有著頗大的同情之感，」她對他說，解釋為什麼與他在一起形同一種背叛之舉。

她馬上反悔了。她所有的僑民朋友都在制定計劃，在橫跨大西洋的海上航行變得太危險之前，登上前往美國的船隻。她幾乎無法堅持她的立場。她與這場運動的關係至少將她推入一場戲之中，一場她希望演下去的戲。在瓦隆布羅薩（Vallombrosa）的一個美國人甚至無意中聽到她說她要去米蘭，在馬里內蒂出征前和他生一個孩子。這一時的誤會最終變成了一條八卦消息，並傳到了《芝加哥晚間郵報》（*The Chicago Evening Post*）的一位專欄作家耳裡，一個月後，他發表了一篇文章，內容圍繞「一位撰寫宣言的畫家」馬里內蒂，一位「實用主義哲學家」帕皮尼，以及「分裂未來主義運動的女人」米娜。[49]這篇專欄文章描寫道，米娜導致了兩個波西米亞人「在他們的刊物上互相攻擊」。這位「愛著馬里內蒂的女人吐露了一種莊嚴的渴望，儘管有點戲劇化，這種渴望在古希伯來文學中如此顯著可見，也就是將有價值之男人的『種子保存下來』。」

一九一四年秋天，她回到佛羅倫斯，距她初次見到未來主義者已經一年了，那時他們便已動搖了她的創作生活。她的孩子們將和他們的保母一起住在瓦隆布羅薩。她現在幾乎完全投身於詩歌，高度抽象的自由詩體，她用這種詩來解構她對馬里內蒂（改寫為「拉米內蒂」）及帕皮尼（「米奧瓦尼」，一個「超越時空」的男人）的感情。那一年，她的某幾首詩歌甚至出現在紐約市的一家小型雜誌《潮流》（*The Trend*）上，在雜誌上的投稿人註記中，她的作品被引用，並被描寫為「對由F．

T・馬里內蒂領導的義大利未來主義者感興趣，並為他們放棄了畫筆，拿起了筆。」[50]她被這個描述逗樂了，這讓她看起來好像是這場運動的一部分，但實際上，當她寫信給她的經紀人糾正此記錄時，她表示自己「絕不被未來主義者視為未來主義者。……如果你願意，你可以說馬里內蒂影響了我——僅僅是喚醒了我。」[51]但是，她仍然想知道，她是對什麼覺醒了？

隨著戰爭的進行，宣言變得狂躁，甚至更加怪誕，急於抓住機會迎接一個改變世界的時刻，而在戰鬥中聖潔化的未來主義者將成為迎接那個時刻的第一批人。如何實現這種復興？如何想像這件事？最重要的是，如何將他們的同胞推向必要的戰爭，如何培養愛國精神和鋼鐵民族？他們的專題論文現在聚焦於再造社會的運籌工作——早期宣言的弦外之音現在變成了文本本身——從日常生活中最瑣碎、最膚淺的元素開始。

賈科莫・巴拉（Giacomo Balla）在《未來主義男裝：宣言》（*Futurist Men's Clothing: A Manifesto*）中抨擊「緊身、無色、適於葬禮、頹廢、無聊和不衛生」的服裝。[52]他在戰爭爆發後一個月寫了第二份宣言，《反中立西裝：宣言》（*The Antineutral Suit: A Manifesto*），提出更具體的要求：衣服的圖案得是明亮的幾何形狀。[53]馬里內蒂就穿著這麼一套義大利國旗色，紅、綠、白相間的花俏「反中立西裝」四處行動。自一九一五年初，未來主義者開始共同簽署一份《未來主義綜合劇場宣言》（*The Futurist Synthetic Theater*），其中規定如何利用劇場「影響義大利精神以支持戰爭」。[54]一九一五年三月發布的一份簡稱為《未來主義的宇宙重建》（*The Futurist Reconstruction of the Universe*）的宣言[55]，則涵蓋了一系列大大小小的改革，包括兒童玩具的形式和用途。未來主義玩具必須讓孩子「發自內心地笑出來」，必須具有「最大的彈性（不採用投擲的彈丸、繩鞭、刺針等）」，必須以他的「想像力衝動」為中心，「不斷鍛煉並提高他的靈敏度」，但也必須讓他獲得「無懼身體危險的勇氣」。此外，「在戶外操作的巨大、危險、具侵略性的玩具」則最能激勵打鬥與戰爭的傾向。這些宣言仍然可以是一塊天馬行空的畫板。

馬里內蒂不再在台上閃躲蔬菜了。回想起來，那一場場塞拉塔是為現在街頭進行的戰鬥進行的彩排。在他的敦促下，米蘭發生了第一次反對中立的示威，到了九月，他被關了六天。米娜密切關注了他的功績，在他出獄後寫了一封關於「這隻野獸」的信[xii]，提及他「可能……夢想成為義大利的皇帝。」[56]更多的抗議隨之而來。中立主義者和干涉主義之間的鬥爭並非大規模展開，而是限於菁英及知識分子、學生，與政治幹部之間的鬥爭。而馬里內蒂煽動、喚起觀眾的技巧使他特別有影響力。

一九一五年四月十一日，經過數月的抗議，在一場數千人的示威遊行中，馬里內蒂再次在羅馬的巴貝里尼廣場（Piazza Barberini）被捕。與他一起被捕的還有貝尼托·墨索里尼（Benito Mussolini），這位充滿活力的社會主義活動家最近欣然接納了干涉主義事業，而遭開除義大利社會黨黨籍。這兩個人皆具有超凡魅力，且皆在推動戰爭，他們在這場集會前的預備階段還曾相互讚賞。在他們被捕的前幾週，馬里內蒂甚至聲稱墨索里尼是他的追隨者，稱「他最近的行動、態度和叛亂是未來主義意識的明顯表現。」[57]隔天，墨索里尼在他的報紙《義大利人民》（*Il Popolo d'Italia*）中表示：「我們與未來主義有著共鳴，理解它的含義與力量。」在墨索里尼的演講中，人們可以聽到聽起來很像未來主義宣言的男高音：「我們想要行動、生產、支配物質，享受那種激怒狂想、倍增生命能量並達到另一種目的的勝利，朝向另一種視野，走向另一種理想。」[58]

隨著戰爭的臨近，米娜仍然拚命地想搞懂，她從這場運動中獲得了什麼。她獨自一人，看著馬里內蒂發狂似地煽動戰爭（「他變胖了，他的眼神變得像野獸般殘忍。」她寫信給朋友說道[59]），並感覺與帕皮尼疏遠了。她開始意識到，未來主義對她最大的影響在於讓她看清她自己被排擠在外。即使在思考不受約束的知識空間中，在一切都被允許——你甚至可以說出「陰道」這個字眼——的咖啡館裡，這群男人所能想到最令人興奮的未來願景，也要求女性得被貶謫到家庭中，不管是帕皮尼對毀滅的各種病態幻想，或者如馬里內蒂所告訴她的，即使有朝一日女人確實獲得了投票權，一般的女人仍將繼續「作為母親、作為妻子、作為情人」[60]，生存於女性氣質的有限範圍內。

在這個危機時刻，宣言仍然吸引著她。可以說她已經將未來主義運動的句法和語義內化了，以至於即使反對這場運動，她也只能藉由使用它的語言來表達自己的主張。但不僅止於此。她將宣言視為一種能給予她一些自由的媒介，一種她能徹底想清楚真正想要的東西的方式，並堅定地主張它，釋放她急迫、奇異的思想。即使她不能令男人們朝著她在未來主義中尋求的東西前進，但她的努力嘗試，她藉由保持其中的辯證方法的嘗試，也很令她振奮。畢竟，宣言提供了這群男人們工具，讓他們驅策彼此，最終將整個國家推向一場以前無法想像的戰爭。也許宣言也可以幫助她實現尚未看見、未知的事情。於是，一九一四年十一月的某天，她拿出一張白紙，在上面以堅定有力的草寫體，寫下了《女性主義宣言》（*Feminist Manifesto*）。

現在對她來說，重要的衝突是「性別之戰」。這份宣言一開篇便聲明：「目前發起的女性主義運動是不足的。女人們，如果妳們想意識到自己即將面臨一場毀滅性的心理劇變，就必須揭露所有妳們最喜愛的幻想——幾個世紀以來的謊言必須消失。……沒有折衷的辦法——在傳統的垃圾堆表面上刮一刮是不會造就變革的，唯一的方法是徹底拆毀。」[61]與她之前的宣言相比，這份宣言堅定而直接，不那麼晦澀，而且她的聽眾很明確的是女性。

米娜寫道，必須拋棄「情婦及母親」這兩種類別。但這只是開始。僅僅以實現平等為中心的女性主義是一種誤導，永遠不會有這種女性主義。兩性處於永久戰爭的狀態，這是最重要的明顯事實。「男人和女人是敵人，一方懷著被剝削者對寄生蟲的敵意，一方懷著寄生蟲對被剝削者的敵意，」她寫道，「兩性唯一的利益融合點——是性的擁抱。」她表示，女人需要停止「透過男人發現自己不是什麼」，而應該「在自己內心尋找自己是什麼」。

米娜堅持女人得用自己的雙手獲取解放，不再等著被男人看見。基於她對獨立的渴望，她任由這份宣言及其所允許的自由帶領她得出一些激進的結論。女人被剝奪了陶冶自身的機會，部分原因是她們依靠「純潔之身」作為價值來源。那麼，她的解決方法是什麼？「對整個青春期女性群體無條件施行破壞處女之身的手術。」（米娜後來發現，她甚至不是第一個提出這個建議的女性——這證明了那個時期的女性主義者多麼急切地想擺脫束縛，不再扮演各種受約束的角色。）此方法無疑受了未來主義影響——野蠻、具革命性，且剝奪人類情感——但也是她自己的見解，她認為這種方式能讓女性重新獲得對自己身體和自我價值的控制權。她還主張無論是在婚姻制度之外還是之內，女人皆享有性和母性的權利。對於女人來說，孩子應該是「她生命中一明確時期之心理發展結果——而不一定是某個結盟關係下，可能令人厭煩且過時的延續結果。」

如果馬里內蒂利用宣言堆積對女人的「蔑視」，那麼，她就是採納宣言這個形式，折彎它，然後利用它，將她自己的蔑視拋回到他對女性潛力受限、帶有性別歧視的看法上。宣言能彼此交談。它們可以用來修改舊觀念，甚至否定舊觀念——過程就是這樣。這就是米娜運用她的宣言所做的事，表明她對未來主義的感激之情，同時明確地與未來主義運動及其所代表的一切決裂。

到一九一五年五月義大利參戰時，米娜不再與未來主義者有任何關係。帕皮尼終於在前一年與馬里內蒂分道揚鑣，在《拉切巴》寫了一系列文章，詆毀馬里內蒂及他的意識型態，稱其「幼稚、譁眾取寵，是政治宣傳……業餘主義。」[62]米娜也開始意識到，她的兩個情人幾乎從來沒有將她認定為一個完整的人，她只是一條導管，連通他們對彼此的嫉妒和仇恨。她表示：「千萬不要活到這一天，聽著你想要的男人在最後的擁抱中，嗚咽地說出另一個人的名字。」[63]在最初的悲傷中，她表達了一種再反未來主義不過的情緒：「未來已不再是未來。一個人只能知道，他目前的心臟還在繼續跳動。」[64]

當時，米娜自願在當地一家外科醫院擔任護士，為之後在義大利紅十字會服務做好準備。她每天都在協助醫生，然後奇怪的是，受到戲劇性的場景所激發，她感覺她隱約知道了，預期到那群男性未來主義者在戰場上會看到什麼。「你難以想像人類的尖叫與嘶喊中蘊含著怎樣的心理啟發，」她向紐約的一位朋友透露，「我在帶來改變的血腥和混亂中感受到失控的快樂，我身上有碘仿的臭味——且為了手術，我剪去了所有指甲——我的手已經用碘酒洗過了——這一切難道不是一種改變嗎？」[65]

義大利終於加入了歐洲的戰鬥，以因應日益加劇的干涉主義煽動情況，這些情況包括迷人的詩人兼民族主義者加布里埃爾・鄧南遮（Gabriele D'Annunzio）的歸國，他走訪城市小鎮，集結人民，此外也包括了與協約國的秘密談判，讓義大利獲得它想要的奧地利土地。未來主義者覺得他們好像取得了巨大的勝利。在這個轉折點，也就是在義大利宣戰之後，軍隊開始進入戰鬥現實（體驗真正的流血）之前，他們感覺到，自己想像及希望的抱負正在成真。宣言似乎已經表明了一切。在下一期，也就是帕皮尼宣布將是最後一期的《拉切巴》上，如吶喊般的通欄大標題寫著：「我們贏了！」

而當年三十八歲的馬里內蒂距離他自己設定的有效期限還有兩年[xiii]，於是乎五月初，戰爭似乎迫在眉睫的時候，他匆忙入伍，但由於疝氣，被認定不適合從軍。他接受了一次緊急手術，然後因靜脈炎發作，又動了一次手術，這一切都是為了穿上軍裝——他最渴望的事。義大利參戰時，他正在床上療養，他的追隨者不得不將他抬到陽台上，下面的一群人大聲喊著義大利參戰的消息。

宣言為未來主義者創造了一個機會，讓他們能想像一個將被暴力地推向新概念的世界，讓他們能創造瓦礫和灰燼，而不考慮接下來會發生什麼，或者在過程中可能會丟失什麼。這對米娜來說也是一個誘人的開端，但她不能也不會走完全程。而且，無論如何，她的思緒都定著在別處。當那個曾「鼓舞」她的男人要去參戰，而她被迫留在佛羅倫斯的時候，她在一封信中告訴她的經紀人，「我現在感受到的是女性政治，但那是一種浩瀚的形式，可能任何地方都不適用。」[66]

隔年，米娜帶著她未發表、藏在手提箱裡的《女性主義宣言》，動身前往紐約，留下馬里內蒂、帕皮尼，以及那時加入他們行列的墨索里尼，他們的未來將不再有她。

i 譯註：塞拉塔指一系列未來主義者組織的活動，活動結合藝術與民族主義的政治議題，旨在推動變革。

ii 譯註：「歡樂夥伴們」（merry men）一詞出處為英國民間傳說中的俠盜羅賓漢（Robinhood），指的是和隨著他的不法之徒們。

iii 譯註：在《未來主義雕塑宣言》（*Manifesto of Futurist Sculpture*）中，翁貝托・薄邱尼表示，要完完全全拋棄外輪廓線和封閉式的雕塑，使得雕塑與環境得以結合。

iv 譯註：「世紀末」（fin-de-siècle）一詞尤指十九世紀末，充滿巨大轉變，也充滿希望的時期。

v 譯註：里拉（lira）為義大利採用歐元前所使用的貨幣名稱。

vi 譯註：「經理人」（impresario）一詞通常指劇團之經理。

vii 譯註：貢多拉為義大利威尼斯特有且最具代表性的傳統小船。

viii 譯註：應指威尼斯潟湖。

ix 譯註：哥列姆乃猶太民間傳說中，以巫術灌注黏土所造出能自由活動的人偶。

x 譯註：此詩標題Zang Tumb Tuuum為三個擬聲詞，Zang代表投擲手榴彈時的聲音，Tumb是爆炸聲，Tuuum則是迴響聲。

xi 譯註：原文如下：These weights thicknesses noises smells molecular whirlwinds chains webs corridors of analogies rivalries and synchronisms

xii 譯註：米娜寫信的對象為美國作家兼藝術攝影師卡爾・范・維奇滕（Carl Van Vechten），在此信中，她告知卡爾，馬里內蒂將於六天後出獄，並稱馬里內蒂為「野獸」（the Brute）。

xiii 譯註：如本章前面內容，馬里內蒂曾提及：「當我們四十歲時，其他更年輕、更強壯的男人可能會將我們像無用的手稿一樣扔進廢紙簍……」

第四章　辯論：一九三五年，阿克拉

英國人自認是仁慈的帝國主義者，當論及言論自由時，他們想要相信引領本國社會的自由開放理想，就算在他們的臣民[i]身上，同樣也具最高效力。執行殖民政策的官員大多都夠聰明，能明白透過言論審查控制人民，很容易適得其反。一九三四年的一份備忘錄是這樣寫的：「根據一般原則，立法干涉新聞自由非常不可取，且會提供公眾一個有力批評政府[ii]的目標。」[1]最好讓被殖民者至少有一些發洩的機會。因此，在被稱為黃金海岸（Gold Coast）的英國殖民地首府阿克拉（Accra），當地的報紙可以找到對殖民當局恭敬卻近乎異議言論的場域，從十九世紀中葉到二十世紀一直存在著。這是被容忍的。

西非這些污跡斑斑的報紙，以古老的印刷機小批量生產，不定期發行，作用如某種法律漏洞——很像十九世紀英國的請願書，是一個讓無聲的人有一點發言權的例外管道。在報紙上，至少識字的西非人有機會設定自己應討論的議題，儘管他們扮演從屬的角色。J．B．丹夸（J.B. Danquah）就是抱持著這樣的想法，於一九三一年野心勃勃地創辦了黃金海岸第一家由非洲人經營的日報《西非時報》（*The Times of West Africa*）。丹夸是阿克拉「上流社會」的明星，此上流社會由極少數的非洲菁英所組成，他們是沿海富裕家庭的孩子，在第一次世界大戰後的幾年裡，開始到英國留學，成為醫生和律師，隨後帶著高學識不安地回到殖民地。當時的間接統治制度，由白人殖民官員以及幾位可信賴且不具威脅性的傳統酋長，兩者分別治理首都及偏遠農業地區，不僅幾乎讓這群菁英沒有施展手腳的空間，還能阻止任何可能超越部落的真正民族認同形成，殖民強權因而得益。

丹夸希望用他的報紙打破的，就是這種滯塞的狀態。阿克拉本身在一九二〇年代經歷了一波靠可可豆獲利的繁榮時期，現在這座城市具備了一個新的社會階級，由在當地受教育的人士構成，這些人是他們家中第一個上公立學校或傳教士開辦的學校，成為識字英語母語者的人——教師及會計員、警察及礦工、總機人員及助產士。這群人的數量不斷增長，他們和丹夸自己的專業人士小型社群所想要的，不僅是餬口度日。週六晚上，他們聚集在新蓋好的守護神（Palladium）劇院[iii]看電影，比如巴士比・柏克萊（Busby Berkeley）的《一九三三年淘金女郎》（*Gold Diggers of 1933*），或者到衛理公會書庫（Methodist Book Depot，出售英文小說、電晶體收音機、地圖和鋼筆）逛一逛，或者傻傻地盯著阿克拉賽馬場（Accra Race Course），帶著帽子的菁英們週末會聚集在那裡觀看賽馬。各個自我成長俱樂部透過莎士比亞的作品指引這些新識字的阿克拉人。而丹夸的報紙則提供了塑造對未來之共同感知力的平台。那些經歷過英國生活的人想要一條通往現代性的快車道，來找到他們自己與歐洲的民族與社會的相似性。與此同時，在當地受教育的人仍然喜愛舊有方式。例如，像一夫多妻制這樣的議題可能會引起高度爭論，而《西非時報》便是可以進行辯論的地方。[2]本質上，這些人在報紙上爭論的是，脫離英國統治的獨立非洲身分，可能會有何樣貌。

英國政府領悟到報紙已經成為真正的騷動之地，很快地就明白了其自由主義的界限。一九三二年底，新任總督珊頓．湯瑪士爵士（Sir Shenton Thomas）[iv]抵達阿克拉，他認為當地報紙上充斥過多的討論和煽動，決心大力整頓此現象。他向他的上級堅決要求：「考慮到當地報紙上不斷出現不負責任和誤導性的內容，而且低教育程度的階層很容易相信這些內容，現在有必要採取更嚴格的控制措施。」[3]總督底下的警務總督察表示同意，並補充說：「沒有一家當地報紙找得到一個有聲望或有責任感的編輯。」[4]只要菁英階級仍然是一個成員經嚴格挑選的小群體，他們自視甚高的姿態就可以被容忍。但「低教育程度階級」現在也加入了對話。湯瑪士在這一點上毫不含糊：「受影響最大的是文盲，以及低教育程度的年輕男性。有人會讀報給他們聽，然後他們會把聽到的照單全收。」[5]

一九三四年初，殖民政府發布了一系列限制性法案，以平息種種異議雜音。湯瑪士總督告訴殖民部（Colonial Office）的高級官員，這些報紙的所有人及編輯，「幾乎不能說是文明的」。[6]這一系列的法規提案，引起了一場在守護神劇院前所未有的公眾抗議。報紙提供了這些被殖民者他們以前從未有過的發洩管道。取締媒體（「一個無害的機構，有時是我們的呼聲被聽到的唯一途徑」）將構成「施加於一群非常無助之人」的嚴重不公。[7]而報紙上則刊登著滿滿的來信及評論。許多作家無情地嘲諷湯瑪士總督，彷彿自由的日子沒剩下幾天了，他們利用報紙的方式正如殖民部所擔憂的。

丹夸參加了一個小型代表團前往英國，親自與殖民大臣（colonial secretary）對質。那次會面是一場災難。在公眾抗議期間辭去總督職務的湯瑪士正在等待這群人，並試圖在他們到達之前，使大臣對他們產生偏見。他寫道，丹夸是「一個在對談中很危險的人」，他也「明顯地反白人和反政府」，而《西非時報》乃「因對政府和歐洲人的惡毒、粗鄙態度而聞名」。[8]代表團被當作一群麻煩的孩子對待。[9]他們幾乎沒有講話的機會，接近午餐時間開始的時候，「殖民部長不停地看著時鐘，好像在說，『哦，繼續吧，快把這件事搞定。』」丹夸在他發表的報告中寫道。這次的會面有如一個堅實的證據，令丹夸坐實了他所設想的結論，即：英國所謂的溫和統治，其似乎可能給予的最終自治，是一場騙局，他們應該將「逐漸自治」的想法視為「已死」。丹夸現在看出來了，正是報紙讓英國人意識到「殖民地正在發展極端危險的自我意識」。

就在他們垂頭喪氣地登上返回阿克拉的船時，黃金海岸的立法委員會強行通過了那些法案中的其中一項。現在，「煽動叛亂」在殖民地是非法的，是犯罪行為，是隨時可能掉落的利刃。被認為具煽動性的出版物可能會被停刊。編輯要承擔責任，可能會被關進監獄並繳付罰款。丹夸受夠了。他很快關閉了《西非時報》並決定留在倫敦，他開始在那裡研究某個帝國的歷史，這個帝國被稱為迦納，經過數百年的統治，於十三世紀衰亡。兩年後，當他回到阿克拉時，他希望給他的國家起這個名字，如果它能夠實現自我解放的話。

但丹夸在擔任編輯期間，已經向人們證明，一份充斥著許多響亮聲音的小報紙，可以為一個被剝奪權力的社群做些什麼，它如何成為一個解決他們的分歧、辯論他們的身分的地方。就在總是穿著訂製西裝、打著條紋領帶，受人尊敬的丹夸離開報紙的圈子時，一位新的編輯——一位從奈及利亞移居，過去幾年在美國生活的激進人士——正駛入阿克拉港，他希望更進一步，創建一份報紙，將其作為生產新非洲人的熔爐。

當納姆迪·阿齊基韋（Nnamdi Azikiwe）於一九三四年十月三十一日抵達阿克拉時，他幾乎沒有考慮到新法規或它對他的計畫可能代表什麼意義。他想改變非洲大陸看待自己的方式。除此之外，他想探究，英國官員的看法又是如何？他放棄了美國提供他的舒適生活與學術生涯，以履行他對自己做出的承諾，他將這份諾言打了出來，在一九三三年的最後一天「在上帝和人類面前」宣誓，而那時他還在賓夕法尼亞州的林肯大學教授政治學。他寫道：「我將畢生致力於從帝國主義的枷鎖中解放非洲大陸，並從外國統治的束縛中贖回我的國家。」[10]他想以巧妙的言論說服大家，創造出一個充滿自我肯定的「新非洲」。而為完成這一使命，能使用的唯一工具是他即將掌舵的新日報：《非洲早報》（*The African Morning Post*）。

對於阿齊基韋〔或齊克（Zik），他的讀者很快就會以此名認識他〕來說，這是一次回歸。他最後一次看到黃金海岸是十年前，當時十九歲的他是一個疲憊而飢餓的偷渡者。他和兩個朋友都對美國懷抱著夢想，他們付錢讓一名水手把他們藏在一艘船上的救生艇下，那艘船從拉各斯（Lagos）開往利物浦（Liverpool），他們計劃到了那裡，要在船上做工抵償橫渡大西洋的船費。但一次嚴重的暈船使得他們在西非海岸上離阿克拉不遠的某處上岸，很快地，齊克的母親，從奈及利亞一路追來，跪在他面前，眼裡含著淚水，懇求他回家。

這是他人生冒險的一個可恥的開始。但齊克不久後就成功到了美國，他在那裡的歲月形塑了他。他抵達時，手裡緊抓著一本破舊的詹姆士·A·加菲爾（James A. Garfield）傳記，那是他還是個少年時，在奈及利亞奧尼查省（province of Onitsha），別人送給他的。書中講述了一個出生在小木屋裡的窮困男孩的故事，他透過教育及自己的努力出人頭地，成為美國第二十任總統。[11]然而，當他最終遇見處於一團混亂中的美國時，真實的美國打消了他的這種甜美天真的先入之見。某些時候，他會感受到被許諾的自由和可能性。他參與了羅斯福的第一次勝選以及他的新政。

他拜訪了哈林區，參觀了糖山社區（Sugar Hill neighborhood），在那裡，努力奮鬥的人們住在大型磚砌聯排透天別墅中。但從他來到這個國家的第一刻起——到達西維吉尼亞州哈珀斯費里的一所預科學校，廢奴主義者約翰·布朗（John Brown）不幸遭襲擊的地點——有人遭私刑處死的消息近乎不斷，同樣地感染了他的情緒。他孤獨而貧窮，同時身為黑人與外國人的身分令他倍感格格不入。在匹茲堡的一個夏天，他靠檸檬水和麵包為生，與一幫工人一起做挖溝的工作。他感到非常沮喪，以至於某天深夜，他橫躺在火車軌道上，企圖自殺。就在列車長踩下緊急剎車時，一個陌生人將他拖走。他用一首帶有憂鬱色彩的詩描繪了他的心境：「沒有朋友，沮喪，／悲傷充滿我的腦海，／所有希望都消失了，而現在：／我想死。」[12]

從那之後，他的情況有所好轉。他開始就讀於霍華德大學，上了他那一代幾位最偉大的非裔美國人所教授的課——拉爾夫·邦奇（Ralph Bunche）的政治學及阿蘭·洛克（Alain Locke）的哲學。在他的人類學課程中，他的家鄉非洲被描述為人類的搖籃。他深入了解了一九二〇年代後期及一九三〇年代的紛紛擾擾——馬庫斯·加維（Marcus Garvey）的泛非主義、W·E·B·杜波依斯（W.E.B. Du Bois）及千里達[vi]出生的反殖民主義者喬治·帕德莫爾（George Padmore）的著作。由於一直需要獎學金，他在一九二九年轉到林肯大學（他的同學包括索古得·馬歇爾（Thurgood Marshall）[vii]和蘭斯頓·休斯（Langston Hughes）[viii]），並在那獲得了宗教碩士學位，然後在賓夕法尼亞大學獲得了人類學碩士學位，並準備開始在哥倫比亞大學攻讀政治學博士學位。

就在他即將搬到紐約市時，他決定停下來評估一下自己的狀況。他已經學會如何踢足球，甚至還加入了斐・貝塔・西格瑪（Phi Beta Sigma，ΦΒΣ）兄弟會，但他斷然不屬於且永遠不會屬於此地。他的命運一直是最終要回到他的人民身邊。不過，有一個問題：他現在教育程度過高，對英國當局來說過於美國化，他們肯定會對他獨立的思想與野心感到憤怒。他在西非殖民地能找到什麼有意義的工作？他的理想是回到奈及利亞。

齊克的母親是伊博族（Igbo）[ix]皇室成員，他的父親是英國殖民政府的一名公務員，這份工作讓齊克在他年輕的時候就走遍了整個奈及利亞，因此他能說流利的約魯巴語（Yoruba）、豪薩語（Hausa）和伊博語——這個國家的三個主要部落語言。他詢問了回國工作的機會，但不被理睬。政府文職部門不想要他。宣教學校也不想。

報紙是最後的手段；他曾在美國嘗試當過記者，為《費城論壇報》（*The Philadelphia Tribune*）撰寫體育相關文章等等。在給多位編輯的其中一封信中，齊克將他的政治哲學描述為更偏向「實用主義」而非「激進」（或者，更確切地說，他稱之為「理智的激進」）。「我正在回歸半甘地思想、半加維主義[x]、非沙文主義、半民族中心主義。」他寫道。[13]這封信得到的回應是沉默。一個自稱為「嶄露頭角的領導者」的人幾乎沒有什麼工作機會。

接著他試著找上了一位黃金海岸商人阿弗烈德・J・歐坎席（Alfred J. Ocansey），他在短時間內通過買賣汽車、卡車和其他商品，成為阿克拉最成功的非洲商人之一。歐坎席也涉足娛樂領域，開設了他廣受歡迎的守護神劇院和音樂廳（他曾到倫敦守護神劇院一訪，由此得到了靈感）。他在新出現的、受過教育的公務員和文書職員中產階級身上看到了機會：這是一個需要娛樂的市場。守護神劇院成為了他們的中心，這裡是音樂家開創快活音樂（highlife）的地方，這種音樂類型的狐步舞及卡利普索民歌[xi]的獨特融合，造就了一支以吉他為主的撥弦非洲版大樂隊。阿克拉的上流社會穿著晚禮服、大禮帽、燕尾服排成一列，要聆聽爵士樂之王（Jazz Kings）和海岸角糖寶貝（Cape Coast Sugar Babies）等樂隊的表演，同時教師和護士則坐在陽台上，身為劇院經理的奧坎席則賺進鈔票。

齊克對這位企業家提出了一個建議：資助一家新報紙，並讓他這位教授擔任編輯。他甚至承諾，他可以使這項冒險事業盈利。令齊克驚訝的是，歐坎席說他喜歡這個主意，在齊克返回的那天，他正在岸上等他。當阿克拉港映入眼簾時，從克里斯汀伯格城堡（Christiansborg castle）的白色堡壘到幾年前才新開辦的阿奇莫塔學校（Achimota School）的鐘樓，齊克的腦海中充滿了他對報紙能做些什麼的希望。「那時，這個國家的首都就在我面前，我對自己低聲說，總有一天，我將能夠引導這個國家的公眾輿論。」他後來在談到激動人心的那一刻時寫道。[14]

阿克拉沒有登陸設施，所以乘客爬上由迦族（Ga）船夫操縱的救生船，他們會在划船時唱歌，停下來吃幾口肯基（kenkey），一種用玉米粉做的餃子。齊克上了其中一艘顛簸的小船。他是唯一的非洲人，戴著一副斯文的眼鏡，配上剃了側邊部分的時髦髮型，顯得嚴肅，這一切都只是勉勉強強彌補了他那張柔和、孩子氣的臉。當衝浪船靠近岸邊時，船夫用椅子抬著每位乘客，跨過最後幾英尺的海浪，送到海關碼頭。他們一個接一個地抬起白人乘客，齊克很快就意識到，他會是最後一個。當他提出抗議時，一個光著胸膛的年輕人用驚訝且憤慨的眼神看著他。他告訴他：你必須等待。我們首先要為「主人」服務。[15]

他們有很多工作要做。而且，在一九三五年初，歐坎席安裝了印刷機，而現在安頓在特羅卡德羅酒店（Trocadero Hotel）的齊克僱用了少少的六名中學畢業生當員工，《非洲早報》開始運轉了。這份報紙的印刷油墨經常暈開，且讀者會抱怨排版，字母會超出頁面，有時甚至是整個單字，但在短短幾個月內，《非洲早報》的發行量很快就達到了二千份，與其他四五家城市報紙相當。齊克的宗旨在每天的頭版頭條上展開：「在一切事情上獨立，不在任何影響非洲命運的事情上保持中立。」[16]它很容易就變成了阿克拉最直言不諱談論政治的一家報紙，由齊克的反殖民主義、他的民族主義、他對社會主義的接觸、他深深的非洲自豪感以及他的理智敏感所塑造。

當時，非洲的報紙與美國或歐洲那種專業化、員工高素質的出版物完全不同。十多年後訪問阿克拉的作家理察．賴特（Richard Wright）報告說，當地的報社「又小又雜亂；許多印刷機都是手動的；員工素質極差；記者的薪水低得令人難以置信」。[17]他寫道，「就西方對這個詞的定義來說」，這些不是報紙。

然而，其實這份報紙還有一些截然不同於西方報刊的地方：幾乎完全由讀者的投稿構成。它包含一些重大新聞——來自路透社的電訊及關於當地婚禮和舞會的報導。但大多數情況下，《非洲早報》當中充斥著一小群受過教育的英語讀者的來信、評論文章，以及自由撰稿文章。這樣的內容某種程度上是出於必要：齊克根本缺乏預算用自家記者的原創報導填滿報紙的版面。一篇社論聲明：「我們很樂意在本刊中盡可能多地留出空間供投稿人使用。」[18]工作人員還會為了鼓勵他們讀者群的個人投資，而徵求投稿。如果讀者在頁面上看到自己的言論，他們可能更願意繼續當報紙的忠實買家。這通常意味著哄騙意願不高、英語不是很好的寫手加入這場戰鬥，就如另一家當地非洲人經營的報紙《黃金海岸領袖》（*The Gold Coast Leader*）建議他們：「做你自己，不要模仿任何人，用你自己的方式說，說你想說的話，就這樣：你不需要翻遍一本本又大又厚的字典來找出讓你的讀者窒息的詞彙。」[19]

但如果此報的形式——與其說是單向的資訊傳遞，不如說是一個留言板——在很大程度上是一種經濟功能，那麼它也符合齊克的目的。就像丹夸之前的努力一樣，齊克將《非洲早報》主要想像成一個對話的地方，阿克拉的識字人士及有抱負的知識分子可以聚集在一起。它的核心部分被稱為「抱怨者行列」（Grumbler's Row），旨在進行辯論和投訴。這一部分的寫作品質出奇地鬆散、不嚴謹。倒不是投稿人忘了統治他們的英國君主，而是幾乎所有的投稿都是匿名或假名的（這些假名是一些裝模作樣的名字，像是「一個．本地人」，或荒謬的名字，像是「龍蝦」）。這讓人們有機會暢所欲言，不受阻礙，充分測試言論的界線。丹夸為這種可能性打開了大門，但齊克現在進一步向前衝撞，每天都帶來不同或相反的論點，探討對他們作為殖民地臣民存在的本質，以及超越他們作為部族集合體的分裂狀態的思維。

齊克在此報的第一個專欄中寫道，他所設想的新非洲「必須由非洲人及人類組成，而不僅僅是方蒂人（Fanti）或迦族人、提姆人（Temne）或曼德人（Mende）、約魯巴人或伊博人、班圖人（Bantu）或圖阿雷格人（Tuareg）、布比人（Bubi）或豪薩人（Hausa）、加羅夫人（Jollof）或克魯人（Kru）。」[20]丹夸有他自己的現代西非願景，若他尚未離開，他會贊同齊克的。但是，儘管丹夸一直致力於自我提升和爭取英國人的認可，但齊克則希望非洲人以不同的方式看待自己——他和他的讀者投稿人在每一期報紙都強調了這一點——在這一刻，要對自己處理自己的事務感到自豪且可敬。

齊克每天都以他的專欄「內幕」（Inside Stuff）及社論文章，為他的展望鋪路。但是當時許多寫手，身分通常是匿名的，都可以接手這件事，他們或支持、或包容、或反對任何話題，從失業的禍害到平等主義婚姻的利弊，再到日益增長的、可能不道德的年輕人電影觀影趨勢。當時，公共領域（public sphere）尚不存在於黃金海岸，而《非洲早報》成了最接近公共領域的場域，至少德國哲學家尤根・哈伯瑪斯（Jürgen Habermas）後來如此定義了它。對哈伯瑪斯來說，在公共領域中，公民可以作為個人，獨立地現身於政府控制以及對宗族的忠誠之外，一起討論當天的新聞，形成集體意見，然後這些集體意見便可充當一種反制的政治力量。在他對公共領域誕生的描述中，這種獨特的環境首先在十七世紀的英國和法國的咖啡館中出現，當時報紙提供了討論的聚焦點，促進了這種環境的形成。哈伯瑪斯的願景今日已被視為狹隘、烏托邦式的——一個原因是，儘管他在一九六〇年代撰寫了他形塑此概念的著作，但他未能承認所有被排除在咖啡館談話之外的人。他的「公共領域」的公眾指的是社會中一個非常特定的群體，齊克的讀者群也是如此，他們是存在於一大群文盲中的少數人。不過，這個概念可以幫助我們看到「抱怨者行列」版面正在創建的成果。

例如，一九三七年，數個英國公司一起成立了一個卡特爾[xii]，也就是「聯營體」（the Pool），為他們從非洲農民那裡購買的可可豆設定一個較低的價格。他們的聯盟嚴重損害了黃金海岸人的生計，他們依賴經濟作物，毫無抵抗能力。很快地，《非洲早報》上就爆出了數十篇來自讀者的匿名專欄文章，其中一篇哀嘆卡特爾是如何「讓非洲人陷入困境」[21]，隔天另一篇則辯稱，農民自己有罪責，因為他們的抵抗不夠強硬：「我必須說，無論反抗聯營體的情況如何，都不應只有歐洲人受到指責。當他們看到我們擁護自己的權利時，他們退讓了一點。應受責的是我們自己的親友。」[22]

五千名可可豆種植者最終加入了抵制運動，並設法建立了統一戰線，使可可豆的銷量下降了百分之九十，並拒絕購買歐洲商品——除了糖、煤油、火柴和煙草等必需品——直到買家同意照他們的條件進行交易。

報紙上爭論的各種聲音不僅僅建立了團結。意見的分歧也建立了共同的基礎。每位寫手都同樣投入到同一個計畫中，也就是針對土地以及英國人的壓迫開創一種新的關係。如政治學家兼歷史學家班尼迪克．安德森（Benedict Anderson）[xiii]所說，正是這種爭論讓他們得以窺視部落或社會地位的劃分，並建立新的忠誠，創造「無限延伸的親屬關係網」。[23]像哈伯瑪斯一樣，安德森將報紙視為這些新近政治覺醒公眾的核心，且安德森會準確地理解《非洲早報》中發生的事情。安德森曾在著作中寫道：「這些讀者透過印刷品聯繫在了一起，在他們世俗的、特殊的、可見的不可見性中，形成了全國性想像共同體的胚胎。」[24][xiv]

這是一份典型的早報：一九三五年六月四日，星期二，整個阿克拉「晴空萬里」的一天。《非洲早報》的頭版宣揚著幾則新聞，有非常本地化的（「克里斯汀伯格青年獲得學士學位」），也有國際化的（「法國社會黨組建新內閣」），但內頁才是有趣的地方。[25]一位名叫「安潔莉娜」的讀者在某一欄寫出了她對人壽保險的看法，人壽保險對她來說是一個新穎的概念，她是從一份盜版的《時代》雜誌中了解到的。「安潔莉娜」敦促非洲女性「勸說丈夫購買保險」，以便在發生悲劇時保護自己。還有一篇標題為〈免責聲明〉的文章，是一位讀者針對之前在另一家報紙上所遭到施暴於女性之指控，在「這家受歡迎且備受推崇的日報」上作出的回應（「維多利亞．馬尼不是我的妻子，我從來沒有把她從獅子山帶來並餓死她」）。除了新車型一九三五年克萊斯勒普利茅斯六號（Chrysler Plymouth Six）和薩他柏（Satab）刀片（「對任何鬍子都會開口笑的刀片」）的廣告外，佔了第六頁大半頁的是一則政治長篇大論，由一個署名阿甘的人所撰寫。在這篇標題為〈什麼是文明？〉的文章中，他抨擊白人優越感，並稱基督教本身是一種虛偽的宗教，宣揚平等，卻一直讓非洲人處於屈從地位。「他們談及黑人時態度憤恨；他們說黑人在精神層次上不適合與白人相提並論。傳教士和非傳教士的信徒都對黑人懷有強烈的仇恨，但他們卻堅持宣揚『愛鄰如己』的原則。」在文章的最後，阿甘力勸他的黃金海岸同胞：「如果我們的國家必須照自己的路線前進，就要消除部落分歧和愚蠢的突發奇想。」

各種讀者關注的事及意見都被放進了報紙的版面——首要任務是填滿版面——但齊克顯然挑選了稿件，來支持他培養新非洲人的計畫。這份六月四日的報紙裡還有一篇未署名的主要社論，題為〈非洲人的心態〉，與阿甘的觀點相呼應：「非洲人的智慧能夠達到其他種族的成就，有時甚至能超越，這件事正一天天被證明是正確的。」在齊克自己的專欄中，他以筆名齊克撰寫了一篇文章，詳盡描述了那位從齊克的母校林肯大學畢業而在當天頭版受到宣揚的「黃金海岸學者」。「這位非洲人本質上是一名戰士。他相信有志者事竟成。」他寫道。

除了齊克的專欄，另一個固定專欄是化名仲馬夫人（Dama Dumas）的「男人、女人等等」。在當天的專欄中，仲馬夫人以逗趣、責備的口吻疾呼教育的必要，譴責那些年輕都市女性「儘管有著巴黎式的時髦和耍心機的天賦，卻完全是文盲」。仲馬夫人的真實身分是梅布兒·多夫（Mabel Dove），她的父親是一位英國留學回來的知名律師。她身處阿克拉丁點大的上流社會的正中心，與丹夸有過一段短暫的婚姻。正是在丹夸的《西非時報》中一個名為「淑女一隅」（Ladies' Corner）的專欄中，她首次貫徹了具批判性卻幽默聰明的發言，和該報讀者形成了鮮明的對比。她的觀點，從某些連衣裙的時髦，到年輕女性抵制婚前性行為的必要性，都是難以預料的，要不是引起憤怒就是贊同的反應。她是一位女性主義者，她也提倡修養，並建議該閱讀狄更斯的哪部小說。她的菁英主義情感以提升新受教育階層之地位為目標，主要是從她在英國的時候一點一點累積而來，但這股情感也被深深的非洲自豪感所平衡。[26]她大多數的專欄文章都會提出這樣一個問題：「如果一位印度貴婦可以穿著自己的民族服裝出現在白金漢宮，而且看起來十分合宜且品味很好，那麼，是什麼阻礙了我們的女性採取類似的態度呢？」[27]報紙的版面經常變成討論她所持立場的論壇。例如，有一次青年文學俱樂部（Young People's Literary Club）就「歐洲的婚姻形式對非洲人有益嗎？」這個問題進行了辯論。最初的投票結果是否定的，但她不同意，並認為「當地人的婚姻」，她指的是一夫多妻制，是「古老的」且「原始的」，「在我們現代女性看來，有點令人反感。」[28]幾個星期以來，報紙的版面充斥著讀者的意見及她的反駁。

這種一來一往刊登的方式不僅有助於吸住讀者，也能調和不同的非洲獨立願景。新非洲人會是什麼樣子？必須摒棄多少傳統文化及習俗才能獲取某種現代民族身分？這些問題貫穿於每一個專欄、每一篇讀者回應中。像齊克這樣的人物，已經破釜沉舟。齊克作為奈及利亞人，在美國接受教育並生活在阿克拉，他認為自己正使某個比部落甚至殖民地領土更大的實體具象化。他想要一個未來，在那裡非洲國家各自獨立，與法國或德國平起平坐，並以一套共同的價值觀團結在一起，就像扎根於土壤一樣。

梅布兒・多夫更像是一個新非洲人，這就是為什麼當她還在丹夸的報紙中以瑪袠瑞・門薩（Marjorie Mensah）的身分撰稿時，她引發的最大爭論之一，是關於她是否真的存在，或者更準確地說，藏身於她的專欄之後的，是否真的可能是一個女人。許多讀者將她視為菁英人士創造出的一個胸懷抱負的虛構人物。他們懷疑一個如此機敏和有智慧的女人是否可能真實存在，而如果她是真實的人，這是否可取。這場爭論始於一位撰稿人聲稱，她作為一名作家所掌握的「措辭和堅定自持的態度」，是在黃金海岸的女性身上想像不到的。[29]另一名男子推測她可能只是在歐洲接受了很多訓練。關於誰真正撰寫了這些專欄文章的表面爭論下，是對於未來性別角色的爭論：如果非洲人接受獨立和現代性，他們是否也必須面對兩性平等？當然，梅布兒在她的專欄避開了這些懷疑她是否真實存在的攻擊，為所有女性辯護。「你到底對我們有什麼看法？你，還有很多像你一樣的人，對女性——尤其是黃金海岸女性——抱守著我所聽過最奇怪的觀念。你們真以為我們都沒有能力在報紙上寫專欄嗎？」[30]這場爭論是如此有趣——「印出她的照片！」是許多來信中的要求——甚至有當地歌舞表演的特色是，在短劇《我當然是一位淑女》（*Of Course I Am a Lady*）中，由扮女裝的男人飾演「瑪袠瑞・門薩小姐」。[31]

儘管對於許多正在寫作並選擇用浮誇的筆名表達意見的讀者來說可能沒有這種感覺，但他們正在創造一個公共領域，且齊克認為此公共領域正在發揮重要的作用。《非洲早報》版面上的辯論有時很嚴肅——某次的報紙論壇標題直截了當地詢問讀者，「黃金海岸是一個國家嗎？」[32]——有時很瑣碎，但它們是推動反帝國主義運動前進的唯一途徑。只要英國人設定了身分的條件，利用部落分裂維持這個國家的分裂，並阻止任何形式的民族意識或公民社會的形成，他們就可以辯稱，黃金海岸沒有一個受過教育的領導階級準備好接管統治。而正是在這家報紙上相互爭辯的行為，不僅建立了這個階級，而且提供了它存在的證據。

一年之內，齊克兌現了他對歐坎席的承諾，並使發行量增長到遠超過這位商人設想的程度。到了一九三六年，《非洲早報》每天擁有一萬名讀者，其中一些來自奈及利亞、獅子山和喀麥隆。齊克的員工人數很少，且缺乏經驗，因此工作永無止境。他會在黎明前醒來，從特羅卡德羅酒店頂層的房間趕到辦公室，拿著放大鏡進行每日的報紙校樣。然後，他會前往塵土飛揚的印刷廠，在那裡的工人操作著印刷過程中經常故障的老舊印刷機，而齊克會對著他們高聲喝令。這些員工似乎從沒有達到他的標準，他對他們可能冷漠且獨裁。他覺得自己是一個專業人士，一個閱歷豐富的人，在一個不斷絆住他的環境中工作。

齊克因其教育程度及舉止風度，被阿克拉的上流社會所接納，每兩天，他就會在羅傑俱樂部（Rodger Club）與菁英階層人士甚至一些白人殖民地行政人員一起打網球。但他在那裡從來沒有真正感到舒適過，在他眼鏡後面的，仍然是一個基本上孤獨的、執著於自己目標的人。正如他在《非洲早報》的助理編輯所說，齊克「在這個社會中很不自在，在這裡，他仍是一個『陌生人』，是個頗為特殊的存在。他受到成千上萬人的欽佩及喝采，但大多數人在與他密切、面對面接觸時，都對他懷有合乎情理的敬畏之心。在他的演講結束後，人們聚集在他周圍，笑容滿面地握手，但這和處於平等地位的親密閒聊不同。」[33]在他看來，他代表著新非洲人的孤獨。在他的腦海和他的報紙上，他生活在未來，但日復一日，舊有的效忠從屬關係和權力結構，仍被傳統及槍支所鞏固，似乎使他有志難伸。

然而，有一些證據證明了他的成功，那就是他正在推動人們朝著他的方向前進，即使只是惹惱了越來越多的惡意批評者。儘管他與菁英及行政人員的網球比賽氣氛很融洽，但對於他所認為的舊非洲權勢集團，無論是他覺得過於被動的菁英階層，還是與英國殖民政府同謀的部落酋長，齊克都有嚴厲的批判意見——他們都對當下的情況過度安逸。還是說，他們可能得益太多？在他的字典中，所有這些人都代表了他在專欄中一再堅持「必須摧毀」的「舊非洲」，「因為它對於新非洲有著極其有害的作用。」[34]年輕的一代看不到自己的前景，憎恨現狀，憎恨每個似乎從中獲利的黑人或白人，齊克為他們的挫敗提供了他的報紙。他甚至成功地利用《非洲早報》宣傳了一個新的民粹主義政黨——馬姆比黨（Mambii Party，取自迦語的「人民」一詞），對抗權勢集團黨派，爭奪殖民地立法會（legislative council）的席次，此立法會幾乎形同虛設，目的是要提供政治參與的幻覺（其組成保障英國席次占多數，且總督有最終決定權）。

在立法會裡的那些部落酋長從間接統治制度中獲得最大收益，並握有比英國殖民前更大的權力，對他們來說，齊克只不過是一個外來煽動者。在立法會的一次會議上，黃金海岸最受尊敬的酋長之一，娜娜．奧弗里．阿塔[xv]（他剛好也是丹夸同父異母的哥哥）談到了齊克，但沒有提到他的名字。「我們時常聽到『新非洲』即將誕生，」他說，「新非洲的主要擁護者們正在傳播只會在這個國家造成麻煩的信條。」[35]在年輕人被「教育得不尊重酋長和長老，還會公開蔑視他們」的風氣中，他看到了真正的危機。

齊克喜歡他的報紙裡上演的讀者言論，這些言論似乎是在建立阿克拉人的自尊，並刺激菁英階層更廣泛地思考。如果這意味著他的讀者有時會誇誇其談，或過於暴力地表達自己的想法——批評行政人員、譴責殖民主義、擁抱泛非主義（有時甚至是共產主義）——這也全都是他希望製造的有益的激盪的一部分。

《非洲早報》的版面如此自由和生動，以至於可以說，齊克已經忘記了從第一期開始就籠罩著他的威脅：立法會（儘管遭到了所有非洲成員的反對）通過了一條法令，賦予總督判定出版物是否具有「煽動意圖」的權利，以及對作家和編輯處以罰款和監禁的權利。這條法令為「煽動」的確切含義留下了廣泛的解釋空間。[36]煽動可能意味著任何事情，從煽動反抗殖民統治到簡單地挑起「仇恨或蔑視」以及「對黃金海岸司法的不滿」。

之前被罵得狗血淋頭的總督珊頓．湯瑪士下台後，阿諾德．霍德森爵士（Sir Arnold Hodson）取而代之，他對自己的角色採取了截然不同的態度。霍德森之前在獅子山任職時獲得了陽光總督的綽號，他的執政理念很快就變得清晰起來。他會給媒體一些活動空間。除了透過國家電台大肆播送親英宣傳外，他還會採取善意的忽視。他相信，像「抱怨者行列」這樣的地方，充滿了激烈的爭論和情緒激昂的意見，簡直太喧嘩了，不會構成真正的威脅。「眾所周知，」他在接任總督不久後寫道，「言過其實和誇大其詞最終會自取滅亡，對廣大公眾輿論幾乎沒有影響。」[37]

霍德森就任後，幾乎沒有理由需要擔心《非洲早報》中不斷湧現的憂慮不安會帶給齊克任何麻煩。進入報紙人生的第二年，他似乎能夠做丹夸做過的事情，甚至更多，而不會真正遭到反對。齊克甚至結識了這位新任總督，一九三六年四月，當齊克與來自他家鄉奧尼查市（city of Onitsha）的一名年輕女子芙洛拉．奧格布納姆（Flora Ogoegbunam）結婚時，阿諾德爵士出席了他們的婚禮。在阿克拉衛理公會教堂的紅磚鐘樓下，齊克穿著黑色的燕尾服和條紋褲，總督遞給他一份禮物：一本名為《自由的火炬》（*This Torch of Freedom*）的書，之中收錄了英國保守黨首相斯坦利．鮑德溫（Stanley Baldwin）的數篇演講稿。[38]

而幾乎終結了齊克的革命性實驗的文章，發表在一九三六年五月十五日的《非洲早報》上。這篇文章屬於經常性一次刊出的專欄文章與持反論的文章的一部分。這次，作者（僅使用化名「有效」）回應了早先的一篇社論，那篇社論故意提出了一個挑釁性的問題：「歐洲人相信神嗎？」「有效」說是的，他們相信，但是他們相信的是一個「名字寫作『欺騙』」的神，非洲人根本不崇拜祂。白人「所信仰之神的律法是『你要強大，你必須削弱弱者。』你們『文明』的歐洲人，你們必須用機關槍『教化』那些『野蠻』的非洲人。你們這些『信奉基督的』歐洲人，你們必須用炸彈、毒氣等使『異教的』非洲人『改信基督教』。」他們做的事沒有限度。殖民者的種族主義是腐敗的：歐洲人「把一隻猴子放在椅子上，脖子上掛著一條鍊子，讓一個非洲兒童緊緊抓住那條鍊子，拍下照片，並在下面寫上銘文——『兩隻猴子』——非洲人因此意識到，對於歐洲人來說，他（非洲人）被歸類為猴子。是的，這就是歐洲人所知道並信仰的神。」[39]

到文章的結尾，「有效」斷言他只向「伊索比亞之神祈禱，我的祖先敬奉祂的時期，歐洲人還住在山洞裡，」並且他覺得自己與任何可能主張自己優越性的白人，是平起平坐的。「歐洲人尊重我，我也會尊重他。萬一他越線，開始無禮冒犯，我通常會馬上讓他明白他不是老大。他不會和我爭論，因為他知道後果會是什麼。」

齊克對刊登這篇文章持保留態度。並不是它越過了什麼紅線——在他報紙上的匿名意見經常延伸到如此極端的限度——而是這位以「有效」之名撰稿的人的身分讓他起了警惕之心。這位撰稿人是艾薩克・西歐菲勒斯・阿庫納・華萊士－強森（Isaac Theophilus Akunna Wallace-Johnson），自稱是「國際非洲人」，出生在獅子山，大半生都在工會和共產主義圈子裡打轉，一九二〇年代晚期，他甚至到莫斯科一所共產國際贊助的大學讀書（未來的肯尼亞領導人喬莫・肯雅塔〔Jomo Kenyatta〕是他的室友）。華萊士－強森與齊克大約在同一時間登陸黃金海岸，當時殖民地的總檢察長在信中寫道，這位作家在莫斯科接受過「顛覆性政治宣傳技巧」的培訓，且他「以專業煽動者的身分返回西非。」[40]《黑人勞工》（*The Negro Worker*）[xvi]的印刷份數隨他到達而激增。

齊克並不介意華萊士－強森的激進主義——畢竟，他們有著相同的反殖民目標——但他們在戰術上，在達到目標的方式上大相逕庭。華萊士－強森渴望立即革命。他向列寧、史達林及托洛斯基看齊，並稱頌先鋒領路的概念。齊克不同意，他認為首先需要一場「知識革命」[41]——他的報紙正在努力實現這一目標。「我向他介紹了現代義大利的歷史，」齊克曾在描述他與華萊士－強森的第一次相遇時如此寫道。「先是馬志尼（Mazzini）徹底改變義大利人的思想，加富爾（Cavour）規劃義大利民族主義的未來，然後加里波底（Garibaldi）才作為行動派加入其中。」華萊士－強森回應，齊克的方法需要幾個世紀的時間，而他可以在幾十年內就實現獨立。

齊克無法忍受的是，華萊士－強森用他激進的路徑破壞齊克的藍圖，在他的公共領域中放置了一枚炸彈。因此，當《非洲早報》的出版商阿弗烈德・歐坎席將這篇文章轉交給齊克時，齊克拒絕了。他不信任華萊士－強森，而且他也知道，如果這篇文章沒有署名，他自己將要為它可能的「煽動意圖」負責。但歐坎席堅持，齊克只好沮喪地把這篇文章交給了他的一位助理編輯處理。

齊克不知道的是，霍德森總督儘管在齊克的婚禮上表現得和藹可親，但他正伺機而動。一九三六年二月，在齊克刊登華萊士－強森的文章幾個月前，霍德森向殖民部提出了一個請求，令他的上級感到震驚。他表明：「如果依我來看，有正當理由立即查禁一家報紙的話，我希望有絕對的權力這麼做。」[42]廣播政治宣傳運動已經失敗，報紙似乎無藥可救，「被赤色分子控制」，企圖透過刊發許多憤怒、不滿的意見來「挑起事端，分裂大英帝國」。他對華萊士－強森懷著明確的蔑視，該人物雖然沒有經營報紙，但他似乎參與了每一次挑釁的行動。越形惱火的霍德森在寄回家的信中說，他確信，有別於英國的統治者，「法國人一秒鐘都不會容忍這種事。」[43]

在華萊士－強森的〈非洲人信神嗎？〉（Has the African a God?）刊登在《非洲早報》八天之後，有人來敲了齊克的門。那是一個星期六的清晨，他在特羅卡德羅酒店的套房裡。站在門口的是警司D．G．卡魯瑟（D.G. Carruthers），他的兩側圍著數名武裝人員，此人恰好是齊克在阿達布拉卡（Adabraka）[xvii]黃金海岸草地網球俱樂部的固定網球夥伴之一。但卡魯瑟看上去彷彿不認識眼前的人。「您是納姆迪．阿齊基韋先生嗎？」他問。[44]齊克回答他是。「你是《非洲早報》的編輯嗎？」「是的。」齊克再次回答。「我有一份刑事令狀給你。」隨之，卡魯瑟交給齊克一份文件，上面指控他違反煽動法令，犯下四項罪行，都與華萊士－強森的文章有關。齊克掃了一眼那份文件，很快發現每項罪行最高可判處兩年監禁或一百英鎊罰金。他冒出一身冷汗，弓起削瘦的肩膀，卡魯瑟突然一改他的冷漠姿態。「齊克，我希望你理解我正在盡我的職責。」他告訴他。「那當然，卡魯瑟，我能理解。」然後，卡魯瑟微笑著問他們那天晚上是否還打網球。

在警探發現華萊士－強森就是「有效」後，他很快地也被捕。他的審判先在秋天進行，並以有罪判決結束，不過，這位激進分子能夠躲掉牢獄之刑（他有兩週的時間籌出五十英鎊的罰金，替代三個月的刑期）。這樣輕微的懲罰激怒了霍德森總督，他開始起草新法，使他能夠將任何被控煽動叛亂的人驅逐出殖民地。

齊克的苦難拖得更久；審判在一九三六年延期了十九次。這是一段漫長的等待，充滿了不確定性。他試圖像以前一樣經營報社，讓報紙充滿盡可能多的聲音。但他感受到了霍德森制裁下的恐懼。一九三七年一月，當齊克終於來到法官面前時，他很快就被宣判有罪。華萊士－強森的審判結果坐實了《非洲早報》發表煽動性內容之罪行，而齊克身為編輯，便是此罪之共犯。法官告訴齊克：「在黃金海岸這樣一個文盲程度很高的國家，對於一個報紙編輯而言，這是非常嚴重的罪過。」[45]他被判入獄六個月並被課以五十英鎊的罰金，但法官犯了一個技術錯誤，使齊克免受牢獄之災，然後，他出現在法院的台階上，看上去焦躁不安但韌性十足。他對人群說，他準備好迎接「不可避免之事」，如果這有助於加速非洲「走向救贖和自決」。[46]

他接受了他的殉道。在他判決確定的第二天，他寫了一篇專欄文章，將自己描述為「體現一個構想——新非洲的構想——活生生的精神」，現在面臨著「客西馬尼園（Gethsemane）[xviii]、各各他（Golgotha）[xix]和加爾瓦略山（Calvary）[xx]的艱辛與磨難」。[47]他在三十歲時抵達黃金海岸，「自己生命中的加利利（Galilee）[xxi]」現在他已經三十三歲，「瀕臨『被釘上十字架之刑』」。他的讀者，也是該報的主要撰稿人，擔負著與他一樣的罪過，現在也與他一起感到四面楚歌。他們是他的力量，他寫道。「既然我知道，在我於這顆星球上短暫存在的第三十三個年歲，復興的非洲同我一起感受，同我一起嘆息，同我一起夢想，同我一起展望，我為什麼要畏懼呢？」如果《非洲早報》已成功地創造了一群新的公眾，齊克就是在向他們說話，為他們說話。

幾個月後，也就是三月，齊克對該裁決提出上訴，就在那時，報紙的特殊性顯露了出來。「抱怨者行列」以及《非洲日報》大部分內容的匿名性具有某種搗蛋鬼的性質。撰稿者們從樹林後衝出，扔石頭，然後撤退。而這最終拯救了齊克和他全部的心血。

為他辯護的是最受尊敬的西非律師（也是梅布兒．多夫，即仲馬夫人的父親）法蘭斯．多夫（Frans Dove）。多夫決定質疑對此官方案件的一個基本假設：齊克實際上是《非洲早報》的編輯。在上訴程序開始之前，多夫詢問西非上訴法院的三名法官（包含奈及利亞、黃金海岸及獅子山的首席大法官——三個戴羊毛假髮的英國白人騎士）是否可以先提出初步但根本的反對意見。對於為何納姆迪．阿齊基韋與此案有任何關聯，他想要一個解釋。

總檢察長怒斥這是一個荒謬的問題。他說，納姆迪．阿齊基韋當然是「齊克」，黃金海岸全國的每個學生都知道齊克是誰：《非洲早報》的編輯，而該報在其版面上發表了一篇煽動性文章。多夫回答說，儘管他理解「大家普遍將齊克與阿齊基韋視為同一人，且認為阿齊基韋與《非洲早報》有關聯」，而這對一般人來說可能有意義，但「在法律上沒有任何意義」。[48]在《非洲早報》上，撰稿人的化名將筆與身體分開了。即使「齊克」出現在報紙上，納姆迪．阿齊基韋這個名字卻哪裡都看不到。因此，除非官方能夠完全確定他們面前的那個人是編輯齊克，否則他不用對他受到的指控負責。

多夫想出了一個「將殺」策略，利用英國法院系統的邏輯——透過識別和認罪來確定有罪——來對付英國法院系統。總檢察長跳了起來，說他對多夫試圖以這種方式欺騙法庭感到驚訝。他很樂意提出合法的身分證明。然後，他念出齊克最初被他的網球好友D・G・卡魯瑟逮捕的文字記錄。在大聲朗讀的錄音文字記錄中，齊克被明確詢問他是否是納姆迪・阿齊基韋以及他是否是《非洲早報》的編輯。「這就是記錄，各位法官大人。」總檢察長帶著勝利的聲音說道。

多夫為此做好了準備。法庭安靜了下來，三位法官都從他們的長凳上向下凝視，對律師的下一步行動充滿好奇。他站起來輕聲說，在他被捕之際，一九三六年五月二十三日，納姆迪・阿齊基韋確實承認他是該報的編輯。但這無關緊要。檢方是否已在任何一點上證實他是關鍵日期一九三六年五月十五日星期五當天的編輯——即華萊士－強森的文章發表時的編輯？「當時在法庭上，似乎連呼吸都停止了。」齊克的一位朋友報告說。法官們向洩氣的總檢察長提出了這個問題，檢察總長只好回答：不，他無法提供任何證據來證明齊克已依法被認定為五月十五日的編輯。對這起官方案件來說，那是「致命一擊」，其中一位首席大法官之後說道。

審判在幾分鐘內就結束了。西非上訴法院院長駁回了齊克的有罪判決，並下令立即退還五十英鎊的罰金。齊克還沒來得及回過神來，場面便一發不可收拾，他之後形容那是「一場滑稽的騷動」。[49]當警察大喊：「肅靜！」時，齊克被抬到朋友的肩膀上，然後抬出法院，沿著異教徒路（Pagan Road）走到《非洲早報》的辦公室，他後來寫道，「當我們在阿克拉的街道上成群兜轉時，工作人員與一大夥群眾一起，為我的無罪釋放唱歌、跳舞和歡呼。」那些不滿當局的群眾們親自來慶祝他們的勝利。

此審判結果和齊克對抗殖民統治者的勝利，在阿克拉日益壯大的報紙讀者群體心中留下了深刻印象。他們已經確認了他們享有公共空間的權利，以及在他們之間進行辯論的小小自由。夸梅・恩克魯瑪（Kwame Nkrumah）後來在自己的回憶錄中寫道：他自己的民族主義情緒「大約在那個時候透過《非洲早報》上的文章復活了」。[50]恩克魯瑪是一位在阿奇莫塔學校接受過培訓的年輕教師，前一年曾拜訪齊克尋求建議。他曾想過成為一名天主教神父，但後來決定去美國讀書。齊克寫了一封信給林肯大學，恩克魯瑪便啟程了，於一九三五年秋天到所大學開始他的學業。但他非常密切地關注著國內的事件——蘭斯頓・休斯也是如此，他寫了一首關於他的大學老朋友齊克的詩。[51]恩克魯瑪最終將成為迦納的第一位總理及第一位總統（也是取得獨立的撒哈拉以南非洲國家的第一批領導人之一），他寫道，齊克的煽動叛亂案是「第一個警告性的煙霧，火已經被點燃，這火將被證明是無法撲滅的。」[52]

這是什麼樣的火？民族認同的最初閃現，源於一個國家的共同公民針對他們的現在和未來爭論不休，大家的意見以從未有過的方式相互激盪。齊克當然很高興，但他也停下來問自己，究竟在黃金海岸做什麼。過去這一年令人筋疲力盡。他的妻子芙洛拉想念她的家人，想念奈及利亞。而他自己與歐坎席的關係也變得緊張起來。他不知道對於《非洲早報》，他是否還具有與被捕前相等的編輯決定權。隨著這些疑慮越來越多，他得知一家小型報社倒閉並出售其印刷機。他很快找到了幾位投資人，利用機會購買了這台蒸汽動力的機器，也就是沃夫德爾自動停滾式印刷機（Wharfedale Stop Cylinder），這在歐洲和美國已經停用。它磨損得很厲害，但可以正常運作。齊克用卡車將所有零件運送到阿克拉，他一將印刷機準備就緒，就註冊了一家新公司：齊克報社（Zik's Press）。

很快地，在他被無罪釋放後僅僅三個月，他就在阿克拉港的一艘船上，再次看著海岸線。不過，這一次，他有妻子陪著他，還有一台印刷機在船上，而且他已建立了名聲，不再只是一個受過美國教育的聰明年輕人。他已經證明自己有能力召集讀者群，一個有自我意識的社群，他們不介意激怒英國當局，因為他們正在摸索自己的獨立性。現在他正前往拉各斯，在那裡他將創辦一份新報紙《西非飛行員報》（*West African Pilot*），希望能繼續他已展開的事業。還需要再花上二十五年，奈及利亞才會宣布脫離英國獨立，而當奈及利亞共和國宣布獨立時，納姆迪．阿齊基韋將宣誓就任第一任總統。

■

i 譯註：十九世紀以降至第二次世界大戰為止，「英國臣民」（British subject）為英政府賦予各地殖民地人民之身份。

ii 譯註：即英國殖民政府。

iii 譯註：由阿弗烈德．約翰．卡布．歐坎席（Afred John Kabu Ocansey）所建，於一九二〇年代初期落成。

iv 譯註：珊頓．湯瑪士爵士自一九三二年至一九三四年擔任英屬黃金海岸總督。

v 譯註：拉各斯為奈及利亞港口城市，一九九一年以前為奈及利亞首都。

vi 譯註：即千里達及托巴哥共和國（Republic of Trinidad and Tobago），由千里達與托巴哥兩大島組成的島國，位於中美洲加勒比海東部南端。

vii 譯註：索古得・馬歇爾曾於一九六七至一九九一年間擔任美國最高法院大法官，也是美國第一位非裔大法官。

viii 譯註：蘭斯頓・休斯為美國一九二〇年代哈林文藝復興運動（Harlem Renaissance）中，最重要的作家及思想家之一。

ix 譯註：伊博族為西非奈及利亞主要族群之一。

x 譯註：加維主義（Garveyism）主張以非洲集體後代之名統一並賦權於非洲血統的男女及孩童，讓被奴役的非洲人後代回到非洲大陸，以及讓屬於非洲大陸的利益，重返非洲大陸。

xi 譯註：卡利普索民歌（calypso）為加勒比群島上流傳的一種即興創作、內容以當下發生的事為主題的諷刺歌曲。

xii 譯註：卡特爾（cartel）乃某種同業聯盟。

xiii 譯註：班尼迪克・安德森乃美國著名民族與國際關係研究者，著有《想像的共同體》（*Imagined Communities*），提出民族是想像的共同體。

xiv 譯註：此著作即《想像的共同體》，而此段所描述的讀者，實際上是同一語言的出版品即報刊讀者，此處被作者引用來指稱黃金海岸的人。

xv 譯註：原名為Nana Sir Ofori Atta。在西非傳統酋長制中，會稱統治者或其侍臣為「娜娜」（Nana）。

xvi 譯註：《黑人勞工》乃由國際黑人勞工工會委員會（International Trade Union Committee of Negro Workers）所發行之報紙。

xvii 譯註：阿達布拉卡在英屬西非時代是迦納最時髦的街區。

xviii 譯註：客西馬尼園為耶穌被猶大出賣被捕之地。

xix 譯註：各各他為耶穌被釘死於十字架之處。

xx 譯註：加爾瓦略山與各各他所指為同一處，只是各各他是希伯來文名稱，加爾瓦略山則是拉丁文轉譯而來。

xxi 譯註：譯加利利為耶穌盤桓最長，顯最多神蹟之地。

第五章　專注：一九六八年，莫斯科

一九五三年史達林去世後的幾年裡，蘇聯鬆了一口氣。這是一個被稱作「解凍」（the Thaw）的時期，在長期瀰漫的恐懼及殺戮之後，這個時期所帶來的一絲開放性形塑了娜塔莉亞．戈巴涅夫斯卡亞（Natalya Gorbanevskaya）以及她那一代之中許多人的思想。新領導人尼基塔．赫魯雪夫（Nikita Khrushchev）在一九五六年發表了「秘密報告」[i]，譴責史達林的個人崇拜和專制統治。新的思維、新的型態和色彩，成功進入了蘇聯。畢卡索的畫作在莫斯科和列寧格勒展出，而眾所周知地，娜塔莎（Natasha）[ii]趕著和她的大學朋友一起去看他的作品。

但對於城市知識分子來說，這個令人眼花繚亂的時刻也帶來了一整個新的複雜情況。就在立體主義[iii]進入冬宮的幾個月前，蘇聯坦克殘酷地鎮壓了匈牙利革命。人們已經不再清楚知道，究竟什麼事會惹惱這個政府。在史達林的領導下，測試自由的極限意味著可能被送往某個西伯利亞古拉格（Gulag）[iv]或者被押送下樓到某個地下監獄，然後被槍決。而在這個解凍時期，你又能將自由的極限推到多遠？這片風景雖然沒有地雷，但仍有很多會掉進去的坑洞，以及許多會絆倒人的尖銳岩石。什麼會激怒政府？你能多大力地批判，你究竟能批判什麼？什麼樣的藝術是被允許的？還有哪些難以言說的真相可以用耳語之上的音量說出呢？

這些問題的試驗場所是薩秘茲達[v]。這個詞是「自己」（self）及「出版」（publishing）的縮略語，通常是指自行出版的打字稿，它在各方面都是解凍時期的獨特產物。到一九六〇年代初，要閱讀永遠無法通過蘇聯國家審查的小說、短篇小說、詩歌、政治文章和回憶錄，薩秘茲達就是地下方法。薩秘茲達的文字很快成為最引起人興趣的文字，非法地從一個人傳到另一個人，類似一種禁果。（當時的一個著名笑話講述了一位母親說，當她的女兒拒絕閱讀《戰爭與和平》時，她把這本書交給她，讓她重新以薩秘茲達打出其文字，然後她女兒拿起這本書，讀了每一個字。）

對於像娜塔莎這樣從小就開始寫詩的新興詩人來說，「解凍」讓她覺得可以更公開地表達自己，但她的作品能被閱讀的管道仍然很少。一九五〇年代後期，當她還是莫斯科大學主修語言學的學生時，她的第一首詩出現在該大學的壁報上——貼在校園周圍的大張印刷報紙，可以站著閱讀。其他學生因為她陰鬱、單相思的情緒而抨擊她「頹廢，是一個悲觀主義者」。[1]她還了解到詩歌在蘇聯有多麼危險。匈牙利革命被鎮壓後，娜塔莎的一些朋友因寫詩而被捕，而她甚至還不知道怎麼一回事，就發現自己被關進臭名昭著的盧比揚卡監獄（事實上，這地方不久前還有囚犯在地下室被槍決）。在蘇聯國家安全委員會（KGB）的施壓下，她透露了有關創造那本含有冒犯性詩歌的小冊子的一切。那時，二十一歲的她仍自認為是一個優秀的蘇聯公民，是共產主義青年團的一員，是少年先鋒隊的隊員。但在此之後，她內心充滿了悔恨，從未原諒自己背叛了朋友。[2]

到了一九六〇年代初期，她的寫作生活得益於薩秘茲達的傳播，讓她有機會將自己的詩加入到地下詩歌的潮流中。起初，她會手抄自己的詩，並與朋友分享。但在她花四十五盧布買了一台舊奧林匹亞打字機來打論文後，她開始打出她的詩。[3]娜塔莎使用的複寫紙可以一次製作四份複製本，她會將相同的詩集重打多達八次，以「出版」第一刷的三十二份薩秘茲達。而當她的讀者自行製作詩集的複製本時，她關於疏離和孤獨的詩歌就會傳播開來。「我就如一架開始旋轉的飛機一樣進入我的存在」[4]，她在一首詩中寫道，這首詩囊括在她一九六四年首次出版的薩秘茲達中，從這一年起，她開始編寫年度總集。在另一首詩歌中，她說自己：「不是火焰，不是蠟燭，而是光，我是潮濕、糾纏的草叢中的一隻螢火蟲。」

逐漸地，薩秘茲達將娜塔莎拉入了一個異議人士的社群。僅僅憑藉參與藝術行動，即使它的主題更關乎個人而非政治，她發現自己正對抗著一個想要控制所有文化產出的政權及意識型態。一九六〇年代初期，她協助籌劃了兩本薩秘茲達詩歌雜誌，《句法》（*Syntax*）和《鳳凰》（*Phoenix*），這兩本雜誌都激怒了當局，以至於逮捕了雜誌的編輯，指控他們為罪犯，並將他們送進了監獄。娜塔莎則繼續寫詩。一九六二年，她甚至被一位朋友帶去見了蘇聯異議詩人們的教母安娜·阿赫瑪托娃（Anna Akhmatova）。在阿赫瑪托娃當時的年輕追隨者圈子中，其中一位成員是約瑟夫·布羅斯基（Joseph Brodsky），他不久後就因被認定為「色情、反蘇聯」的詩歌而受到譴責和審判。當時七十多歲的阿赫瑪托娃高貴、不妥協的姿態讓娜塔莎留下了深刻的印象，她開始確立自己作為詩人的身分，以及自己這一生將承擔的所有困難。

如果對娜塔莎來說，薩秘茲達最初是這樣的一種自我表達方式，她也開始看到，它如何能夠團結當時越發受到攻擊的異議藝術家及作家社群。薩秘茲達將他們融合在一起，在所有慣常的文化傳播途徑都關閉時，提供了一種流動形式。不過，對於幫助他們新起的反抗立場瞄準清楚的目標，即日復一日持續對抗不可動搖的國家力量，薩秘茲達發揮了多麼重要的作用——這一點只有在讓他們的創作人生照進些許光明的光圈開始熄滅時，才變得明顯。

一九六五年九月，安德烈・辛尼亞夫斯基（Andrei Sinyavsky）與尤利・丹尼爾（Yuli Daniel）被捕那日，娜塔莎和她的朋友們的解凍時期就結束了。他們兩人都是受人尊敬的知名作家。之前，每當薩秘茲達的散播者遭到起訴，幾乎都是因捏造或栽贓的罪行，但辛尼亞夫斯基和丹尼爾是明確因為他們的言論而受到審判。他們被指控違反第七十條法規，此條新立的法規規定「反蘇宣傳和煽動」乃非法行為，可判處監禁。

一九六五年十二月五日，在這一個慶祝蘇維埃憲法[vi]的法定假日，異議人士們聚集在莫斯科市中心的普希金廣場抗議，史達林死後僅僅十年，可怕的前景就出現了。他們展開的橫幅布條顯示了他們的策略：不號召革命或推翻政權，只是要求蘇維埃政府遵守自己的法律——國家指導性憲章中的公民與人權原則。「尊重《憲法》，蘇聯的基本法，」他們堅持說，「我們要求公開審判辛尼亞夫斯基及丹尼爾之案。」[5]幾個月後，辛尼亞夫斯基被判處七年徒刑，丹尼爾則被判處五年，他們都要被關到莫爾多瓦（Mordovia）惡名昭彰的勞改營。

娜塔莎對他們倆都很了解。她經常拜訪辛尼亞夫斯基，在學生時代就參加過他的蘇聯詩歌研討班，並曾在尤利・丹尼爾家中見過丹尼爾。這是她的社群，充滿了爭吵和戀情，而他們兩人的判刑重重地打擊了她。一本關於各種鎮壓的薩秘茲達書籍標題，最貼切地描述了接下來兩三年會發生的事：《連鎖反應的過程》。[6]接下來會有一場逮捕及一場審判，然後是流放或監禁，而薩秘茲達開始成為記錄這一切、所有事實的一種方式，包括從審判中秘密收集的證詞，以及幾乎沒幾場的公開抗議活動的記述。這幾場抗議活動往往在幾秒鐘內就會被驅散。薩秘茲達的出現轉而導致了更多的逮捕行動，而更多的逮捕行動導致更多的薩秘茲達出現。就這樣，在整個一九六六年和一九六七年，娜塔莎看到她的許多朋友不是被送進監獄，就是在照顧那些被關押的人——更不用說他們留下的家人了。在之前的一段日子裡，詩歌僅僅因為它的主題不夠愉快而被認為具顛覆性，那一段日子已經結束了。他們現在正在與蘇聯政權打仗，他們唯一真正的武器是洋蔥皮紙。

娜塔莎在一九六八年二月公開參與了這場戰鬥，當時她簽署了一封寫給當時管理國家並操控鎮壓的領導三巨頭——尼古拉・波德戈爾內（Nikolai Podgorny）、亞歷克賽・柯西金（Alexei Kosygin）與列昂尼德・布里茲涅夫（Leonid Brezhnev）——的信函，要求依據法律規定，公開審判她因製作薩秘茲達而被捕的朋友們。「只要這種專橫的行為繼續存在，不受譴責，那麼沒有人會感到安全。」[7] 娜塔莎知道她正冒著巨大的風險，且她正處於特別脆弱的境地。她和她的母親及兒子亞席克住在一間公共公寓的住房，這間公寓嘈雜、光線昏暗，浴室及廚房是共用的。娜塔莎的父親一九四三年陣亡於前線，因此她在單親家庭的環境下長大。她現在自行決定要自己撫養第二個孩子——當然是在她母親的幫助下——這決定是自願的，但並不尋常。娜塔莎整個人瀰漫著一股古怪的氣息。在一九六八年的一張照片中，三十二歲的她穿著寬鬆的褲子、鬆垮的深色針織毛衣和網球鞋。她的頭髮凌亂，長度只到下巴；貓眼形狀的眼鏡是她整張臉最突出之處。而現在她又懷孕了，且再一次地，孩子的父親是缺席的。

發出抗議信兩天後，她感覺到國家的手以最奇怪、最令人不安的方式，將她一巴掌打倒在地。

在她妊娠最後三個月的初期，有一天她醒來時覺得不舒服，因為擔心胎兒有問題，她到一家婦產醫院檢查，然後被診斷出患有貧血症。就像在恐怖故事中一樣，她一入院，就離不開了。在她設法偷運出來的一連串摘記中，她實時地描述了這場苦難。「他們為什麼把我關在這裡？」她寫道。「每次院方說『等到明天』之後，我都會像一個空袋子一樣垮掉。」[8]幾天後，一位精神科醫生對她進行了檢查，認為她堅持出院是精神分裂症的症狀。隨後，她被強行脫衣搜身，並被送上一輛救護車，然後被載往一家稱作卡申科（Kashchenko）的機構——莫斯科最大的精神病院。

她在卡申科的衣著延續了她的惡夢：「摧毀、羞辱一個人的另一種方式。到膝蓋的短褲（針織的）、會一直掉下來、沒有彈性的長筒襪……所以我們四處走動時，看起來都同樣是一副可怕的樣子，幾乎不像人類，更不用說女性化了。」大多數女性確實患有精神病：「這裡有一個娛樂室，裡頭放了一台電視和一台收音機。我往裡看了一眼，心想我也許可以看電視打發時間。電視還沒有打開，兩對舞伴正繞著那台收音機，隨著某首戰後探戈的音樂兜轉：可憐、悲慘的女人，穿著可怕的長袍，纏在一起，慵懶地搖著屁股。」

這是ＫＧＢ懲罰她的方式。僅是因為她懷孕，她才進到這裡，而非集中營。她試圖堅強起來。「如果他們真的想嚇唬我，想使我精神錯亂，想傷害我，他們沒有成功，」她在最後一篇摘記中寫道。「我正頗為平靜地等待我孩子的誕生，無論是我的懷孕還是他的誕生，都不會阻止我做我想做的事——包括參與每一次反對任何暴政行為的抗議活動。」將近兩個星期後，她突然在沒有得到任何解釋的狀況下，被送回家了。

她獲釋後的幾天裡，仍挺著大肚子的她與朋友重聚，正是在此期間，她開始設想進一步使用薩秘茲達，擴大其彙編的作用，創建一個中心地以編纂一個詳細清單，列出蘇聯所犯下的不義之舉。

娜塔莎喜歡批判政府的朋友們集體寫的那些抗議信中的語氣——冷若冰霜，精確，幾乎過分拘泥於法規，引用法條比對政府的種種行動。正如她後來所說，她熱愛客觀性。她想以此態度創造一本薩秘茲達「期刊」，這本期刊將描寫出截至一九六八年，她的社群是如何受到經常性的打擊。儘管某些關於異議人士遭逮捕及審判的消息傳到了西方，有時甚至透過英國廣播公司（BBC）或美國之音（Voice of America）的短波廣播傳回蘇聯，但這些消息只是最知名的案子。娜塔莎想要搜羅正在發生的一切，蒐集他們開始認為是新史達林主義時刻的完整經驗。對於日復一日受到迫害的現實中所發生的許多不公正事件，人們很難掌握最新的狀況，很容易就感覺到許多標槍落下，但不知道如何有情緒反應之外的作為，或者採取做準備以外的行動。這本期刊可以幫助他們集中注意力——讓他們拾起零散的碎片並將它們放在一起，將他們的注意力集中在一個正在發展的論點構建上。這也將使他們能將整個蘇聯帝國中各種不同異議流派聚集在一起——因宗教而受到迫害的人，因效忠於自己的民族或種族而受到懷疑的人，當然還有政治上的棄兒，他們之中有些人只是因為堅持說真話就被打壓，其他人只是因為想法與共產黨的統一願景略有不同。每個人都認為自己的困境是獨一無二的。現在他們將真的達成共識。

在這本期刊中，娜塔莎和她的朋友們決定，他們將刪除所有個人意見，讓事實說話。西方記者會因此更加認真地看待它們，但他們在風格上做出的決定也是一種抵抗形式。從列寧時期開始，蘇聯看重報刊的首要原因在於其政治宣傳潛力，對這樣一個政權而言，如娜塔莎所預想的中立新聞來源，即致力於毫無感情、枯燥的資訊背誦的中立新聞來源，是具有顛覆性的。

娜塔莎有空閒的時間。因預產期快到了，她請了假，離開了莫斯科國立實驗設計與技術研究所（Moscow's State Institute of Experimental Design and Technical Research）的翻譯員崗位。她還擁有因多年製作薩秘茲達而習得的編輯技巧，而且她是一個快速打字員。其他知識分子在異議者中的地位更高，但他們認為編譯和重新打字的工作是微不足道的。娜塔莎不怕工作，她渴望做點什麼。因此，在一九六八年春天，三月底，娜塔莎感覺到她的孩子在她體內動來動去，她將其中一頁複寫紙滑入她的奧林匹亞打字機並開始打字。

在此期刊第一期的最上方，娜塔莎下了一個半諷刺半認真的標題：「蘇聯的人權之年」。[9] 蘇聯已在二十年前簽署了《世界人權宣言》（並沒有真的紀念慶祝）。她還添加了此宣言的第十九條作為引言：「人人皆享有主張和發表意見的自由；這項權利包括持有主張而不受干涉的自由，以及不論國界，透過任何媒體尋求、接收和傳遞資訊和思想的自由。」她用作副標題的名字，《時事大事記》（*Chronicle of Current Events*）則是固定的期刊名稱，此名取自一則BBC俄語新聞綜述。而此期刊之後將被簡單地稱為《大事記》（*Chronicle*）。

娜塔莎在她的公寓裡用她的打字機創作了第一期，儘管她曾在黑市上花錢請人修改她那台奧林匹亞打字機的按鍵，以防止當局將她的政治薩秘茲達與她的詩歌薩秘茲達連結起來。期刊第一期有二十頁，文字間距很緊密，有七份複寫本。她在四月底完成，並定一九六八年四月三十日為發行日期（從那時起，每兩個月的最後一天發行一次）。其中六份分發給朋友們輪流重打，剩下的一份送給了一位西方記者。包含該刊所有資訊的潦草筆記則是立即燒毀。

從第一版開始，娜塔莎和她的朋友們使用《大事記》卸下所有造成他們傷害的負擔。從這個意義上說，此刊的內容是相當狹隘的。起初描述的所有事件都與莫斯科和列寧格勒的一小群知識分子有關，首先是對其中四人因創作薩秘茲達而被起訴的審判敘述。甚至娜塔莎最近的磨難也出現在其中：「戈巴涅夫斯卡亞因有流產的危險，在第二十七號產科診所住院，但在沒有任何警告且她的親屬不知情的情況下，於二月十五日從那裡被轉送到卡申科醫院的二十七號病房。」[10]

這本期刊給人一種嶄新的感覺。它表現為一個沒有價值判斷的容器。平淡的文字別具一格，近乎優雅。後來，異議人士中為《大事記》的打字工作提供最大幫助的盧德米拉・艾勒席娃（Lyudmila Alexeyeva），這樣描述了她口中所謂《大事記》「呆板、沒有人情味的風格」：「它不會提供評論、沒有美麗詞藻，不繞圈子；只是提供基本資訊。」[11]娜塔莎覺得沒有裝飾是一種創造性的行為。娜塔莎經常說，她寫詩時的體驗就像呼吸一樣自然和必要，但並非這種體驗，而是一種有意識的情感鑿除，以一種另類的方式使人滿意——使注意力更加集中。

發布第一期兩週後，她決定再發行一刷，這代表要坐下來把第一期的內容全部重新打出來。她有個朋友帕維爾・利維諾夫（Pavel Litvinov）是史達林時期外交部長之孫，但已成為著名的異議人士，為第一期提供了大量資訊。他讓娜塔莎白天在他家的公寓裡打字，主要是為了讓娜塔莎的母親遠離這項計畫。五月十三日下午在那裡工作時，她感受到了分娩前的第一次宮縮。她堅持了一會兒，但是當疼痛變得太劇烈時，她只是將正在打的那一頁留在了打字機上，並留了一張便條，叫利維諾夫完成工作。她自己到了醫院，並在凌晨一點三十分生下第二個兒子。幾週後，當她康復並去拜訪利維諾夫時，她發現留在打字機上的那一頁原封不動地留在那。這是她的計畫，她的倡議，也許得到了其他異議人士的欣賞，但尚未被視為是必不可少的。她必須證明它對他們的重要性。她重新打完了第一期，並開始編寫第二期，日期為一九六八年六月三十日。[12]

到了第二期，娜塔莎開始創新，為期刊增加了更多專題。最重要的是「新聞簡報」（News in Brief），這一部分是對各種違法行為的概況描述，以及各種案件和囚犯的最新情況。[13]例如，第二期的第一項內容是：「在莫爾多維亞的十一號營地，一台車床扯下了瓦第・嘉恩可的數隻手指。來自列寧格勒的嘉恩可因參與非法馬克思主義圈子，並發行《鐘鈴》（*The Bell*）期刊，而根據蘇聯刑法第七十條和第七十二條服刑四年。」她還列出了一長串「法外政治鎮壓」，其中列出了九十一個人的姓名，這些人因簽署抗議信或教授非法書籍等各種被視為違法的行為而丟了工作或被開除黨籍。

大部分的素材來自朋友們，他們將自己所知道的事情寫在紙條上或記在腦海中，然後告訴娜塔莎，娜塔莎的編輯身分是公開的秘密。因為要製作第二期，娜塔莎也搬到了城市中心之外，帶著一群克里米亞韃靼人（Crimean Tatars）的一封來信，他們在信中描述，在史達林時期，他們被殘酷地強制驅逐出他們的土地，這帶給他們揮之不去的精神痛苦。為了讓《大事記》成為更具信服力的受害蘇聯公民案件摘要（legal brief），並集中大家的異議，這本期刊的內容必須超越莫斯科與列寧格勒知識分子的關注範圍。

娜塔莎現在大部分時間都花在期刊上，在城市裡跑來跑去收集素材，在探訪東部集中營後，與囚犯的親屬會面，聽取他們的匯報，然後匆匆忙忙地將所聽聞的事全部打在《大事記》積累的頁面上。這是一項艱鉅而隱秘的工作。她的一個安慰是，當時她不相信KGB有多在意《大事記》。

正當娜塔莎對自己的秘密編輯身分感到自在，獨自在一間間借住的公寓裡偷偷打字時，她感受到自己身負使命，得參加某種更身體力行的抗議形式。八月二十一日，蘇聯坦克駛入捷克斯洛伐克鎮壓布拉格之春[vii]。她仍然對自己在匈牙利革命後那樣背叛朋友感到內疚。這是她救贖自己的機會。她必須聲援捷克斯洛伐克人民以及該國新領導人亞歷山大・杜布切克（Alexander Dubček）實踐自由化的行動。

娜塔莎和她的一群朋友，包括利維諾夫及被監禁的作家尤利・丹尼爾之妻拉里莎・波哥拉茲（Larisa Bogoraz），決定要在紅場（Red Square）舉行一場靜坐抗議。紅場距離被做成木乃伊的列寧遺體僅幾步之遙，本質上是塊聖地，從未有人試圖在此處這般明目張膽地公開反對政府。他們準備了捷克國旗和橫布條，上面寫著「為了你和我們的自由」等口號，然後她將這些國旗和橫布條折疊起來，放在她三個月大兒子嬰兒車的墊子下。就在八月二十五日中午的約定時間之前，她在熟睡的嬰兒奧西亞腳邊多放了一條布尿布和褲子，將他推向紅場。

他們在羅波諾耶梅思托平台（Lobnoye Mesto）會面，這是一個舞台般的圓形石台，位於聖瓦西里大教堂（St. Basil's Cathedral）前，據說伊凡雷帝（Ivan the Terrible）[viii]便是在此平台上執行斬首。而當正午的鐘聲敲響時，這七位盟友拿出他們的橫布條與旗幟，默默地坐在人來人往的廣場中央。幾分鐘之內，他們的靜坐抗議就被終結了。娜塔莎立即記錄下了她的記憶，以便收錄在下一期的《大事記》中：「人們還沒有開始聚集在我們周圍，那些打算抹除我們示威的人就衝向我們，毆打最近的旁觀者。他們撲向我們，撕毀了我們的橫布條，甚至一眼都沒看上面寫什麼。我永遠不會忘記那撕裂布條的聲音。」[14]

KGB為激怒大多很困惑的行人而安排了一群人在這，他們開始對抗議者大喊：「他們都是猶太人！」以及「打倒反蘇派！」與此同時，KGB的黑色伏爾加[ix]汽車穿越廣場疾馳而來，警察跳了下來，粗暴地將坐著的抗議者們從地上拉到車上。只剩下娜塔莎站在她寶寶的嬰兒車旁邊，陌生人對她大喊大叫。尖叫聲把寶寶吵醒了，她迅速在陷入瘋狂的人群中間幫他換了尿布。然後另一輛伏爾加停了下來，娜塔莎被抬起，塞進車裡，她的孩子剛被推到她的懷裡，車門就砰地一聲關上了，兩位不是很隨機的旁觀者作為證人加入了他們。「我撲到車窗上，轉下車窗，大喊：『自由的捷克斯洛伐克萬歲。』喊到一半，坐在我旁邊的證人打了我的嘴一下。那個抓我的男人坐到司機旁邊，說：『到第五十號派出所。』我再次轉下車窗，試圖喊道：『他們要帶我去第五十號派出所。』」然後，那名證人又打了娜塔莎一下，「很痛也很羞辱人。」

因為娜塔莎還在育嬰，幾乎立刻就被釋放了。幾天後，她寫了一封信，刊登於《紐約時報》和其他刊物上。作為唯一一個「仍處於自由狀態」的參與者，娜塔莎描述了紅場發生的事情並表示自豪，正如她所說，「即使是短暫的，我們也能夠打破那一坨毫無節制的謊言與懦弱的沉默，從而證明不是我們國家的所有公民都同意蘇聯以其人民的名義所施之暴力。」[15]

與她最親密的合作者利維諾夫和波哥拉茲現在被判入獄，接著很快地就被判流放西伯利亞，娜塔莎感到越來越孤獨。她依循命令，出現在了塞布斯基精神病學研究所（Serbsky Institute for Psychiatric Medicine），一個由精神病學家與KGB官員組成的委員會認為她「對自己的行為無法負責——不排除患有非明顯精神分裂症的可能性。」委員會的建議是「宣布她精神錯亂，將她送入刑事精神病院，接受強制治療。」[16]但國家的檢察官只是下令結案，並任命她的母親為她的官方監護人。娜塔莎重新投入到《大事記》的工作中，不知道自己剩多久時間。

到一九六八年底，《大事記》已是身在蘇聯的固定配備，一個規律出現的薩秘茲達刊物，講述著一個持續發生且高度詳細的鎮壓故事。就像一家小型地方報紙可以賦予一個群體意義，就如《非洲早報》，《大事記》幫助了異議人士將自己完全視為一個與自己的國家交戰的社群。騷擾、夜間搜查、流放以及長期監禁，在這些以打字機打出來的頁面中獲得了新的重要意義。藉由在頁面上頭敘述所有的一切，作為證據，異議人士們開始感覺到自己是一個單一敘事的一部分，而在這個敘事中，他們獨力要求追究政府的責任。到了第五期，讀者的圈子已經大幅擴張，而大多數讀者都不知道有個低微地扶養兩個孩子、不斷受到煩擾的單親媽媽，正將這一切事情聚攏在一起。

正是在第五期中，娜塔莎第一次將她的讀者定位為一群明確的觀眾。「人權之年」一九六八年即將結束，但她想說明，此期刊將繼續存在：「從迄今為止的五期《大事記》來看，大家至少會對蘇聯如何鎮壓人權及人權運動如何發生有了部分的印象。在這場運動中，沒有一位參與者感到他的任務將隨著人權之年的結束而告終。民主化的總體目標，以及《大事記》所追求的更具體的目標，仍有待實現。《大事記》將在一九六九年繼續出版。」17

娜塔莎開始收到最意想不到的積極反饋。她創建的出版物像公布欄一樣中立且開放，很快地陌生人紛紛貼上他們自己的東西。幾乎在第一期發布後，她便開始會收到皺巴巴的紙張，上面寫著個人親眼目睹或經歷過的大大小小的罪行的細節。如果紙張上的內容看起來可信，娜塔莎會將它們列入「新聞簡報」區當中。很快地，這些紙張就為《大事記》提供了大部分內容。這些記錄沿著一條傳播鏈從一人手中傳到另一人手中，很像《大事記》本身的傳播方式。根據她所收到的記錄，這條傳播鏈正在拉長，消息從距離首都有好幾個火車站遠的基輔、哈爾科夫（Kharkov）和遙遠的彼爾姆（Perm）等城市傳來。

這條傳播鏈的每一個環節都只知道它所連接的另外兩個環節。娜塔莎想保持這種狀態。同樣是在第五期中，她明確指出了已成慣例的消息傳遞做法。[18]她寫道，任何有興趣「確保蘇聯的公眾了解蘇聯發生的事情的人，都可以很容易地將資訊傳遞給《大事記》的編輯」。「只要把情報告訴那個給你《大事記》的人，他就會告訴那個給他《大事記》的人，依此類推。但不要試圖追溯整個傳播鏈，否則你會被當成警方線人。」

這個系統唯一的缺點是它具有秘密性及陰謀性，這是個污點，卻不是娜塔莎想要傳達的訊息。她不認為《大事記》是非法企業。此期刊的整個操作手法為透明性——俄語中的「開放」（glasnost）——為了讓警惕的公民受益，揭露蘇聯的內部運作。地下報紙的概念有一個主要原型是《火星報》（*Iskra*），列寧在革命前辦的宣傳刊物，先在國外印刷再走私到沙皇俄國，在那裡該報必須藏起來，且人們得要輕聲談論。《大事記》是由一種不同的衝動所推動，不是建立一支影子革命軍隊，而是一次次地揭露弊端，揭露蘇聯國家的鎮壓性質。如果這個過程的結果是一場湊合的革命，那麼這場革命就是為了緩慢脫離國家製造的混淆及假象，它是如此熟練地用來隱藏其武力壓迫。

娜塔莎希望報導力求完全準確。在列寧一九〇一年闡明的觀點中，報刊「不僅是集體宣傳者及集體鼓動者，而且還是集體組織者」。[19]但異議人士們並不尋求宣傳、鼓動或成立組織。他們有興趣的是，打破蘇聯人明顯擁有兩個自我的那種感覺——一個自我在私下竊竊私語，另一個經常被要求大聲否認現實。到了一九六九年，盧德米拉·艾勒席娃正在重新繕打期刊，並提供她從烏克蘭的聯繫人那得到的情報，她將從事《大事記》的工作描述為承諾自己「忠實於真相」。這幾乎是一種宗教的感覺：「《大事記》的影響是不可逆轉的。我們每個人都獨自經歷了這一切，但我們每個人都知曉其他經歷過這種道德重生的人。這在幾乎不認識彼此但與《大事記》有連結的人之間產生了非常牢固的精神聯繫，可能存在於早期基督徒中的那種聯繫。」[20]

對於娜塔莎來說，這種忠誠表現為對糾正的嚴謹要求。早在第二期，就有一個專區指出前幾期名稱拼寫錯誤或日期錯誤。娜塔莎保持了這一點。她還希望她的讀者和投稿人明白，準確性是他們工作的一個至關重要的部分。娜塔莎常常詫異地看到第五代或第六代《大事記》的翻印版，名字和人物都搞混了。這對於薩秘茲達來說是不可避免的，它可能就像書面版本的傳話遊戲。娜塔莎在第七期告訴她的讀者：「在那些不能絕對確定某些事件已經發生的情況下，《大事記》表明此消息是基於謠言而來。但與此同時，《大事記》要求其讀者在提供要發表的情報時要謹慎準確。」[21]

這些事本質上是西方最遵守和尊重的新聞道德，而不是蘇聯媒體運作方式的一部分。《大事記》在對於公開透明的堅持中，正塑造著情感。當讀者報告他們目睹的一些虐待行為時——一位同事被不公正地解僱或KGB搜查鄰居的公寓——他們加入了這個在其他國家可能被簡稱為「公民社會」的影子真理團契。藉由將一則消息以《大事記》簡明、拘泥於法律條文的語言記在一張紙上，然後沿著志同道合的《大事記》讀者鏈傳遞它，每一位讀者都連接到了一個試圖以不同的價值觀生活的網絡。

進入了一九六九年，期刊議題的規模和廣度都在增加。此期刊現在至少有三十頁緊湊的新聞，報導橫跨蘇聯帝國的種種事件。第七期（標明的日期為一九六九年四月三十日）最初的幾則文章是審判的記錄，首先是克里米亞南部城市辛菲洛普（Simferopol）的韃靼人哥默．巴耶夫（Gomer Bayev）的審判，他被指控散佈「誹謗蘇聯國家和社會秩序故意捏造的消息」，第二場是伊凡．亞希莫維奇（Ivan Yakhimovich）的審判，位於拉脫維亞海岸的尤爾馬拉（Jurmala），他在寫了一封抗議政治審判的信後被捕。[22]還有一篇關於希臘東正教牧師受到迫害的文章。「新聞簡報」部分則包括十八則簡短的新聞，是讀者從各種邊緣化社群——韃靼人、蘇聯猶太人、俄羅斯東正教牧師和烏克蘭民族主義者——的當地經驗中獲取的報導。

娜塔莎仍然處於中心位置，把每一期都縫在一起，小心翼翼地把來到莫斯科大大小小的報導聚集、拼湊起來。她依靠她的母親照看亞席克及奧西亞。《大事記》幾乎佔據了她所有的時間。她經常拖著裝在箱子裡的二十磅打字機穿過大都市莫斯科，沿著白雪覆蓋的寬闊林蔭大道走下去，爬上樓梯，來到她為工作借來的一間空蕩蕩的公寓。為了產生會在六頁都顯示出來的印痕，得用力敲擊按鍵，這會產生相當大的噪音。她已經很可疑了，不需要穿透薄壁的敲鍵盤聲來進一步證明她的嫌疑。所以她不得不一直搬家。到了一九六九年，她處理的紙張數量也有所增加。持有它們太久會使她和作家處於危險之中。

《大事記》要求她做出越來越多的犧牲，但這也是因為它變得越來越重要。她極其強烈地感受到這件事，是當一名母親去探望了她的政治犯兒子回來，剛下了火車，便急忙偷偷地與娜塔莎會面，向她吐露自己得知的所有。娜塔莎會記下誰在那個集中營被削減了他們的食物配給量，誰最近在搬運木材時受傷，誰生病了卻未受醫療照護。這一切都被放入了下一期關於「來自集中營」的消息部分。

或者是審判，這是《大事記》注意的另一個主要目標。法庭內部，尤其是政治審判中的法庭內部，在蘇聯是一個封閉的空間。就像集中營一樣，政治審判的法庭是國家的毀滅性機器完整展示的地方。有些人會設法溜進去做筆記，有時是錄音，不過往往是將證詞整段整段地記在腦裡。接著，娜塔莎便會向他們詢問細節。她會抄寫下所有細節——包括任意裁決、無中生有的法律和從未獲准提供證據的辯護律師——然後將這些事寫入《大事記》中。有時這本期刊甚至復原了某場政治審判的整個過程。

讀者能夠看到法庭是如何運作的。例如，第六期揭示了當局如何建構一群假的「民眾」參與表面上公開的審判，也就是用巴士載送順從的人參加審判，並將異議人士的朋友和家人拒之門外：「所有被選中代表『公眾』參加審判的人於十月九日上午八點出現在無產階級區（Proletarsky District）黨委大樓；在那裡，他們被告知自己將出席一場對『反蘇分子』的審判。然後，他們坐上一輛巴士，被載往法院，那輛巴士直接駛進後院，他們從後門進入了法院大樓。」《大事記》進一步報導說，這些資訊來自其中一名被安排進去的聽眾，他「在審判過程中發現他所獲資訊的虛假性時感到尷尬，並在判決後，與其他聽眾——他們同情被告——走過悲傷的人群時感到羞恥。」23

娜塔莎現在不斷地尋找新的情報。這讓她有時小心謹慎得不夠徹底。一九六九年夏天，當娜塔莎和大兒子在愛沙尼亞的塔圖市（city fo Tartu）度假時，一位名叫維爾科・佛塞爾（Vilko Forsel）的前科犯在朋友的公寓裡遇到了她，這件事很快就會在莫斯科法庭的紅色大理石牆內迴盪。

她一聽說這個人在弗拉迪米爾監獄（Vladimir prison）裡關了十年，就立刻振奮起來，開始向他詢問牢裡的狀況，特別是政治犯的福祉：關了多少人？他們是住在一起的嗎？他們吃什麼樣的食物？警衛對他們更凶暴嗎？然後她轉而提起了一個塔圖市男學生的案例，他最近因為發了關於蘇聯入侵捷克斯洛伐克週年紀念日的傳單而遭到毆打。關於此事，他認識任何知曉更多情報的人嗎？佛塞爾下午喝了伏特加，吃了醃蘑菇，有點醉了，不知道該怎麼看待這位身材矮小、略顯邋裡邋遢的莫斯科女士。然後她翻出數期《大事記》，遞給他最近的幾本。[24]他一頁頁翻閱著，當看到一篇關於克里米亞韃靼人和他們為「回歸故土」而奮鬥的文章時，他停了下來。佛塞爾並沒有喝得太醉，還能理解其中的危險性，他憤怒地把期刊推回給娜塔莎。「我不想要一個剛出獄的人被捲入一些危險的事業，平靜的生活因此受到妨礙。」他後來告訴法庭。有人問他是否向任何人報告了他和娜塔莎的對話。他說，是的，我去告訴了ＫＧＢ。

娜塔莎一直認為這只是時間問題。每增加一個《大事記》讀者，她被捕的機會便隨之攀升。在期刊發行了十期之後，ＫＧＢ及其負責人尤里．安德羅波夫（Yuri Andropov）升級了它的威脅級別。然後是英國廣播公司與美國之音的事情，這兩個電台會廣播朗讀整本期刊。它們認為此期刊的報導是可靠的新聞來源，與《真理報》（*Pravda*）[x]及《消息報》（*Izvestia*）[xi]頁面中呈現的波特金（Potemkin）天堂[xii]形成鮮明對比。這兩個電台的頻率傳送到蘇聯領土會受到干擾，但它們仍然設法透過短波無線電，讓有手段的蘇聯公民能收聽到廣播。

一九六九年十月下旬，當娜塔莎的公寓被搜查時，她知道自己必須盡快將編輯職責轉交給其他人。放棄這份職責不容易，但她也已開始將自己視為一條集體聲音的管道。現在，比較沒有安全疑慮的人可以扮演這個期刊編輯的角色。最重要的是使期刊繼續運行。

她的第一個繼任者加琳娜．加拜（Galina Gabai）是一位政治犯的妻子，她在接任編輯職位的一開始便發生了大事。[25]在她接手了第十期工作，並為下一期收集了大量素材時，某天一大早，KGB找上了她。在開門之前，她敏銳地抓了一疊最敏感的筆記塞進自己的浴袍裡。然後，當十名KGB的探員，幾個穿著運動服，另外幾個打著深色領帶，擠滿了她的小公寓的時候，她走進廚房，走向爐子上煮著羅宋湯的大鍋，在他們還沒看到之前，把那疊筆記紙扔進冒泡的鍋裡。經歷那次千鈞一髮之後，她決定放棄她的職責。

因此，在十二月二十四日寒冷的早晨，娜塔莎獨自在她的公寓裡放著將構成第十一期的便條及較長篇的報導，包含一篇關於弗拉迪米爾監獄的長篇文章，其中納入了她從在愛沙尼亞遇到的陌生人維爾科．佛塞爾那裡辛苦打探到的那些情報。就在這時傳來了敲門聲。她的辦公桌中間抽屜裡有一個塞滿手寫便條的信封，門邊掛著的外套口袋裡塞著幾張皺巴巴的摘記。KGB為了要追查投稿人，任何筆跡都不會放過。她看著探員們搖晃書本，用拳頭敲打地板和牆壁，尋找可能的空心藏匿空間，並切開墊子，還將她的廚房用具從抽屜裡倒出來。

在某個時間點，娜塔莎坐在她的辦公桌前，試圖用安全剃刀冷靜地削鉛筆，此時其中一名探員開始翻閱可能是她最珍貴的財產：一份安娜．阿赫瑪托娃的《安魂曲》手稿，上面有詩人本人的題詞。她跳起來從探員手中搶過它，但忘記了自己拿著剃刀，便在他的手指上劃出一道深深的傷口。血開始滴落到地板上。娜塔莎立即道歉，但這似乎是一個特別不祥的預兆。

探員完成搜索時，已經收集了一堆厚達一英尺的紙和幾十本書。直到那時，他們才讓娜塔莎知道她被逮捕了。在搜查過程中，三個朋友經過她家，並短暫停留，因娜塔莎仍然擔心留下了任何構成犯罪的書面記錄，也不確定KGB是否找到了它們，她在被帶走之前低聲對他們說：「仔細檢查一下書桌。」[26]她還抓了一件輕便的大衣，留下那件她希望仍有紙屑留在口袋裡的大衣，但她一走到外面就感覺到十二月的刺骨寒意打在她臉上，然後她被塞進等待著的黑色伏爾加車中。

她最害怕的是，當局會再次簡單地宣布她精神錯亂。她曾被關進精神病院，又在紅場示威後再次被診斷出患精神病症，她知道當局要對付她，有一個直接了當的解決辦法。其他異議人士也面臨了類似命運的折磨，比如她的朋友，從少將轉為社運人士的彼得．格里戈連科（Pyotr Grigorenko），當時就被關在精神病院裡。KGB官員將她帶到布堤爾卡監獄（Butyrka prison），她在那裡依據第一九〇之一條遭控誹謗蘇聯體制的罪名，同時還因剃刀事件遭控拒捕。

四月，在入獄三個月後，就如她所猜想的，她被帶到了塞布斯基精神病學研究所，接受了某個精神病學家委員會的檢查，此委員會的成員包含丹尼爾．倫茲（Daniil Lunts）教授，他因將大量異議人士診斷為患有「遲緩型精神分裂症」[27]——一種蘇聯醫生新發明的精神疾病——而臭名昭著。在倫茲的參與下，委員會得出的結論是娜塔莎患有這種精神分裂症，屬「緩慢惡化」的病例。儘管她被描述為完全正常——「願意交談，態度平靜，臉上掛著微笑」——但她不願將自己的行為視為錯誤，此狀況為她患病的證明：「拒絕承認她的行為，只認為她沒做違法的事。她堅定不移地相信自己行為的正確性，講了很多道理，特別是說她這樣做是『為了將來不在她的孩子面前感到羞恥。』」[28]

娜塔莎的審判於七月七日進行，但她沒能參與。精神病患者不得出現在法庭訴訟程序中，這是一項規定。檢方利用娜塔莎在愛沙尼亞遇到的男人佛塞爾，證明她至少在散播《大事記》。此期刊的副本也已從她被流放的朋友利維諾夫和波哥拉茲的手中被沒收（娜塔莎當年秋天到西伯利亞拜訪了他們）。檢方稱，此一特定刊物上的字，可以追溯到娜塔莎的打字機——他們在搜索過程中取得她的打字機，而這台打字機能對得上期刊上打出來的字。最後還有關於一九六八年初她被強制關押，接受所謂「免費醫療服務」的親身描述，這段描述被偷運到西方並透過短波無線電廣播。這些證據，連同在搜查過程中被意外割傷的KGB探員的證詞，足以讓檢方宣布她「系統性地準備並傳播詆毀蘇聯政治制度的誹謗性捏造言論」。

娜塔莎的母親獲允在證人席上發言。她淚流滿面、疲憊不堪地懇求道：「如果我的女兒犯了罪，就判她任何刑罰，哪怕是最重的，但不要把一個絕對健康的人送進精神病院。」[29]辯護律師唯一的論點——與在納姆迪・阿齊基韋受控告的案件中所聽到的辯護論點相呼應——就是《大事記》乃完全匿名之刊物。沒有證據表明，娜塔莎或其他任何人與創建或散播此期刊有任何關聯。它上頭沒有地址，沒有刊頭或署名。即使有幾期似乎是以娜塔莎的打字機打出來的，但這仍然不能證明打字的是她本人。這台打字機的使用者圈子從未被查實。

法院非作出判決不可。娜塔莎被認定有罪，不過罪名是「心智不健全」，她將被安置在「特殊類型精神病院接受強制治療」。[30]而為期多長時間則未闡明。

在接下來的幾個月裡，娜塔莎等待著被轉送到精神病院，她被安置在布提爾卡監獄的醫院側樓。她在十一月給母親的一封信中寫道：「我會盡量簡短地講最重要的事，我認為我所做的一切都是正確和正當的，但感受到妳和孩子們必須為這些我所做的正確之事付出代價是很可怕的。壓在妳身上的重量——我只有在監獄裡才能充分感受到的重量……我非常想念孩子們。他們還記得我嗎？」[31]

到了一月初，她被拴在火車的一個座位上，這列火車軋軋地行駛過一片白雪皚皚的貧瘠土地。娜塔莎知道她要前往何處，事實上，對於她所要去的精神病患監獄，她知道的太多了，這座史達林統治下設立的監獄位於莫斯科以東五百英里的伏爾加河彎道上。就在一年前，在《大事記》的第十期中，她撰寫了一份關於位於喀山（Kazan）的特殊精神病院（Special Psychiatric Hospital）的報導。她完全按照了之前關在這間病院的人向她傳達的，簡明扼要地列舉了裡頭的駭人情況：「如果病人犯下了過錯——拒絕吃藥、與醫生吵架或打架，他們會被綁在床上三天，有時更久。以這種懲罰方式，院方置基本的衛生規範於不顧：不允許病人上廁所，也不提供便盆。」[32]她也知道這間精神病院的總體布局，以及在三個半小時的工作日（縫圍裙和床單）中，她和其他病人因犯身上預計會發生的事，她甚至還知道醫生很快就會強迫她服用的抗精神病藥物名稱。

娜塔莎憶起了她為她的朋友尤里・加蘭斯科夫（Yuri Galanskov）寫的一首詩，這位朋友同樣在一九六六年被關到了精神病院裡並被施用麻醉藥物：「在瘋人院裡／焦慮地擰著你的雙手，／把你蒼白的額頭壓在牆上／就像將一張臉按進雪堆中。」[33]現在將是她的臉，被壓住，然後消失。

然而，《大事記》仍在繼續發行。有一個新的編輯，之後會有一個又一個，直到一九八〇年代初，一場激烈的鎮壓最終扼殺了這本期刊。然而，異議人士們對開放政策——盧德米拉・艾勒席娃稱之為「公開進行的正義或治理過程」[34]——的不懈關注，將在幾年內成為新任蘇聯總理的標誌性政策，這一項在透明性上的努力，令他別無選擇，只能實施。開放政策將很快削弱了極權主義國家並最終導致其崩潰。長期以來匯集並集中異議人士努力的期刊，是這一進程的載體。透過乾脆利落、毫無矯飾的語言，《大事記》對真相的堅持，讓接受謊言變得越來越難。《大事記》也同樣不帶有一絲情感地論述了其創始人的命運。第十八期的其中一則報導寫著：「一九七一年一月九日，娜塔莉亞·戈巴涅夫斯卡亞從布堤爾卡監獄被轉送到喀山謝切諾夫街的特殊精神病醫院（郵政地址：喀山－八二郵箱UE第六區一四八號樓）[xiii]，該病院已為她開立了一個氟哌啶醇（Haloperidol）[xiv]療程。」[35]

■

i 譯註：即《關於個人崇拜及其後果》。

ii 譯註：娜塔莉亞之別名。

iii 譯註：立體主義（cubism）為一藝術流派，畢卡索為建立人之一。立體主義重視解構與重新組合之形式，畫家會描繪某物的不同角度，並將不同角度之描繪放在同一個畫面上，以此表達該物的完整形象。

iv 譯註：古拉格為俄語中「矯正勞改營管理總局」的縮寫，簡言之就是大家所知的勞改營。

v 譯註：有關薩秘茲達（samizdat）之解釋，請參考本書〈序曲〉中之註解。

vi 譯註：此處的憲法乃指一九三六年蘇聯憲法，即史達林憲法。

vii 譯註：始於一九六八年之捷克斯洛伐克政治民主化運動，由改革派領導人亞歷山大·杜布切克主導，旨在追求人性化的社會主義，最後在蘇聯的鎮壓下結束。

viii 譯註：即伊凡四世（Ivan IV），即俄國第一位沙皇。

ix 譯註：伏爾加（Volga）為俄國一汽車品牌，常見於社會主義國家公務車。

x 譯註：《真理報》為一九一八至一九九一年蘇聯解體為止蘇聯共產黨中央委員會之機關報。

xi 譯註：《消息報》曾為蘇聯最高權力與立法機構以及蘇聯中央執行委員會的機關報，是蘇聯時期的第二大報。

xii 譯註：此詞源自「波特金村莊（Potemkin village）」一語，典故來自十八世紀，凱薩琳二世出巡因俄土戰爭獲勝而得到的克里米亞途中，軍事領袖波特金（Grigory Potemkin）為使女皇有良好印象，在其必經道路之兩旁搭建假的華美村莊。以此典故，現在「波特金村莊」一語一般用以指稱政治上只是裝飾門面、自欺欺人的措舉。

xiii 譯註：原文地址為building148, block 6, postbox UE, Kazan-82。

xiv 譯註：氟哌啶醇為一典型抗精神疾病藥物，可用於治療各型精神分裂症。

第六章　掌控：一九九二年，華盛頓州

這本自製的雜誌——以影印機複印的紙頁，一張張折疊起來，並用訂書針裝訂——稱為《拼圖》（*Jigsaw*），它可不是普通的刊物。它的創造者如是說。這是一本反刊物（anti-publication）：「《拼圖》並非消費品，它根本不是產品。它更像是一個過程。一種方法。我開始發現，過程是關鍵。讀下去。你可以隨時回應我寫的任何內容，或投遞你認為適切的文稿。尤其如果你是一個女人並且／或者想寫關於這方面的事情。」[1]

《拼圖》幾乎沒有標點符號，擠滿了打出來的文字，以及連環的草寫文字，還有散布各處、黏貼上去的圖像——撥弄電吉他的克里絲·海恩德（Chrissie Hynde）、電影《案中案》（*Dead Ringer*）[i]裡睜大眼睛、揮舞著槍的貝蒂·戴維斯（Bette Davis）——這本雜誌徑直貫穿了一個女孩的內心，一個與社會格格不入的龐克女孩，她被擠出了主流文化，因此創造了一個新文化：「我希望能夠以自己的方式，用我自己的語言說話……來表達真實的情感。但是連進行一場對話都很難……真正處理衝突的真實對話。一切似乎都是如此造作，如此壓抑。」

這不僅僅是在公開宣洩青春期的焦慮。華盛頓州奧林匹亞（Olympia）某女子龐克樂團的鼓手托比·韋爾（Tobi Vail），於一九八九年開始在她的臥室裡用一把剪刀、一根口紅膠創作《拼圖》。龐克文化的許諾——以及她隨後的幻滅——使她走到了這一步。在早期一九七〇年代，雷蒙斯樂團（Ramones）和性手槍樂團（Sex Pistols）的時代，龐克就是自由、反威權主義、徹底摧毀社會規範，參與其中的許多女性也感受到被它賦予力量。但是到了一九八〇年代後期，龐克樂及其文化已變得剛硬猛烈、超男性化，大家都剃光頭、穿著皮夾克。衝撞區（mosh pit）是最典型的龐克場所，一大群人揮灑著汗水，搖擺著身軀相互撞擊。一九九〇年代初，一位作家為了幫《紐約時報》撰稿，冒險進入了衝撞區之中，就像一位人類學家潛入亞馬遜部落，在他的描述中，衝撞區的場景相當暴力，他寫道：那裡的每個人似乎都在試圖「殘殺彼此」[2]。

同時，年輕女性被推到邊緣，名副其實的邊緣，她們的角色被貶為「衣架」，有時她們會被如此稱呼，因為她們就是站在一旁幫她們的男朋友拿皮夾克。[3]托比討厭這樣。但她並不孤單。由另一位龐克女孩創辦的小誌《電鋸》（*Chainsaw*）感嘆，起初龐克文化是「一群怪胎決定或意識到（或之類的）要『扭轉局面』，暢所欲言，並掌控他們（我們的）生活，形成一個真正的地下世界」[4]，而現在此文化已遠離初心。

因此，托比的小誌是一種重新創造一個地下世界的方式。一種另類世界的另類選項。衝撞區不是唯一的問題。托比覺得她好像快要脫離社會本身，脫離所有關於女性氣質的觀念，關於女人應該長什麼樣、女人應該要怎麼樣的潛規則。每次在《柯夢波丹》（*Cosmopolitan*）或《時尚》（*Vogue*）的亮面封面上看到蓬鬆的大捲髮和墊肩時，她都會感到社會期望的負擔。不僅是少女時期的人生道路——一個有多條入口但只有一條出路的迷宮——限制重重，而且女孩們確實擔憂的問題，那些她們在臥室裡互相竊竊私語的秘密，例如飲食失調、性侵害以及性別認同，都缺乏抒發的途徑。

自一九三〇年代，各種小誌就已經存在，當時科幻宅們以自製的自編短篇小說及評論小冊子，與彼此分享自己癡迷的狂熱。不過，在一九七〇年代及進入一九八〇年代後，正是龐克圈充分地利用了這種DIY形式，對於一個大叫著不想和資本主義沾上一點邊的次文化而言，這種自製冊子的方式再合適不過。小誌過去的吸引力也是使托比開始對它感興趣的原因：能夠創造自己的媒介、生產內容，並且能夠不侷限於你可以在雜誌架上買到的刊物。就薩秘茲達來說，掌控你的生產（及分發）手段也是至關重要的——在異議人士的情況中，是為了逃避審查和鎮壓。而就小誌來說，掌控是讓女孩們透過創造屬於自己的東西，得到回嘴的機會。

但首先托比需要聽到一些迴響。小誌總是會找到其他小誌。為達此目的，她在《拼圖》第二期裡列出了其他少數由女孩自行出版的小誌，如《婊子》（*Bitch*）與《煽動》（*Incite*），並附上她們的地址，同時她還放入一個收錄讀者回覆的來信專區，藉此激勵他人回應。在第三期中，她更明確地說「我製作樂迷小誌（fanzine）不是為了娛樂、分散注意力或排斥他人，也不是因為我沒有更好的事情可做，而是因為如果我不寫這些東西，其他人也不會這樣做。」[5]

一九九〇年初，《拼圖》的第二期落入了幾位年輕女性的手中，她們也覺得需要一個地方擺放她們的憤怒，並任其滋長。

俄勒岡大學的大一新生莫莉．紐曼（Molly Neuman）與艾莉森．沃爾夫（Allison Wolfe）在一場涅槃樂團（Nirvana）於奧林匹亞的演出上，撿到了一本《拼圖》。托比當時的男友便是此樂團瘦骨嶙晌、穿著毛衣的主唱庫爾特・柯本（Kurt Cobain）。在這本小誌中，她們看到自己的挫敗感被反映了出來，她們不只對龐克文化，同時還對承襲於母親的女性主義感到灰心，女性主義是她們的母親在一九七〇年代傳下來的夢想，照理說是她們一切問題的解答。《拼圖》令她們激動不已。它的存在，它那令人心潮澎湃、誠懇的語氣，似乎為一個她們甚至無法真正表達出來的問題提供了一個答案。她們寫了信給托比，托比也立即回覆了她們。「發現世界上確實有人在與我思考相同的事情，這真的很鼓舞人心，」托比寫道。「我想，有時我會感到自己有些孤立無援。」[6]她建議她們交換自己所喜愛樂團的錄音帶，或者莫莉可以為《拼圖》評論「一些東西」。接著最後她在信中附言列出了其他女孩小誌。

尤其在艾莉森看來，女性主義感覺了無新意。[7]她的母親在離婚後以女同性戀身分出櫃，她是一名護士，並在奧林匹亞開設了第一家女性健康診所。她家經常成為反墮胎社運人士的攻擊目標，他們發出死亡威脅，還會向他們的窗戶投擲石塊。對她的母親而言，女性主義是一種生活方式——唱片機上放著瓊・拜雅（Joan Baez）[ii]的專輯《鑽石與鐵鏽》（*Diamonds and Rust*），書架上放著一長排關於女性身體和自我發現的書——但對艾莉森來說，女性主義書店的濃厚焚香氣息和她沒什麼關係，也不怎麼有趣。她覺得很陳腐。在她大學第一年的女性研究課上，當各個教授們糾正她使用「女孩」這個字眼時，她會很生氣（「我們要說『女人』」，他們會這麼告訴她），因為這顯示了一套正統女性主義觀念，而這套觀念並未反映出她作為女孩的生活。

莫莉則較為情感強烈而內斂，將那些艾莉森滔滔不絕、大鳴大放的言論壓抑在心裡。[8]她成長於華盛頓特區，父親是民主黨全國委員會通訊社的一員，因此政治總是在她的家庭中存在著。就在搬到西海岸之前，她對種族議題產生了興趣，而且，當時高中才剛畢業的她相信，自己在觀看史派克・李（Spike Lee）的《為所應為》（*Do the Right Thing*）時得到了頓悟。那年夏天，她深入研究了黑豹黨（Black Panther Party）[iii]領袖埃爾德里奇・克利弗（Eldridge Cleaver）的著作。

她們兩人在入宿的第一周相遇，當時艾莉森無意間聽到莫莉用大廳的公用電話，大聲地和某人談分手，她大叫道：「但是……我愛你！」她們成了密友，莫莉很快像艾莉森一樣剪短了劉海。她們很幸運能找到彼此：兩個政治意識很強的怪人，融入不了在大學占主導地位的嬉皮美學。她們都是很有主見、能夠表達自己情緒的女孩，都希望開創自己的風格。

正如她們後來所描述的，她們一讀到《拼圖》第二期，「心中的那種感覺」就油然而生，於是，她們創建了自己的小誌：《女孩病菌》（*Girl Germs*）。[9]一九九〇年秋天，她們大部分時間都在籌劃組織這本小誌、採訪樂團，例如災難珍妮（Calamity Jane），一個波特蘭女子頹廢搖滾（grunge rock）[iv]樂團，還有在院子裡尋找芭比著色書、女童子軍指南，以及上頭有圖片可以讓她們剪切、黏貼的舊解剖教科書。儘管她們的學校在尤金（Eugene）[v]，但她們在艾莉森長大的奧林匹亞度過了越來越多的時間。

有著新潮時髦的長青州立學院（Evergreen State College）的奧林匹亞是一座似乎更忠實呈現龐克初衷的島嶼，這裡有幾十家草根美術館；人們會在家中的地下室和小巷裡做音樂表演。任何人都更容易拿起吉他彈奏——即使是女孩。你可以在那裡觀看稀有的女性領軍龐克樂團的表演，如露娜小妞（Lunachicks）、玩具城寶寶（Babes in Toyland）、L7及佛特拉威格（Frightwig）。每家咖啡店似乎都至少有一張某位女鼓手宣傳其技能的傳單。

大約在這個時候，凱斯琳．漢娜（Kathleen Hanna）也拿起了一本《拼圖》閱讀，並寫信給托比，告訴她這對她有多重要。「我覺得我們過去／現在正在嘗試做類似的事情，而這證實了我是對的。當某個女孩告訴我，她不認為身為女孩這件事有什麼意義，我很明白那是什麼感覺。」[10]凱斯琳在奧林匹亞有些惡名昭彰。她是長青學院的學生、樂團肯尼芙爾萬歲（Viva Knievel）的主唱，也是一位詩人，以在國會大廈劇院（Capitol Theatre）[vi]的反抗性口述表演[vii]聞名，後來她用化名瑪姬．芬格思（Maggie Fingers）將那些口述散文詩編入了自己的小誌《真他媽的盲目》（*Fuck Me Blind*）。她最近在一場派對上站在一群人面前，死死盯著當中的男人們，一遍又一遍地大叫道：「我知道你做了什麼！我知道你做了什麼！」[11]人們還交頭接耳地談論她是如何當脫衣舞孃賺錢的。但對她而言最重要的，以及奠定她不斷發展的藝術本質的，是她在家庭暴力庇護所「安全處所」（SafePlace）的實習工作，包括做危機諮詢（crisis counseling），並向少女們演說強暴及性侵害相關議題。凱斯琳會將一群又一群倖存者組織起來，她們互相交談、彼此傾聽，一旦獲得一些親密感及隱私，她們便能給予彼此支持，這讓她很感動。

凱斯琳想把這種精神連結上龐克文化。她在一九九〇年接受一位圈內業餘人類學家的採訪時，解釋了她的想法。「我對性虐待倖存者的龐克搖滾運動／憤怒女孩運動非常感興趣，」她說。「不僅僅是憤怒的女孩，每個人都是如此，因為有很多人向我講述他們受到性虐待、被父母毆打等等的故事。即使沒有被揍，他們也受到情緒化的家庭暴力和等級制度所害——這一套該死的等級制度讓男人凌駕於女人之上，讓白人凌駕於黑人之上，讓人類凌駕於動物之上，讓老闆凌駕於工人之上。」[12]

儘管她閱讀了很多女性主義理論，但一九七〇年代和一九八〇年代的一些重大意識型態鬥爭——比如色情是否是一種壓迫形式——與她並沒有產生共鳴。她在自己的生活中實事求是地解決了這些問題。談到脫衣舞，她說，這是「一份工作，就像所有工作一樣，這份工作他媽的糟透了。我個人決定成為一名性交易工作者，是因為我覺得，比起當女服務員或做漢堡，賺取四點二五美元的時薪（同時還會受到身體上、精神上的剝削，有時則是受到性剝削），我光著身子跳舞賺取二十美元的時薪，受到的剝削少得多了。為什麼因為我選擇了一種明顯的剝削形式，而非一種微妙的低薪剝削形式，某些女性主義者就要懲處我？」

凱斯琳與托比有著這般的天命，使得他們以終極的方式建立了密切的關係：組建一個樂團，她們決定將樂團命名為「比基尼殺戮」（Bikini Kill，此名讓人想起某部關於一群比基尼女殺手的一九六〇年代 B 級片[viii]，以及一九四〇至一九五〇年代的核試爆場，比基尼環礁[ix]）。她們在奧林匹亞的大廳對面租了房間，幾乎立即開始表演，同時交換閱讀貝爾·胡克斯（bell hooks）[x]及朱迪斯·巴特勒（Judith Butler）的著作。當凱斯琳領著比基尼殺戮成員（托比打鼓，凱西·威爾考克斯（Kathi Wilcox）彈貝斯）登上舞台時，她的外表——豹紋短裙，黑色鮑伯頭與蒼白的皮膚形成對比——就像她所做的一切一樣，都是經過深思熟慮的挑釁行為。「你敢不敢為所欲為！」她尖叫起來。「你敢不敢成為你想成為的人！」

托比開始稱此年越來越多製作小誌及創辦樂團的女孩為「當前革命風格女孩」（Revolution Girl Style Now）[xi]，莫莉和艾莉森覺得自己屬於其中。他們的小誌在十二月就緒，那時是他們大二的寒假，假期回家的莫莉決定「出版」《女孩病菌》。高中時，她曾在亞利桑那州的國會議員莫里斯·

K・尤德爾（Morris K. Udall）底下實習過一個暑假，於是她利用了自己的權限，進入他的國會山莊（Capitol Hill）辦公室，並用他的影印機印了數百份小誌。那天晚上，一場暴風雨襲擊了這座城市，她獨自一人被大雨困在空蕩蕩的大樓裡，大嚼糖果棒和洋芋片提神，整晚都在影印和裝訂。[13]

一九九一年初，她回到俄勒岡州，手提箱裡裝著幾百本準備發放的《女孩病菌一號刊》。這本小誌就是她和艾莉森所希望的一切：龐克、充滿意識。「我兩歲半的弟弟今年聖誕節買了一套玩具搖滾鼓，」莫莉寫道。「我十八歲時得到了一把吉他。我有個想法，我可能想加入一個樂團。但是沒有人告訴我可以這樣或鼓勵我這樣做。我社會化的方式和我的兄弟有根本的不同。他被賦予了創作的工具。而我必須自己找到那些工具。」[14]

除了奧林匹亞之外，還有龐克保持著社會意識風味的另一座城市，就是莫莉的家鄉——華盛頓特區。在樂團次要威脅（Minor Threat）及壞腦（Bad Brains）將華盛頓特區轉變為一個龐克樂的盛行中心十年後，這座首都作為龐克樂的活動領域，已取得了重獲新生的活力。現在，有幾個樂團，比如冒牌貨（Fugazi）[xii]及尤里西斯國（Nation of Ulysses），正企圖用他們歌曲公然宣揚意識型態，進一步改變龐克精神的含義，推廣菸酒不沾的潔淨生活（clean living）、自主獨立及反消費主義。在一九九一年的春假期間，莫莉和艾莉森聽從了一些朋友的建議，前往「大使館」，一幢位於快樂山（Mount Pleasant）的三層排屋，同時也是尤里西斯國的樂團基地。那地方生機勃勃。地下室有練習室和錄音室。正是在那裡，她們對幾個月前所成立，稱作百變頑童（Bratmobile）的樂團建立了更強的信心，甚至還找到了另一位吉他手。

起初，百變頑童幾乎完全是空懷抱負，出了幾首無伴奏合唱歌曲及幾首糟糕的翻唱歌曲。但她們憑藉鮮明的風格（莫莉彈的吉他只會一次又一次地重複兩個和弦），創造了自己的聲音，勇敢而真誠。艾莉森不採用凱斯琳原始人般的吶喊，而是如孩子般唱出輕快活潑的調子，彷彿她在重新編排童年的旋律：「你在你的全男子俱樂部會所裡太舒服了／連考慮在我家喝點酷愛[xiii]都不。」百變頑童在成軍這年贏得的追隨者並不多，莫莉為她們質樸本真的表現辯護，稱之為一個有意識的選擇：「我認為樂團還沒準備好就出去表演，真的是件好事。因為，當之後你真正掌握了你的樂器，人們會看到你在一個連續體中，不是你突然從哪裡蹦出來，而我一直就是這麼想的：男孩從子宮裡出來，就提著一把發出尖聲的齊柏林飛船（Led Zeppelin）吉他，我卻覺得我永遠不知道該怎麼做到這件事。」[15]她的美學類似於小誌：混亂和缺乏完成性是對光鮮亮麗的父權社會的一種譴責。

幾個月後，凱斯琳在一場幾乎立即成為傳奇的演出中看到了華盛頓特區正在發展什麼。那是六月二十七日，比基尼殺戮前一天晚上在肯塔基州演出，而再前一天晚上，她們在阿拉巴馬州演出。她們幾乎在任何地方都碰上了來自男人的嘲笑及羞辱（還會被扔幾個啤酒瓶），並且總是有一小群女孩會試圖靠近舞台，將自己的小誌塞給她們。然而，大多數情況下，人們會感到困惑：她們是想展現性感嗎？她們為何如此憤怒？但現在他們在創造性區域空間（d. c. space）[xiv]，一家位於西北區七街和E街的俱樂部，聚集在那的人完全被她們擄獲。凱斯琳背對著觀眾，扯掉了她的T恤，這樣當她轉回身時，觀眾就能看到在她黑色胸罩下方，肚子上草草寫下的「蕩婦」（SLUT）一詞。她跳起來，尖叫著，喊出她的歌詞，一整個人群，不論女人男人，都被迷住了。演出結束後，冒牌貨的主唱，同時也是當時重要的一位龐克樂演出經理人伊恩・麥克－凱伊（Ian Mac Kaye）立刻主動表示願意免費為她們錄製歌曲。

比基尼殺戮決定留在城裡，每個人都過著拮据的生活，凱斯琳則在杜邦圓環（Dupont Circle）以北的皇家宮殿俱樂部當脫衣舞孃。一九九一年，華盛頓特區治安狀況不佳，謀殺率創紀錄，兇殺案達四百八十二起，慘遭殺害的人包含一名年輕女子，她獨自一人就住在凱斯琳租屋處的那條街上一間地下室公寓。而在五月五日節（Cinco de Mayo）[xv]，距離「大使館」幾個街區的地方甚至發生了暴動。一名薩爾瓦多移民被警察槍殺後，關於他當時被上銬的謠言滿天飛。抗議者向警察投擲磚頭和瓶子，這場混戰最後被催淚瓦斯終結。艾莉森的一位朋友親眼目睹了這一切，寫信給她說，這個夏天需要的是一場「女孩暴動」。

莫莉和艾莉森於七月回到華盛頓特區。一天晚上，這兩人與凱斯琳及其他幾個女生聚在一起，她們拿出了一台打字機和幾條口紅膠，決定抄錄自己感受到的女性主義革命精神。他們彙編了一份小誌，一份迷你小誌（mini-zine），只有一頁，對摺再對摺成四分之一大小——他們可以在演出的場合發放。莫莉隨後強行徵用了另一台國會山莊的影印機。他們稱這份迷你小誌為《暴女》（*Riot Grrrl*），它是針對「女孩騷動」發表的一小段話，輕輕調侃womyn、womban，以及「女人」（woman）一詞的所有其他女性主義創發的拼寫形式[xvi]。此外，這份小誌看起來就像一個人的咆哮。

封面上是雙手握拳、舉在空中的瑪丹娜，還有改造過的奧茲（Utz）洋芋片標誌：一個看起來很淘氣的小女孩，搭配用簽字筆寫出的slutz[xvii]。在《暴女》裡面，女孩們宣布了一場運動的開始：「最近幾個月，怒女（angry grrrl）小誌的數量激增，主要是因為當我們想到，在整體的社會中，以及特別是在龐克搖滾的地下世界裡，普遍缺乏女孩的力量，我們女孩的胃裡便會產生一種噁心的感覺。在目前正在經歷的這個漫長炎熱的夏天，我們之中的幾位女孩認為是時候將我們集體憤怒的腦袋集結起來，做一個迷你小誌，並盡可能時常出版。嘿，現在金考快印（kinko's）也有促銷活動，如果你知道有人想要一份《暴女》小誌，只需要六美分就能影印給他們。」[16]正如撰寫了關於暴女運動（Riot Grrrl）權威書籍的莎拉・馬庫斯（Sara Marcus）所言，新雜誌的標題「透過為女孩命名以吸引女孩，通過稱她們已經激進而使她們變得激進。」[17]在七月四日，女孩們開始發放《暴女》小誌。

到了第二期，《暴女》小誌的頁數翻倍，增加到紙張四分之一大小尺寸的八頁，裡面充滿了關於即將舉行的演出及派對的資訊，以及凱斯琳的深刻思考，比如「盡可能地當個脆弱的人」以及「將革命當作一種心理和生理上的生存方法，並投入其中。」是否有志同道合的女孩想要擺脫安於現狀的態度，談論棘手的話題？在第二期《暴女》的封底上，有句很明確，甚至是悲哀的呼告：「我們不知道有那麼多怒女，但我們知道妳就在那裡。」[18]

製作《暴女》的女性們，並不願明確指出她們的革命究竟是為了什麼。但她們知道這場革命對抗的是什麼。她們能看到自己母親那一代的收穫，但還不夠。一九八〇年代，女性主義朝兩個方向發展，但對她們來說，感覺上都沒有用。一方面，關於性別偏見（sexism）的討論已經變得過於學術化，變成了關於權力的抽象理論（對於非專業受眾來說，基本上是無法理解的，並且欠缺直接的政治議題討論）。另一條女性主義的道路則帶有高度熱切的勵志語氣，感覺柔和卻毫無意義〔參見格洛麗亞・斯泰納姆（Gloria Steinem）[xviii]一九九二年出版的《內在革命：一本關於自尊的書》（*Revolution from Within: A Book of Self-Esteem*）」。這些女孩在她們的生活中仍感受得到性別偏見——例如在小事情上，粉紅色和藍色的刻板印象持續存在，又比如在大事情上，性侵倖存者會受到有辱人格的對待。但她們不想要忽略自己的創傷，只是像是男人那樣獲取成功。她們想透過緊抓著這份痛苦、這種個人經歷，並建立一套從這種傷害產生的政治理念，以應對這些現實狀況。對凱斯琳來說，她的受眾是她在奧林匹亞協助過的性侵犯受害者。小誌滿足了她們的需求。「小誌是極度個人的表述，但作為一種參與性交流的媒介，小誌依賴社群，也有助建立社群，」研究小誌這種形式的紐約大學教授史蒂芬・達康比（Stephen Duncombe）寫道。「此矛盾永遠解決不了。」[19]那很好。矛盾才是重點。

凱斯琳在此迷你小誌的第三期中宣布，要召開一場真實的暴女會議。這場會議舉辦於一九九一年七月二十四日晚上，地點在正向力（Positive Force），另一個龐克團體之家，這棟房屋位於維吉尼亞州阿靈頓（Arlington），就在華盛頓特區郊外，在這裡，穿著破牛仔褲及上面有黑色簽字筆字跡的T恤的年輕人們在無家可歸者庇護所當志工，送食物給貧困的老年人，或參加反種族隔離遊行。大約有二十名年輕女性出現了，包括莫莉和艾莉森，而這些女性就只是交談著，繞著原地打轉。這場會議持續了幾個小時，讓人想起幾十年前她們的母親參加的意識覺醒集會[xix]。她們想表達自己以女孩的身分看待世界的方式，她們如何被性化，不被認真對待，受到身體攻擊，以及這世界是如何讓她們只覺得自己很糟糕。在第二次會議後，凱斯琳、艾莉森與莫莉接受了正向力創始人之一馬克・安德森（Mark Anderson）的採訪，他當時正試圖寫一本關於華盛頓特區龐克圈的書。「我真的相信這個國家的大多數人都有故事要講，但基於某種原因他們沒有講出來，」凱斯琳說，「我的意思是，帶著所有的能量和憤怒，如果我們能以某種方式統一它的話……」[20]

她們繼續開了一場又一場會議，儘管從沒有超過少數幾個居住在華盛頓特區及其周邊地區的女孩參與。反而是小誌創建了這個社群。越來越多的女孩突然現身並公開認同暴女運動。這是她們認為屬於自己的媒介，由此產生的交換及分享使她們能夠在某些主題上自然地聯合起來，而無需定義她們的目標。

在一本由住在華盛頓特區的十八歲女孩艾莉卡・瑞因斯坦（Erika Reinstein）所彙整的小誌超凡樂迷小誌（*Fantastic Fanzine*）中，有位投稿者寫道：「好吧，我是個暴女——這是我現在生活中最酷的事情，嗯，對啦……基本上是最酷的。我愛我自己，但也不全是這樣。我的意思是我試著愛自己。因為我知道這很重要。但問題是我仍然對自己有一些感覺。有些事情我只是不談論它而已。儘管我知道我可以在暴女運動中談論任何事情。就像我的體重就是其中之一。我的意思是，我處於一個整體上非常願意接納各類人的環境中，這對我有很大幫助。之所以很有幫助，是因為我正在學習。我正在嘗試真的接受自己。但這仍然有點像我擁有的一個秘密，你知道，我不覺得自己真的很漂亮或有吸引力。」[21]

她們想要承認自己的脆弱性，並騰出一個按照她們的條件討論此脆弱性的空間。「因為我們女孩想要創造與我們有共鳴的媒介，」艾莉卡在某期小誌中寫道。「因為在各種形式的媒體中，我看到我們／我自己被掮耳光、被斬首、被嘲笑、被輕視、被推開、被忽視、被納入某種刻板印象、被踢、被蔑視、被騷擾、被噤聲、感受不被理會、被刀砍、被槍擊、被掐住脖子、被殺害。」[22]

整個一九九一年，小誌的數量不斷增加。女孩們會尋找讀者，要求她們寄一美元到所提供的地址，換取一份小誌。隨之而來的是一場縱橫交錯的對話，各小誌互相引用，撰稿人們互相影印、黏貼彼此的言論。同時她們也開始參與到某種共享的視覺詞彙庫中。做自己的編輯、藝術總監和出版商的樂趣在最終產品中顯而易見，即使是在話題變得黑暗的時候，而這種情況經常發生。除了DIY的特性、以影印的頁面配上釘書針裝訂的外觀之外，這些小誌皆反映了一種顛覆、破壞及嘲弄流行文化的渴望，在流行文化上面畫一個超巨大八字鬍的渴望。小誌的美學充滿活潑可愛、女孩子氣的手寫字跡，但也塗抹上了紅色油漆。在一本諷刺卻充滿愛意地獻給前總統女兒的小誌《我♥艾咪卡特》（*I ♥ Amy Carter*）當中，有幾篇取自《國家詢問者》（*National Enquirer*）的報導，內容是關於瑪丹娜傳聞中的女同性戀情人，而緊鄰著這幾篇報導的是幾則關於一名女性連環殺手的情報徵集告示。在小誌裡，廣告產生的所有不可能達成、影響女孩意識的女性形象都被再造了。透過為一張洗髮精廣告中瘦得不可思議的金髮女郎照片，添加一個她想著自己今晚是否會被強暴的漫畫泡泡框，小誌製作者在褻瀆一種有毒的文化，同時也在試圖改造它。而小誌裡頭貼著從雜誌剪下來的圖文、愛心泡泡和貼紙，這種如同剪貼簿的樣子，也描繪出了青春期，一段從天真到諷刺與黑色幽默的過渡期。正如凱斯琳簡潔地說，「我們正在將草寫字母變成利刃。」[23]

在第三期《女孩病菌》中，莫莉和艾莉森表達了一種初發的急切渴望，她們希望任何人都可能對這種創造性的爆發現象索取某種所有權。他們希望非常清楚地表示：妳只需要剪刀、一支口紅膠，也許還有一台打字機，就能參與。「暴女運動就是這麼厲害。最終會變得更厲害，我敢肯定。現在暴女運動不是任何具體的東西，它不是某個粉絲小誌，或某個團體，或任何特定的東西，但它也是所有這些東西。到目前為止，它一直是一個迷你樂迷小誌，然後一直以來有一些女孩每週見一次面，稱自己為暴女，談論在龐克搖滾的範圍之內或之外對我們很重要的議題。但我知道，而且我相信妳們中的一些人知道這將是一件大事。……這個名號沒有版權，所以如果妳現在坐著讀這篇文章，覺得自己可能是一個暴女，那麼妳可能就是，所以就稱自己為一個暴女吧。」[24]

小誌現在無處不在。來自印第安納州馬丁斯維爾（Martinsville）的《瘋婊子》（*Psychobitch*）；來自肯塔基州萊星頓市（Lexington）的《暴動妖婦》（*Riotemptresses*）；來自芝加哥的《成長之痛》（*Growing Pains*）；來自麻薩諸塞州阿默斯特（Amherst）的《女孩惡魔》（*Girl Fiend*）；還有更多，每一個都推動了另一個的成形。雖然這些小誌總是至少部分是日記，但它們圍繞著同樣的禁忌問題：強姦、飲食失調、身體形象、性侵。

大多數的小誌創辦人都是像莫莉和艾莉森這樣，出身中上階層的白人女孩，不過，也有一些小誌試圖描寫性別偏見之外的不平等。在奧林匹亞長大的諾米．拉姆（Nomy Lamm）從三歲起就患有殘疾，當時她的腿因骨骼發育異常而截肢。她創辦了一本小誌，《我真他媽的漂亮》（*I'm So Fucking Beautiful*），談論肥胖歧視。此小誌的文字直截了當，令人眼睛一亮，不太可能出現在其他任何地方：這是一個再也不想感到羞恥的少女的塗鴉。「我知道我永遠不會變瘦，也（往往）不想變瘦，但我仍然有這樣的想法，『好吧，如果我再瘦一點點，那麼我不僅能接受我的身體，我會非常非常喜歡它！』不管我再怎麼講肥胖超棒，我們應該陶醉於我們的肥胖，我不認為我想比現在胖。萬一我真的變胖了怎麼辦？」[25]而她的小誌也很幽默，拉姆讓她的讀者能大笑，打破圍繞這些難題的沉默。在此小誌中一個「肥胖趣事」列表中，排名第一的是「脂肪會浮在水面上，所以我不必擔心溺水！」

另一本來自遠方的小誌是拉姆達莎．白克希姆（Ramdasha Bikceem）的《黏性汙垢》（*Gunk*），她發行第一期的時候，還是一個十五歲的紐澤西滑冰女孩。身為一個黑人女孩，她是暴女運動中一位不同尋常的參與者，寫出了自己作為局外人中的局外人的處境。在《黏性污垢》的第四期——這期小誌上有一張她的童年照片，看起來很憤怒，照片上方放著從牛奶盒側面漫畫剪下的一句「你有看到我嗎？」[xx]——她講述了自己在華盛頓特區暴女集會上的經歷：「我想我是那裡僅有的三個黑人孩子之一，我的意思是暴女運動呼籲改變，但我質疑有哪些人包括其中……我看見暴女運動越來越只對一群特定被選中的人開放，也就是中產階級白人龐克女孩。就像是某個秘密社團，但又有一些人覺得一個秘密社團就是我們需要的。」[26]

這些暴增的小誌向凱斯琳、艾莉森和莫莉投射了信號，表明還有其他憤怒的女孩。她們製作的音樂也得到了更多的認可。一九九一年八月下旬，奧林匹亞國會大廈劇院舉辦了為期六天的音樂節，名為「國際流行音樂地下大會」（International Pop Underground Convention），而其中一晚為特別的「女孩之夜」，匯集了所有與小誌圈子相關的樂團——比基尼殺戮、百變頑童、貝西的天堂（Betsy）、七年婊子（7 Year Bitch），以及許多其他團。這對於一年前還沒有想到自己會在龐克樂界佔有一席的女性來說意義重大。在下一期《女孩病菌》中，一位女孩報導了那一晚，描述了她當時在觀眾席的感覺：「女孩之夜對我來說永遠是寶貴的，因為不管你信不信，這是我第一次看到女性站在舞台上，彷彿她們真的屬於那裡。我第一次聽到一個姐姐驕傲地唱出非常不齒地鎖在我自己心裡的憤怒之聲。直到女孩之夜，我才知道龐克搖滾只不過是白人中產階級男性挫敗感的陽具崇拜延伸。」[27]為紀念這一刻，艾莉森和莫莉創造了一個縮寫語：「prdct」，代表著「龐克搖滾夢想成真」（punk rock dream come true）。[28]

西北太平洋地區的龐克樂有一些特別之處，而整個美國很快就透過這時已是托比·韋爾前男友的庫爾特·柯本和他的涅槃樂團，而認識這種具強烈感染力的龐克樂。他們的專輯《從不介意》（*Nevermind*）在女孩之夜幾週後發行，到了十一月，它已經成為金唱片，然後是白金唱片。到了一九九二年一月，這張專輯已經將麥可·傑克森的最新專輯從告示牌排行榜的榜首位置擊落，並且每週售出約三十萬張。資本主義一直希望征服很酷的次文化，而將次文化快速商品化以提供給閱聽大眾可能會帶來可怕的後果。柯本眼中的恐懼說明了這件事。你會失去設定自己方向的能力。

一九九二年七月，暴女運動第一次在主流刊物的版面上（也就是說，在一本不是在某人臥室製作的雜誌上）看到關於自己的報導。距離在華盛頓特區舉辦的初次真實世界會議，僅僅過了一年。現在透過交換小誌定期交流的女孩人際網絡已經擴大，但暴女運動仍然感覺像是一個私人計畫；它還在蓬勃發展。當洛杉磯獨立報紙《洛杉磯週刊》（*LA Weekly*）的一名年輕記者請求參加暴女奧林匹亞分會的成立大會時，發起人莫莉與艾莉森認為沒有問題。設想有任何人會想寫關於她們的報導，似乎很奇怪。「這次會議事實上是要弄清楚我們希望暴女運動在這裡成為什麼樣子。」艾莉森對著約十七個盤腿坐在地下室洗衣間地板上的女孩說。當記者匆匆記下她們的話時，這群女孩進行了腦力激盪，想到一個點子，她們要創建關於性別偏見及性侵害的袖珍小誌，並計劃在接下來的一周舉辦一場名為暴女音樂盛會（Riot Grrrl Extravaganza）的演唱會，屆時女生和任何穿裙子及胸罩的男生要付兩美元入場。所有其他男生的入場費則為三美元。

結果幾個月後，那名記者的報導文章刊出了，標題取自她們的座右銘：〈現在的革命女孩風格〉。[29]泛光燈現在從她們的臥室窗戶照了進來，明亮而熾熱，以至於回想起來第一句話似乎具有反諷意味：「也許這場女孩革命不會在公共世界，在男人的世界中形成。這場革命肯定不會發生在女孩不安全的大街上。也許它會從一個男人永遠不會進入的私人封閉空間開始，一個女人經常一起進出，在牆上留言給彼此的通用空間：洗手間。」許多大學的女廁所確實是學生可以匿名寫下性侵她們的男性名字的地方，以此作為對其他人的警告。而現在，小誌成了這種「私人的、封閉的空間」。正如那篇報導的作者艾蜜莉·懷特（Emily White）所寫的，小誌是「偽裝成粗體字的定時炸彈」。她指出：「在全國各地，女孩們都在等待來自樂迷小誌網絡的消息，這是一個她們所屬但從未見過的幻影社群——這是一個沒有核心、用紙製成的地下世界。」

這篇文章富有思想且不粗俗，真誠地嘗試理解暴女運動尚未發展完善的能量所代表的意義。不過，它同時也立刻選派她們為當時激烈的文化戰爭中完美的前線士兵。一九九一年秋天，律師安妮塔·希爾（Anita Hill）在克拉倫斯·湯瑪士（Clarence Thomas）的最高法院大法官提名聽證會上，對他提出指控，在性騷擾議題上分裂了全國。次年六月，最高法院宣布了其對賓夕法尼亞州東南部計劃生育協會[xxi]訴凱西案的裁決[xxii]，此案重申了羅訴韋德案（Roe v. Wade），同時卻在某種程度上，藉由維持賓州的未成年人父母同意條款，使得女性更難以合法墮胎。然後是備受矚目的威廉·甘迺迪·史密斯（William Kennedy Smith）與麥克·泰森（Mike Tyson）強暴案審判，在這兩者的審判中，針對強暴一事，女方的說詞被認定為可疑。這也是一個選舉年，到一九九二年夏天，這場選舉的輪廓很清晰：由基督教右翼支持的共和黨反對一位民主黨候選人，他的妻子希拉蕊·羅登·柯林頓（Hillary Rodham Clinton）說她的生活本來會「待在家裡、烤餅乾、喝茶」，是她的職業生涯將她自己拯救了出來。這番話引起了人們的蔑視。

第二波女性主義為女性開闢了工作場所，並贏得了生殖權利的鬥爭，但目前似乎還沒有為蘇珊・法露迪（Susan Faludi）所說的「反挫」做好準備（她以「反挫」為名的著作[xxiii]於一九九二年掛在暢銷書排行榜上三十五週）。但也許有一群更年輕的志同道合之士準備加入戰鬥。這篇文章宣稱，「暴女有正確的言辭來面對這個黑暗的時刻，因為就像許多十幾歲的女孩一樣，她們用危機的語言表達每一次挫折、每一個夢想。」

這在她們的肩上放上了重擔。不過，這篇文章以深思熟慮的方式，照著暴女們的主張著手撰寫她們，並且寫得如此謹慎，以至於它並沒有使得她們對媒體產生警惕之心。七月的最後一個週末，第一屆暴女大會在華盛頓特區舉行，進一步證明了，成年人的世界已經變得對她們多麼的感興趣。這場集會聚集了一百多名女孩。整個週末充滿表演與舞會、研討會與主題討論，內容涉及「從自衛到如何操作調音台，再到小誌要如何排版的一切」——還有一場被簡潔地稱作「強暴」的會議。[30]這是一場雖混亂卻有意義的集會，女孩們圍著許多大圈子，傳著一盒盒的舒潔面紙，講述自己的故事。這種行動主義（activism）粗糙、未完成和不確定的特性也顯而易見。在凱斯琳組織的一場名為「拆析種族主義」（Unlearning Racism）的會議上，《洛杉磯週刊》文章中影射的派系傾向暴露無遺。大多數女孩拒絕接受她們可能與不明言的白人至上文化同謀之看法。她們應該是這裡的受害者。少數有色人種參與者很惱火，感覺自己被排擠，而白人女孩則聲稱，這是逆向種族主義（reverse racism）[xxiv]正在作祟。一切都非常混亂（第二波女性主義於二十年前就有了自己的危機，當然，恰恰是這樣的情況，在階級和種族的淺灘中航行）。這種對抗最終會進入像是阮氏米米（Mimi Thi

Nguyen）創立的《種族暴動》（*Race Riot*）這樣的小誌，這些小誌完全關注這場運動中有色人種女孩獨有的問題。

忽然之間，她們受到了矚目。一位出席暴女大會的女士說，她正在為《旋轉》（*Spin*）雜誌寫一篇文章。另一位與會的女性則要為《華盛頓城市報》（*Washington City Paper*）撰寫一則報導，正在進行調查。[31]一位業餘電影製作人正試圖為一部紀錄片採訪女孩。然後，一位女士在研討會上宣布：「我是《今日美國》（*USA Today*）記者。」

而正是《今日美國》在大會結束一週後刊登的文章，讓暴女們開始感覺到她們的運動——這是一場運動嗎？——正在脫離她們的掌控。這篇文章的開頭是：「男孩們，最好小心。從數百間曾經粉紅色、充滿褶邊的臥室中，出現了年輕的女性主義革命。它並不漂亮。但它不想要漂亮。就是這樣！」[32]這些女孩們在文章中被貶低，全是「毛毛腿、穿著軍靴，身上有刺青」，她們任何宏大一點的政治思想都被呈現為非理性的攻擊。文章描述了大會中起司蛋糕樂團（Cheesecake）演出時的一個場面，一個「瘦骨嶙峋的男孩」喊了句詆毀女孩的話，結果就被「一群憤怒的女孩包圍，她們瘋狂地跳來跳去、相互衝撞。他逃到安全的地方，她們的嘲笑追趕在後。」女孩們表現得既天真又反動：「另一個女人說，如果妳讓一個男人摸妳的左胸，他卻摸妳的右胸，『那就是強姦。』」文章並沒有解釋為什麼暴女們會這樣做，只是居高臨下地將她們的談話簡述為「完完全全就像，女孩間的談話。有洞察力，誠實，往往很觸動人心」，並表示她們是「焦慮的青少年，正在尋找自己的性別和社會身分。」

自小誌網絡開始向新的方向擴展以來只過了一年。但是就在她們的第一次集會之後，當她們開始考慮下一步該往何處的時候，像卡通般誇張的報導突然一陣猛攻，使一切都短路了。

這感覺很殘酷。某個《新聞週刊》（*Newsweek*）的人一個禮拜內打了三次電話到艾莉森家。大型日間脫口秀節目，莎莉．潔西．瑞芙（Sally Jessy Raphael）及莫瑞．波維奇（Maury Povich）紛紛提出邀約。女孩們覺得自己被誤解、被曲解，她們很受挫，自己在臥室發展出來的次文化被剝奪了更深層次的意義，淪為另一個流行趨勢。而那篇《今日美國》的文章旁附有一則補充報導，分析暴女打扮的「駭人時尚」：「寬鬆軍裝短褲內搭網襪和吊襪帶。」即使是看似積極的關注形式也會讓人感到壓迫。《野蠻》（*Sassy*）雜誌是一本年輕女性刊物，在呈現少女生活的現實處境上，這本雜誌做得比任何其他用光亮紙印刷的雜誌都更好，它擁抱了小誌現象，並於一九九二年初開始刊登「本月小誌」專欄。此專欄會被成千上萬的小誌讀者看到。當專欄聚焦於莫莉和艾莉森的《女孩病菌》並公布了她們的地址時，她們收到了大量的信件，對她們小誌的需求量超出了她們的交付能力。

凱斯琳感到自己被箝制、剝削，變成了一樣商品，她在總部位於華盛頓特區的女性主義刊物《別再煩我們》（*Off Our Backs*）中發洩了她的煩惱：「《訪問》（*Interview*）[xxv]雜誌昨天打電話給我們。瑪麗亞．史瑞佛（Maria Shriver）想要我們上她的節目。這太可怕了。我知道我們是象徵性的東西。我沒有他媽的幻想這些人在乎我認真要說的話。我確實認為人們想盯著我的奶，想看到我說錯話，目睹我們搞砸一切。他們可以把我們正在做的事貼上標籤、區別對待，並把它放到一個奇怪的盒子裡，藉此控制它。我不會讓這種事情發生。」[33]

如果說，小誌記錄了這群年輕女性未經過濾的集體良知，那麼它們透露出，到了一九九二年秋天，帶有偏見的公眾關注已經變成了一場危機，讓她們想要更加用力地反抗投射在她們身上的形象。「我覺得，好像用不著某個記者講出我是誰，我對自己的人生都已經沒有什麼主導權了，」艾莉卡．瑞因斯坦在她的小誌中寫道。「我覺得自己已經夠邊緣化了，用不著企業媒體讓情況變得更糟。」[34]艾莉卡的煩惱也是因為記者不願理解「在沒有某種地圖、圖表或某套規則的情況下，人們一起合作發起運動的概念」。由媒體預先建構、強加於暴女運動的種種敘事，並未交代透過小誌所呈現一切有何特別之處——即這種媒介所允許的張力。每個人的小誌都是自己的，但它們也交織在一起。隨著時間的推移，一籮筐她們共同的擔憂出現了，甚至可能還有一系列待討論的議題，但沒有人會告訴她們可以或不可以寫什麼，或者這一切意味著什麼或會導致什麼。

阿南達．拉薇塔（Ananda La Vita）住在阿靈頓的正向力團體家屋，迂迴地回應了許多媒體的要求，她捕捉到了報導中令人沮喪、具破壞性之處。「他們是如何理解一樣沒有實際定義的東西，並試圖定義它，我對此尤其不爽，」她在一篇寫給其他暴女的冗長文章中寫道，「暴女是要破壞界限，而不是創造界限。但是這些雜誌使我們看起來像是一個『東西』，好像為了當一個暴女，妳必須要看起來是某種特定的樣子，喜歡某種特定的音樂，或抱持著某些特定的信念，但是根本沒有這樣的要求……看到這些主流作家所描述的自己，會在我們的腦中劃出界限。我覺得這真的很危險。我們可以藉由保持暴女運動『地下世界』的一面——保持我們彼此之間交流的活絡——來抵消他們的描述。我們不能讓這些報紙主導我們彼此的形象。」[35]

那年十一月出現在《旋轉》雜誌上的文章〈青少年暴動〉（Teenage Riot）描繪出了她們的低潮。[36]這篇文章的配圖是一個消瘦、悶悶不樂的時裝模特兒，她擺著姿勢，完美無瑕的皮膚上漆著

「暴女」二字。華盛頓特區的一群真正的暴女有一個解決方案：她們將實施「媒體封鎖」，完全拒絕與任何記者或刊物合作。她們會無視打來的電話，不允許拍照或未經許可的引用。她們的小誌給了她們一種有力量、有自我價值的感覺。為了堅持這一點，她們不得不拒絕被消費。

艾莉森和莫莉於一九九二年夏天進行了百變頑童的巡演，結果並不好。[37]從芝加哥到麥迪遜，再到布盧明頓（Bloomington）及代頓（Dayton），在一晚又一晚橫跨中西部的演出，她們的親密友誼有了緊張的感覺。這部分是作為一個樂團的壓力，一群年輕自我的碰撞，不知道如何妥協。她們同時也承擔了代表暴女的重任，而此時這場運動受到的關注已經大到沒有人知道要如何處理。到了秋天，百變頑童幾乎要解散了[xxvi]。

媒體的閃電攻擊造成了傷害。現在她們花上更多的時間回應媒體對自己的錯誤描述，而不是擴大她們已經形成的人際網。且這不是唯一的問題。當初奧林匹亞及華盛頓特區的女孩團體，在自己的臥室裡構思出了暴女運動，而如今，甚至還不到兩年，她們已經認不出它了。即使創立了《拼圖》小誌，開啟這場運動的托比，也在一九九三年初坐下撰寫一本新的小誌，感嘆道：「曾經屬於我的、對我真正有意義的東西是這樣被奪走，變成了與最初旨意完全不同的東西。」[38]

新聞報導將全新一代的許許多多女孩，一次帶進了這場運動。這些新來的女孩們接觸到暴女運動，是透過《野蠻》雜誌或《新聞週刊》的內頁，或者是因為比基尼殺戮日益增長的名氣，而不是透過小誌或在演出中遇到別的女孩。是什麼吸引了她們參加會議或讓她們想拿出自己的剪刀和口紅膠，並不總是很清楚——是創造一個新文化的初始渴望的一部分，還是因為它的膚淺元素現在很流行？托比被這些「裝腔作勢的人，或者這些只是生活在美國小鎮上，本意良好、熱血得無可救藥、極端孤立，讀著愚蠢的人寫的愚蠢雜誌上的愚蠢的文章的年輕女孩們」激怒了。仍以正向力龐克之家為工作基地的華盛頓特區團體被信件——許多飾以花卉圖案的信封信紙——淹沒了，信中，女孩們乞求建立自己的本地團體，請求許可，彷彿暴女就像女童軍一樣。作為回應，華盛頓特區團體的一些女孩編了一本小誌寄了回去，其中包含了開創分會的僅僅幾條指示：「如果妳想開創一個分會，妳已經開始了，剩下要做的，就是開創它。」[39]

這場運動正在被削弱，因此有二十位暴女們決定為了她們自己，而非別人，一起寫一本小誌回答這個問題：「到底什麼是暴女運動？」她們並不是為她們這個核心問題提供一個集體答案，而是每個人各自貢獻一篇迷你論說文，為自己定義這場運動。她們重疊和矛盾的聲音將提供這個核心問題的答案。暴女運動不是一個東西。它是一場談話。[40]將名字中的「i」的點畫成一顆愛心的安潔麗克（Angelique）寫道：「我們正共同全力以赴，因為我們知道這個世界對待我們的方式，就像我們是小女孩蠢騷貨笨妓女醜賤人老處女無助的生物某人的所有物，但我們知道真正的自己是什麼。（有時知道。）」

那些時尚雜誌向她們映照出了她們看待自己生活的受限方式，讓女孩們想起，到底為何她們當初發現小誌作為這場運動開場如此吸引人。因為她們曾感到被更廣泛的主流文化所忽視。而小誌給了她們機會，讓她們建立發表回應的自信。但現在暴女只不過是她們的小誌中剪貼出的樣子，或她們的馬丁靴；這些最膚淺的元素已被刮下來並重新利用。這讓她們感到更加被噤聲。另一位撰稿人寫道：「媒體使我們成為一時的風尚，以至於當我們不再是『即將火紅人物』時，我們可以很容易地就和繩結編織品[xxvii]還有尼龍傘兵褲）[xxviii]，被一起放在人們的衣櫥後面。」[41]在製作完這本小誌後，華盛頓分會採取了更進一步的行動：她們成立了一個媒體工作組，試圖塑造自己的形象，不過許多女孩表示反對。有些人認為，現在開始傳遞強硬的命令，會破壞使暴女運動如此特別的原因。

一路到一九九二年結束，進入一九九三年，外界的關注不曾間斷。《洛杉磯時報》（*Los Angeles Times*）刊出了頭版新聞〈凶惡、瘋狂和絕對地下〉（Mean, Mad, and Definitely Underground）[42]，《西雅圖時報》（*The Seattle Times*）則下了「女性主義之怒」（Feminist Fury）作為頭版大標。[43]甚至是《柯夢波丹》，這本捍衛女孩們感到最壓抑的女性氣質的雜誌，也在一九九三年的春天發表了一篇文章：〈新起社運家：無所畏懼、充滿趣味、瘋狂戰鬥〉（The New Activists: Fearless, Funny, Fighting Mad）。[44]這幾篇文章描繪的暴女們怒氣沖沖、具有侵略性，幾乎是跋扈專橫。這些女孩不再像衣架一樣被動地圍著衝撞區，現在她們正在把男孩們嚇跑。《十七歲》（*Seventeen*）雜誌的一篇文章〈這是一件女孩的事〉（It's a Grrrl Thing）當中提及，「一群穿著復古格紋連身裙、將頭髮削短的女孩」言行具威脅性且心懷困惑，她們「譴責Y染色體是萬惡之源」，以「好戰傾向」離間所有人。[45]而此雜誌中的另一則文章，僅將暴女們針對媒體報導的內部辯論呈現為一場女生之間無聊瑣碎的爭吵：〈暴女會重新聚焦女性主義，還是會在自己的憤怒中激烈爭吵？〉[xxix]當然，這篇文章完全忽略了暴女們實際上用她們的小誌所討論的難題。[46]具有諷刺意味的是，在同一期《十七歲》的另一處，發表了一項關於性騷擾的全國性調查結果，此調查發現百分之四十的讀者每天都在忍受吹口哨及動手動腳的男人。

與此同時，小誌的數量呈爆炸式增長，到一九九三年，從幾十本增加到數千本。隨著越來越多的家庭購買個人電腦和易於使用的新桌面排版軟體，參與小誌的門檻現在降低許多。各地感到格格不入的少女加入了小誌簡單樸實、自白性的寫作。而最初的暴女團體中的幾個女孩於一九九三年創辦了暴女出版社（Riot Grrrl Press），這是此團體最後幾項規劃好的行動之一，旨在重申小誌在她們的交流和聚集方式中的核心地位。凱斯琳和艾莉森首先想到一個點子：創建一個分發服務系統及一份目錄[47]，人們可以從目錄上訂購，寄給她們五十美分，換取一本欲索取的小誌。然而，是以華盛頓特區為基地的艾莉卡・瑞因斯坦與梅・桑莫・法恩斯沃斯（May Summer Farnsworth）一起承擔了這項任務，兩人將她們的公寓變成了一場紙張的暴雪。女孩們會寄來自己的小誌，有時甚至厚厚的原稿邊緣仍然捲曲，散發著橡膠膠合劑的味道（在影印店工作的梅會趁主管沒在看的時候，偷偷地用影印機製作小誌的平面母版）然後小誌的訂單紛至沓來，每天都有幾十封堆積如山的來信。

她們工作量很大。在最初的小誌徵求中，艾莉卡與梅列出了出版社「現在很重要」的六個原因。[48]第一個是「自我呈現，我們需要在不使用主流媒體作為工具的情況下讓自己可見」。其他原因為「建立人際網絡」及「減輕沒有能力分發小誌或是所創小誌不知名之年輕女性（通常是年輕女性）的負擔」。這將「為女性創造另一種交流方式」。她們將成為一處「中心地」。當她們於七月發布第一份目錄時，彷彿自己的意思還不夠清楚似的，她們在此目錄中加入了一段附言：「我們還是要說，如果妳是記者，現在就他媽的給我滾。」[49]目錄上，在列出的近九十個小誌標題中，有關於身體形象的小誌（《女孩麻煩》、《小天使》）、關於酷兒身分的小誌（《露娜》、《派對混音》）以及關於性健康的小誌（《陰蒂》）。將大部分心力轉向比基尼殺戮的凱斯琳——當時她即將發行她們樂團的第一張專輯《鞭打小貓》（*Pussy Whipped*）——她很高興看到出版社活躍起來，奪回了掌控權。

女孩們寄了大量信件給她，而現在她可以寄回一份目錄，在上面寫下，「這是一份妳可能有興趣獲得的女孩力量小誌清單。」[50]這句話的言外之意始終是：現在走出去，做妳自己的小誌。

此目錄是讓暴女運動重新回歸的一種巧妙方式，使其再次成為新型女性主義的孵化器，甚至在第二波女性主義運動的重要刊物《女士》（Ms.）雜誌中也將此新型女性主義描述為新興的第三波女性主義。一九九二年一月上旬，小說家愛麗絲・沃克（Alice Walker）的女兒瑞貝卡・沃克（Rebecca Walker）曾在此雜誌上寫了一篇短文，讀起來就像出自小誌。此文以她自己觀看克拉倫斯・湯瑪士聽證會時的憤怒為開頭，接著描述了她在火車上遇到一群兇惡好鬥的男人的經歷，最後突然疾呼採取行動的必要，「超越我的憤怒並闡明一系列待議諸事項。」[51]然而，就像小誌中出現的大部分內容，這般對女性生活經歷的全力關注——近二十年後以#MeToo這個標籤爆發——當時尚未融合成一個政治計畫。

要轉譯這股憤怒，得下一番工夫。而小誌是最有可能實現此事的地方。但對於暴女們來說，已經為時已晚。從表面上看，暴女運動的影響力很大：在一九九三年四月華盛頓舉行的同性戀權利遊行中，暴女隊伍的人數是前一年在類似抗議活動中的三倍。但是她們的訊息、她們的計畫，仍然是分散的。當她們發現一個麥克風被推向自己面前時，她們大喊大叫，並籠統地談論「女孩的力量」，幾乎從她們開始這場運動時就是這樣了。

沒有什麼比辣妹合唱團（Spice Girls）的崛起更能預示暴女運動的消亡了，辣妹合唱團是一個在一九九〇年代中期開始登上音樂排行榜榜首的英國女子團體。她們看起來像各種各樣的芭比娃娃，都穿著短版上衣和緊身裙——最初的暴女們會嘲笑和厭惡的形象——並將「女孩力量」當作她們的座右銘。她們的第一張專輯的內頁說明宣稱：「未來屬於女性」，並稱他們的少女粉絲軍團為「自由戰士」。「我們正在為九〇年代的女性主義注入新的活力，」她們告訴《衛報》（*The Guardian*）。「女性主義已經成為一個骯髒的詞。女孩力量只是這個詞九〇年代的叫法。」[52]短短幾年內，「現在的革命女孩風格」及其凌亂的ＤＩＹ創意、將創傷轉化為變化的嘗試、對個人體驗毫不妥協的關注已經徹底化為資本主義的夢想，一首易懂、朗朗上口，把消費偽裝成賦權的流行頌歌，在廣播中一遍又一遍地播放：「我會告訴你我想要什麼，我真正想要什麼……」

一些年輕女性確實試圖讓小誌的圈子繼續存活，但很快地，在各地的家庭中，都能聽到連接到美國線上（AOL）的數據機所發出的沙沙聲。如果女孩們想要互相接觸、同情並試圖顛覆現狀，她們不需要重新發明自己的媒介來做到這一點。現在有一個更快的方法：只需連上網路。

---

i 譯註：《案中案》為一九六四年出品，由保羅・亨瑞德（Paul Henreid）執導之美國黑色懸疑片。

ii 譯註：瓊・拜雅為美國鄉村民謠歌手，時常以作品反映時事與社會議題，並於一九六〇年代活躍於反戰運動。

iii 譯註：黑豹黨乃一存在於一九六六年至一九八二年之政黨，由非裔美國人組成，旨在促進美國黑人之民權。

iv 譯註：頹廢搖滾又稱油漬搖滾、垃圾搖滾，為一另類搖滾之音樂流派，起源於西雅圖一帶，其音樂歌詞往往充滿焦慮、自我懷疑等情緒。

v 譯註：位於俄勒岡州西部之大學城。

vi 譯註：位於華盛頓州奧林匹亞市區。

vii 譯註：口述（spoken word）為一種融合了詩歌創作、吟誦之口語表演形式。

viii 譯註：應指一九六七年於美國上映之英國間諜電影《蘇穆魯的百萬眼睛》（*The Million Eyes of Sumuru*）。

ix 譯註：比基尼環礁（Bikini Atoll）位於北太平洋，屬馬紹爾群島國之一堡礁，因美國在此地進行核試爆的時期，剛好也是比基尼泳衣被發明出來的時期，比基尼的發明者認為這種暴露的泳裝挑戰傳統，影響力不亞於一次核爆，故取「比基尼」為之命名。

x 譯註：貝爾·胡克斯為美國女性主義者葛勞瑞亞·珍·沃特金（Gloria Jean Watkins）所採用的筆名。此筆名源自其外曾祖母之名Bell Blair Hooks，而為了與外曾祖母區分，她的筆名使用小寫。

xi 譯註：「當前革命風格女孩」同時也是比基尼殺戮的專輯試聽帶之名。

xii 譯註：fugazi一詞有「人工、仿造、虛假」之意，故此處譯為「冒牌貨」。

xiii 譯註：酷愛（kool-aid）為美國芝加哥食品公司卡夫亨氏旗下之一調味飲料品牌。

xiv 譯註：此俱樂部原名為「District Creative Space」，現已關閉，取而代之的是一家星巴克咖啡。

xv 譯註：五月五日節（Cinco de Mayo）乃墨西哥之一地區性節慶，主要是為紀念墨西哥擊敗法國殖民軍，取得墨西哥普埃布拉州（Puebla）。

xvi 譯註：這些拼寫形式的創發，主要是為了抹去woman（女人）一詞中之man（男人）部分，以此表達女性不從屬於男性之獨立性。

xvii 譯註：原有標誌即為此淘氣小女孩搭配下方的品牌名Utz一詞，在《暴女》小誌中，Utz被改成了Slutz。

xviii 譯註：格洛麗亞·斯泰納姆為一九六〇年代後期至一九七〇年代女性解放運動代表人物。

xix 譯註：意識覺醒（consciousness-raising）為一種行動主義形式，受一九六〇年代後期女性主義者推崇。其實踐方式為將一群人聚集起來，並將他們的注意力集中於某一狀況或問題上，藉此提高對於某議題之意識。

xx 譯註：在盒裝牛奶的側面畫上失蹤兒童（或印上照片）並附上資訊，於一九八〇年代的美國普遍可見，此做法源於一九七九年的伊坦·帕茲（Etan Patz）失蹤案。

xxi 譯註：即Planned Parenthood of Southeastern Pennsylvania。

xxii 譯註：賓夕法尼亞州東南部計劃生育協會訴凱西案為一九九二年美國最高法院在墮胎上的重大案件，根據美國最高法院大法官們的多數意見，法院支持一九七三年羅訴韋德案中確立的墮胎權。

xxiii 譯註：即《反挫：誰與女人為敵？》（*Backlash: The Undeclared War Against American Women*）。

xxiv 譯註：逆向種族主義是一種思潮，指的是弱勢民族反過來歧視強勢民族，以美國的例子來看，就是指白人在一系列消弭種族不平等的平權運動、計畫中受到歧視的思想。

xxv 譯註：《訪問》為美國一娛樂雜誌，由藝術家安迪．沃荷（Andy Warhol）及英國記者約翰．維爾考克（John Wilcock）創辦。

xxvi 譯註：事實上，此團於一九九四年解散，又於一九九九年重聚登台。

xxvii 譯註：繩結編織（macrame）指的是某種波西米亞風格手工棉繩編織手法，於一九七〇年代蔚為風潮。

xxviii 譯註：尼龍傘兵褲（parachute pants）的版型上寬下窄，於一九八〇年代風行一時。

xxix 譯註：原文章標題為：Will Riot Grrrl refocus feminism or fry in its own fury?

插曲　網路空間

就我們所知，社群媒體誕生於索薩利托（Sausalito）造船廠的簡陋木屋。更準確地說，它誕生於那棟木屋的壁櫥中。就在金門大橋（Golden Gate Bridge）的北邊，離漂浮在海灣邊緣，一艘艘搖搖晃晃的船屋不遠處，有一台嗡嗡作響的VAX電腦，它有一個小冰箱那麼大，連接著十二台數據機。一九八五年，一群不拘一格的舊金山灣區教授、工程師、自由撰稿人和自稱為未來主義者的人士開始撥接這些數據機，不分晝夜地通過打字談論各種事情：不斷惡化的愛滋病疫情、他們最喜歡的死之華（Grateful Dead）歌曲[i]、割包皮的倫理道德、最有用的UNIX指令[ii]。以前還沒有人這樣做過，透過文字進行這種看不見對方，幾乎是即時的交流。他們很快就開始稱自己為「虛擬社群」。[1]

他們這樣子的形容也能輕易適用於佩雷斯克的通信人網絡，或薩秘茲達地下世界的傳播鏈環節，或暴女及其小誌形成的人際網絡。這些也是透過文字聚集在一起的社群，文字使他們能夠在虛擬的世界再造擠在某個角落裡時產生的溫暖和能量。但不同以往且突然間煥然一新的是，舊金山灣區這個虛擬社群的交流速度與規模。

撥接那VAX電腦的幾百人並不是要發動一場運動。他們沒有想要打破的現狀。他們只是想聊天。從這個意義上說，將他們包含在此書中，算是在繞彎路。但他們認為自己正是最先測試這些工具的人，且很快就相信這些工具本身具有革命性的潛力。他們看著黑色屏幕上閃爍的綠色字母積累起來，表露了個性、機智、真誠的友誼，以及對同樣古怪嗜好的喜愛，能夠以這種方式交談使他們著迷。這帶來了大膽的想像：這個根本不是真正物理空間的空間——網路空間——能夠有什麼用途，它可以做到什麼，它可以提供其用戶什麼能力，它是否能作為一種媒介，改良過去所有那些請願書、當地報紙和宣言。

在那間簡陋小屋裡，距離VAX電腦幾英尺的地方，坐著負責管理這個新社群的嬉皮士約翰·寇特（John Coate）。他一直在問自己這個問題，尤其是當他掛在線上的時間越來越長：他是否正在見證任何想顛覆世界之人的力量新源泉誕世？他的回答總是，是，但也不是。

接下來你所要做的，就是花一分鐘時間和寇特一起了解從一開始就存在的理想主義。[2] 一九八六年，當他開始在WELL[iii]——就是這種線上對話交流平台的名稱——工作時，他三十歲出頭，又高又瘦，留著一頭羽毛剪金髮，說話慢，每個詞語又黏在一起，因此他得了一個綽號「小德」[iv]（我們也將以此名稱呼他）。他也很喜歡西部牛仔風襯衫。在小德第一天上班之前，他從未使用過電腦。他最顯著的技能是知道如何修理汽車。但在過去的十年裡，他一直住在田納西州一個叫做農場（Farm）的公社裡。這似乎是WELL的第一批員工的共同點：他們都是前公社社員。他們都經歷了一九七〇年代脫離水電供應的生活，仰賴他們認為更可信的東西，建立新的家庭和聯繫。

到了這個時候，人們使用接上網路的電腦溝通交流已經有十多年了，但現有的網路論壇有限，缺乏想像力。雛型網路阿帕網（ARPANET）只對一小群學者和研究人員開放。對於其他任何擁有專業技能的人來說，存在著一個被稱為電子布告欄伺服器（bulletin board server）的小書呆子群島，當地青少年可以在這裡討論《星際爭霸戰》（*Star Trek*）。而WELL，正如設想的那樣，是寬敞的，擁抱任何願意進入、閒逛和逗留的人。公社是它最清晰的前身，它和公社一樣獨立古怪，儘管它是由電話線連接在一起的。

WELL的共同創造者是史都華・布蘭德（Stewart Brand），在灣區，他就像是個一位新時代的經理人，眾所周知，用文化歷史學家弗雷德・透納（Fred Turner）的話來說，他已經成為一個網絡的中樞，此網絡別具一格而預示美好未來的中心，「跨越科學研究、嬉皮自耕生活、生態，以及主流消費文化的世界。」[3]當其他人在電腦當中看到了充滿打孔卡[v]、無靈魂的官僚化未來，布蘭德卻看到了解放，這是一種創造力和個人成長的工具，可以讓個人超越社會的限制。他最為人所知的是在一九六八年創建了《全球型錄》（Whole Earth Catalog），有如一本給回歸鄉間者（back-to-the-landers）[vi]的西爾斯羅巴克郵購目錄[vii]，出售堆肥廁所、網格球頂的平面圖、太陽能烤箱，以及一種對於科技寄予厚望的生活方式。布蘭德骨子裡也是一位企業家。如果他過去已經自視為邊遠地帶提供裝備的先鋒，那麼現在，他正在尋求的是，將界限擴展到物理世界之外，然後也許藉此來賺錢。

一九八四年，布蘭德遇到了一位名叫賴瑞・布里恩特（Larry Brilliant）的商人，他擁有一家出售一套電腦會議系統的公司，這套會議系統的名稱為PicoSpan。布里恩特想測試這個新系統，他知道如果將工具交給一個已建立的網絡，可以迅速開始此事。這就是布蘭德能提供的。到一九八〇年代中期，《全球型錄》已變成了《全球評論》（*Whole Earth Review*），一本在索薩利托碼頭製作的雜誌。

他們一起決定創建WELL；擅長品牌建構的布蘭德在塗鴉個幾分鐘後，就想到了這個名字。它是Whole Earth 'Lec-tronic Link的首字母縮寫（湯姆．沃爾夫（Tom Wolfe）[viii]會喜歡的名字）。布里恩特提供了一台價值十萬美元的VAX電腦及會議系統軟體，而布蘭德則因帶進了他的《全球評論》聲譽及人馬，而擁有一半的所有權並負責創建一個電子培養皿，測試一場本真性是否可以透過電腦增長的實驗。[4]

這就是小德到那裡的原因：他知道公社是如何運作的，也知道他們怎樣會失敗。

小德成長於舊金山一個顯赫的家庭，但他的生活在一九七〇年秋天偏離了中產階級的體面生活，當時他加入了一個像游牧民族一樣的團體，他們乘坐著校車改裝成的露營拖車遊歷全國。這群人追隨著他們的精神導師史蒂芬．加斯金（Stephen Gaskin），一個如邪教領袖般控制著其信徒的男人。加斯金的哲學思想是禪宗佛教與素食主義等反主流文化信仰的混合體。他強調婚姻和生育的重要性——他的妻子伊娜．梅．加斯金（Ina May Gaskin）是家庭分娩運動[ix]的先驅——並鼓勵追隨者進入他所謂的「四人婚姻」，即一種兩對夫妻相互承諾的平等主義多配偶制。小德最初迷上了加斯金，是看到他在舊金山一座破舊的劇院演講的時候，那時加斯金盤腿坐著，最後他吹奏了羊角號，表示他當天的講座已經結束。

那段露營拖車上的生活經歷形塑了小德的思維。小德的巴士上住著十個人，大多是陌生人，他們不得不學會一起生活。這不僅僅是一種實際需要。他們相信自己正在改造社會。當出現問題時，他們會開一次「解決問題」的會議。會議中，大家會面對面，直言不諱地指出彼此最輕微的錯誤。「我們一夜又一夜地談話，」小德告訴我。「我們要說實話。我們要誠實面對自己的情感。敞開心扉，看看最後會怎樣。這種會議的重點是，當你向人們訴說他們令你討厭的習慣時，要試著表現出善意。光是接受這樣的過程是不夠的。你必須靠著它成長茁壯。你必須願意傾聽並根據彼此的反饋做出改變。而不想要這麼做的人離開了。」

這種思考和生存方式的背後是一種言論自由的絕對主義。你將言論全部釋放出來，從這種未經過濾的直言不諱中產生出來的社會便會更加強大。加斯金最終帶領露營拖車隊伍中的三百人定居於一塊土地，一座位於納什維爾（Nashville）以南一千零四英畝的農場。在那裡，他們打造著新的文明——引水、建造廁所，但同時也一邊在帳篷裡受著凍，一邊用膠合板建造著房屋，處理偶爾發作的肝炎。[5]他們的「農場」公社發展壯大，到一九七〇年代中期，成員已超過五百人，到處都是蹣跚學步、全身髒兮兮的小孩。

露營拖車上那套全然坦率的相同規則也適用於農場，但在規模上變得更加困難。加斯金允許任何人駐足參觀，很快，似乎就有源源不斷的流浪嬉皮士、逃兵，甚至是精神病人出現。一年有兩萬個人到訪。這是一種極大容忍度的練習，而小德學得很好。要接納所有的聲音，即使這需要耐心傾聽、長久堅持，寬容每一個人。在一九七〇年代後期，當農場設立衛星計畫時，小德投入到了需要這種僧侶般能力的各種新環境中，首先，他搬到南布朗克斯（South Bronx）協助營運某個救護車服務中心，在那裡，他偷偷住在一棟廢棄建築中，燃燒舊棧板取暖，並堆積在倒閉工廠找到的木材。然後他搬到了華盛頓特區，為美洲原住民建立了一個團體之家。總而言之，他算出整個一九七〇年代和一九八〇年代初期，他曾住在十五個不同的家庭中，與大約二百人一起生活。

小德帶進WELL的是一種信念，即交流本身可以救贖人。他相信這是自治（self-government）的關鍵，是讓這個新的虛擬社區發揮作用的關鍵。他也學到了幾乎任何人在涉足這樣的人類實驗時都會學到的事：成功取決於個人需求和集體需求之間的脆弱平衡，而此平衡必須被監控、校準、並每天不斷校正。這可能會很累。但是，如果沒有這種警覺，沒有這些規則，缺乏一個體系能夠引導人們進行富有成效的討論，情況可能很快就會出軌。他已經有過前車之鑑。他在一九八二年離開農場，主要就是因為他們的領導人加斯金已經變成了一個獨裁者，為了集體提出犧牲個人、太高的要求。

在WELL當中，小德發現了一個似乎是為了承受這種壓力而打造出來的環境。部分是有意打造，部分是歪打正著。會議軟體PicoSpan為WELL提供了基本形式。[6]是由安娜堡（Ann Arbor）密西根大學的一位工程師所創，他不只在其中注入了他的自由主義傾向——對言論自由流動的偏好——同時也使它具有學術聚會的秩序性。WELL分成一系列的「會議」，每個「會議」皆由一位「主持人」監督，並進一步細分為各個特定的「主題」。對話被分類、分割成片段，並受到監督，但也有不斷改變方向的空間，因為每條評論都會推動用戶群前進：這個體系有助勾勒焦點，使焦點得以存在，但這個體系的內部有著自由和個人主動性。

布蘭德還做出了一些關鍵決定。他設定了低額但不至過於廉價的訂閱費——每月八美元，然後登錄每小時兩美元。[7]如果訂閱費太昂貴，用戶可能會寫長篇的文字，登錄，留下他們的貼文，然後登出，以避免更動態的來回對話。這將導致相互競爭且難以閱讀的冗長文章——而不是聊天。但如果太廉價，那些有時間整天待在線上說笑的人就會主導對話，佔用電話線並惹惱所有人。

而每次用戶登錄到VAX電腦時，都可以看見布蘭德所做出的另一個不經意產生重要效果的選擇。一條含義隱晦的訊息會出現：「你擁有自己的話語。」[8]這是保護布蘭德免於承擔任何責任的一種方式。訊息字面上的意思是：你，用戶，對你生產的每一個句子都有版權。但這條免責聲明也變成了一種價值理念：你是有責任的，你在這裡是既有權利也有責任的公民。這種所有權受到非常認真的看待，因此即使在三十年後，小德也不會分享陳舊的WELL檔案，除非我承諾在未經作者許可的情況下不引用它們——在我們這個永遠都在轉發的時代，這想來真是令人驚訝。用戶也不能使用匿名。你可以有一個逗趣的身分帳號放在括弧中，但你的真實姓名會列在旁邊。如果你想在寫完貼文後刪除，有一個指令可以這麼做，叫做「塗鴉」，但它留下了痕跡，表明你已經收回了自己的話。就像在現實生活中一樣，你不能假裝你所說的話從未存在過。

要成功地參與這個社群，你必須提供一個有趣的個人軼事，挑釁地插話，或者以某種方式擴展討論。WELL的紅人們明白這一點。他們是優秀的寫手，可以將快速的連珠炮話語轉譯成文本。他們也是健談者——顯然對別人所說的話很感興趣，承認他們的貢獻，並推動談話。你之所以引起注意，不是因為你說了一些話，可以讓所有的喋喋不休安靜下來並讓別人轉向你，而是你以一種有趣的、深思熟慮的或有用的方式為對話的流動做出貢獻。

從我們今天的角度來看，也許WELL最與眾不同的特色是主持人的角色——PicoSpan的創建者原先規定的名稱為「公平見證人」（fair witness），巧的是，在農場公社裡是用同樣的名稱稱呼那些當人與人的交流變得混亂時，出來調停的人。最終選擇「主人」作為名稱是為了繼續採用布蘭德設想的法國沙龍模式。他腦中想到的人物是喬治．桑（George Sand）[x]。每次會議都有一個人以免繳訂閱費用為報酬，負責監督各場對話。正如早期狂熱投入WELL並使「虛擬社群」一詞普及的霍爾．萊茵哥德（Howard Rheingold）所說，WELL上的主持人與現實生活中的派對主持人具有相同的作用：「歡迎新人，向彼此介紹人，解決客人的問題，誘導討論，必要時阻止爭吵。」[9]萊茵哥德是一位灣區作家，留著和古魯喬．馬克斯（Groucho Marx）一樣的小鬍子，喜歡穿五顏六色的峇里島風格襯衫和巴拿馬草帽，他就是那種被WELL吸引的人的一個好例子。他對電腦能如何擴展知識及人類經驗特別感興趣，他花費無數小時在WELL上，他在那發現了他所謂的「集體思維，在那裡，我可能從未聽說過，可能永遠不會面對面見到的人會回答問題、給予支持、提供靈感。」[10]他曾玩過其他電子佈告欄，但沒有什麼能完全複製他在WELL上發現的卓越和同志情誼。

WELL的會議變成了人們能共同迷戀某事物、充滿激烈情感的小地方。一九八六年，死頭族（Deadheads）湧入，他們是一群穿著紮染服飾、呼麻嗑藥、追隨死之華的狂熱粉絲，這個狂粉部落是一九六〇年代反主流文化最後的真實遺跡之一。他們是由音樂家大衛．甘斯（David Gans）帶領進入WELL的，他每週都會主持一個小時的電台節目，專門介紹死之華的即興表演（此節目他已經持續主持了幾十年）。這是一個現成的虛擬社群，在演唱會場地外的停車場自行構成，而樂團的許多最初追隨者年屆中年，都是能使用電腦的專業人士。現在有了WELL，他們可以一直待在一起。「這個社群就是會相互深究，」甘斯告訴我。[11]我在紐約州奧巴尼（Albany）與他交談，當時他正在與死之華歌曲翻唱樂團「衷心感謝」（Gratefully Yours）一起巡演。「我們變成了一個龐大的團體。我們會為歌單爭吵，我們會抱怨歌曲的重複，我們會擔心傑瑞．加西亞（Jerry Garcia）[xi]的健康。一個社群會對其情感對象及自身所做的一切，我們都做了。」

小德了解到，他的工作是監督這一切，提供護欄，這樣對話就可以繼續進行，而不會中斷或產生不好的感覺。他需要近乎恆常地忖度對話中的禮貌。WELL甚至有一種特別私人會議，名為後台（Backstage），可以讓主持人與小德其他系統管理員討論可能出現的任何問題，這種全面討論的形式，是從公社借來的。一九九八年二月後台主題＃一〇三「溫度正在上升」就是一個很好的例子。[12]在貼文三十三中，一位主持人擔心，「對於爭議性陳述的回應，比如用戶『rag』對於『女孩』一詞的使用，或者『mind』上的死刑討論，會變得越來越武斷。」但他沒有太過擔憂。他說，他將這種越來越對抗性的語氣解讀為「表明我們的相互信任已達到不再需要悉心呵護的程度。我們可以更自由地用稍微有些強烈有力的措辭表達我們的感受。」下一則貼文三十四對此則表示不同意。其主持人指出：「激烈的語氣可能讓那些與我們背景不同的人望而卻步。例如，用戶『shibumi』今晚表示，最近在『tru』上面的紛擾讓他不願意在那裡發文。」（在此對話中，「mind」和「tru」是兩個不同的會議；引用WELL的內容是件挺難的事，因為每則貼文都嵌在長長的聊天流之中，充滿了呼應之前笑梗的梗和圈內梗。）

史都華・布蘭德說，他開創WELL的時候，「採用的理論是人人都能參加，直到我們發現什麼是不合宜的行為。」[13]但要確定什麼是富有成效的對話，怎樣算偏離主題，甚至構成一種破壞形式，並不總是那麼容易。且就如小德逐漸領悟到的，它是一個不露臉的媒介這件事，使得情況變得更加困難：為了令對話有益，需要大量的工作和監督。

小德甚至發現自己踢出了一隻山怪[xii]，不過當時這個詞還沒有用於童話故事之外的地方。馬克・伊森・史密斯（Mark Ethan Smith）以「grandma」作為用戶名，並具有性別流動的身分，不喜歡使用任何性別識別代名詞，在許多會議上，他變成了一股霸道、刻薄的力量。[14]史密斯反覆重彈的老調是所有人與生俱來的邪惡，他每天發布數千個憤怒的詞語，尖銳且充滿攻擊性。如果有人回應他的挑釁言論，史密斯只會變得更加憤怒，然後聲稱自己是受害者。小德花了好幾個小時，努力地透過電話與史密斯以及被他攻擊冒犯的人交談後，決定禁止史密斯參加WELL。這是所有理想主義的必然結果，一旦人們開始懷念早期的網路世界，就會遺忘這樣子的必然結果。當時他們也很快就意識到：網路空間需要保安。

當在WELL上出現兩方衝突的情況時——用他們的行話來說，這是「翻騰」（thrash）的時刻——能幫助緩解的，除了小德的密切注意之外，還有WELL的構造：流動在這裡比其他任何事情都重要。總是會有再次達到平衡的誘因，不斷拉長貼文串、激發新話題的誘因。獎賞並不是給噴出最強火焰、發送最大羞辱的人，而是給了可以推進對話的人。《紐約客》（*The New Yorker*）撰稿人約翰·西布魯克首先加入了WELL，當一個沉默的潛水用戶[xiii]，然後深深陷入了這個社群，「不論某特定的翻騰在吵的是什麼，幾乎每個人都會試圖弄清其真相」[15]他寫道，將此總結成一種可以「讓一切恢復正常」的方式。

隨著時間的推移，WELL參與者們為解決虛擬交流帶來的混亂而做出了種種調整。例如，從一九八六年開始，許多參與者開始定期見面聚會。而由於撥到那台數據機的長途電話仍然太貴，幾乎每個參與者都是灣區本地人。他們的聚會叫做「血肉會面」（fleshmeets），名字不太好聽，起初是由一些想為小德和其他管理員買咖啡，常常出現的訪客所開始的。他們中有些人只是渴望將手放在神秘的VAX電腦上，放在他們所有談話的發祥地上，並聽聽它的嗡嗡聲。很快他們就辦了辣椒烹飪比賽，在金門公園會面，甚至有一次是去馬戲團的團體旅遊。眾所周知，脫離物理形式的話語給了人肆意狂想的空間，因此當你遇到一個在網上吵過架或者聰明才智令你敬畏的人，起初感覺很怪。但是親眼見到每個人都完全正常，效果卻是讓一切都回到了人類的尺度。例如，人們了解到，小德是一個很愛近距離說話的人，他通常會抓住你的肩膀，以相隔八公分的距離告訴你他要說的話。如果他們想在線上建立親密、開放的聯繫，他們正在學習，而在現實世界中建立相應的聯繫會有所幫助。

但人們也越來越意識到，在某些情況下需要的是加強隱私性。一場名為「WELL上的女性」（Women on the WELL）的會議，對於入場者設下了限制。此會議中的私密討論關乎家庭暴力、飲食失調、兼顧事業和家庭的掙扎，這類對話只有在遠離男人們的眼皮和他們打字的手指之外才能實現。這種調整也很關鍵——包容或排斥，什麼樣的談話只能在安靜的空間裡展開，什麼樣的談話則需要人群的喧囂。對於女性來說，這種特許使WELL成為一個特別受歡迎的地方。到一九八〇年代後期，雖然女性僅佔上網人數的百分之十，但她們卻佔WELL人口的百分之四十。[16]

任何在早期懷著虛擬社群想法的人最終都會得出相同的見解：有夢想，也存在著現實。如果虛擬社群幫助人們以絕妙的新方式建立聯繫，它也可能使人們完全脫離社會規範，從而破壞團體交流的所有益處。剛從紐約大學互動電子通訊學程[xiv]畢業的史黛西．霍恩（Stacy Horn）建立了自己的WELL姊妹站，名為Echo（東海岸閒逛），在格林威治村[xv]的五樓無電梯公寓房裡堆滿了一排排堆疊的數據機和一堆電話線。她喜歡她的論壇，它變成了一個充滿活力的地方，一個可以談論當地政治、分享約會故事、爭論戲劇或紐約市最棒的披薩的地方。[17]但它也需要不斷地消除極端言論。幾年後，她在著作中寫道，在網路空間進行交流，「不會給全世界帶來和平與理解，噠啦啦啦。網路空間沒有能力使我們成為別的樣子，我們只能是我們已經成為的樣子……它是一種揭示性的媒介，而不是一種轉化的媒介。」[18]

媒體理論家馬歇爾．麥克魯漢創了一個短語，有效地描述人們在面對新技術時往往會做的事：「後視鏡思考」（rear-view mirror thinking）。[19]面對新事物時，「我們總是傾向於連結上最近過去的物品、最近過去的滋味[xvi]。我們通過後視鏡來看現在。我們以倒退邁向未來。」

如果你讓小德和他當時的WELL團隊成員描述他們打字時所處的空間，他們會借鑑自己在那個後視鏡中看到的內容。在一九八八年的一篇短文中，小德指出了WELL的多種不同構想：作為「鄰家酒吧」、「電子格林威治村」、「電子版的啟蒙時期法國沙龍」和「咖啡廳應該要是的樣子」。[20]但就像汽車永遠不僅僅是一匹更快的馬一樣，線上聊天也不僅僅是一個虛擬咖啡館。沒有任何比喻能夠真正解釋WELL是什麼。然而，隱喻也許是WELL最偉大的遺產。

使WELL成為一個社群的努力，即小德在一九八八年的一篇文章中所傳達的一課，很快就被忘卻了：「它可能和抓住並維持群體的注意力更有關，而不是專注於所說的內容。」隨著線上聊天規模的擴大，人們開始變得健忘。被記住和傳播的反而是線上聊天的理想化版本，即幻想中那一家永遠開放的咖啡館，那裡總有空位提供給每個人有興趣和關注之事。而且——對我們的目的來說至關重要——在那個地方，一個有激進觀念的人可以不費吹灰之力地找到其他人，加入他們的行列，並想像一個新現實。

這是約翰・佩里・巴洛（John Perry Barlow）的願景，他曾為死之華寫過歌詞，也是一位作家、思想家，並且是電子前哨基金會的創始人之一，該基金會是一個為捍衛線上言論自由而創立的早期組織。正是在WELL的一篇貼文中，他借用了科幻小說家威廉・吉布森（William Gibson）所創詞彙「網路空間」，初次以此詞形容他們的虛擬聚會場所。幾年後的一九九六年，巴洛寫了《網路空間獨立宣言》（A Declaration of the Independence of Cyberspace），這仍然是有關線上聊天的夢想最純粹的蒸餾物，而這個夢想源於他自己在WELL上的經歷。巴洛的宣言中並沒有提到布蘭德的設計選擇或是小德的指導之手（以及當有人需要被趕走時的踢腿）。相反地，對於巴洛來說，網路空間由「交易、關係和思想本身組成，就像我們的交流網中的駐波[xvii]一樣排列」[21]——一個通過談話建立的純粹社群，農場公社也應該是這樣的。這是一種「自然的作用」（act of nature），一種「通過我們的集體行動而自行發展」的作用，一個「任何人、任何地方都可以表達他或她的信仰的世界，無論多麼獨特，都不必擔心被迫保持沉默或順從。」

就像那些住在自耕農場的嬉皮士們希望建立一個更好、更民主的社會一樣，巴洛的幻想曲忽略了使他的幻想可能實現的一切必要努力及干預——他忽略了在WELL上，「責任」總是被理解為自由必要的另一面。全然的自由很快就變為他的幻想。時任Google執行董事長的艾瑞克・施密特（Eric Schmidt）在二〇一五年《紐約時報》的一篇專欄文章中，充滿愛意地指出巴洛的宣言是一個「已經實現」的夢想。[22]就他看來，「網路為社群創造了連接、交流、組織和動員的安全空間，它幫助許多人找到了自己的位置和聲音。」是否真是如此是我們接下來要討論的問題。但施密特似乎忽略的是，這些空間的設計是有目的的，它們的建造和管理方式將決定它們實際上多有用，以及對什麼有用。「它只是一個工具，我們是駕馭其力量的人。」他寫道，這就像有人將錘子和鋸子稱為同一個東西一樣輕率。

至於WELL本身，它跟不上了。到一九九一年，它的用戶已經達到五千人。服務不是很好。似乎每天都會出現新的技術問題，系統會週期性地癱瘓，或數據機會週期性地停止運作。小德仍然監督著一場後台會議的豐富對話，據他計算，他在那五年裡，已經舉辦了六十一場WELL聚會，並花了數千小時在電話上，勸人們不要離開，撫平受傷的情緒，或者只是聽聽怒吼。用戶繼續懷有熱情。在某個時間點，一九八八年，WELL團隊不得不更換運行緩慢的VAX電腦，他們自己籌集資金購買了一台新的Sequent電腦，「就像從史溫自行車切換到勞斯萊斯。」萊茵哥德說。[23]這是一個驚人的時刻。他們為自己的治理制定規則，擁有自己的話語權，現在甚至與這個矽體有利害關係，正如萊茵哥德所說，這個矽體包含「社群跳動的心臟」。

但是，要弄清楚如何使這項工作成為一門事業，一直存在壓力。一間提供互動遊戲訂閱的服務公司創於一九八〇年代中期，並於一九九一年更名為美國線上（America Online），當時這間公司已經擁有數萬用戶。其創始人史蒂夫・凱斯（Steve Case）一直在WELL上閒逛，收集想法，到一九九〇年代中期，美國線上因擁有了「聊天室」[xviii]而完整，訂閱戶躍升至數百萬。[24]WELL在早些年作為未來的模型，擴張得很大，而後變成了一個越來越小的島嶼，很快就成為微型的大小。一九九四年，全球資訊網（World Wide Web）突然起飛。當年一月，大約有七百個網站存在。而到了那年年底，剛好超過了一萬個。

到那時，小德已經決定辭職。獨自管理整個社群，即使它的規模相對較小，也變得令人疲憊不堪。「我和每個人都糾纏不清，有點迷失方向，」小德說。「在我們的公社裡，我們有點像佛教徒，總是不執著目標，超脫於事物，不受讚美和責備所困擾。突然間，我被捲進了一個系統，每天都有一些讚美和責備向我襲來。過了一陣子，我在晚上會以幾乎是胎兒的姿勢入睡。這在社交上令人筋疲力盡。我從人們那裡接收了很多東西，而人們期望我不會失去理智。」

但這只是其中的一部分。那些對WELL的獨特性投入最多的用戶可以預見即將發生的事情。很難想像擴大它的規模，同時又保持親密的關係和使它蓬勃發展的許多機制。但是，為了讓它在瘋狂商品化的網路中保持活力，變得更大是必要的。一九九三年，萊茵哥德預言道：「大國和大筆金流總是可能找到控制虛擬社群使用權的方法。我們現在所知和所做的很重要，在這一不可或缺的人類話語新領域被政治和經濟大佬們掌握、審查、計量並將其賣回給我們之前，世界各地的人們仍有可能確保其對地球公民開放。」25

如今，小德住在北加州曼杜西諾縣（Mendocino County）一塊數英畝的土地上。他之前在當地媒體工作，幫助《舊金山紀事報》（*San Francisco Chronicle*）創建其第一個網站，然後經營了一家社區廣播電台。他仍然很留戀WELL。但他並不會幻想當時有什麼魔法起作用。他知道付出了什麼。「我們曾經是花的孩子xix，」他告訴我，「我們相信可以讓科技屈服於我們的意志。」

i 譯註：美國一迷幻搖滾樂團，一九六五年在加州成軍。

ii 譯註：UNIX是一套電腦作業系統，被廣泛運用在伺服機上。

iii 譯註：「全球電子連結」（Whole Earth 'Lectronic Link，WELL）為一電傳會議系統，用戶可以透過撥接中央電腦，輸入訊息給彼此，此系統以其會員制及自我治理方式為特色。

iv 譯註：原文為Tex，通常是指「德州佬」，由於寇特講話方式很像德州人，因此得此綽號。

v 譯註：打孔卡（punch cards）的外型如一塊紙板，透過在上面打孔，可以表示語言程式碼，作為早期使用電腦時之輸入、輸出、儲存資料的媒介使用。

vi 譯註：回歸鄉間（Back-to-the-land）是一種社會運動，旨在回歸到鄉野，過著自己栽種農作物、自給自足的生活，與一九六〇至一九七〇年代嬉皮文化有著高度相關性。

vii 譯註：西爾斯羅巴克公司（Sears, Roebuck and Co.）為美國零售界先驅，在一九八〇年代為止是美國最大零售商，以郵購起家，現已開設百貨、連鎖通路等。

viii 譯註：湯姆・沃爾夫為美國作家、記者，一九五〇年代之後致力於新聞寫作，文字風格大膽，且擅於自創詞語。

ix 譯註：家庭分娩運動（home birth movement）旨在倡導孕婦在家裡而非醫院生產。

x 譯註：喬治・桑為十九世紀知名法國小說家，本名為阿芒蒂娜－露西爾－奧蘿爾・迪潘（Amantine-Lucile-Aurore Dupin），她常裝扮成男性出入各種公開場合，引起當時巴黎上流社會爭議。

xi 譯註：傑瑞・加西亞為死之華樂團主吉他手及主唱。

xii 譯註：山怪（troll）於今日可用於指稱在網路上故意留言激怒他人的人，也就是俗稱的「酸民」。

xiii 譯註：潛水者（lurker）指在論壇中不發文的人。

xiv 譯註：此學程原名為Interactive Telecommunications Program，乃一為期兩年的碩士學程。

xv 譯註：格林威治村（Greenwich Village）為一九六〇年代反主流文化中心。

xvi 譯註：這邊的意思是指，人們面對新事物，往往會透過將這些新事物與自己已知的事物連結起來，來認識新事物。

xvii 譯註：駐波（standing wave）又可說是靜態的波動（stationary wave），是指同一介質中，兩列傳播方向相反，而振幅、頻率皆相同的波相遇時，所形成之現象。

xviii 譯註：此聊天室指的是美國線上提供的即時通訊服務（AOL Instant Messenger，AIM），已於二〇一七年走入歷史。

xix 譯註：花的孩子（Flower child）指年輕的嬉皮士。

第七章 廣場：二〇一一年，開羅

照片上一張殘破的臉開啟了這一切，畫面如此令人反胃，背後的含義如此可怕，以至於你不得不移開視線或驚恐地倒抽一口氣。那張臉的主人是哈立德．薩伊德（Khaled Said），一位來自埃及亞歷山大港的年輕電腦工程師。二〇一〇年初夏某天，他在一家網咖被警察抓起來，然後被帶到附近的樓梯間活活打死。雖然當局指控薩伊德是一名大惡棍兼毒販，並宣稱他試圖藏匿大麻，將大麻卡在喉嚨中，因此窒息而亡，但他的中產階級出身和教育程度立即使這一說法變得可疑。警方當天攔阻他的原因到現在仍不清楚；他的父母後來說，他持有警方腐敗的影片證據。但不管是什麼原因，都無法解釋他的那張臉。

起初，威爾．戈寧（Wael Ghonim）無法相信他所看到的——然後他開始落淚。「他的下唇被撕成兩半，下巴似乎脫臼了，」對於他從那張薩伊德的哥哥於太平間拍下來的照片中看到的那張臉，他是這樣描述的，「他的門牙似乎不見了，看起來像是直接被人打掉的。」[1]當年二十九歲的戈寧是Google的行銷經理，在埃及長大，但後來因公司拓展中東業務而到杜拜居住。他在那張照片中看到的，是他對祖國的不滿和恐懼最直觀、血淋淋的例證：權力的恣意妄為。一個人，一個非常像他的人，就這樣被從街上被抓起來，被打死而完全不受懲罰，太可怕了。

在他遙遠的辦公室裡，他已經發掘了一群極少數的異議運動人士日益增長的不滿情緒，他們面對著停滯不前的經濟和一位萬年總統，他的「臨時」緊急狀態法（Emergency Law）——中止正當程序並讓警察更加肆無忌憚——已持續施行了三十年。但這次的事件不同。這是一張人臉。他知道有一整個階層的埃及人也會在哈立德．薩伊德身上看到自己。正如蘇珊．桑塔格（Susan Sontag）在《旁觀他人之痛苦》（*Regarding the Pain of Others*）一書中所寫，一張呈現他人遭受暴力的圖像「是一項邀請，讓人們去注意、反思、學習、審視既有權力者所造成的眾人苦難如何被合理化。誰造成了照片顯示的畫面？誰是該負責的人？這是情有可原的嗎？這是不可避免的嗎？到目前為止，有沒有一些我們已經接受的事態，應該受到質疑？」[2]

這些是困擾著戈寧的問題。他決定使用他的特有綜合技能做出回應：創建了一個臉書專頁。

那年夏天，他花了很多時間在臉書上，而正好在前一年，臉書推出了阿拉伯語界面。似乎是一夜之間，埃及用戶的數量從九十萬躍升至五百萬。戈寧為這個新的臉書專頁取了一個簡單、直白的名字：「我們都是哈立德．薩伊德」。由於熟悉此網站的功能，他選擇將「我們都是哈立德．薩伊德」設為「專頁」而不是「群組」，這樣以後的任何發文都會自動出現在為它「按讚」的人的動態時報上。[3]他還決定保持匿名。他的第一個發文是痛苦的砰砰敲擊：「今天他們殺死了哈立德。如果我不為他採取行動，明天他們會殺了我。」[4]

戈寧從未立志成為革命者。[5]十幾歲時，他最熱切的夢想就是有一天為Google工作，用他的話說，這家公司「體現了自己作為一個人的身分」。[6]他們一家人屬於一九八〇年代那批經濟能力不足以留在祖國的中產階級埃及人，因此戈寧有一段青少年時期是在沙烏地阿拉伯度過，他的父親在那裡當醫生。回到埃及後，在大學裡，他被兩個世界所吸引，並在之後會花上一段時間試圖結合這兩個世界：伊斯蘭教與網際網路。他曾短暫加入穆斯林兄弟會（Muslim Brotherhood），一個被官方取締了幾十年的伊斯蘭主義[i]運動組織，它作為一個龐大的秘密社團，提供了一種歸屬感。一九九七年，在堂哥的臥室裡，戈寧第一次邂逅網路（他興奮地點擊國會圖書館的網站，以及所有地方的網站）。那一刻是「神奇的」。他喜歡網路給予他的掌控權。「我發現網路空間中的虛擬生活非常吸引人，」他後來在著作中寫道，「我喜歡這種虛擬生活，勝過在公眾生活中引人注目。隱藏自己的身分，隨心所欲地寫任何你喜歡的東西，是相當方便的。」[7]

戈寧是個雄心勃勃的年輕人，戴著一副建築師的長方形眼鏡，一頭捲曲的黑髮，攻讀計算機工程學士學位畢業後，又在開羅美國大學（American University in Cairo）取得行銷與銷售工商管理碩士（MBA）學位。隨後他成立了一系列新創公司，其中包括一家收集宗教佈道和《古蘭經》朗誦錄音的公司，名為「伊斯蘭之路」。到二〇一〇年，他實現了自己的夢想，開始在Google工作，負責擴展行銷至阿拉伯世界。

僅在第一天，就有三萬六千人追蹤了新創立的「我們都是哈立德．薩伊德」專頁，並有一千八百人發表了評論。[8]一周之內，埃及人的臉書上所有內容都因它而黯然失色。戈寧開啟了一個情緒反饋循環，並持續助燃這種情緒。「他們去殺哈立德的那天，我沒有站出來，」他的一篇貼文寫道，「當明天他們來殺我的時候，你也不會站出來。」他一遍又一遍地使用「血」和「殉道者」之類的詞，以及最關鍵的——「我們」和「他們」。他的文字中有一股正義凜然的感覺，一種一個社群必須為復仇而崛起的感覺——戈寧後來說他當時是用「一種更接近自己內心而非思想的語言來寫作」。[9]那些閱讀他貼文的人隨後評論、按讚並分享。僅僅幾天之內，此專頁就吸引了十萬名追蹤者，其中許多人開始透過電子郵件聯繫匿名管理員——他為此已先設立了一個帳戶——提供他們自己的想法和圖片讓他在專頁上發布。一位婦女以電子郵件發送了一張她胎兒的超音波照片，上面寫著「我的名字是哈立德，我將在三個月後來到這個世界。我永遠不會忘記哈立德．薩伊德，我會為他的事件伸張正義。」[10]

這些按這個專頁讚的人是誰？年輕、心懷不滿的埃及人，比如阿布德拉曼．艾亞許（Abdelrahman Ayyash），他在流亡於伊斯坦堡期間與我交談。[11]他說，當他第一次看到「我們都是哈立德．薩伊德」時，來自四面八方的情緒喧囂對他來說，感覺就像一場「改變遊戲規則的事件」。即使臉書對埃及人而言是最近的進展，但網際網路對於像艾亞許這樣的人來說並不新奇。正是他在網路上談話的經歷，讓他和其他許多人為這一刻做好了準備。他們一家人來自尼羅河三角洲的曼索拉市（city of Mansoura），是穆斯林兄弟會的成員，艾亞許在兄弟會的數個原始線上論壇中首次探索了網路這個新媒介。但必須說的是，這些論壇都受到密切監視，任何提及兄弟會的內容都被立即刪除。艾亞許很快便失去了興趣。

但從那裡，他偶然發現了部落格圈。二〇〇〇年代中期，在開羅和亞歷山大港的國際化程度高的青年之間，部落格很流行，他們使用Google旗下的Blogger或WordPress等工具製作自己的個人新聞報，分享他們的每一個想法。艾亞許如飢似渴地閱讀這些科普特人（Copts）[ii]、巴哈伊信徒（Bahaís）

[iii]、男女同性戀者、薩拉菲派（Salafis）[iv]、共產主義者以及部落格名為「我想成為新娘」的女性所撰寫的冗長且自我放縱的公共期刊。埃及僵化的階級和宗教分歧似乎被打破了，這些部落格讓年輕人有機會窺探他人的思想。艾亞許於二〇〇六年創辦了自己的部落格，在上面，他會開玩笑地質疑兄弟會的一些強硬命令，一篇典型的文章標題為「我是穆斯林弟兄，我看電影」。二〇〇七年，他的部落格甚至使他挨了穆罕默德．穆爾西（Mohammed Morsi）的一頓責罵，穆爾西當時是兄弟會政治部門負責人，而之後他將繼續在政治上發展，並短暫地成為埃及第一位也是迄今為止唯一一位自由選舉產生的總統。

那些年的部落格成了異議的同義詞。一個穆斯林兄弟會網站在二〇〇六年提出了這個疑問：「你願意娶一個寫部落格的女孩嗎？」[12]埃及第一次反對專制的現代抗議運動在部落客間醞釀，二〇〇四年，他們終於聚集在開羅高等法院台階上，嘴巴用黃色膠帶貼住，上面潦草地寫著Kefaya（夠了）這個詞。二〇〇七年，穆巴拉克（Mubarak）[v]政權甚至將一名部落客判處四年徒刑。然後是臉書的出現。到了二〇一〇年，所有人似乎一起拋棄了他們的部落格。臉書觸及了更廣泛的受眾，並提供了更即時的滿足感。部落格上需要寫的是篇幅較長、圍繞某一論點或敘事的文章，但是臉書的貼文是一陣陣較短的資訊與情感的爆發。這些貼文感覺上也轉瞬即逝。大家並不那麼在意貼文的寫作技巧，也不那麼注重於建立可能將讀者吸引回來的聲音或獨特視角。現在重要的是在可滾動的動態消息中添加一則可能脫穎而出的言論。艾亞許這樣總結了大家開始使用社群媒體的轉變：「部落格更像是一個知識空間；臉書則是個人空間。」

但臉書確實將所有這些部落客帶進了一間嘈雜的房間裡，增加了他們之間的跨界交流以及共享不滿的感受。他們的政治談話沒有結束；只是變得更活潑——更簡潔但也更具娛樂性。艾亞許繼續遠離穆斯林兄弟會，公開質疑此組織對婦女和基督徒的敵意，甚至創了一個臉書專頁，紀錄他對其受到操縱的內部選舉的反感。二〇〇八年，一些社運人士在臉書上發布了一項活動——一場支持尼羅河三角洲城市大邁哈來（Al-Mahalla al-Kubra）[vi] 紡織工人的總罷工——開啟了四月六日青年運動（The April 6 Youth Movement）。這項活動很快就獲得了七萬名追蹤者。

而當「我們都是哈立德·薩伊德」，於二〇一〇年六月在網路上爆紅時，感覺就像另一個等級的異議。臉書上，不滿的聲音翻騰著，現在他們不僅在同一個平台上，而且都在同一個專頁上。在艾亞許點下追蹤後，他發表了一條評論：「如果人們對此不採取行動，我將永遠離開這個國家。」

人在杜拜的戈寧，目瞪口呆地看著追蹤專頁的人數如癌細胞轉移一樣擴散。他招募了另一位在網路上認識的管理員——一位名叫阿布德拉曼·曼蘇爾（Abdelrahman Mansour）的十九歲埃及社運人士——他們一起不停地更新專頁。但戈寧知道，如果他想維持聲量，就必須逐步加碼。他開始運用自己的行銷背景。他認為，這與他在學校學到的「銷售隧道」（sales tunnel）[vii] 方法並沒有太大的不同。[13] 第一階段，為吸引讀者，將包括激動人心的貼文、暴力圖像，以及警察暴行的影片。他需要穩定地提供情緒強烈的內容，包括以哈立德·薩伊德的口吻寫的貼文，懇求還活著的人採取行動。他說，第二階段是獲取更多「讚」和評論，從而提高參與度。第三階段是讓那些活躍於專頁上的人產出他們自己的內容，根本上將此專頁變成「由忠實用戶推銷的產品」。第四個階段，也是最後一個階段，將發生在「當人們決定將其行動主義帶到街頭時」。

這四個階段都發生得非常快，幾乎是在一週的時間裡。戈寧收到了來自一位追隨者Mohammed的訊息，他只能認出這位追蹤者來自亞歷山大港、現年二十六歲，戈寧隨後立即發布了這條訊息：「如果我們週五都聚集在亞歷山大港海岸怎麼樣？」他的主意是進行一場他們決定稱之為「沉默站立」的活動。這是此一新成立的團體冒險進入真實抗議世界的方式。幾千名身著黑衣的年輕人，在濱海的道路上，面對著亞歷山大港的黑暗海水，以及開羅的尼羅河，他們靜靜地站著或輕聲地頌古蘭經。他們小心翼翼、不去挑釁，也不表現出失控的樣子，他們沒有喊叫或吟唱，只是在悲哀的沉默中齊聚。這場戲劇性的抗議活動也有益於臉書上的推波助瀾，因為抗議活動的照片和錄影被發布在專頁上，獲得了更多的「讚」並鼓舞了其他人。「當時很令人驚奇，」艾亞許回憶道。「你無法想像看到那些來自亞歷山大和開羅的人們的照片，有多麼震撼，他們在海灘或高速公路上穿著黑色衣服並保持沉默。我感到不寒而慄。那一刻我想，是的，哈立德．薩伊德與我們以前見過的任何事都不一樣。」

在「沉默站立」之後，專頁的追蹤人數上升，最終在二〇一〇年夏天突破了二十萬。它變成了一個創造性的環境，發展著「自己的文化」，人們提出並評論各個想法。[14]甚至在初次展開後的幾週內重複進行了多次的「沉默站立」活動，也成為公開辯論的主題。此團體中少數經驗豐富的社運人士抱怨道，這是一種過於被動的政治行為。其他人則認為，避免與國家直接對抗是明智之舉。戈寧則看到了這種溫和方法的價值，讓越來越多看似不關心政治的年輕埃及人能夠跨越他所謂的「恐懼障礙」，並就警察施暴這樣明確的議題表達他們的憤怒。沒有人在談論政權更迭，但戈寧知道，潛台詞很清楚：「這些人不是殭屍。他們是真實的人。只要出現對的時機，對的召喚，他們就會採取行動。」15

但隨著幾個月過去，夏走秋至，他也開始意識到在臉書上組織團體的困境。為了召集專頁的追蹤者，需要一個新的事件、新的焦點。他試圖用警察折磨受害者的影片來保持集體憤怒。然後，當十一月舉行第一輪埃及議會選舉時，他提出了監控投票站並報告操縱投票事件的請求，並在臉書上發布了這些請求。（不出所料，穆巴拉克的政黨贏得了百分之九十五的席次。）但「我們都是哈立德·薩伊德」專頁是一個不安分的地方，現在可以做好心理準備，每隔幾天就會達到一個新高峰。這不是一個供人談話、發布冗長貼文串的空間。這個空間可以滿足人類對於強烈情感及行動，那種特別且不屈不撓的渴望。專頁的追蹤人數在九月達到二十五萬後，開始趨於平穩。

戈寧仍舊在網路上隱姓埋名，居住於杜拜，不太確定如何駕馭專頁不斷增長的能量。他甚至進行了數次意見調查，以探知每個參與者下一步想做什麼的指標。諷刺的是，在外部事件發生之前的這段平靜時期，一場新的反對運動開始形成了。就算考慮到臉書引導這些人做的事——它對表現的偏好高於其他一切，將情感置於理性的爭論之上（到目前為止這些特性都對戈寧有利）——評論也變得更富有思想。他們公開提出一連串重大的問題：穆巴拉克政權的根本問題是什麼？打擊它的最佳方法是什麼？他們的原則和目標是什麼？他們也持續地談論經濟議題，乃至可以透過什麼變革來減少國家貧困。在某個時間點，殉道的問題出現了，對於自殺是否是一種道德抗議策略，大家的看法分歧。有個跡象顯示，這場運動正在轉變為一個社群，那就是大家懷著強烈的興趣想知道專頁管理員的身分——很像圍繞《非洲早報》中梅布兒·多夫專欄的激動狂熱，甚至是為小德和其他WELL管理員買咖啡的渴望。戈寧的匿名性是一種行銷噱頭——他喜歡二〇〇六年的電影《V怪客》

（*V for Vendetta*），電影中一個戴著蓋伊・福克斯（Guy Fawkes）面具的叛變分子在反烏托邦的英國開始了一場革命，戈寧會開玩笑地在專頁上發布這部電影的剪輯片段。[16]但保持匿名也掩蓋了他實際上在數百英里之外、安全地待在杜拜的事實。他反而為管理員創造了一個「埃及普通人」的角色：「我不想發動革命或政變……我不認為自己是任何類型的政治領袖。……我是一個普通的埃及人，會為亞哈利隊[viii]加油，會坐在當地的咖啡館裡，會吃南瓜子。」

他們從未完全解決他們的問題，也就是他們的抗爭要多激烈，以及要將憤怒指向何處。局勢依舊緊張，怒火經常爆發。在某個時間點，在「沉默站立」活動上，一些示威者開始高呼「下台，胡斯尼・穆巴拉克下台」，他們的影片被拍了下來。[17]戈寧認為這一步走得太遠了，擔心如果他們傳達的訊息變得過於政治化，偏離對法治及人權的關注太遠，公眾的支持就會瓦解。但是，值得稱讚的是，戈寧也發表了對立的觀點，稱管理員本人很天真。反對者評論說，我們的問題是政治問題。戈寧注意到，這個看法比他自己的溫和立場獲得了更多的「讚」。在他的促使下產生的這個社群，正在尋求一場對立衝突。

要不是同一時間突尼西亞震撼世人的革命火花演變成了一場熊熊大火，便很難知道接下來會發生的事。水果攤販穆罕默德・布瓦吉吉（Mohamed Bouazizi）的自焚[ix]，很快地使得該國統治者宰因・阿比丁・班・阿里（Zine al-Abidine Ben Ali）倒台，令「我們都是哈立德・薩伊德」專頁上的回饋循環（feedback loop）衝升到了超速狀態。一個獨裁領導人會被他的人民罷黜，會被迫道歉並在恐懼中逃離，這個信念不再是幻想。除了尊敬突尼西亞那些走上街頭的人之外，羞恥是專頁上呈現的主要感受。一條評論寫道：「如果布瓦吉吉在埃及自焚，管理員會組織一場沉默站立。」[18]他們已經決定以一場抗議活動紀念一月二十五日。那日是警察節，一年一度紀念國家保安服務的節日。在班．阿里倒台之後的此時，他們不得不做更多的事情。儘管戈寧假裝演著《V怪客》，他並不想讓任何人受到傷害。但更年輕、更激進的共同管理員曼蘇爾說服了他，現在是時候了。一月十五日，戈寧將活動名稱更改為「一月二十五日：反對酷刑、貧困、腐敗和失業之革命」。現在，一場起義已在臉書上排定。

這並非完全不可避免。突尼西亞提供了推動力，但建立在社交媒體上的運動可能走上的，只有兩條道路：要麼「我們都是哈立德．薩伊德」很快就因無法進行縝密複雜的手段和目標評估，而在不久後逐漸消失；要麼他們會集結於一場大規模盛事——一場理想情況下，可以拍攝下來並回饋到專頁上的盛事。儘管這場計畫好的革命已有了如前所述的名稱，但對於路如何走，大家尚未有真正的共識。戈寧確實發布了一則標題為「我希望」的長篇訊息，其中列出了他自己的願望，有些關乎政治（「我希望我在自己的國家有真正的聲音」），但大多數都太過夢幻以至於實際上毫無意義（「我希望老師們能在學生的心中建立起一種對知識和學習真正的熱愛」和「我希望我們能夠彼此相親相愛」）。[19]另一份由一群立場更堅定的左派社運人士撰寫的文件明確表示他們的四個抗爭目標：終止緊急狀態法、解決埃及的貧困問題、解僱可恨的內政部長，以及將總統任期限制為兩屆。這幾項要求明確、具體，但沒有時間討論或尋求人們支持這些要求，因為這場預定的革命正朝著一個單一的總體目標飛速前進：罷黜穆巴拉克。

對戈寧而言，他在這場自己策動的革命中所下的賭注突然變得顯而易見。就像許多其他人在專頁上宣布的一樣，他現在已準備好為所尋求的改變而死。他訂了到開羅的機票。很快地，這場革命便被稱作#Jan 25，一天之內就有超過五十萬埃及人看到了其活動邀請，其中二萬七千人立即確認了他們會參加。專頁本身的訪問量達到九百零十二萬五千三百八十次，追隨者人數躍升至三十八萬二千七百四十人。也有線下面對面及發送影印傳單的組織工作。計程車司機會將這場抗爭的細節轉達給乘客。不過，這股氣勢源於臉書，並在上面久久不絕。

接下來十八天裡發生的事情，被完整地記錄了下來。在網際網路上相遇的年輕人們，一路穿越催淚瓦斯遊行到開羅正中心的解放廣場（Tahrir Square），高喊著「麵包、自由、人類尊嚴」，並有數十萬人加入他們。可以毫不誇張地說，他們在那裡，在廣場上創造的，就是一個非常短暫存在的烏托邦。一個只能在部落格上或透過臉書專頁的評論，以虛擬方式瞥見的世界，突然變成了現實。在那些日子裡，有一種其利斷金的感覺，這種感覺超越了埃及以前所見的一切。抗爭者一起冒著生命危險，面對包圍解放廣場的軍隊，以及騎著駱駝、一度衝進營地的劫掠暴徒。這群此刻已是革命者的年輕人談到要解放埃及的一小塊土地，他們希望在那裡建立一個民主國家，一個受到公正領導的國家。他們自然而然地擁抱，用埃及國旗包裹自己，高唱抗議歌曲，並組織大規模行動，在廣場上互相提供飲食及容身之處。像艾亞許這樣的年輕伊斯蘭主義者與堅定的社會主義者和近來激進化的大學生聊天；基督徒和穆斯林在祈禱時互相守衛。

在這一刻，社群媒體不再是決定性因素。在對峙的第三天，穆巴拉克切斷了網際網路，從那時起，決定性的因素便只有一大群堅持不懈的人的實體存在，他們拒絕離開，直到穆巴拉克下台為止。回想起來，這個目標似乎太狹隘了——從一個不打算停止移動的身體砍下頭來，但它帶來了團結，暫時平息了任何關於接下來會發生什麼的辯論。

戈寧自始至終沒看到什麼解放廣場上的狀況。他在廣場佔領行動開始後不久便被捕了。一月二十七日，他正走出一家餐館時被警察攔下。他犯了一個錯誤，就是與兩名Google高階主管共進晚餐，其中一位是杰瑞德・科恩（Jared Cohen），他曾是美國國務院僱員，負責向異議人士散布數位工具。[20]戈寧被認定為美國中情局（CIA）間諜，而科恩被認定是他的管理人。戈寧被蒙上眼睛，戴上手銬，扔進地下牢房，在那裡待了十一天。他通過宣禮員的宣禮[x]忖度時間。在他的夢中，他的手是自由的，但他醒來時會發現自己被束縛著，疼痛不已。一個星期後，被困在黑暗中的他，衣服和身體都發臭了，他開始想自殺。

當他終於被釋放時，在明亮的燈光下眨了眨眼，他既迷失方向又精神緊張——奇怪的是，突然間他也成了名人。他不知道在自己不在的時候發生了什麼：為了能拯救他，他作為「我們都是哈立德・薩伊德」專頁管理員的身分被揭露了。在被釋放後的幾個小時內，他發現自己無意間上了電視直播。戈寧堅持認為他不是領導者。在那次採訪和未來幾天裡，他一直在重複這些話，「我不是英雄。」關於解放廣場上的事，他說，「我只是一個擴音器。我只是發出了一些聲音，並敦促人們走下去。」[21]當採訪者向戈寧展示廣場上所有遇難者的照片、新聞時，他崩潰了，在數千萬人面前失控地哭泣，然後起身離開了錄影棚。在他表現出的謙遜和純粹的情感中，以及在似乎沒有其他人能代表解放區的革命力量的情況下，他被推出去了。

他是社群媒體喜歡的那種名人：一個普通人出乎意料地發現自己站在一個巨大的舞台上，就像《美國偶像》的參賽者一樣。他在電視節目上潸然淚下的畫面在網路上瘋傳。一個標題為「我提名威爾・戈寧代表埃及抗爭者發言」的臉書專頁在四十八小時內吸引了大約二十五萬名追蹤者。[22]他站在解放廣場上成千上萬的人面前，後來甚至與內政部進行了談判。他建立的回饋循環現在圍繞著他旋轉。他成為了人們有強烈反應並會發文明確指涉的對象，就像他們對哈立德・薩伊德的照片一樣。頃刻間，他感到沮喪、被誤解，同時也感到恐慌，迫切希望利用他在鎂光燈下的時刻。大約在這個時候，甚至連歐巴馬總統都公開夢想著他這位「Google人」有一天會成為他國家的總統。[23]

在戈寧獲釋後的幾天內，廣場的佔領、洶湧的抗爭和巷戰都停止了。幾週前無法想像的事情已經發生：穆巴拉克同意立即辭職。消息傳出後的第二天，歌聲和擁抱停了下來，帳篷被拆除，而開始這一切的臉書專頁到第十八天結束時，已擁有近七十萬追蹤者，此專頁協調了解放廣場的清理工作。這是一種新公民的行為——這個國家現在屬於我們——但回想起來有些天真，好像剩下要做的就只是撿起垃圾及收拾廣場。

接下來的兩年半——從二〇一一年二月的勝利，到二〇一三年夏天埃及軍方重新全面控制國家，徹底摧毀、破壞，直到大家都清楚誰才是老大——這是段上演著激烈政治戲碼的時期，充滿著選舉、抗爭和屠殺。但現在，離那時有了一段距離，故事的規模便縮小成了「年輕人們領導了一場革命」。在解放廣場上，他們一拳揍開了通往另一個未來的大門，而這道大門只有歷史悠久、紀律嚴明的穆斯林兄弟會才能進入。且他們只進入了那麼一小會兒。但一直支持穆巴拉克的軍隊和權力機構從未打算讓這個國家從他們手上溜走。最後，每個人都有機會玩一會兒，但那個缺了個頭的身體，找到了阿卜杜勒・法塔赫・塞西將軍（General Abdel Fattah al-Sisi）這顆頭，然後舊當權派再次崛起，將所有批評者貼上恐怖分子的標籤。

這是一個懸而未決的問題：埃及社會中的任何力量，更不用說像解放廣場的革命者這樣新成立的力量——包含溫和伊斯蘭主義者、社會主義者和民族主義者的一個不太可能成真的的混合體——是否能夠真正與軍隊抗衡。但他們打開的那個門戶是為了通向更好的地方，通向更民主的未來。為什麼這沒有發生，仍然是那些甚至還能讓自己談論它的人感到痛苦和心痛的根源。但事實證明，當涉及到組織一個真正的政治反對派，一個可以經受住穆斯林兄弟會和軍隊考驗，統一而連貫的基地時，臉書在解放運動前夕、推翻獨裁者時提供的所有後勤力量都毫無用處。

這裡存在的第一個問題，似乎很清楚，是時間。埃及的這場革命實際上是透過突尼西亞以電線短路方式觸發，發生得太快了，沒有機會形成義大利馬克思主義哲學家安東尼奧·葛蘭西（Antonio Gramsci）所稱的「歷史集團」（historic bloc）[xi]，即基於共同意識型態協商而成的聯盟與關係之網，葛蘭西認為這是奪取國家權力的必要第一步。相反地，臉書助長了另外兩種與商討新議題的艱苦工作背道而馳的傾向：拒絕主義（rejectionism）和情緒化。戈寧說，專頁是由「解放廣場的脈搏」引導的。[24]在那十八天即將結束時的一篇文章中，他寫道，成功是由於「我們不了解政治、妥協、談判及廉價的伎倆。……勝利將屬於我們，因為我們的眼淚是發自內心的。」

臉書能催人淚下。然而，下一階段需要的正是戈寧所摒棄的那些技能和策略。這些革命者能否度過難關（更不用說勝出）的第一次考驗來得很快。在穆巴拉克倒台後的一個月內，臨時管理國家的將軍們向公眾宣布了一系列憲法修正案，但沒有提供任何過渡到文官統治的明確時間線。這是一個貌似民主的假動作，實際上鞏固了他們的權威以及對於過渡進程的控制。解放廣場聯盟大多反對這一連串的修憲事項，他們認為應該首先進行新政府的選舉。但是他們無法決定表達此立場的正確方式，也無法決定該如何準確地構建他們的論點，且他們之間的微小分歧擴大了。他們建立不出共識，反而起了內訌，戈寧開始將其視為「暴民政體」。他向我描述了一種受社群媒體極繁主義（social media's maximalism）影響很大的動態，在這種動態中，一個立場必須毫不妥協，否則你會被「視為軟弱、中立或不相干」。這使得之前聚集在解放廣場的團體之間無法找到共同點，而他們此時已退回到自己的角落。

然後，情況只是在每個轉折點變得更糟——第一次議會選舉，接著是總統選舉，然後是穆斯林兄弟會每每聲稱要發動他們最初迴避的革命，或者軍隊一次次犯下暴行，又誘導人們相信僅靠軍方就能帶來穩定。僅僅證明你有多正確還不夠；你還必須說明其他人錯得多離譜，以提出一個能夠贏得辯論的實在觀點。研究臉書的維吉尼亞大學（University of Virginia）教授希瓦．瓦第安納森（Siva Vaidhyanathan）在著作中寫道，社群媒體平台往往「有利於宣告。這些平台並不能讓大家進行深層的討論。它們會引發膚淺的反應。」[25]激烈的留言串是WELL上那些「翻騰」的後代，但是這裡沒有主持人介入並讓事態平靜下來，只有一種名為「讚」的貨幣會獎勵那些最能激起他人情緒的陳述。這些革命者們會也確實在線下會面，在繚繞著香菸雲霧的悶熱公寓裡高聲嚷嚷。臉書本身並不能為他們所有的失敗負責。埃及從未有過成熟的民主政治文化。他們正在嘗試一些艱難且前所未有的事情。他們不需要一種媒介持續展現自己高人一等，這只會讓空氣變得刺鼻難耐。

管理員的引導之手也不再有任何益處，更不用說被視為菁英階層一員的人了。在某個時間點，穆斯林兄弟會甚至在臉書上創建了一個名為「我們都是哈立德．薩伊德——官方專頁」的競爭專頁，質疑最初煽動者的真實性以及他們與當地發生的事情之間的關聯性。當我遇到專頁的合夥管理員阿布德拉曼·曼蘇爾時，他在美國流亡的日子進入了第六年，他說，即使是他，也開始質疑「我們都是哈立德·薩伊德」這個團體的合法性。「我們代表著社會，還是沒有？」他問。「我們一直在網路上談論並想像倡議，卻沒有把它們帶到街頭或組建一個新政黨。」[26]

解放廣場上的革命者中最接近治理機構的是革命青年聯盟（Revolutionary Youth Coalition），一群革命發起人，他們聚集在廣場上，代表了許多不同脾性和政治主張。如果可指望一個不是由伊斯蘭主義或軍政府統治的未來，那麼這個指望便是始於他們。但從一開始，他們便在思想工作中掙扎，力圖將對獨裁的批評轉變為表達他們希望自己和埃及同胞享有之權利及責任。在伊斯蘭主義和世俗埃及之間可以找到什麼樣的妥協方式？對於像他們這樣的自由主義者來說，哪些自由是不可談判的？他們如何能說服那些從不知道投票權，且早已放棄對領導人的透明度或問責性抱持期望的同胞呢？他們無法得出答案。他們缺乏提出問題和解決問題的論壇，因此他們最終執著於當前的戰術問題，「就像有著崇高意圖、注意力不集中的青少年男友一樣。」[27]長期駐中東記者薩納西斯·坎巴尼斯（Thanassis Cambanis）觀察了革命的後果，如此寫道。尤其是考慮到革命聯盟的拼湊性質，他們有必要選擇參與某些戰鬥，並放棄其他戰場。他們對於搞政治的實際情況過敏。

社群媒體從未讓事情變得更容易。它永遠只能指引他們回到解放廣場，這是一種行之有效的方法。當明確需要抗爭的時刻到來——當他們要求對穆巴拉克進行審判時，或者當司法部提出一項禁止所有示威的法律時——他們知道該怎麼做。他們可以將注意力全部集中於憤怒，並激勵人們聚集在它周圍。就好像社群媒體已經用一種本能取代了他們的革命性計畫。他們最大的強項是能夠恢復解放廣場的魔法和力量，成功舉辦一場「百萬郎」（millionya），也就是一場百萬人的遊行。但社群媒體正在變成一種受限的工具，一根槓桿變成的枴杖。雖然社運人士確實定期返回廣場，著迷於自己能夠在一兩天內讓臉書上的種種聲音安靜下來，但埃及政治上更精明、連結更緊密的勢力，如穆斯林兄弟會，做了那些他們早就知道該怎麼做的事：制定待議事項並強加秩序於其成員。這些革命者們的組織性從來不夠。坎巴尼斯寫道，他們缺乏「奪取俄羅斯工廠的布爾什維克份子或攻占巴士底獄的法國人的嗜血之心」[28]。

政治最終成為索取革命果實的唯一途徑。到了選舉的時候，首先是新議會，然後是總統的選舉，解放廣場的社運人士的弱點暴露無遺。他們無法建立一個政黨。那些以領導者之姿展露頭角的少數革命者似乎只對於做自己的代表感興趣，他們受到國際會議和西方巡迴演講的誘惑，分散了注意力。戈寧收到了一份據報導價值二百五十萬美元的出書協議，他在推特上宣布他將捐贈給慈善機構。[29]但他在社群媒體上被無情地攻擊為偽君子和自大狂，甚至是間諜。他越來越擔心自己的安全。

而馬哈穆德．塞勒姆（Mahmoud Salem）是試圖進入政治領域的社運人士之一。我在二〇〇六年透過電話與他交談過，但當時還不知道他的真名，只知道他是那位以「沙猴仔」（Sandmonkey）[xii]為名的部落客。我當時正在寫一篇關於中東部落客的文章，而他的假名部落格，「沙猴仔的咆哮」（*Rantings of a Sandmonkey*），內容明智，不溫良恭敬，用鏗鏘有力的英語寫成。[30]回想起來，這也是勇敢的，尤其是考慮到他的母親是由穆巴拉克支配的全國民主黨中一位重要官員。我們談到了部落格如何打破他的成見——即使是有關猶太人，這個埃及社會裡的終極他者。

塞勒姆所撰文章受到西方世界埃及觀察家的廣泛閱讀，所以當他在解放廣場革命的十八天中間揭露自己是沙猴仔時，並在被一群親穆巴拉克的支持者拘留和毆打後，這件事短暫地上了國際新聞報導。對於社群媒體在推翻舊政權方面的作用，塞勒姆與任何其他社運人士一樣懷著堅信凱旋的態度：他是「我們都是哈立德・薩伊德」專頁的自豪追蹤者。但是，一旦他決定大膽跳進政界並與新成立的世俗自由派團體自由埃及人黨（Free Egyptians Party）一起為了成為大多數都是中產階級的開羅省赫利奧波利斯區（district of Heliopolis）的代表，競選議會席次時，他的心態就變了。這將是艱難的，塞勒姆不是一個天生的政治家，他穿著一件不合身的西裝，一邊大笑一邊蹣跚前行。他將他的五萬推特追蹤者視為他有機會的原因之一——這不是個好兆頭。但是，他仍然想擁抱革命開闢的新民主世界，而不是讓它被兄弟會或更成熟的政黨壟斷。

他沒有預料到的是，社群媒體會積極破壞他的政治努力。塞勒姆後來在《世界政策雜誌》（*World Policy Journal*）的一篇文章中寫道：「競選公職意味著你是一個渴望權力的出賣者，投票意味著你參與了一場裝模作樣的戲，並背叛了那些抗議中殉身的人的鮮血。與此同時，死者甚至在下葬之前就已化作不朽，並變成了社群媒體上的虛擬替身。」唯一維持正統性的人是那些一次又一次地衝入與警察的對抗，並因此在網路上引起關注的人。「這種透過媒體上位的方式簡直是一場災難。」他寫道。[31]

對他來說，這場革命變成了「一個奇怪的邪教」，「依賴腎上腺皮質素的集體迷思（group-think）——一隻怪物，一個擁有數千隻手臂卻沒有大腦的可憎之物。」社群媒體賦予革命的東西，是「一種破壞精神」，這也是社群媒體似乎迷戀且永遠無法超越的一面。這是一種持續不斷的拒絕主義。他說，似乎沒有人對建構感興趣。

塞勒姆逃走了，他告訴我，因為他知道埃及的未來將在秘密的小房間裡決定。[32]他焦慮地看著所有的解放廣場革命份子都在貶低試圖進入體制內的想法。他說，至少要嘗試一下，這是「十分必要的事」。他失敗了，敗得慘不忍睹。他加入的政黨遲遲在第一輪議會選舉前幾週才成立，因此他不得不以某種方式俘獲他所在地區一百萬選民的心與腦。成為候選人並不好玩。塞勒姆是為制定戰略而生的，在輸掉自己的選舉後，他立即轉而為他人進行政治輔選活動。他從這項工作中學到的東西使他更加批判社群媒體。「街坊上的人家必須信任你，」他說。「這意味著人們必須知道你是在為他們而戰，而不僅僅是在憤怒中動員他們並帶領他們吟唱。」

令人驚訝的是，在二〇一二年一月最終計票時，只有三名與革命青年有關聯的候選人進入了埃及議會。五百零八個議會席位中的三席。只有百分之一的一半。距離解放廣場的烏托邦已經過去了一年，而誕下它的人們現在被拒之門外，新埃及正在形成。最大的贏家是穆斯林兄弟會，或者說似乎是如此，直到六個月之後，埃及最高憲法法院宣布整個議會選舉無效，軍方頒布法令鞏固其權力。不過，如果從長遠來看，穆斯林兄弟會將更加急劇地衰落，而自由主義的社運人士似乎是更直接的失敗者，完全從他們點燃的歷史進程中被排擠了出去。下一任總統不會是那個Google人。他甚至不會坐在議會中，這個機構現在由留著鬍鬚的男人和戴頭巾的女人主導。

二〇一二年六月穆罕默德．穆爾西就職一週後，革命青年聯盟在記者會上宣布解散。但首先，其成員希望在媒體面前進行公開的事後分析。「儘管這不是埃及的標準操作程序，但我們認為每個團體都有必要提交一份清晰透明的報告，說明他們所做的事情，無論好壞。」[33]他們的自我鞭策既令人欽佩，也進一步顯示出他們不適合穆巴拉克被罷黜後所開通的殘酷、零和的政治環境。他們責備自己與現實脫節，沒有與既存的各機構充分溝通，而且有點過於迷戀自己短暫的名氣，以及這份名氣引致的錯覺：他們以為自己真的代表一群選民——一個社群媒體鐵定沒有緩解的問題。然後，在這場數位切腹的最後一幕中，革命青年聯盟刪除了其臉書專頁。

此戰敗先鋒隊的餘黨將在隔年繼續努力觸及更廣泛的公眾。有一次，他們繞過社群媒體，透過在整個開羅的建築物側面投放一部名叫《騙子！》（Kazeboon!）[xiii]的短片節目。[34]這些短片毫不含糊地證實了軍隊對抗爭者日益增加的暴力行為，同時放映出了將軍們面帶微笑地搪塞。這些革命者們希望，在軍方將自己呈現為唯一可以恢復國家秩序的力量的時候，人民看到他們的偽善。但是，如果《騙子！》作為一種行動主義形式，令人感到舒坦，是因為它的目的仍然是激起憤怒，而不是集結人們簇擁一種新的意識型態。凶手需要受抨擊、替換，像穆巴拉克一樣，但那又如何呢？

連穆斯林兄弟會都面臨四面楚歌的困境。在他們掌權一年後，一場大規模請願活動聲稱收集了二千二百萬個反對穆爾西統治的簽名，將所有人帶回了廣場上，穆斯林兄弟會的執政因而提前告終。就好像唱盤機唱針被放回到了唱片音軌溝槽中，響起的是埃及人現在已經熟悉的一首歌。許多解放廣場的社運人士對穆爾西的專制方向感到憤怒，認為這是正確的舉動，並呼籲軍隊回歸介入並罷免他。他們稱之為第二次革命，一個倒回二〇一一年，讓真正的民主再試一次的機會。

然而，這是一場變相的反革命。國防部長阿卜杜勒．法塔赫．塞西將軍於幾天之內掌權，並在八月迎來了終局。他針對在拉巴廣場（Rabaa Square）舉行大規模靜坐的穆斯林兄弟會成員及其家人，出動了推土機和狙擊手。據人權觀察（Human Rights Watch）稱，當天約有一千人遇難。《紐約時報》開羅分社社長大衛・科克派翠克（David Kirkpatrick）寫道：「解放廣場點燃的，在拉巴廣場熄滅了。」[35]阿拉伯之春結束了。不會有伊斯蘭版本的民主；根本就不會有民主。一種令人癱瘓的虛無主義到來了。「當你可以在光天化日之下殺死一千人而豁免於任何後果時，那就是遊戲規則改變的那一天，」馬哈穆德・塞勒姆流亡柏林時告訴我。「一切都無所謂了。」

到拉巴廣場大屠殺發生時，威爾・戈寧已經離開埃及，並正在將自己重塑為一位社群媒體改革者。在二〇一五年底在日內瓦舉行的ＴＥＤ演講上，他在舞台上用耳機麥克風講話，他說：「我錯了。」[36]戈寧超越其他任何人，成了阿拉伯之春的化身，特別是這場起義中社群媒體的部分。他欣然接受了這個角色。在他二〇一二年出版的《革命2.0》（*Revolution 2.0*）一書中，他堅持認為「解放一個社會」只需要一個要素：網際網路。在穆巴拉克宣布下台後，喜悅的歡呼聲和憤怒的叫喊聲瀰漫在他身後，戈寧接受了美國有線電視新聞網（CNN）的採訪，並表示他希望能親自感謝馬克・祖克柏（Mark Zuckerberg）。（當他最終這樣做時，這位穿著帽T的臉書執行長拒絕讓戈寧拍下他們兩人的合照。）[37]

但戈寧現在將臉書視為其拋棄的情人。「阿拉伯之春揭示了社群媒體的最大潛力，但也暴露了其最大的缺點。」他在日內瓦的舞台上說道。他看到，臉書確實是一種工具，但它的設計是有特定目的的，不符合他先鋒隊的需求。

在WELL上，即使對話只涉及幾千人，而且風險遠遠低於換掉一個根深柢固的政權，也需要大量的護欄使它保持為一個有生產價值的空間，一個可以建構而不只是破壞的談話之家。而當你將對話的人數擴大到數百萬，移除護欄（也就是提供指導的版主），然後導入演算法，通過提升最響亮、最情緒化的聲音，讓人們在平台上停留更長時間，這種時候會發生什麼事？你得到的是一個極佳的擴音系統，但事實也證明，此系統完全無法讓人們集中注意力、組織他們的思想、在意識型態上變得連貫、制定戰略、挑選領導者，並精煉出一中心思想。簡而言之，如果說，革命者們是想要贏得大家的支持——在任何情況下都是一項艱鉅的任務——那麼他們所需要的一切都被剝奪了。一旦解放廣場上的瓦礫被清掃掉，鋪路石被放回原處，就是這樣的現實狀況，「就像一記重拳打在他的肚子上一樣，」戈寧告訴他的聽眾。

二〇一六年，在那場充滿悔恨的TED演講之後，我與戈寧談了一次話，他當時住在矽谷，與兩個埃及朋友一起經營一家名為Parlio的新創公司。Parlio網站由風險投資人投入一百六十八萬美元的種子資金，於二〇一四年推出，旨在作為一種替代性的社群媒體，其演算法獎勵的是參與的質而非量。Parlio重視「體貼、禮貌和事實根據性」。用戶必須簽署一份社交承諾才能參與。甚至還有一種用於識別爭吵的演算法，以便版主可以介入。「我們在創辦Parlio時的信念是，公開的對話實際上可以發揮作用，你只需要建立正確的環境。」戈寧說。

他對此懷有熱忱，相信自己能解決臉書的所有問題，能充分以此理解創造更好的設計。但這項事業從未真正成功。在二〇一〇年代後期的網路生態系統中，任何新形式的社群媒體都面臨著被稱為網路效應（network effect）的問題：一張關係網越大，加入它的好處就越多，而在那時，沒有什麼能比得上臉書。二〇一六年，Parlio被Quora收購，Quora是一個問答的專門網站，專家會在此網站上回答用戶提出的問題。戈寧和他的團隊併入了這家大公司的營運。他很快陷入了憂鬱，二〇一七年夏天，當他發現自己在Quora辦公室的會議室裡哭泣時，他決定是時候辭職了。[38]

威爾．戈寧在那之後發生的事滋生了很多謠言和擔憂，二〇一九年，我開始向前埃及革命者詢問有關戈寧的狀況，他們叫我看他的YouTube頻道及推特。我就是在那上頭發現了令人憂慮的影片。在每天發布的數十個越來越奇怪的短片中，他剃掉了所有的頭髮和眉毛。然後他開始打赤膊上陣，抽著粗捲菸。他承認自己背叛了妻子，並把她帶到了鏡頭前，告訴他的觀眾她已經要求離婚。有時他會發布自己瘋狂大笑或跳舞的影片。他的朋友和戰友說，他們試圖聯繫，擔心他精神崩潰。他把他們的關係都切斷了，即使是他多年來親近的人。

每個人都做出了一番揣測。或許和他剛剛被扣留在埃及的弟弟有關？戈寧明白他造成了什麼影響：他有一半的推文都在嘲笑那些感到震驚的人。這是他真實的自我，他尖叫著。當我聯繫他，想看看我們是否可以說話（過去幾年我採訪過他很多次）時，他給我留下了一個偏執、咄咄逼人的語音訊息，質疑我的動機並納悶他為什麼應該和我講話。「你是不是認為我是一個求關注的婊子，就和那些總是引起各種注意力的求關注婊子一樣嗎？」[39]最悲傷的解釋來自一位前朋友，他認為戈寧實際上是在運用他對社群媒體的了解，以抹殺他以前的形象——他不再希望被視為救世主，一個對於埃及或矽谷的未來可能有答案的人。這些影片是一種有意志的重啟。「這並非即興而為，」這位朋友告訴我，「若你在這行工作，當某人在利用它的時候，你完全看得出來。」也許最有自我意識的訊息是戈寧在推特上的自我介紹，他現在有近三百萬追蹤者：「我是我電影中的角色。這是一個變得超現實的實境秀。」

至於埃及，它的現實也變得超現實，或者更確切地說，是噩夢。事實證明，塞西的統治方式專制高壓，革命前任何人都無法想像得到。即使是最輕微的抗議企圖也被殘酷鎮壓。少數試圖報導鎮壓和監禁的網路媒體在埃及被封鎖。剩下的少數激進分子陷入困境，沒有希望，也不期望社群媒體能提供解決方案。

阿拉・阿布德・法塔（Alaa Abdel Fattah）是一名電腦工程師、左派人士，他也是一位早期部落客，被廣泛認為是埃及革命中最具創造性和戰術性的思想家。他過去十年的大部分時間都在監獄中度過。他的身體狀況，無論他是在絕食還是從看守的毆打中恢復過來，一直是一小群異議人士以及身處國外卻仍在關注埃及的人所關心的事。他長長的捲髮和邋遢的鬍鬚現在成了持續抵抗的象徵。

當阿拉在二〇一九年春天短暫出獄時，一段影片在網路上流傳，他坐在地板上靠著幾個枕頭，與一位採訪者聊天。他們的話題轉到臉書上，每次他被迫離開後再重新上網時，他都覺得臉書似乎是一個越來越陌生的地方。[40]他說，在那些仍想構想新政治的人身上，出現了「倒退」。「這不是埃及人的錯；錯在他們使用的媒介。你就是被臉書吞沒了。你與朋友進行情緒性的討論，因為臉書就是為此而生的。這是一個陷阱。」他會計畫在臉書上分析當前的情況，卻發現自己「置身於這些發送GIF和愛心表情符號的人的圈子中」。這個平台「令人窒息」，阿拉說，但人們無法擺脫它，即使現在他們知道它多麼地「有缺陷」。為了突破埃及受到壓制的現實狀況，需要一條通向「另類想像」的道路，一個理論化的空間，既允許複雜性，也可以致力於採取行動。「我不知道它會在何時何地出現。」

i 譯註：伊斯蘭主義（Islamism）為一種意識型態，主張伊斯蘭不僅僅是宗教信仰，而且是一套政治體制。

ii 譯註：科普特人為古埃及人之後裔，多為信仰科普特正教的基督徒。

iii 譯註：巴哈伊信仰（Bahá'í Faith）主張宗教同源、上帝唯一，以及人類一家，世界大同之理念。

iv 譯註：Salafis原指「信仰虔誠的前人」，薩拉菲派主張奉行伊斯蘭原教旨。

v 譯註：穆罕默德・胡斯尼・穆巴拉克（Muhammad Hosni El Sayed Mubarak）為埃及前總統，在位長達三十年之久（一九八一年至二〇一一年），於二〇一一年因阿拉伯之春被推翻政權而下台。

vi 譯註：大邁哈來為埃及紡織重鎮。

vii 譯註：「銷售隧道」又稱作「銷售漏斗」（sales funnel），在行銷學上，是指潛在客戶從不認識品牌進展到下單購買產品的過程。

viii 譯註：亞哈利體育俱樂部（Al Ahly Sporting Club）是開羅一足球俱樂部。

ix 譯註：突尼西亞一處境貧困之水果攤販穆罕默德・布瓦吉吉（Mohamed Bouazizi）因不滿遭警方不當對待而在政府大樓引火自焚，引爆民怨，後導致突尼西亞之茉莉花革命。

x 譯註：宣禮（call to prayer）指的是召喚穆斯林禮拜。

xi 譯註：安東尼奧・葛蘭西以「歷史集團」概念取代古典馬克思主義的「階級」概念，他反對階級決定論並主張，在不同文化、歷史脈絡下，一「歷史集團」會使用不同工具獲得支配權，成為統治階層，而「歷史集團」是否成為統治階層，端看其能否在公領域之辯論、鬥爭中為自己爭取文化籌碼（建立屬於自己的文化霸權），說服群眾接受、採納自己的統治理念。

xii 譯註：沙猴仔（sand monkey）一詞帶有貶義，用以指稱阿拉伯人與北非人。

xiii 譯註：原片名在阿拉伯文中，有「騙子」之意。

第八章　火炬：二〇一七年，夏洛特維爾市

二〇一七年五月十三日，一小群白人至上主義者——近來改稱為另類右派（alt-right）人士——在正午的陽光下晃來晃去。這三十幾位男性，大多二三十歲，穿著白色POLO衫，汗流浹背，一個局外人可能會誤認為他們是一群高爾夫球童。當他們開始正經八百地跟著小軍鼓的節奏行進，前往南方邦聯將軍石牆傑克森（Stonewall Jackson）的銅像腳下時，他們看起來很尷尬，難以習慣這麼強的光線和這麼多的同伴。在銅像前，他們如癡如狂地聽著非官方領導人理查德．史賓塞（Richard Spencer）透過擴音器解釋，他們為什麼要在這個地方——維吉尼亞州夏洛特維爾市（Charlottesville），捍衛自己的立場。史賓塞一如既往地，指甲修剪得很整齊，穿著一件棕褐色的西裝外套，頂著希特勒青年時期的髮型（兩邊剃光，頂部的頭髮往後梳）。「他們正試圖奪走我們崇敬的偶像，」他喊道，「他們正試圖奪走我們的理想。他們正試圖奪走我們的身分。天知道他們要豎立什麼取代這座紀念像，某個死亡紀念碑，某個奴隸制與納粹大屠殺的紀念碑，某個用來紀念懸在每個人頭上的烏雲的碑塔。」他簡要總結了他們的奮鬥目標：「我們團結在一起，是因為我們是白人，我們是一個民族，我們不會被取代。」[1]

如果他們在那個週末公開召集的活動就是這樣，似乎並不可怕，甚至可說是可憐。但是當晚發生的事情轟動了全國。當天晚上，比下午更大群的一行人，約一百個人，拿著提基火炬[i]，遊行到羅伯特・E・李（Robert Edward Lee）[ii]的雕像所在之處[2]，在另一座能證明夏洛特維爾市那段反叛過往的雕像前，他們大聲高呼：「你不會取代我們！」和「血與土！」[iii]（而且，最奇怪的是，他們還高呼：「俄羅斯是我們的朋友！」）。他們的示威並沒有持續很長時間——大約十分鐘後，反對他們的示威者和警察就到現場了——但一台無人機從高空視角拍下了這場遊行，而這段遊行影片在社群媒體和主流媒體上獲得一次又一次地分享。[3]火炬照耀的面孔，口中噴出的口號，黑夜中，他們剃掉頭髮的頭拉長的影子——這一切讓人想起納粹集會、三K黨會議，以及大多數美國人認為只存在於歷史灰燼底層的公開仇恨言論。可以大膽認定這是他們預期達到的效果。

換句話說，這是一次勝利，也是這群偏執狂們急需的一次勝利。史賓塞花了數年時間創辦和經營越來越多的右派刊物，包括他在二〇一〇年成立的AlternativeRight.com。他還領導了一個名為國家政策研究所（National Policy Institute）的智囊團，其對媒體的熟悉在新納粹中是罕見的。唐納・川普的當選鼓舞了史賓塞，這位總統當選人對種族主義和本土主義勢力所拋的媚眼，已經像是抽搐一般。這是宣布另類右派運動再也不需要畏縮在地下室或線上留言板上的時刻。但利用川普的崛起並不像史賓塞想像的那麼容易。就在幾個月前，川普就職典禮當天，史賓塞在華盛頓特區一個繁忙的街角接受採訪時，一名戴著黑色風帽的男子突然朝他的臉揍了一拳，將他打倒在地。[4]這令他很難堪。

在川普之前，另類右派幾乎沒有政治影響力。他們是一群誤湊在一起的白人至上主義者與自封的身分主義者[iv]，還有一群無聊、欲求不滿的年輕人，幾乎都保持匿名，活動範圍僅在4chan這樣的社會底層社群媒體網站。與其說這是一個社群，不如說是一個漆彈隊。如果要說他們之間有任何意識型態共同點，那就是他們貶損左派為「正義魔人」，並稱左派進步力量將其多元文化和性別流動的價值觀強加到每個人身上。他們之所以對川普獲勝感到興奮，不僅是因為他的民粹主義或保護主義，或甚至是他對白人身分政治（他在就職演說中談到的「被遺忘的男人和女人」）的擁護，更是因為他的風格，似乎在非常大的程度上借用了他們「擊倒自由派」的態度。目標是深入人心，讓「另一方」發瘋，而川普做到了。

這些另類右派人士在線上討論串中表現出了超男子氣概，因此看到他們的英雄之一史賓塞在川普總統剛就任時竟遭到如此羞辱，尤其令人難受。他們是川普聯盟的最右翼，是迷因的製造者，這應該是他們的時代。如果他們連臉都不能露，他們算什麼？

幾個月後，在四月，他們終於得到了一些滿足，並確認大膽無畏是唯一的出路。在另類右派的敵人領土柏克萊（Berkeley），一些所謂的白人民權團體組織了一場言論自由集會，但這場集會很快就變成了扔石頭、瓶子及炮竹的暴力混亂局面。隨著反法西斯的抗議者出現，這場集會變成了鬥毆事件，情況一團糟。在某個時間點，有人將一個大垃圾桶用作推人的攻城錘。但在這場混戰中，令大家印象最深的是在一段幾秒鐘的影片裡，納森．達米戈（Nathan Damigo）跳進了一群爭吵的人之中，一拳打在綁著髒辮的社運人士艾蜜莉．蘿斯．馬歇爾（Emily Rose Marshall）臉上。[5]達米戈是美國許多新興另類右派團體之一「歐洲身分」（Identity Evropa）的負責人，他打人的這段影片被無休止地上傳到留言板上，並被改造成了一千個迷因：同樣留著希特勒青年時期髮型，整整齊齊地穿著藍色襯衫、藍色牛仔褲的達米戈，攻擊馬歇爾，看起來就像隨便一個右翼分子對社會正義戰士的幻想。新納粹網站《每日暴風雨》（*Daily Stormer*）稱達米戈為「真正的英雄」。

歐洲身分的成員不懼批評，但也決心使用不會使自己造成隔閡的詞彙。達米戈本人是一名前海軍陸戰隊員，他在加州州立大學斯坦尼斯洛斯分校讀書時就開始了他的政治運動。他希望他的政治運動複製當時在歐洲越來越受到歡迎的民族主義運動。不穿白袍[v]。臉上、脖子或手上都沒有刺青。關於達米戈的文章總是指出，他不罵髒話，而是使用「啊呀」或「天哪」之類的詞語。他的言論挪用了少數族裔用來為自己的代表性辯護的語言，強調白人被剝奪了保護自己「文化遺產」的權利。「我們不希望看起來太有威脅性。」達米戈在他毆打那位髒辮年輕女子的同一天告訴記者。[6]

像柏克萊集會這樣的事件是「變革性的」，著名的白人民族主義者布萊德利．迪恩．格里芬（Bradley Dean Griffin）如此寫道。自二〇〇八年以來，他一直在他的部落格「西方異議」（Occidental Dissent）上分享他的反猶太主義和種族主義觀點。這起事件創造了一個可以吸引更多新兵和重新定義白人至上主義者形象的奇觀。他寫道，「在網路上參與酸民攻擊、洗版和突襲可能很有趣」，但要發展壯大，運動需要走出去。他堅持認為，要「召喚正在網上進行的文化戰爭」，讓它浮出水面，使其「像火山一樣爆炸」，這樣的事件是唯一的方法。[7]

到了春天，夏洛特維爾市本身成了一個讓網路運動走出去的完美舞台：在地理上位於美國政治的邊緣地帶，但卻是一個明顯為自由派的大學城（在川普就職後的動盪日子裡，其市長宣布它為「抵抗勢力的首都」，近百分之八十的選民支持希拉蕊．柯林頓）。這座城市於南北戰爭期間的奴隸人口占其居民的百分之五十二，且自一九二四年以來，市中心的一個小公園裡便高高豎立著一座羅伯特・E・李坐在他名為旅人（Traveller）的馬背上的雕像[vi]。這是一個為戰鬥做好準備的地方。二月初，當市議會投票決定拆除李將軍的雕像時，史賓塞看到了他正在尋求的議題，一個能夠激起行動的議題——一個講故事的機會，而這個故事講的是反動、虛無主義的左派試圖踐踏他們的過去、抹去他們的傳統。

五月中旬發生的事件讓大家忘卻了達米戈那出乎意料的一拳。史賓塞在推特上發布了一張他的臉在提基火炬的照耀下發光的照片。但他想要的不只如此。他想回到夏洛特維爾市，展示一場新起的勇猛運動的全部力量。他需要傑森・凱斯勒（Jason Kessler）。那場火炬集會的舉行主要是因為凱斯勒，一位自封的獨立記者和來自夏洛特維爾市的部落客，他和史賓塞一樣，畢業於維吉尼亞大學。凱斯勒的道路有點曲折。他曾是一名卡車司機和雜務工，最近才開始闡述「白人種族滅絕」的威脅。（此外，他還寫過一本詩集和一本名為《荒地藍調》（*Badland Blues*）的小說，根據其封面，其中描述了「一個無家可歸的侏儒瘋狂地單戀一名當地的女服務員。」）他參加了這場雕像大戰。「每一代人都有一場鬥爭，我們的鬥爭就是這一場。」他在決定李將軍紀念雕像命運的市議會會議外喊道。[8]他新成立的團體，「捍衛美國統一安全」（Unity & Security for America），以及達米戈的一些人馬，構成了當天聚集群眾的主力。而在五月火炬集會取得成功後，正是凱斯勒申請於那年夏天，即八月十二日，在李將軍雕像所在的小公園（其名稱不久後便將從李將軍公園更改為「解放公園」）舉行示威活動。他在社群媒體上稱這次活動為「右派團結」，這比較像他的一廂情願，因為右派的各個方面並沒有什麼特別團結的地方。

這是一個開始，但凱斯勒和史賓塞都知道他們需要更多的盟友。為了集結他們，讓足夠多的人結盟並在策略和目標上達成一致，他們需要一個自己的、具有特定功能的空間。像Reddit和4chan這樣的網站在另類右派人士間十分受歡迎，但實在充斥太多惡意評論及嘴砲，只是試圖用迷因勝過迷因。因此，在六月，他們轉向了針對遊戲玩家設計的線上平台Discord，並打開了此網站上所謂的「伺服器」，一個自行管理的聊天室。他們稱之為「夏洛特維爾市2.0」。

我之所以知道接下來發生的事，要感謝一群左派駭客，他們經營著一個名為「獨角獸暴動」（Unicorn Riot）的網站。二〇一七年夏天，他們設法進入了Discord上的白人至上主義者伺服器群集——看到從六月到八月，數以萬計的貼文。[9]這是一個機會，能偷聽一場不打算以任何方式公開的對話。儘管花這麼多時間看著這些人以爭論應該先把誰送進毒氣室為樂，很令人作嘔，但能讓人得到深刻的啟示。這就是當一個新生團體擁有阿拉伯之春社運人士所沒有的東西時會有的樣子：在某個地方集中精力，討論他們的分歧並嘗試解決。他們彼此能夠互相拍拍對方的背，一起做著扭曲的夢，變得更加強大。

Discord對他們來說是一個有用的平台，但它從未打算容納他們喋喋不休的交談內容。Discord的設計，是為了讓那些深夜玩「魔獸世界」的青少年，能在砍殺殭屍和龍時與他們的朋友閒聊。它最受歡迎的功能是伺服器，也就是只能憑邀請進入的聊天室（聊天室中還有一個多方語音通話的選項）。每個伺服器都有自己的管理員，管理員負責制定規則、管束成員，且可以踢走成員。與Reddit不同，Discord不以按贊同票（upvoting）激勵用戶發出搏眼球的貼文，不將每一次交流都變成人氣競賽或純度螺旋[vii]。Discord上的大家只是在一個相對較小的房間裡，按照參與者設定的條件進行持續的談話。它比任何其他主要社群媒體平台都更像WELL。重點是擠在一起而不是獲得追蹤者。

另類右派的領導人們喜歡Discord的匿名性和隱私性——儘管鑒於獨角獸暴動很容易滲透到他們的聊天中，再多疑一點點可能會對他們有好處。除其他保密優勢外，你可以直接從網頁瀏覽器操作Discord，無需下載應用程式，也無需提供真實姓名。到二〇一七年夏天，也就是Discord創立兩年後，它擁有的用戶數約四千五百萬，並且每週增加一百一十萬。[10] Discord的猶太裔聯合創始人兼執行長[viii]後來說，他完全不知道自己的網站已經成為一個仇恨之家。

那年夏天，基根・漢克斯（Keegan Hankes）也花了很多時間在Discord上。[11] 漢克斯是南方貧困法律中心（Southern Poverty Law Center）的前研究總監，該中心為監控美國極端主義的首要組織。他告訴了我各個另類右派伺服器的管理員在讓人們進入之前的審查方法：他們會用視訊聊天，確保他們看到白皮膚。為了這個目的，漢克斯曾經讓一位研究員「借用」他的臉。漢克斯說，Discord之所以有用，是因為每個特定派別都有自己的伺服器，這對他們來說是一個「大本營」。他們可以以更在地化的方式加強身分認同，每個團體都能建立自己的個人信念，但也可以了解其他人的想法，並可能加入他們的行列。

夏洛特維爾市2.0伺服器是主要的組織樞紐，我花上幾週時間在黑暗中徹底搜查了它。史賓塞仍然是傀儡領導人，但在伺服器裡，似乎掌權最大的是以MadDimension[ix]為名稱的凱斯勒，他試圖讓談話集中於如何擴大他們的基礎上。「請停止爭吵。我正在努力為我們的演講者制定安全計畫，把專業人士帶到這裡時人們還在爭吵是很尷尬的。」就是篇典型的貼文。[12]

Discord上這一群心懷不滿的煽動者認為白人是美國真正的受害者，但他們之間仍然存在著巨大的意識型態鴻溝。猶太人問題[x]，即JQ，就是其中之一。對一些人來說，猶太人是美國多樣性的秘密根源，而此多樣性據信正使美國窒息，且他們也是打開了國家大門並控制著敘事的人。解決這個特殊問題是那些「JQ通」（Hip to the JQ）上的談話者的核心焦點：用戶KommieKillinKowboy[xi]建議「用一個一個Google地圖插件，以大衛之星標記猶太人擁有的企業，這樣白人民族主義者就可以避開它們。」而一些人則支持民族州（ethnostate）的想法，甚至是支持送猶太人到以色列（據說所有猶太人都可以被運送到那裡）。當然，送他們到火葬場也是個很受歡迎的點子。

還有一些個人和團體具有反女性主義、反全球主義、反政治正確的普遍精神，但希望盡可能遠離希特勒生日派對以及納粹禮（Sieg heils）。他們是另類溫和派（Alt-Light）。比起達米戈和他引領的身分主義者，另類溫和派立場稍微偏左，當然，他們一點也不傾向三K黨或更明目張膽的新納粹組織，如原子能組織（Atomwaffen Division），此組織相信加速主義（accelerationism）[xii]，認為要積極煽動一場災難性種族戰爭。另類溫和派的線上訴苦世界包括男性空間（manosphere），在那裡，男性的權利能受到保護，免遭女性化文化暴政之害。由Vice傳媒有限公司的時髦聯合創始人蓋文・麥金尼斯（Gavin McInnes）帶領的驕傲男孩（Proud Boys）等團體主導著一個「支持西方」、「支持男性」的搏擊俱樂部，他們對於一個男孩可只當男孩的世界抱有懷舊之情，並將他們的種族主義和厭女症隱藏在這種懷舊之情後。我們花了很多時間剖析另類右派和另類溫和派之間的區別——著名的白人至上主義思想家格雷格・強森（Greg Johnson）是這樣描述的：「另類溫和派是由公民民族主義定義的，而不是種族民族主義。」[13]

無論定義如何，讓蓋文・麥金尼斯和他底下開明的兄弟會男孩與三K黨大巫師大衛・杜克

（David Duke）的追隨者同處一室並不容易。但這是凱斯勒和史賓塞為自己設定的任務，如果有任何地方可以計劃這樣的策略聯姻，弄清楚這種聯姻如何運作，去求取和遊說，那麼，Discord就是那個地方。如果他們想做得更大，Discord將提供最好的空間來實現此事。正如用戶ManWithTheHand[xiii]在夏洛特維爾市2.0伺服器建立後不久所指出的，與早期的自發抗議不同，這一次他們給自己時間集結力量：「閃電代表了我們的第一個事件，迅速、快捷且出乎意料。第二個事件是雷聲，他們會聽到我們滾進來，我們會很大聲、很可怕，而他們會知道要打雷了，因為雷聲總是跟隨閃電。」

差不多夏洛特維爾市2.0一創建好，「觀感」[xiv]便成為幾乎每天一再出現的熱門話題之一。這個詞是個簡略的表達方式，表示透澈地思考他們的抗議在主流眼中可能呈現的形象究竟為何。對於大多數另類右派團體而言，比如達米戈的「歐洲身分」，它們的存在全是因為他們設想了一種方式，能倡導其最終目標——一個白人、基督教的美國——卻不會使他們想像中的天然支持者驚慌不安。他們認為過時的符號沒有任何益處，比如卐字符，或者全副武裝或戴著兜帽。同時，他們也不想拒絕那些已經支持他們的想法，但還沒有準備好穿西裝打領帶的人。

他們所說的「觀感」就是在協商這樣的事。無止境地笑談著要怎麼做（「對這雙鞋的想法？」「我們要做臂章嗎？」「白襯衫配軍綠色褲子還是軍綠色襯衫配黑褲子？」），才最能夠顯現自己屬於溫和路線中的最溫和路線：白襯衫和卡其褲。這似乎很瑣碎，但它也代表了平台帶來的幾個小勝利中的第一個。除了白襯衫和卡其褲，還有什麼可以佔據這張范恩圖（Venn diagram）[xv]的重疊中心？每個人都同意的是，他們應該看起來像良好青年。這不僅會使他們的運動更平易近人且受人尊敬，還會表明他們的共同目標。「觀感非常重要，」用戶bainbjorn寫道。「如果每個人都以自己想像的版本現身，我們看起來就很雜亂無章，就像普通的烏合之眾。如果每個人都穿白襯衫和卡其褲，我們的保安具備完全相同的盾牌和頭盔，那麼我們看起來就會正當合理。我們不需要在這裡浪費時間做別人做過的事。如果我們是認真的，我們必須在所做的每一件事上保持一致，沒有無賴，沒有孤狼，沒有猶太個體。」

另一個關注的事項是他們應該攜帶什麼。「總的來說，我喜歡盾牌的美學，」用戶Kurt14Lipper寫道。「我們給人的觀感是，我們是要保衛自己。直到我們被逼得忍無可忍。」他們想再次使用火炬。但是，要用怎樣的火炬，以及它們會不會構成火災隱患？用戶HipToTheJQ寫道：「如果我們要真的用火炬，我們也應該這樣做，那我們必須非常注重安全。」來自佛羅里達州的「歐洲身分」社運人士艾莉卡是夏洛特維爾市2.0的版主和少數女性成員之一，她寫道：「我確實認為出於審美目的，如果我們再次製作火炬，它們必須是真正的火炬。而我反對這次拿著火把行走的唯一保留意見是，可能會有非常暴力的反對派在等著我們。我真的不希望我們的人在拿著火炬行進時發生鬥毆而被燒死。」用戶Kristallnight問道：「有沒有一種更潔淨的燃油可以取代那個提基牌爛東西，用於火炬？」有人則建議使用香茅。

很難不覺得這些閒聊顯得有些有趣。他們完全沒有另類右派面向公眾時那種趾高氣昂，也完全不像推特上的酸民，在那裡說惡毒、可怕的話，然後用一種「開玩笑的」或「你為什麼要這麼不爽？」的譏諷態度掩飾。Discord上有很多嘲諷和戲弄，偶爾也會有群體圍攻的狀況，但這些如他們自己經常彼此互稱的「家人」之間，也有著真心誠意。我讀到了一段對話，在對話中，一位群組成員漢德・芭那那（Hand Banana）[xvi]承認與他約會的一個女人原來有一半猶太血統之後——「今年第二個猶太人了。傷心！」——這個群組以更衣室裡的真摯情誼安慰了他。「我們必須為你感到難過，同時不讓你好過。」另一名成員蒂龍（Tyrone）寫道。沒有太多的賣弄。即使他們在某些策略上意見不一致，他們也是自己人，也是已經「吞下紅藥丸」的人，這是另類右派的術語，表示他們已經投身於這一事業。他們會被這個詞嚇到，但這對他們來說是一個「安全的空間」。在獨角獸暴動設法駭入的少數幾場語音聊天中的一場，三個中堅白人至上主義團體的領導人談到了烘烤酸種麵包[xvii]的樂趣。[14]

但是針對某些細節，Discord上存在真正的爭論：例如，卐字符。當伺服器中一名成員抱怨無法佩戴納粹配件時，一場關於他們為什麼需要將其隱藏起來的討論爆發了。「因為告訴智商八十五的嬰兒潮一代，他們不應該想要生活在一個充滿穆斯林和暴力墨西哥幫派成員的國家，這是可理解、可接受的，但戴上卐字符並崇拜某個死去的德國政客則不是。」此伺服器中一位以懷特（Wyatt）為名的參與者寫道，他在這場辯論中站在「觀感永遠很重要」的一方。受到少數成員的挑戰（有人說，「希特勒和卐字符太棒了」）的懷特明確表示，對於「在文化戰爭中使用第三帝國懷舊情緒並打破以文化禁忌焊死的大門」，他沒問題，但這不可能「贏得任何人心」。他們走到一起的目的不是要成立政黨或組建軍隊；他們有一個更侷限但戰略上重要的目標：「讓大多數白人加入白人身分認同本身。」對此，斯托莫ＤＣ（Stormer DC）補充：「如果你不願意經歷摧毀納粹污名的痛苦，你就無法為白人兒童爭取未來。」

大多數伺服器都支持這一立場，但這場對話引發了更廣泛的爭論：正如一位成員所說，比起懷特和其他人擁護的漸進主義（「你們認為這將是一場大規模的革命。事實並非如此。日復一日，越來越多的白人將會覺醒。很快在接下來的五到十年內，將有足夠的人發起文化和政治的巨大轉變」），卐字符以及其所代表的公然納粹主義是一種更真實、更勇敢「衝擊社會系統」的方式。他們還討論到，過去的白人至上主義者未能產生很大影響，尤其是與像「歐洲身分」這樣知名度迅速增加的另類右派團體相比。懷特寫道：「我不想這麼說，因為這很難聽，但在過去五十年裡，『歐洲身分』讓過去五十年的所有白人民族主義運動黯然失色。他們的成功是因為他們的外表。他們行動的方式。以及他們對自己的外表及行為的注重。」隨著雙方之間的爭論越來越激烈，一位成員也提醒說，這次特別的抗議是關於李將軍的雕像，這是他們共同的議題。「我認為我們都同意拆除那尊雕像是對我們所有人的侮辱。……讓我們繼續就事論事。」SpencerReesh寫道。他們的辯論經常朝著尋求共同點的方向發展。「我們中的許多人，站在分歧的兩個立場，但都是國家社會主義者，」加維屋斯．科烏斯（Gavius Corvus）在某段像是總結的話中寫道，「我們想要同樣的東西，只是實現目標的最佳行動方案有所不同。就像懷特說的，我們可以進行這些討論是件好事。過去，我們的運動被這些相對較小的分歧撕裂了。我認為現在我們可以在保有這些小分歧的同時，在重要的時候仍然站在一起，是個了不起的跡象。」

觀感顯然不僅僅是審美問題。這是關於建立更廣泛基礎的對話。他們的優先事項是什麼？哪些原則是必不可少的，哪些可以拋棄？當傑森．凱斯勒詢問，有沒有任何想要焚燒「彩虹旗」（LGBTQ運動的彩虹標誌）的志願者時，另一場爭論爆發了。他立即遭到了一些成員的反對，他們認為這樣做不好看。但最令人驚訝的是伺服器版主艾莉卡的回應。「同性戀是極少數族群，」

她寫道，「要焚燒的是共產主義或無政府主義旗幟。」凱斯勒則試圖澄清，「重點不在同性戀。我不在乎同性戀。那面該死的旗幟已經成為文化馬克思主義事實上的象徵，」他的意思是說，這面旗幟象徵的是「矽谷、民主黨、我們的種族和文化替代者。……此時，這是一面多元文化的旗幟。」艾莉卡以凱斯勒的稱號在她的回應中標註了他。「@MadDimension重點不在你和我們所有人所看到的。重點在於世界上的其他人將如何看待它，」她寫道，「人們會排除你在焚燒旗幟之前發表的任何言論，整件事只會成為『納粹想要滅絕男同志』。」凱斯勒堅持認為，這面旗幟的意義不僅僅是關於同志驕傲（gay pride），它向白人傳達了一套並非屬於他們的價值觀：「我認為右翼最大的力量是，我們傳達人們因社會污名而壓抑的真相和秘密情感。我認為美國的心臟地帶已經厭倦了那該死的旗幟。」艾莉卡不斷重複說，他認為那面旗幟象徵什麼並不重要。對世界上的大多數人來說，那僅僅意味著同志驕傲。焚燒它會分散大家的注意力，而他們必須集中焦點。「燒一面同性戀旗幟是個糟糕的主意，」傑克・「阿賈克斯」・理查森（Jack "Ajax" Richardson）插話道，「我們擁有好的觀感、乾乾淨淨的外貌、明智冷靜的論據，以及有教養的態度，這樣的組合能讓我們勝利。但焚燒彩虹旗與這一切背道而馳。我們不能試圖在中途改變我們的準則。」凱斯勒最終悄悄地認輸了，艾莉卡並沒有拿他的撤退做文章。「請大家有點耐心，」凱斯勒寫道。「你可以談論焚燒旗幟或任何你想要講的事情，沒有人有權告訴你不能。這應該是人們可以公開辯論想法的地方。」

這些起摩擦的時刻幾乎總是會自行化解。針對雅典娜・瑪麗（Athena Marie）的問題：「為什麼我們不能在活動結束後組織一場焚書行動？」斯托莫DC明智地回應道：「因為這只會讓我們看起來像是我們害怕文學。」緊張的氣氛經常被惡劣的笑話或愚蠢、種族歧視的迷因分享給打破。「我只是認為需要更微妙的手法才能讓人們看到光明。」我是哥伊（Soy Goy）寫道。

隨著一週又一週過去，在夏洛特維爾市2.0上的討論越來越多（到獨角獸暴動在八月下載整個伺服器時，已經有超過二萬一千則貼文），凱斯勒開始分享有關運籌的資訊——誰將在他們的集會演說，以及他們正試圖吸引其他哪些團體。一個主要的話題是找到一種方法，能夠使蓋文．麥金尼斯的驕傲男孩融入。

從此伺服器設立的一開始，艾莉卡便針對可以加入和不可以加入的對象進行了控管，並明確表示，目前她和其他人只是出於安全原因將夏洛特維爾市2.0保持為完全的另類右派。但凱斯勒渴望擴張。有一次，他提議邀請當地一群驕傲男孩到一家夏洛特維爾市市中心的酒吧喝一杯。他認為，反法人士（antifa），也就是身著黑衣的反法西斯社運人士，很可能會攻擊他們，而這種經歷會使驕傲男孩進一步加入他的陣營。

凱斯勒在夏洛特維爾市2.0伺服器上分享了這個計畫。「我理解此目的，」用戶AltRightVa寫道。「讓驕傲男孩充分了解，無論他們如何試圖將自己與我們區分開來，他們都將與我們同在，不妨加入我們。這說得通。」但其他人認為這樣的做法具欺騙性質，可能會使潛在的新兵疏離他們。「如果這件事有任何機會成功，不同組織之間必須有信任。」用戶atthias反駁道。無論如何，凱斯勒繼續前進。正如他所預料的那樣，發生了一場混戰，他們都被踢出了酒吧。「和我們一起來的人因八月十二日那天的事很激動。」他隨後回報道。

讓舊有三K黨成員加入只是意味著整肅老爺爺，並說服他把自己的卐字符放在壁櫥裡。有關另類溫和派，以及特別是驕傲男孩，是一個更複雜的問題，他們迫使伺服器成員決定他們願意鬆綁自己在意識型態上的信念到什麼程度。一些驕傲男孩甚至不是白人。他們對於自己所相信的，抱持著一種更圓滑、更含糊的態度。但不可否認，他們也是通往主流的潛在橋梁。「現在右派和左派之間最大的區別在於，右派拒絕與『意識型態不純』的團體合作，而左派則採用大帳篷策略[xviii]，這對他們來說非常有利。」漢德．芭那那寫道。凱斯勒不斷驅策每個人都敞開心扉。（他甚至自己接受了一場驕傲男孩的入會儀式：三個階段，第二個階段是要一邊喊早餐穀片的名字，一邊承受持續毆打。[15]）但是隨著參與者名單越來越長，人們開始反抗和懷疑。「我從來沒有說過我不願意與不是百分之百與我們步伐一致的人合作，」用戶ManWithTheHand爭論道，「我看不出為什麼我們不該吸收另類溫和派的人。但主要問題是，我們在這件事上做出了一切妥協。為什麼在與『意識型態不純』的團體打交道時，我們必須拋開我們所代表的一切？他們至少需要在中間點與我們會合。而且我認為要求另類溫和派支持白人民族主義並不過分。」

六月二十五日，當理查德．史賓塞與納森．達米戈在林肯紀念堂附近舉行「言論自由集會」時，另類右派和另類溫和派之間的對抗檯面化了。[16]參與這場活動的成員包含幾名前一個月在夏洛特維爾市發表演講的人物，他們揮舞著「歐洲身分」和另一個名為「先鋒美國」（Vanguard America）的新組織的橫布條。同一天，白宮附近發生了一場「反對政治暴力」的敵對示威活動，由另類溫和派人物組織，其中包括兩位狂熱的陰謀論者麥可．瑟諾維奇（Mike Cernovich）以及傑克．波索比克（Jack Posobiec）。波索比克本應出現在另類右派的那場活動中，但當他得知史賓塞也會發言時改變了主意。兩場集會的參與者都很少，不超過一百人，但分界線很明顯。主要是關於他們願意反猶太

（anti-Semitic）反得多明目張膽。在「言論自由」集會上，凱斯勒談到了猶太人所造成的窮凶惡極的影響，他將自己對準攝影機。「你們在座的所有人告訴我，誰是擁有你、擁有CBS[xix]和NBC那些全球企業集團的負責人？」而在另一場集會上，講者們更關心的是，指出自由主義者和民主黨在哪些方面是邪惡的化身。

Discord伺服器的成員分析了這兩場對決的示威，以了解他們可以為自己計劃的活動汲取怎樣的教訓，而這對他們而言，說明了「聯合右派」將是多麼困難的一件事。但他們也注意到，兩場集會都出現了驕傲男孩，這個現象只是進一步證實了他們將成為最容易招募的成員。驕傲男孩的一名成員凱爾・查普曼（Kyle Chapman）在一場支持川普的集會上，用棍棒毆打了一名敵對陣營的抗議者的頭部之後，開始稱自己為「做自己的棍棒男（Based Stickman）」[xx]，他創立了驕傲男孩的準軍事分支，稱作另類騎士兄弟會（Fraternal Order of Alt-Knights）。七月，一場名為「團結美國優先和平集會」的活動在薩克拉門托（Sacramento）舉行，查普曼在這場活動上向人群說：「白人和歐洲人後裔不僅在這個國家面臨著暴行，我不害怕坦白說出我對這些暴行的看法。」[17]另外即使是蓋文・麥金尼斯，在一開始胡扯了一些沒重點的話之後，最終也鼓勵起那些感到「不得不」去夏洛特維爾市的人。關於他們的所有訊息在伺服器中翻騰。「我也不喜歡蓋文或筷子男（chopstick man），但現在聽從蓋文和筷子男的很多年輕白人，無疑會看到自己邏輯上的缺陷，並將在年底前站到我們這邊，」艾莉卡寫道，「我們應該持開放態度，讓他們參加我們的活動。」

如果說，他們不想輕易將那些在猶太人問題上立場有點猶疑的人包含進他們的行列，那麼他們同時也提防著，不被捲入極右派最暴力的一端。凱斯勒列出了演講者名單，其中包括許多公開反猶太的人物，例如麥可・伊諾克（Mike Enoch），他是最受歡迎另類右派播客節目之一《每日猶太大屠殺》（*The Daily Shoah*）[xxi]的共同主持人，此播客節目經常欣欣然地嘲笑猶太人的苦難。伊諾克根據他在節目中提到猶太人時使用的殘響音效，創造了反猶太主義網路梗「(((回音)))」。另類右派成員開始在名字前後加上三組小括號，以標明這些名字屬於猶太勢力——此梗最常見於社群媒體。（二〇一七年一月，伊諾克還承認了他的妻子是猶太人，因此得了臭名，這在另類右派世界中是一個絕對的醜聞，幾乎讓他被終身排斥。[18]）

儘管給了伊諾克一個平台，凱斯勒還是劃清了界限，將來自《每日暴風雨》的任何人拒之門外。《每日暴風雨》是網際網路上最大的新納粹網站，由另類右派的教父安德魯・安格林（Andrew Anglin）經營，他是第一個開始思考如何使種族主義和反猶太主義變得現代化、精通科技的人。安格林本人幾乎是躲藏著不露面，但他的合作人之一羅伯特・沃倫・雷（Robert Warren Ray）是《每日暴風雨》的其中一位寫手兼播客節目主持人，以其化名阿茲瑪德（Azzmador）更為人所知。來自德克薩斯州東部的阿茲瑪德留著鬍鬚、挺著啤酒肚，而且比大多數另類右翼人士還要老。這在觀感上並不好。當另類右派活動組織者拒絕讓他發表演說的消息傳出後，伺服器上出現了一些反對意見，不同意為什麼阿茲瑪德得被視為不能接觸的人。

用戶WhiteTrash寫道：「阿茲瑪德應該要發言。……必須有人代表最受歡迎的另類右派網站。」蒂龍擴大了此觀點：「從雅利安民族的三葉草刺青重罪犯，或正在康復的墮落者到驕傲男孩，每個人都有一席之地。他們是工具箱中的工具。」不過，這是此伺服器在調節爭端方面變得有用的另一個例子。凱斯勒解釋了自己的想法，並開始贏得其他人的支持，這些人認為阿茲瑪德可能並非最能夠幫助他們獲得更廣泛認可的人。正如用戶HouseboatMedic所說，「雖然我他媽的愛阿茲瑪德，但他是個憤怒的大鬍子老頭，對著猶太佬大叫要把他們丟進烤箱，沒有多少正常人會被這樣一個老頭說服。」

我們認為網際網路的黑暗角落是危險和激進的地方，這些黑暗的角落缺乏羞恥心，於是可怕的觀念得以激化。這是真的。但是，當一個自選加入的群體撤退到一個更安靜、步調更慢、更私密、更少表演性的空間進行對話時，還可以設想會發生什麼樣別的事情：想像力會滋生。那年夏天我在Discord伺服器上看到的言論讓我想起了未來主義者們的宣言，每個人接力傳達他們對社會的瘋狂渴望，就如同在另一個人的背後拍一下，讓他們走得更遠，提出更誇張的建議。這樣一來，他們都開始相信不可能的事情實際上是可能的：他們的想法可以闖出一片天。

他們使用的平台已經奠定於遊戲玩家的幻想。在此平台上面，他們夢想著消滅猶太人、屠殺黑人，一旁則上演著其他類型的遊戲戲碼，其中一些是某個《龍與地下城》遊戲環節的和善嬉鬧，另一些則包含一次殺死及弄殘數十人的情節。德州理工大學教授梅根．康迪斯（Megan Condis）曾做過Discord與男子氣概的研究，她告訴我，在網路上，人們不具備實體，在這種沒有任何明顯的身分標記（如性別或膚色）的情況下，能產生一種創造力，僅透過文字來證明一個人的男子氣概、一個人的白人身分、一個人對一個共同目標的投入，而這些全都會到達某種誇張的地步。「一切都必須從零開始。」她說。[19]

我看到伺服器上的成員大部分時間都在設計代表他們團隊的旗幟，基本上就是構建一個虛擬化身。他們會就顏色和符號提出建議，評論彼此的草稿，舉出過去旗幟的例子以作效仿。「我認為，如果你想製作代表一個國家的旗幟，你應該複製北歐的設計，做一個簡單的三色旗就好，」黑帽十六（blackhat 16）[xxii]寫出一個想法，「如果你想為國內的一個愛國法西斯組織製作一面旗幟，你應該添加象徵意義，並在顏色的配置上更加自由。」成員南方古猿喬登（Australopithecus Jordan）在評論另一個設計時寫道：「頂角的黑色太陽很吸引人。它不明顯，但對我們的同類特別有吸引力。」他們會這樣持續幾個小時，經常到深夜，表面上是研討會，但實際上強化了他們同一方向的夢想（「我真的很重視你們的反饋，希望我們能找到一個……『最終』的解決方案。」另一位成員德意志國防軍（Wehrmacht）寫道）。

當然，他們的夢想通常不如旗幟上的配色那麼無害。有一次，談話聚焦於如何為非白人創建地理飛地的問題上。用戶AltRightVa寫道：「新國家可能必須重劃國界，以獲得主權。」從這篇貼文，衍生出了一連串提議。他建議在密西西比州劃出一片區域：「把它變成一個黑人國家，並給所有想搬到那裡的黑人一些錢和住所，以此鼓勵外流。我們可以主要透過自願移民，清空巴爾的摩。」其他人對這種思想演練起了興趣。「如果一切按計畫進行，你要在全國範圍內指定一個黑人州，那會是哪個地區？」80D問道，「我說的是像北達科他州那種地區，但我不確定，那裡其實有很多美景。」

他們花了很多時間全神貫注地討論女性在未來全白人美國中的角色。一開始針對是否應該允許女性參加「右派團結」，這個他們反覆出現的煩惱，後來轉向為基於其價值觀更普遍的篩選。不出所料，他們的共識是，正如一位成員所說，女性應該扮演「給予支持的角色」，負責做飯、打掃衛生及生育。他們對此相當明確：另類右派運動中的女性應該「組成縫紉團」[xxiii]，強尼麥克法希（Johnny McFashy）寫道。甚至有一個關於「白人伊斯蘭律法」的噁心笑話，認為如果他們執行有關女性的傳統穆斯林法律，會過得更好。（「我們尊重女性，但她們得不表現得像完全墮落的蕩婦，她們得是傳統的，得和一個男人在一起，尊重那個男人的意志，有生育能力，不會在沒有男性伴侶陪同的情況下出門，因為這是白人伊斯蘭律法，混蛋們！」）。

在夏洛特維爾市2.0伺服器上，有股緊張的氣氛圍繞著這種男性統治的幻想，而原因正是出自他們版主的身分。艾莉卡有權將成員踢出去，當有人發表任何羞辱女性的評論時，她證明自己會無所畏懼地反對。伺服器上的男人們常常不知道該怎麼看待她。他們試圖想讓她知道她不是老大，堅持主張他們希望創造的世界規則。雖說如此，但她是唯一擁有真正權威的人。艾莉卡的身分最終被揭露，她的全名為艾莉卡・喬伊・阿杜伊諾（Erica Joy Alduino），在社群媒體上的自拍照中，她塗著鮮紅色的口紅，鎖骨正下方有一串草寫文字刺青，上面寫著：「我永遠不會被噤聲。」[20]她是集會的主要組織者，凱斯勒似乎很信任她，與她密切合作。此伺服器的管理員是個重要的角色。她設定了界限。她在一名成員使用貶義詞指稱女性後寫道：「對於那些不尊重在此伺服器／觀感系統上一些基本討論規則的人，我禁止他們更進一步，還有那些無限上綱的人，就有點像你這樣。」這番話使伺服器上的其他人都抓狂了。一位用戶名為SchoolShooterRecruiter的成員總結：「右派運動不應該有女版主，我們甚至不得不討論這件事，很荒謬。」不過，艾莉卡確實有她的捍衛者。有次，艾莉卡提醒伺服器上的成員關於凱斯勒曾立下的規則，即在他們的活動上不可公開攜帶槍枝，他們因此很惱怒，這時，一位成員戈爾茲坦・騷亂（Goldstein Riots）介入了：「聽著，艾莉卡所做的只是指出其他人都已經知道的規則，如果你們不喜歡，就拉倒。傑森說過不要公開攜帶，別只是因為一個女生向你們指出這點，就惱羞成怒。」

過多解讀此伺服器上卑鄙、厭女的霸凌行為似乎很荒謬，但通過這樣的衝突時刻，伺服器上的成員們是在建立並鞏固共同價值觀。這種強烈的想像正是《每日暴風雨》的創始人安德魯·安格林長期以來一直開的處方。他自己網站的留言板也是為了創建一個社群而存在。他想，只有到這個社群創建出來的那時，他們才能開始接管世界。

在二〇一六年總統大選前兩個月，安格林發表了一篇文章〈正常人的另類右派指南〉（A Normie's Guide to the Alt-Right）[21]，其中，他說明了自己的想法非比尋常的來源。「對我來說特別重要的是猶太人索爾·阿林斯基的著作《叛道》，因為猶太人採取其策略，摧毀了整個古老的歐洲傳統和社會規範體系，並以某種猶太人更熟悉自在的體系取而代之，而阿林斯基將猶太人採取的策略編纂成點，」安格林寫道。他向阿林斯基學到了有關社會運動各階段的知識，而他想要運用這些知識。「另類右派的最終目標是首先鞏固一種穩定、自立的反文化，然後最終推動此文化成為優勢文化[xxiv]，就如同一九六〇年代猶太人領導的革命反文化現在已經成為西方的優勢文化。」另類右派悄悄地沉浸在他們的Discord伺服器中的時間，是否已經長到能夠浮上檯面並挑戰美國優勢文化，這個問題即將獲得解答。

隨著八月十二日那週末的臨近，夏洛特維爾市2.0伺服器開始忙於運籌。（「我可以帶上我的羅威納犬嗎？」「大家最好學唱〈迪克西〉[xxv]。如果只有十個人能夠唱完整首歌，我們真的會看起來且感覺很遜。」）還有不到一週的時間，凱斯勒的集會許可證卻出了些問題。夏洛特維爾市政府告知他，已決定將他們的集會場地從維安不易的解放公園（前李將軍公園），一個位於夏洛特維爾市中心的小廣場，搬遷到麥金泰爾公園（McIntire Park），市中心以北一片更大的廣闊草地。凱斯勒拒不答應，然後在八月十日，也就是示威前兩天，他在美國公民自由聯盟（ACLU）的幫助下向聯邦法院對夏洛特維爾市提起訴訟。「讓你祖先的鮮血在你的靈魂中沸騰。我們不應該被推到公共汽車的後面。政府做的就是這麼一回事。把我們推到角落裡，」SpencerReesh寫道。「鬆散分散的人群看起來像州博覽會，而不是政治集會。」這件事感覺就像在「觀感」方面——他們最在乎的一點——遭遇了重大挫折，大家感到非常挫折、惋惜。另一位成員寫道：「整個重點是要在李將軍的雕像前。」

集會的前一天，即八月十一日星期五，法院站到了凱斯勒和美國公民自由聯盟這一邊，命令該市核准原始許可證（這群白人至上主義者們因此處於讚揚他們的「猶太律師們」的奇怪立場）。經過幾週的想像及自我壯大，他們終於要做到了。伺服器變成了一個情感激烈的地方。你可以從他們的談話看出他們之間的關係是多麼的緊密，因為他們甚至漸漸開始顯露出些許脆弱。「我們只有彼此，」麥可・阿爾比恩（Mack Albion）寫道，「我們有時需要被提醒這點。」前一天晚上，另一名成員垃圾車（junker）承認，「我很害怕。」但大多數情況下，他們是在互相打氣。「說真的，大約在二〇一二年，我正在閱讀希特勒的演講稿，以為我是唯一一個在思考新的『歐洲中心意識』的人，」比拉凡（Beeravon）寫道，「五年後，我即將躺下睡上一覺，起來後，我便將見證這成為現實，數百人齊聚一堂，這些人都能努力成就偉大的事業。這將勢不可擋，不可否認的變化正在向我們走來。」

同時間，不支持這項事業的人紛紛湧入這座城市，包括反法西斯社運人士，而像Airbnb這樣的企業則拒絕為另類右派服務，以此反對他們的存在。他們需要強化自己，而Discord正是他們可以做到這件事的地方。「如果有人在讀到關於成群結隊的人向我們發出抗議、AirBnB的胡說八道、企業的失約以及許可證的問題後，感到不安或氣餒，請記住：成為矛頭絕非易事，」用戶AshBrighton—AL寫道，「我們是真正偉大事業的先鋒，當我們獲勝時，我們的勇氣將永遠被銘記。」

週五晚上，夜幕降臨後，他們重複了五月份對他們而言非常奏效的做法，讓當局和這座城市感到詫異：火炬遊行。這一次，他們穿過維吉尼亞大學校園，來到學校的湯瑪士・傑佛遜雕像前。現在他們的人數更多，有數百人，而且聲勢更大。「你不會取代我們的！」很快變成了「猶太人不會取代我們！」同樣的面紅耳赤的怒吼，卡其褲和白色POLO衫，希特勒青年時期的髮型，行納粹禮舉起的手臂，一排火焰。媒體已經到達夏洛特維爾市，火光劃破黑夜的畫面迅速傳開，向世人展示了他們的蔑視。令人震驚的是沒有恐懼或羞恥。他們似乎解放了。「大夥們，場面看起來很漂亮，」用戶queenarchitect寫道，他是伺服器中少數實時發布的成員之一。當他們與一小群敵對的抗議者發生爭鬥時，警察基本上都袖手旁觀，幾乎沒有採取任何行動。一些人被噴到了胡椒噴霧，但最大的傷害是心理上的。大多數人一心認為已經被殺死的美國怪物復活了。這場遊行就像殭屍入侵。

隔天，Discord伺服器上很安靜。他們還活在自己的夢中，卻沒有努力實踐。而他們的集會很快就演變為暴力事件。Discord和火炬集會賦予他們一種力量之感，使他們得到了支持和團結。另類右派最喜歡的比喻是奧弗頓之窗（Overton window），它代表任何特定歷史時刻可接受的政治觀點範圍。在這些伺服器上傳導的熱能讓他們覺得如果一起行動，他們就好像可以把這扇窗再打開一點點。然而，這股熱能並沒有改變一些基本的現實情況：大多數人都認為他們的世界觀令人憎惡、值得反對，他們的人數仍然很少，儘管他們試圖強加紀律（「請不要在集會期間行軍禮，」凱斯勒那天早上乞求），但他們之間有不少暴力、精神錯亂的人。這些是八月十二日聚集在夏洛特維爾市市中心街道上不可避免的事實。

八月十二日那天早上，另類右派人士和他們設法與他們一起帶來的人——從大衛·杜克到南方聯盟（the League of the South），一個新南方邦聯組織——開始從他們在麥金泰爾公園的集結地前往解放公園，接著來到李將軍雕像前，他們現在獲得了在此舉辦活動的許可證。[22]與此同時，敵對的抗議者、地方部長和拉比[xxvi]以及準備打架的反法西斯勢力（其中一些人帶著填裝粉紅色油漆的氣球作為武器）也從聖保羅紀念教堂出發，往那裡行進。沒過多久，兩支隊伍便發生了衝突，巷戰四起，旗桿成了臨時湊合的武器。許多白人至上主義者穿得就好像他們在電動遊戲世界裡，彷彿使他們的塊頭變得更大的頭盔和盔甲仍然讓他們保有在Discord上與現實的距離。他們揮舞著大型塑膠盾牌衝進人群，他們的盾牌上有著他們共同設計的白底紅十字標誌。場面很凶殘。警察站在一旁，看著人們互相撞擊身體。後來由夏洛特維爾市委託編寫的一份獨立報告尖銳地批評：「暴力衝突最嚴重的時候，夏洛特維爾市警察局指揮官將警員拉回公園的保護區，他們在那裡停留了一個多小時，那時人群中的人們在市場街上戰鬥。」最後，在十一點二十八分，官方宣告進入緊急狀態，不久之後，這場集會被宣告為「非法集會」，警察開始進行逮捕，試圖驅散所有人。

當時，理查德·史賓塞正拚命地走向李的雕像前，他被噴中了胡椒噴霧——他說，首先是敵對的抗議者噴灑，然後是執行驅散令的警察。他開始在推特上直播，臉上濕漉漉的，眼睛布滿血絲。「這絕對是暴行，」史賓塞說，「這場集會是一場和平集會。」穿著全套鎮暴裝備的警察進入現場，將所有人趕出公園，史賓塞繼續拍攝——「我不會移動，警察先生，我不會攻擊你，但我不會移動」——直到他最終被警方用鎮暴盾牌推著向後退。他在推特向追蹤者發文：「我建議：解散。離開夏洛特維爾市區。」[23]

衝突一直持續到下午一、兩點，當時一大群敵對的抗議者來到了市中心地區。從俄亥俄州開車前來參加這場另類右派集會的小詹姆士·艾列克斯·菲爾茲（James Alex Fields Jr.）早先時候還在集會上揮舞著先鋒美國盾牌，但就在大約一點四十五分的時候，他駕駛著他的道奇挑戰者汽車衝入敵對抗議者的人群，然後迅速轉向狹窄的街道上，人們往各個方向被撞飛了出去，場面十分可怕。這次襲擊造成數十人受傷，然後，幾個小時後，有消息稱一名女性罹難：一名三十二歲的律師助理海希·赫爾（Heather Heyer）。

在夏洛特維爾市2.0伺服器上，人們先是否認（「請告訴我，這不是我們的人」）、發怒（「他媽的對我們的運動造成的傷害比一百個反法人士還大」），到最後無可奈何地接受（「大家，請用用你們的腦。停止憤怒一下下就好，想想如何清楚傳達一個堅守我們事業的中心思想，但不會聽起來像思維未開化的白癡」）。凱斯勒似乎真的被他們可能造成的後果嚇壞了。「有人死去這件事不是玩笑，」他寫道。「如果你要繼續開這種玩笑，就他媽的離開這個伺服器。」伺服器上的人們迫切希望將發生的事情融入自己的敘事中。「她因站在歷史的錯誤一邊而死，」比拉凡寫道。詹姆斯·布勞爾（James Brower）接著補充說：「一個人是爛蘋果並不代表整個運動都是。」儘管如此，他們的觀感還是毀了。「控制這種情況的最好方式是為死者的家人籌集資金，」用戶Stan—PA建議道，「領導層應該開始籌款活動。」他們最終決定將錯怪到市政府、警察及州長過早地終止了活動。另一名成員布爾多普斯先生（Mr. Bulldops）寫道：「開車撞人那個人顯然是因他的公民權利遭到踐踏，唯一發洩不滿的出口被剝奪，而感到憤怒。」

他們已經走到了陽光下。即使發生了海希・赫爾的罹難事件，並遭逢大規模且即刻出現的強烈抵制而最終將被彈回黑暗之中，他們仍然覺得獲得了小小的勝利。他們在那個週末成了最重大的新聞，另類右派已經讓自己廣為人知並且顯得無所畏懼，這似乎是一項成就。正如凱斯勒告訴他們的，那一刻「震動了整個政治機構的椽架」。

Discord是此成功的一大要素。丹・菲特（Dan Feidt）是獨角獸暴動的駭客之一，他破解了這群另類右派人士的Discord伺服器，在夏洛特維爾市事件之後的日子裡，對於這個平台，他想了很多。在他看來，Discord平台最大的優勢在於它提供的封閉聊天室數量，讓他們既能團結合作，但也能分開作業。「我知道一些團體轉移到了不同的通訊平台，比如Signal。但這並不能真正幫助你創建大廳。當Discord處於全盛時期時，它有一個前區、一個有點像後區的地方、不同功能的不同伺服器、交叉區、交叉授粉區。」[24]這讓他們感覺好像自己「在精神上處於一個完整的次文化中」。

在那場集會後的幾天內，他們的次文化受到了圍攻。許多網際網路服務提供商展開大動作，強硬地抹去所有白人至上主義的存在。新納粹旗艦網站《每日暴風雨》的命運是具代表性的例證。八月十三日，網站代管公司GoDaddy通知安德魯・安格林，他有二十四小時的時間在他處註冊他的網域。[25]該網站第二天便轉移到Google，並立刻被踢了出來；它最終被迫進入暗網，只能透過特殊軟體進入。至於Discord，無論創始人們之前是否知道他們平台上發生的事情，他們都聲稱很反感。他們立即刪除了一百多個另類右派伺服器[26]，並很快成立了一個信任與安全（Trust and Safety）部門，負責調查及消滅任何可能使用他們網站的仇恨團體。這是對另類右派的平台驅逐（deplatforming），迫使他們匆忙尋找掩護，並尋找他們可以交談的更隱蔽之處。傑森．凱斯勒的經歷也許是最丟臉的版本。[27]他背負著那次襲擊中受傷者對他提起的所有訴訟的費用，被迫搬回父母家。有一次，當凱斯勒在一個另類右派的直播中接受採訪時，鏡頭外傳來他父親的聲音，他對兒子大喊：「嘿，滾出我的房子！傑森，這是我的房子！」至少對於凱斯勒來說，他真的無處可去。

然而，如果說，另類右派一直尋求將他們的想法帶入主流，那麼在集會幾天後那場舉行於川普大廈大理石大廳的臨時新聞發布會上，他們從川普總統模棱兩可的一番話，得到了回報。「我認為雙方都有責任，」他告訴記者。當他再次被問到新納粹分子在夏洛特維爾市組織這次活動是否無過錯時，他甚至更進一步地說：「對不起，他們並沒有把自己貶低為新納粹分子，而那個群體中有一些非常壞的人。但雙方也都有非常優秀的人。」[28]如果他們一直在Discord伺服器上告訴自己一件事，一個他們希望突破的概念，那就是：他們是非常優秀的人。

---

i 譯註：一種細長火炬，常用以裝飾室外空間。

ii 譯註：羅伯特．E．李為南北戰爭期間南方聯盟主帥。

iii 譯註：「血與土」（Blood and Soil，德文：Blut und Boden）十九世紀德國發展出的一個概念，意指民族之生存依賴鮮血與土地，此概念成了納粹德國的重要思想之一。

iv 譯註：身分主義（identitarianism）為一極右派思想，身分主義者們相信，歐洲民族與白人有權獨佔西方文化及領土。

v 譯註：此處強調不穿白袍，是因不想和以白袍為標誌性穿著的三K黨劃上等號。

vi 譯註：此雕像已於二〇二一年拆除。

vii 譯註：當一個懷抱某種意識形態的群體討論越發熱切，發表的言論越來越無限上綱地極端，陷入的惡性循環，便稱做「純度螺旋」（purity spiral），此詞源自自由撰稿記者蓋文．海尼斯（Gavin Haynes）。

viii 譯註：此人為傑森．西特隆（Jason Citron）。

ix 譯註：中文直譯為「憤怒維度」。

x 譯註：猶太人問題（The Jewish Question）指涉及猶太人地位、待遇之廣泛辯論。

xi 譯註：此用戶名是「commie killing cowboy」（殺死阿共仔的牛仔）的改寫，用了三個k，可推測是呼應三K黨。

xii 譯註：加速主義乃一理論，認為應加速資本主義制度或社會上某一技術之進程，以達到改革社會的目的。

xiii 譯註：中文直譯為「有手的男人」。

xiv 譯註：optics之原意為「光學」，近來會用以表示大眾對某一情況之觀感之意見或了解（尤其是透過看到媒體敘述或是思考其影響後）。

xv 譯註：范恩圖乃用不同圓圈重疊部分表示不同集合之交集的圖。

xvi 譯註：「漢德．芭那那」（Hand Banana）此稱號取自一以黃色小狗為主角之動畫。

xvii 譯註：酸種麵包（sourdough bread）不另外添加牛奶或奶油，而只以麵粉、水、鹽巴，透過長時間自然發酵烘烤成的麵包。

xviii 譯註：在政治上，「大帳篷策略」（big tent strategy）是指政黨揉合不同的政治觀點，並採納更具族群包容性的主張，以吸引更多選民。

xix 譯註：CBS為一家美國商業無線電視網，也是美國第三大聯播網，母公司為派拉蒙全球（Paramount Global）。

xx 譯註：在流行文化中，based一詞有「很潮、很有自信、做自己」之意，一開始出現於嘻哈饒舌歌詞中，後來逐漸在網路上，此詞受到右派人士的挪用，以表示「對自己所作所為懷有自信，不畏懼別人對自己的看法」。

xxi 譯註：原節目Shoah一詞在希伯來文中表示「浩劫」，後用以表示二戰期間納粹政府進行的猶太大屠殺（holocaust）。

xxii 譯註：黑帽（blackhat）通常有網路駭客之意。

xxiii 譯註：縫紉團（sewing circle）指的是為了縫紉而定期聚會的一群人，尤其是女性。

xxiv 譯註：優勢文化（dominant culture）又稱宰制文化或是支配文化，是指一經濟體或社會體中佔有主導地位的文化。

xxv 譯註：〈迪克西〉（Dixie）為美國一首仿民謠歌曲，在美國內戰時期，此歌曲曾被採納為實際上的南方邦聯國歌。

xxvi 譯註：拉比（rabbi）一詞用以稱呼猶太教領袖。

第九章　病毒：二〇二〇年，紐約市

伊娃・李（Eva Lee）能看見病毒，但不是像流行病學家、病毒學家或急診室醫生那樣。她能在病毒化作咳嗽或臉上冒出的紅斑點之前，就看見它們。作為一名專攻災難的應用數學家，她有能力繪製傳染路徑，然後設計傳播治療方法的系統。過去十五年來，她相當受到重用，在美國疾病管制與預防中心（CDC）和食品藥物管理局（FDA）發揮所長，並在喬治・W・布希及巴拉克・歐巴馬執政期間擔任顧問。二〇一一年爆發福島核災後，她到了日本進行協助，之後，二〇一四年，她又與西非海軍陸戰隊共抗伊波拉病毒。而二〇〇九年H1N1流感疫情襲擊美國時，伊娃・李被召至華府研究疫苗的遞送系統。

她熱愛各種演算法，以及那兩百台放在她位於喬治亞理工學院實驗室裡的建模電腦，不過，她也稱自己「情感豐沛」。[1]她之所以開始重視解決公衛問題，是因為她姊姊死於胃癌，且母親患有硬化症。無情感的電腦抽象化概念加上深刻的同理心，可能形成一個易燃的混合物，讓她有時激動得像是靈魂就要跳出身體一樣——毫不吝嗇地用兩個她最喜歡的詞點綴話語：「不可思議」和「漂亮極了」。身材嬌小的她在香港度過了少年時期，因此說話帶有口音，且語速很快，話題跳來跳去。她給人一種違和感，有些地方似乎不符合她這個人，就像她甜美風格的捲髮。雖然她擅長大規模事項的微調——她在哥倫比亞大學任教時最知名的課程是設施規劃與設計——但她很容易被日常生活中的實際問題所淹沒。她的電子郵件中充滿了拼寫錯誤，因為她只用兩手各一根手指來打郵件。她曾經優化過FedEx的全球快遞系統，但她連車都沒開過。

所有這一切都意味著，當伊娃在二〇二〇年一月開始收集關於某種新型冠狀病毒在中國武漢傳播的情報時，她在技能和性格上已經準備好專心一志地踏上這次的十字軍東征。一月二十一日ＣＤＣ確認了美國確診第一例，不久後，伊娃收到了一封電子郵件，主旨異常聳動：「赤色黎明」（*Red Dawn*）。[2]此標題出處為一部一九八四年的電影[i]，由年輕的派屈克·史威茲（Patrick Swayze）與查理·辛（Charlie Sheen）主演。這部電影假想美國受到蘇聯侵佔，而一群自稱為金鋼狼、桀驁不馴的高中生起身抵抗這個「邪惡帝國」。從此戲謔的主旨可以看出，這是一次相當非正式的談話，但是伊娃立刻便明白，有一群嚴肅的人參與其中——大約有十幾個傳染病醫生、醫學專家及幾位地方公共衛生官員。其中也有一些知名人物，比如時任ＣＤＣ主任的羅伯特·雷德菲爾德（Robert Redfield）、美國國家過敏和傳染病研究所（NIAID）所長安東尼·佛奇（Anthony Fauci），不過，他們保持著沉默，有時甚至被撇除在收件人行列之外，此外還有一大群美國衛生及公共服務部（HHS）二、三級行政官員。這一切讓人明顯感受到，無論這個電子郵件群組討論的是什麼，都會有辦法攀上這條國家指揮鏈。而這正是伊娃在尋找的那種施展身手的途徑。

發起這場「赤色黎明」談話的是美國國土安全部首席醫療官杜安·卡瓦那（Duane Caneva），他在早先一封電子郵件中，將他們這個電子郵件群組的宗旨形容為「提供想法、表達關切事項、提出問題、分享資訊的機會」。[3]但隨著他們的電子郵件串越拉越長，越來越分裂，越來越可怕——例如以「赤色黎明昇起」和「赤色黎明肆虐」為主旨的郵件串——一些群組參與者開始發現，在這條私密交流渠道中，不僅是同行之間的閒聊。這條通道是一個避難所，他們可以在此估量出現在他們眼前的病毒，並開始瘋狂地制定計畫，同時世界其他地方卻似乎繼續無動於衷地運轉。在這裡，大家可以直抒己見。伊娃和群組中的許多人一樣，從現實生活和過去的緊急情況中認識了其他一些人。正如這條對話鏈的一位參與者所說，他們就像「一大群朋友獲准共乘於同一機密等級」。[4]

伊娃立刻喜歡上了這條交流渠道。「我們能夠談論事實，談論正在發生的事情，完全不需考慮政治，我在政治方面毫無天分，」她告訴我，「這條渠道讓我們能夠非常直截了當地溝通。」她預設至少有相同數量的民主黨和共和黨人士，可能共和黨人士更多一些，也就是川普政府委任之人，但這些訊息是無黨派的。這個群組共有的，是將公共衛生當作一門學科的信念，以及針對此新型冠狀病毒的清醒態度。

由於這群人全都很熟悉傳染病的爆發流行，他們開始集體閱讀可取得的稀少資料。一月二十三日，中國開始封鎖五千七百萬人口居住的湖北省，展開一場大規模的隔離檢疫。這是一個相當大的警告信號，在最早先發出的其中一封電子郵件中，某位參與者開始隨性地寫出接下來可能的發展。「我現在正在進行一個有趣的情境演練：『如果……你希望自己做了什麼？』」他們考慮了兩種局面。[5]接下來是否可能就只是個「糟糕的流感年」[6]，就如其他人所懷疑的，更像是幾年前的H1N1疫情？還是說，會像最終奪走了全世界五千萬人性命的一九一八年流感全球大流行？除了伊娃之外，電子郵件串上最活躍的成員之一是美國退伍軍人事務部（Department of Veterans Affairs）的資深醫療顧問卡特・梅契爾（Carter Mecher），他向大家表示，自己「絕非公衛專家（只是來自退伍軍人事務部的蠢蛋）」。[7]梅契爾在一月二十九日寫道：「我希望有更好的方法能更快地解決這個問題。我就是不夠聰明，不知道怎麼做。不確定性和迷惘就像我們周遭的空氣——只是這一切的一部分。」[8]

這一整串電子郵件鏈的私密性和大家投入的熱切度——伊娃說她會熬夜到凌晨三四點，打出一封又一封的訊息——就是為了這種程度的不確定性而存在的。由於缺乏具明確數值的硬數據（hard data）或來自中國內部的其他許多情報，這群金鋼狼們全體都很站不住腳。他們都知道，在真正看到新型冠狀病毒的全球大流行之前，他們需要找出疫情發展的最微弱跡象。與同樣知道如何尋找這些跡象的志同道合之士共享一個空間，是個有用的辦法。

二月初，鑽石公主號遊輪的新聞報導使得他們眼前的一團迷霧消散了一點。在一名乘客感染新型冠狀病毒後，一艘鑽石公主號遊輪停靠在日本橫濱港，然後在接下來的兩週內，船上的其他六百九十一人也帶著病毒下船了，整艘遊輪成了一個漂浮的培養皿——以及一則有用的案例研究。正如一位群組參與者所說，感染率「令人難以置信」。卡特・梅契爾做了一些簡單的計算，將船上的一千零四十五名船員當作「年輕健康人口的代表」，並將二千六百六十六名乘客當作「我們在療養院或養老院看到的人口」的代表。[9]他寫道，其中一件值得擔憂的事是「在同樣活動空間受限的年老體弱的美國人之間，『這部電影的翻拍版本』會上演什麼劇情。」同時，伊娃則做了她自己的推斷。她寫道，遊輪是「最糟糕的社交聚會形式」。但遊輪上的情況並非只會在遊輪上發生。「為什麼遊輪上的情況會不同於在商場裡每個人花三到六個小時走來走去、吃吃喝喝、摸東摸西的情況？或者關在學校教室裡幾個小時的情況？或是在辦公室隔間裡工作八小時的情況？」她像建模師一樣思考：「醫療系統的負擔怎麼強調都不為過。想想，若喬治亞州有百分之一的感染率，其中有百分之二十的人需要就醫，也就是超過一萬八千人。我們能應付醫院裡這些多出來的人嗎？」[10]

他們所需要的，就是用那一艘鑽石公主號來理解他們所面臨的情況，而到了二月中旬，在他們研究那起遊輪案例的時候，川普總統談及了新型冠狀病毒：「看來到四月，理論上，你知道，當天氣稍微暖和一點，病毒就會奇蹟般地消失了！」[11]同時，還發生了一件事：他們開始看到這種病毒的隱秘性。二月二十三日，伊娃向郵件群組報告說，美國醫學會（American Medical Association）的一項研究發現，一名來自武漢的二十歲婦女傳染給五名家庭成員，而她自己從未感到身體不適，甚至最初篩檢呈陰性。「病毒的傳播及其廣泛的範圍是不可避免的，因為存在非常健康的個體可以有效傳播——即使在潛伏期也是如此。」[12]這會造成巨大的影響。如果無症狀的人具有傳染性，那麼幾乎不可能迅速消滅病毒。伊娃這番不祥的洞見讓川普總統信任的官員少見地插了一次話。HHS病毒應對工作負責人羅伯特．凱德雷克（Robert Kadlec）似乎真心地對他在「赤色黎明」得知的資訊感到震驚。「伊娃，這是真的嗎？！」他在給群組的一封電子郵件中問伊娃。「如果是這樣，我們的篩檢和隔離工作就有一個巨大的棟〔原文如此〕。」[13]

這些電子郵件圍繞著一件必須做的事：現在就開始干預。對於這種特定病毒的所有不確定性，存在著一個完善的劇本。由於還盼不到疫苗，必須進行廣泛的檢測、接觸者追蹤，然後進行隔離。基於CDC在二月份在開發其篩檢試劑時犯了重大錯誤，美國將不得不採取最高程度先發性的措施，展開一張巨大的網絡：關閉學校和企業、戴口罩和保持社交距離。用公共衛生的語言來說，這些被稱為非藥物干預（non-pharmaceutical intervention，NPI），當赤色黎明群組清楚了解COVID-19的型態，他們便立刻達成共識，所有這些非藥物干預方法都得立即採用。早在二月十日，伊娃就寫道：「我們不能在未來才採取行動，來為未來做準備，我們必須現在就動起來。這樣做沒有壞處，但如果我們不這樣做，將會有很多遺憾。」[14]

這是最難的部分。不僅需要科學知識，也需要想像力。沒有人願意在無人死亡，實際上看不到傳染病蹤跡的情況下，停止部分經濟運作或強制大幅改變行為。到了二月底，這個特殊挑戰的艱鉅程度對他們而言已經顯而易見，他們的急迫感顯然可能得不到理解，當時的CDC國家免疫和呼吸系統疾病中心主任南西·梅森尼爾（Nancy Messonnier），僅僅因為在向記者簡報時警告：「我們將看到社區傳播」，而問題只是「美國將有多少人患上重症」，她便招致了嚴重的後果。[15]她轉述了她那天早上與家人的談話：「我告訴我的孩子們，雖然我不認為他們現在處於危險之中，但作為一個家庭，我們需要做好準備，以面對日常生活遭嚴重擾亂的情況。」在她做完簡報之後，股市暴跌，當天從印度的海外之行歸來的川普總統怒不可遏。從那時起，通常會在健康危機中代表政府發言的CDC，言論實際上受到了箝制。

打從最初，「赤色黎明」的成員們開始發送電子郵件給彼此，他們便推進著各項計畫，彷彿他們具有某種權威——彷彿他們可以做到各種事。在其他人考慮到醫院肯定會人滿為患的數週之前，他們就針對此可能情況，提出了組織安排上的建議。他們構想了一個可能的分診協議，並爭論究竟什麼時候應該確定關閉學校或企業。發現第一例病例後多少天？他們還想出了數個傳遞訊息的點子。伊娃詳細描述了要如何說服從國外返回美國的外國學生接受檢測：「我的感覺是，我們可以用積極正向的方式傳達（表示這是保護他們健康的一個方法）。」[16]另一位參與者想知道他們是否可以使用遊輪的統計數據，清楚地說明他們的論點：「只要將遊輪數據用在西雅圖六十歲以上的人口之上，並假設每個六十歲以下的人都患有輕症，甚至用百分之二十的疾病侵襲率來計算，西雅圖可能會大大改觀。這樣計算，對他們來說夠簡單了。」[17]

隨著政府持續讓CDC乾坐冷板凳，並淡化病毒可能造成的衝擊，此郵件群組認為，在需要做的事情與實際上美國正在做的事情之間，存在越來越大的鴻溝。「我們這些年來一直在計劃的仍是未知數，」伊娃在二月二十八日寫道，「現在，每個人都必須站出來。」[18]儘管赤色黎明群組盡了最大的努力精準地說明會發生的事——確實正「照著規則」發生的事，如伊娃在一封電子郵件中所述——但政府毫不作為，根本搞不清楚狀況，這讓伊娃抓狂了。

這條電子郵件鏈上，最絕望的聲音來自地方公共衛生官員，他們尊重科學，且他們的工作是讓他們的城市或州為即將發生的事情做好準備。他們希望讓上級看見問題。負責德州應對措施的大衛．格魯伯（David Gruber）懇求道：「我作為德州公衛官員，同意必須儘早大力實施非藥物干預措施，因此我想請這個群組幫忙，為這件事提供充分的理由。要說服的目標受眾是那些衛生部門以外的人。」[19]另一位官員，聖地牙哥郡醫療主任艾瑞克．麥克唐納（Eric McDonald）則抱怨說，他需要更多資料，以了解他應該做些什麼準備。「『令人灰心』四個字不足以形容現況，」他寫道。[20]

赤色黎明成員爭先恐後地尋找解決方案。「也許我們該用許多人都理解的颶風類比法。」其中一人寫道。[21]另一人建議：「我們應該像治療中風和急性冠狀動脈綜合症一樣治療它，那時的時間等於組織。而在這種情況下，時間等於傳播。」[22]伊娃則用自己的視覺輔助工具來說服決策者。正如她在三月五日所寫：「要展示給政策制定者看的話，我認為附上接觸率（contact rate）的樹狀結構資料非常適合，這樣他們就可以知道有多少被感染的老年人最終會在病床上去世，我們甚至可以展示他們的佇列資料。」[23]

誠如他們愚蠢的群組名所暗示，他們正抵抗一股佔領他們的勢力，不過是政治對科學的佔領。就在該病毒終於露出真面目的時候，錯誤資訊正侵入現實。二月二十九日，美國宣布死亡首例：一名五十多歲的華盛頓州男子。第二天，紐約州出現首例陽性個案。停工停業確實是唯一的選擇。

赤色黎明仍然是一個能認真思考病毒影響後果的空間。「我為加州聖克拉拉和華盛頓州金郡的學校停課和遠距工作，跑了幾個模型，我想在這裡分享一些圖表。」伊娃在三月三日寫道。[24]那時美國積累的病例資料能以更快的速度取得。群組成員們有更多的工具。「我真的從你們所有人身上學到了很多，」伊娃寫道，「我發現你們都數學好強:)。現在我將重新用我的方程式計算，看看哪些城市仍然處於良好狀態，可以成功遏制疫情。」[25]

到三月中旬，世界衛生組織正式宣布：新型冠狀病毒疫情是一場全球大流行。美國每天的病例數開始攀升至五百多例，每日死亡人數迅速從十人變成一百人以上。三月十三日，美國宣布進入國家緊急狀態。赤色黎明的成員為了讓他們封閉圈子之外的人也聽到他們的看法，使出最後一搏，他們互相演練要對政府高官們說的話，設想著他們的訊息可能仍會以某種方式傳達給他們。「我注意到，這個電子郵件群組中有很多ＨＨＳ電子郵件地址，在過去幾週的大部分討論中，你們所有人都保持沉默，」一名姓名已被塗黑隱藏的電子郵件鏈成員寫道，「歷史將永遠銘記我們在這個關鍵時刻做了什麼，沒做什麼。是時候採取行動了，保持沉默的時間已經過了。這次爆發的疫情不會自行神奇地消失。如果這是某些人得出的結論，那麼他們得到的資訊是錯誤的，而且大錯特錯。」[26]來自退伍軍人事務部的梅契爾寫道：「我不認為裝傻，與這種病毒比試膽量，並堅持到最後一刻才扣扳機，是慎重的做法。這就像你自認為可以擇時進場。當成千上萬的生命可能安危未定時，你不會這樣做。這就是我要告訴我的市長、州長或總統的話。」[27]

但此時病毒颶風已經登陸，帶來的衝擊越來越嚴重，伊娃的樹狀結構資料，分支越長越茂密。伊娃・李一直待在廚房裡，不眠不休地守在筆記型電腦前，她的周圍環繞著許多巨大的垂榕及鳥籠，籠子裡住著她和丈夫多年來拯救並飼養的數十隻鳥。她開始失去希望，覺得沒有人傾聽他們的聲音。「那些是私人電子郵件，所以我在上面可以直言不諱，」她表示，「我總是問，『為什麼沒人在做任何事情？為什麼沒有行動？誰是負責人？』」而此群組也承認，正如梅契爾所言，說服政府高官和公眾「在暴風雨來臨之前、陽光普照之時採取行動」是多麼困難。他們眼睜睜地病毒開始從一個城市傳播到另一個城市——他寫道，這是一個「正實時展開並自行續寫的」故事[28]。

起初，赤色黎明的參與者將自己想像成一個預警系統，但現在發生了轉變：他們知道自己必須監控、分析及消化資料並提出建議，即使沒有人要借鑒他們的知識——他們表現得「彷彿有人這麼做」。一起做這件事，除了讓他們收穫更豐之外，還讓他們覺得自己並不是唯一全心投入於科學的人。這條電子郵件鏈提供了這種感覺及這項工作的條件，就如同《大事記》讓蘇聯異議人士能夠記錄永遠無法被修正的人權侵犯行為。在相較更積極的赤色黎明參與者之中，有一位是詹姆斯・羅勒

（James Lawler），他是任教於內布拉斯加大學的傳染病醫師，曾在喬治．W．布希政府任職，後來又曾擔任歐巴馬的顧問。他甚至二月份去了日本，協助鑽石公主號美國乘客的遣返事宜。「我們過去一直處於一個能有更直接影響力的位置，」羅勒告訴我，「但我們不再是了。所以我們只能利用當下擁有的工具。」[29]

在混亂和恐懼的時刻，赤色黎明是一個庇護聖殿——一個可以坦誠交談、遠離公眾、制定戰略、擬定作戰計畫的地方。但這樣的論壇，赤色黎明不是唯一一個。在春天，新冠病毒初次來襲的那幾週，紐約市醫院病房裡充滿了呼吸機有節奏的吸吮聲，可以感覺到病毒的存在，那時許多溝通交流的渠道都打開了。在沒有太多官方指導或國家計畫的情況下，這些私人人際網如新的無線電頻率般啟動，裡面突然間充斥著擔憂和建議。專家們使用Signal等應用程式進行高度加密的群聊，或是用WhatsApp，甚至是推特的私人訊息功能，讓多個參與者一起從公開資訊流的速度和噪音中偷偷溜走。寧靜感覺上是必要且有用的，就像是對赤色黎明的參與者而言，情況還很不確定，他們需要一種方法發展他們的思維。

二〇二〇年四月，少數幾家報紙刊登了本應不公開的赤色黎明電子郵件摘錄，這是《凱澤健康新聞》（*Kaiser Health News*）根據《資訊自由法》（Freedom of Information Act）發起披露要求的結果。俄勒岡州波特蘭市的急診室醫生伊斯瑟．周（Esther Choo）在閱讀三月份，也就是一個月前的信件交流內容時，感覺好像在看自己的線上聊天記錄。「我當時想，我完全明白發生了什麼事，」她告訴我，「那種知道疫情即將到來的感覺，你幾乎不知道如何向公眾表達這件事，那種無助的感覺，同時越來越強烈地感受到我們必須儘速傳達這件事。我很清楚他們是如何整理數據，然後表達挫敗感。我們在幕後的對話聽起來就是這樣子。」[30]

對於像伊斯瑟這樣的急診室醫生來說，每天都要戴著呼吸防護具、塑膠防護面罩，並穿著手術袍前往戰場，照顧那些只能在病房裡獨自喘息咳嗽的病人，線上聊天成為他們與其他可能理解的人交談的一種方式，在死神陪同自己值了二十四小時班後，那些人可以提供累到靈魂枯竭的自己實用的技巧及同理心。

紐約市急診室醫生克雷格·史賓塞（Craig Spencer）開始在一些WhatsApp私密群組中分享資訊，他告訴我這些群組成為「活動的溫床」：「就像『嘿，我有一個病人，他這樣，這樣，然後這樣。你們有什麼有效的做法？』從這些群組對話中，他了解了護理方面的早期進展——比如俯臥，也就是讓人們翻身倒臥。「所有這些東西都是透過我的WhatsApp得知的。我認識及信任的人都在那上面。」[31]

很快地，這些有在經營社群媒體的醫生每天都會收到數十個請求，請他們上電視談論他們在急診室看到的情況。必須有人向公眾坦誠已知和未知的情況，並提供一些直接的答案。CDC似乎置身事外。由總統主導的每晚新冠病毒最新資訊報告，不是由最新的科學發展所驅動，而是因為需要表現出盲目的樂觀態度（川普總統在三月十日說：「保持冷靜。它會消失的。」）。因此，醫生經常在有線新聞頻道上受到諮詢。伊斯瑟表示：「隨著大流行繼續蔓延，我們被問到更多問題：為什麼戴口罩這麼重要？在個人防護裝備方面，我們需要什麼？這不僅是『告訴我們傳聞正在發生的事情』而已。」私人團體承擔了更重要的功能：醫生需要更緊密地團結起來，以便協調他們的訊息傳遞。

社群媒體及其提供給廣大受眾的直接訪問權限，使得引導可大聲宣傳的資訊這件事變得更為緊要。在哥倫比亞大學醫學中心急診室工作的克雷格．史賓塞在推特上有大約五百八十名追蹤者。三月二十三日，他在那上面描述他生活中的一天。「急診室明亮的日光燈反射出每個人的護目鏡，」他寫道。「聽得到刺耳的咳嗽聲。你停下來，戴上面罩，走進去。」那是一個戰區。「有人通知你，又有重症病患進來了。你衝過去，他們嘔吐著，病得很嚴重，也需要戴上呼吸器。你把他們救了回來。兩個病患，在彼此相鄰的病房裡，都插了一根呼吸管。而現在還不到上午十點。」然而，當他從急診室出來，卻發現空蕩蕩但看似正常的街道。「也許人們不知情？？？」他寫道。[32]

史賓塞說，他的手機「癲癇發作了兩天」，因為這條推特對話串被數萬人分享，包含巴拉克．歐巴馬。幾個月內，他的追蹤人數便達近二十萬。而在波特蘭市的俄勒岡健康與科學大學（Oregon Health & University）醫院執業的急診室醫生伊斯瑟．周，在推特上已擁有令人難以相信的一大批粉絲。她這群粉絲的累積始於二〇一七年夏洛特維爾市抗議活動後，當時她在推特上分享了曾有病患以種族為由拒絕讓她治療的經歷（她出生在俄亥俄州克里夫蘭市，是韓國移民的女兒）以及當她剪開手術台上病患的襯衫時，看到卐字符刺青時的感受。[33]她已成為一名專家級推特用戶，成功融合了贏得人心的真誠坦白及詼諧機敏，偶爾還會用可愛的動物迷因。她把黑色的頭髮紮成樸素的馬尾辮，在鏡頭前的採訪中，她很有權威，而且掌控局面——這本身就是一項壯舉，鑒於她在家還要帶四個年幼的孩子。

伊斯瑟與史賓塞以及大約十幾名其他醫生透過推特私人訊息群組聯繫了起來——他們稱其中一個群組為智囊團（Brain Trust）——並開始將這些群組用作他們的「秘密渠道」。如史賓塞所說：「在這個推特群組上，我們為所有黃金時段有線新聞節目制定戰略，這樣我們就可以在政府淡化病毒嚴重性的時候，告訴人們真相。」他們主要是向一個焦慮的國家傳達赤色黎明電子郵件群組自一月底以來私下談論的內容，也就是，因為沒有廣泛的檢驗或疫苗，對抗病毒的唯一途徑是透過自一九一八年以來被證實有用的那些方法。不過，就算他們都同意要傾聽科學，他們仍然在很多事上沒有共識。

最初幾週，一個引起爭議的問題是口罩。毫無疑問，口罩能有效限制病毒傳播，但在三月份出現了口罩短缺，尤其是急診室所需的N95醫用口罩。醫生們擔心，如果他們宣布口罩是必需品，就會導致民眾搶購這個供應量低得危險的醫用品。「我們在幕後就這個問題談了很多次，」伊斯瑟說，「大家意見分歧。我們來回爭論了許多次。但在群組上，肯定是盡其所能辯論，當我們決定要放膽一試時，我們就去試。」在同意推廣口罩之後——CDC的建議始終搖擺不定——他們轉向討論相關用語，即如何區分一線急救人員所需的醫院級口罩和人們可以在家製作的口罩。起初他們欠缺詞彙，所以他們進行了研討，尋找可以一直沿用的詞語。「社交距離」（social distancing）這個詞是另一個討論的例子。他們認為這個詞可能會使人們感到困惑，並導致心理健康問題。他們真正的意思是「身體距離」（physical distancing），所以這就是他們決定推廣的用語，但這個詞從未成為固定使用的用語。

醫生們將此推特私訊群組形容成「參謀團」或「集結待命區」。「我們很常爭論，而這就是我認為這個群組很重要的原因。」伊斯瑟說。隨著一週又一週過去，尤其是紐約市成了一個每日都有數百人死亡的疫情熱區，在他們公開資訊前，相互協商變得越來越重要。伊斯瑟估計，他們四分之三的時間都花在了私人人際網上。他們的想法中只有一小部分後來會出現在社群媒體或有線新聞上。

他們立即面臨的最大挑戰之一是錯誤資訊。川普政府不讓公衛官員公開發言，也不讓ＣＤＣ的科學家們提供更堅定有力的建議，陰謀論的聲音因而迅速擴散。一些人堅持認為，新冠病毒並不比季節性流感危險，這種病毒實際上是中國人使用的一種生物武器，口罩實際上會讓你生病。憑空捏造的資訊層出不窮，無止無盡。川普總統也是這些謠言的來源之一。三月下旬，他開始讚揚抗瘧疾藥物羥氯奎寧（hydroxychloroquine）是治療新冠肺炎的靈丹妙藥，而如他在三月二十日的簡報中所言，他這個論點主要是出自於「一種感覺」。然後他在推特上告訴他的八千四百萬粉絲，羥氯奎寧會帶來「醫學史上最大的遊戲規則變革之一」。[34]到三月二十八日，在川普的敦促下，ＦＤＡ批准了此藥的緊急使用授權。與此同時，沒有真正的科學證據表明羥氯奎寧對新冠肺炎有任何效果，且亞利桑那州的一名男子甚至在攝入了一種用於清潔魚缸的氯奎（chloroquine）後死亡（他的妻子回憶起他們的推論：「嘿，這不就是他們在電視上談論的那個東西嗎？」）。[35]

推特是傳播這些徹頭徹尾的謊言及臆測性理論的一大媒介。一項調查顯示，經查看推特一月十六日至三月十五日的數據，假新聞販售網站的分享率與ＣＤＣ等可信網站的分享率大致相同。[36]另一項分析則檢查了一月至五月有關新冠肺炎全球大流行的兩億條推文，發現前一千名轉發者中有百分之六十二是機器人，這些機器人散布了一百多種不同的病毒相關假消息。[37]

智囊團群組上另一名成員達拉・卡斯（Dara Kass）是哥倫比亞大學醫學中心急診科醫生，她表示，他們最初採取的臨時性緊急應變措施在那時變成了「打擊假消息的長期專案」。他們必須迅速區分有用和謬誤的資訊。例如，某項法國研究顯示止痛藥美林（Motrin）對新冠肺炎患者不安全，有次他們被問起這項研究，他們花了兩天時間思考該說些什麼——他們得出結論，這則資訊不值得一聽。「你問我法案如何成為法律，或者卵如何受精並成為嬰兒，我可以向你詳細說明，不需要與其他人確認，」卡斯告訴我，「但如果你問我，不管是不是莫德納疫苗的新試驗結果，有效率為百分之九十四點五代表什麼意思？我們的焦點小組必須消化很多這些東西，才能得出最好、最準確的談話要點。」[38]

他們不是唯一參與這項工作的人。科學家們也開始在推特上向這些幻想和歪曲的資訊發動戰爭。一些流行病學家和病毒學家在此網站上獲得了巨大的發言舞台，在新冠肺炎大流行期間，追蹤人數從幾百躍升至數萬。在推特上，大家的發言如此簡化、大聲，能難想到這裡可以接受科學，但這些專家能夠在推特上解釋他們所理解的事實，在長長的對話串中說明新的研究，並提供建議。「媒體與訊息明顯不相稱。」卡爾·伯格斯特姆（Carl Bergstrom）告訴我。[39]他是華盛頓大學的演化生物學家，近年來已成為研究錯誤資訊與假消息傳播方式的專家。

人們在最初幾個月想要的是二元確定性。危不危險？我會不會患病？學校應該保持開放還是關閉？而科學家不是這樣做事的。所謂科學方法是要犯錯，以便進行調整。重點是將一個假說微調個幾度。許多專家告訴我，要尊重這一過程，同時向公眾提供有用的資訊，唯一的方法就是像他們的私訊群組中的急診室醫生一樣，在一個封閉的人際網中與信任的人們聚在一起。「你確實需要單獨的空間來思考這些堅定的立場是否合理，」伯格斯特姆說。「私訊群組使你能質疑和建構你的想法，找出你需要知道的東西。」他記得自己有好幾次求助於這些群組——當他想質疑ＣＤＣ提出大學生返校不用進行篩檢的建議時，或者當他想提議也許應該取消酒精飲料容器法，以便人們能在外面喝酒，不聚集在酒吧時。「你接觸到的觀眾相當多，因此你不會想提出糟糕的意見，」他說。「而且進來的資訊量如此之大，很容易誤讀或誤解。因此，與你信任的其他一些人進行三角互證真的很有幫助。」

在新冠肺炎大流行的最初幾個月，科學的進展非常公開。從一九九〇年代的物理學領域開始，越來越多領域的研究人員會在進入可能費時幾個月的同儕審查過程之前，先將他們的論文發布到特殊的線上伺服器上。基於疫情的壓力及快速分享新資訊的需要，研究更加必須在接受頂級期刊的嚴格審查之前就刊登出來。像《科學》（*Science*）和《自然》（*Nature*）這樣的權威刊物不想讓自己看起來像是在隱瞞重要的發現，所以甚至它們也開始要求投稿人先在這些線上存儲庫上發布他們的研究，讓公眾和其他科學家能立即閱讀。但這樣似乎仍然不夠快——提交後可能會有一週的延遲時間——所以一些科學家就直接在推特上分享他們的論文。二月二十九日，美國首次的COVID-19基因組測序就是以這種方式呈現在全世界面前：推特推文。

所有這些新研究以及消化它們的需要，只是增加了對於群組的需求，這些群組可與更大的推特對話並存。在沒有同儕審查的情況下，科學家們一起梳理資料，並在放大數據之前決定他們可以信任的內容。這也導致了跨界交流，來自不同但相關領域的專家相互檢查。時任哥倫比亞大學病毒學家的安潔拉・拉斯穆森（Angela Rasmussen）的追蹤人數從二〇二〇年一月的二百人躍升至當年年底的十八萬人，她告訴我，她的七個推特朋友自三月以來一直在同一個私訊群組。「有大量的錯誤資訊，」她說，「但你知道，我是生物學家，我不是流行病學家，也不是統計學家。」[40] 推特已成為與專攻這些領域的同事會面的平台。但他們隨後需要自己的「待命區」，在發表任何聲明之前，自行處理新的研究和數據。

伊斯瑟·周和克雷格·史賓塞以及他們的智囊團多次感受到這種負擔。他們的平台甚至比推特還要大。他們每晚都在電視上對上千萬的美國人說話。當時間從三月進入四月，紐約市就像一部恐怖電影的場景，火葬場獲允全天候工作，一支由四十五個新的活動式停屍間組成的艦隊存放著多到殯葬業者不堪負荷的屍體。這是一個屍袋用完的城市。這些過度勞累的醫生逐漸成為國家的建議提供者。他們覺得自己必須迎接挑戰。「我們不想成為那種講『讓我們粉碎你的希望和夢想吧』的人，因為人們非常需要希望，」伊斯瑟說，「與此同時，表達慎重的意見非常重要。」

他們所傳達訊息的精髓——認真對待病毒——似乎正被大家理解接受。到了三月底，美國五千六百四十萬學齡兒童以及大約三百萬教師中的大多數已改用遠距教學；手機數據顯示，四月七日，美國人一天中有百分之九十三的時間待在家裡，而在三月一日，此百分比則為百分之七十二。[41]四月底針對新生活習慣進行大規模調查時，百分之九十六的人聲稱經常大力洗手，百分之八十八的人對物品的表面進行消毒，百分之七十五的人在外出時戴上口罩——這是社會常規的重大轉變。[42]

但是，每實施一項有益的新干預措施，似乎都會碰上另一次挫折，就像川普總統聲明這場全球大流行將在復活節前結束一樣。還有像是在四月二十三日，川普總統在新冠病毒晚間簡報會的講台上，暗示對抗這種疾病的最佳方法可能就是攝入或注射漂白劑。伊斯瑟·周憶起當時，表示：「我聯繫了群組，我想，我們要對此說些什麼？其中一位醫生告訴我，『周醫生，以最真實的自己面對它就好。不要過度處理，因為妳的直覺反應是正確的。』所以，那天我上電視時，我說，『我甚至不知道如何對此做出反應。這是一個如此荒謬和可怕的訊息，有人會因此受到傷害。』」

最令智囊團成員感到不安的是，他們不斷意識到一個奇怪的事實：他們必須成為向公眾傳達訊息的人，這已成為他們的責任。「當伊波拉疫情發生時，沒有人會胡亂向一位急診室醫生伊斯瑟．周詢問意見，」她說，「沒有人需要這樣做。因為有專家在提供意見。因此，要由我們來推動對話，這令人極度震驚。」

當第一波病毒於四月中旬左右在紐約州達到巔峰時，每天有近一千人死亡，而數週以來，筋疲力竭的急診室醫生一直在密切溝通。如伊娃所言，在等待「救兵到達」之後，他們或多或少地接受了自己必須承擔這個角色，作為科學和公共衛生的代表，他們必須在社會集體受到假裝病毒會自行離開的強大力量吸引時，為人們操心。伊娃說，在他們的私訊聊天中，他們感覺自己像是「驚訝、不情願的異議人士」。幾個月來，他們一直告訴自己，一旦政府介入，他們就能停下來。「這是最令人作嘔的事情之一，因為這種情況永遠不會發生。」

與醫生們不同，赤色黎明郵件群組沒有能力將他們的意見傳播到更廣闊的世界。他們無助地看著紐約市在三月和四月受病毒侵襲。看到這一切發生的伊娃．李發現自己哭了好幾個小時。她表示，他們的電子郵件鏈甚至安靜了一下子。「每個人都保持沉默；你可以感受到他們的哀悼，」她說。美國在四月十一日累計死亡人數達到兩萬人，四天後迅速超過三萬人，並在四月二十四日達到五萬人。

當赤色黎明的電子郵件內容於四月被公諸於眾時——當時伊娃對她的拼寫錯誤感到很羞愧，一位記者甚至問她是否真的懂英文——他們切換到了更安全的伺服器，但很快又恢復使用電子郵件作為交談及交換情報最便捷的方式。伊娃與我分享了從被流出去的早期郵件往返結束的地方開始的數百封訊息（她在交出郵件前隱去了上面的人名）。此群組已經從沮喪轉為認命，最終接受他們不會迎來統一的聯邦政府回應。一切都是分裂的，甚至是破碎的，一切都取決於各地方的決定。各州生活在完全不同的現實中。在南達科他州，州長宣布了一項「恢復正常計畫」，而同一週，加州的一些縣卻依法強制佩戴口罩。

奇怪的是，這為赤色黎明群組創造了一個機會。現在每個市政府、每間學校和每家街角酒吧都迫切需要具體的指導方針，而他們在論壇上產生的想法可能很有用。伊娃當時曾模擬了在一個擁有三百三十萬人口的城市——她選擇這個數字是因為它代表了美國人口的百分之一——在有和沒有各種干預措施的情況下，新冠病毒會造成怎樣的影響，也在群組中的聖地牙哥緊急事務主任，突然出聲詢問是否可以使用它，因為這恰好是他所在縣的確切人口。還有一位電子郵件鏈參與者以「給聰明人的問題」作為提問的開頭。焦點從國家政策轉移到地方需求，很適合他們執著於細節的大腦。

伊娃幾乎不睡覺了，每天都打出數十封回信。由於她被雙重孤立，電子郵件鏈對她來說，有了額外的重要意義。她不僅像其他人一樣因封城被困在家裡，而且還在緩慢接受她剛剛被判重罪的事實。[43]她在生活上的紊亂，讓她陷入了困境。伊娃的實驗室每年從國家科學基金會（National Science Foundation）獲得四萬美元的聯邦補助，而她遭指控偽造此補助的相關資訊。這筆補助的條款要求合作機構一定程度的財務參與，但伊娃表示誤解了捐款的計算方式，在未確認的情況下制定了每年統一的金額。然後，她還盜用了之前文件上一位喬治亞理工學院補助管理員的簽名，這樣她就可以快速完成她的文書工作。聯邦調查啟動，二〇一九年十二月，伊娃還搞不清楚到底怎麼回事，就發現自己在一名法官面前含淚認罪。她的許多辯護者說，這就是一個不適合或就是對處理行政事務不感興趣的人面臨的情況，她唯一的罪行是她的注意力不集中（她在工作上從未受到指責）。在一篇文章中，伊娃的研究生導師作證說，她對繫鞋帶或使用影印機都有困難。她個人並沒有從欺詐中獲益。[44]但這個錯誤，如果就是這樣的話，也是一個污點。

當她第一次在郵件箱收到赤色黎明的戰鬥號召時，她正在等待她的判決——美國律師正求處八個月的家庭監禁——但與此同時，喬治亞理工學院中止了她的教授職。而現在，她感受到了失落。喬治亞理工學院拒絕讓她遠程訪問她實驗室的許多計算機以及她為這些計算機創建的專利建模軟體。她說，這場疫情大流行的孤獨，加上與她的學術界的疏遠，是「痛苦的」。與她的工具分離會產生真正的後果。「如果我沒有被拒之門外，我可能會在赤色黎明上寫十倍的電子郵件，因為我可以做更多的分析，」她說，「我的小筆記型電腦非常慢，顯然無法快速模擬整個美國。」

但在那昏昏沉沉的春天裡，她能做很多事情，當時全國有一半的人擔心最壞的情況還沒有到來，而另一半則認為戴口罩侵犯了他們的個人自由。在赤色黎明上，所有重要且自始至終真正重要的是認識論：他們對這種病毒了解多少，他們是如何知道的，它對於實體社群而言意味著什麼？「你有沒有關於醫院患者激增組織重整／設施布局指引的更多細節？」[45]隨之而來的是一連串電子郵件，其中包含有關設置不同區域以及誰該進入這些區域的具體建議。「使用記事本，將其固定在患者旁邊的牆上，標明到達後的天數。字要大到你可以從遠處看到。」而關於孕婦以及她們進入醫院分娩時應如何避免病毒感染的提問，發展成了一整套方案。

伊娃很早就開始擔憂，患有輕度症狀的人會被醫院拒之門外，結果他們只會傳染給家庭成員，然後可能還會傳染給他們公寓裡的其他人。在有人想到應對這種潛在的感染媒介的解決方案之前，赤色黎明群組已經提出了一系列切實可行的建議，包括將那些症狀相對較輕的人安置在附近的大學或體育場館。作為善用空間的專家，伊娃想到了重新利用飯店。「伊娃提出了一個非常好的觀點，」赤色黎明成員之一RH寫道，「現在確實有很多空置的飯店。」[46]但是，這些飯店應該如何設置呢？從衛生問題到氣流，他們討論了所有問題。一位群組參與者分享了武漢的飯店如何進行安全性改造：「我們現在還有一系列平面圖，允許空調氣流從大廳到房間，從而減少飛沫。」[47]很難判斷赤色黎明是否是源頭，但到四月底，紐約市已經實施了一個看起來非常像此群組設想的計畫。

他們變成了地下工廠，生產這種精確建議。應該允許多少人共桌？「香港每桌四人的模式似乎效果良好。我們不能承受十個人同桌。接觸者追蹤要追三次方的人數。也就是說，四乘四乘四是很好的追蹤人數，但十乘十乘十太多了。」[48]服務人員應該戴手套嗎？對此上面起了一些爭論。「我在下面的註釋中提出的一個問題與您提到在餐館使用手套有關，」WL寫道，「這正成為一件預期措施，但我看不出它的科學性。」[49]有人提出了關於美髮店及刺青工作室的建議，以及在教室裡錯開課桌的最佳方式。在一組電子郵件中，伊娃對於在精品店試穿衣服後如何處理衣服，進行了長時間的討論：「我不知道目前的做法是什麼，但當我建模時，從一個人到另一個人試穿相隔三十分鐘是一個非常糟糕的主意。」[50]她在給群組的信中寫道。

伊娃會使用手邊的數據跑模型，然後提供數字。其他人會質疑這些數字，或懷疑某特定方案的可行性，此時，他們便會進行修改。並不是說他們總能獲取真相（例如，我們現在知道透過衣服傳染的情況很少見），但這從來都不是真正的目標。伊斯瑟・周描述了在急診室醫生之間類似的過程。「你必須毫不含糊地倡導，有些事情就數據來看是模稜兩可的。」她說。在公共衛生領域，這是常有的事。她舉例，如果你戒菸，沒人能保證你不會罹癌。這與在車上繫安全帶相同，你仍然可能死於車禍。但專家的工作是過濾數據，並在權衡後決定要建議人們做什麼保持安全。赤色黎明就是打算這樣做，一絲不苟，似乎有時是盲目地相信某個地方有人在聽。

乍看起來，從電子郵件鏈中冒出的各種指示似乎沒有任何社會顛覆性，不過，CDC卻因說了同樣的話而被禁言。五月一日，CDC經過自己的內部審議，預定發表一份十七頁的報告，題為「重啟美國框架實施指南」（Guidance for Implementing the Opening Up America Again Framework），這是一份提供給企業主、地方官員及宗教領袖的詳盡執行事項清單。這份文件遭川普政府撤銷。美聯社盜取了一份副本，並刊出報導，報導中提及一位CDC科學家的匿名發言表示，白宮告訴該機構，他們的小冊子「永遠不會公諸於世」。[51]

在科學與政治之間的鬥爭中——這裡的政治是指川普堅持的主張，即生活及商業要不間斷地繼續運作——科學被打敗了。CDC沒有向公眾發言的獨立管道。其指南在被阻擋發布前，曾經過大量的編輯。時任CDC幕僚長的凱爾・麥高文（Kyle McGowan）後來描述了當時的情況，他舉了個例子，當CDC想建議餐廳用餐者之間保持六英尺的距離時，白宮預算長反對，因為這就經濟效益上來說，過於艱鉅。他們做出了妥協——伊娃與赤色黎明的專家們可能會因其模糊性而抓狂——僅建議餐館實行「社交距離」，卻沒有具體說明其定義。離開CDC幾個月後，麥高文作出了他的結論：「每次科學與訊息傳遞系統發生衝突時，訊息傳遞系統都會獲勝。」[52]

與此同時，赤色黎明的焦點更加集中，他們繼續堅持著。伊娃在七月份寫信給群組，表示：「如果全國性策略是個太高的要求，那麼至少每個縣、每個城市、每個轄區……必須有一個整體的策略，其中行動都是相輔的，如此一來，他們便可以優化目標的實現及結果。」[53]

就是在這點上，眾人開始感受到他們帶來的影響。電子郵件鏈上的地方領導人——加州緊急應變單位副主任，以及德州、聖地牙哥與馬里蘭州的新冠肺炎事件指揮官——將團隊產出的內容付諸實踐。伊娃偶爾會收到來自當地公共衛生官員的後續跟進電子郵件，這些官員先前已收到了她發送的指令。四月中旬，她接到了紐約官員的電話。馬里蘭州州長拉里・霍根（Larry Hogan）宣布學校於三月十二日關閉。他是最早採取這一步驟的州長之一，伊娃後來得知這是赤色黎明呼籲採取干預措施的直接結果。另外，有一位國會議員，在其所屬州實施每一項他們提出的建議後，都會寫電子郵件告訴她「完成」。

伊娃向我指出華盛頓州，尤其是西雅圖所在的金郡，似乎因認真看待赤色黎明的警告並從中獲益，避免了與紐約市一樣的命運。新冠病毒早期的侵襲在華盛頓州很有感——美國首例確診病例和二月底宣布的首例死亡病例都在華盛頓州。一直到紐約病例激增的四月初，華盛頓州的人均病例數都是全國所有州中最高。但它很快採取了極端措施。三月十一日，華盛頓州關閉了學校及公共場所，是最早這麼做的其中一州。此外，它在三月十一日限制群聚人數不得超過二百五十人，幾天後又調整為五十人。三月二十三日，州長下令嚴格封鎖。與當時其他幾個州的領導人一樣，華盛頓州長禁止人們「離家外出」，甚至禁止宗教相關集會。到四月初，下降的病例數字說明了一切，金郡避免了其他大都市區的上漲病例和令人擔憂的醫院超負荷。伊娃與當地官員取得了聯繫，當地官員告訴她，他們的決策是由赤色黎明與伊娃的模型形塑而成。儘管我硬是要伊娃提供我赤色黎明造成影響的證據，但她對邀功或做出這種因果推斷並不特別感興趣。「人們確實聽了，也確實採取了行動。我並非全都知道，因為我從來沒有問過別人。我只是專注於工作，這是我擅長的。」

赤色黎明群組的人們只是盡自己所能。沒有人因為傳達了殘酷的實情而被架在火刑柱上燒死，但對於公衛官員來說，他們敢於大聲直白質疑政府優先事項，是要承擔後果的。四月下旬，聯邦疫苗研發事業的領導官員瑞克・布萊特（Rick Bright）因質疑川普認可羥氯奎寧的使用而被革職。他於五月十四日到國會提供證詞，懇請立法人員改變他們的做法，並警告說「我們的機會之窗正在關閉」，政府未能進行廣泛的檢測以及醫院缺乏基本的個人防護裝備，已經造成了人命的損失。布萊特遭到了政府的攻擊，川普總統發了一條推文，將他解僱，說他是「一個心懷不滿的員工，不受與我交談過的人的喜歡或尊敬，以他這種態度，不應再為我們的政府工作！」[54]

當一廂情願似乎是政府的主要策略時，布萊特的遭遇就是公開發表意見的的代價。在佩雷斯克利用他的信件來扶植科學方法發展的四百年後，仍然需要一個能進行這項工作的私人空間，在此空間中，可以安全地持續追求可觀察到的真理，不受政治化和群眾煽動等離心力影響。

從春天到夏天，伊娃・李每天都繼續向赤色黎明群組發送大量電子郵件。八月十二日，她登錄Zoom參與自己的量刑聽證會，這場聽證會由聯邦地區法官史蒂夫・瓊斯（Steve Jones）主持。數十名公共衛生官員寫了聲援信，其中包括發起赤色黎明鏈的美國國土安全部首席醫療官杜安・卡瓦那。伊娃哭著懇求法官，擔心因無法使用自己的電腦繪製潛在感染率圖表，會造成人命的犧牲。[55]「我的懲處代表著這些人都會受到懲罰，這對我來說很可怕。」她說。

法官沒有責備李的罪行，反而大加讚賞。「妳是我讀到過最優秀的人物之一，」瓊斯告訴她。如果政府的量刑建議會剝奪她的工作，他無法接受。「在接下來的幾個月及妳的餘生，我們需要妳在美國幫助我們，」瓊斯告訴伊娃。「根據我所讀和所見，妳將在美國擺脫新型冠狀病毒的過程中，扮演重要的角色。」[56]這不是法官一般向被定罪重罪犯說話的方式。他讓她在家禁閉六十天，但推遲到二〇二一年春天開始，屆時病毒最嚴重的時期有望結束。

另一方面，喬治亞理工學院拒絕恢復她的教授職位。大學堅持原來的邏輯，除非伊娃參與了政府官方的疫情應對處理，否則沒有理由為她破例。正如大學所描述，她的角色似乎是為「一個透過電子郵件交流的臨時研究人員同盟」做出貢獻。[57]他們暗示，赤色黎明有點像智庫，但它重要性沒那麼高，只是一群離指揮台很遠的科學家聚在一起談話。但這正是它如此有意義的原因。

二〇二〇年秋天，隨著新冠死亡人數達到數十萬人，我與一九七七年至一九八三年擔任CDC負責人的威廉・佛吉（William Foege）進行了交談。[58]醫學期刊《柳葉刀》（*The Lancet*）曾稱佛吉為「溫和的公衛巨人」。他身高超過二百公分，因此歐巴馬在授予他總統自由勳章時，實際上必須踮起腳尖。佛吉在一九七〇年代因在全球根除天花而受到讚譽（他的引文寫道：「每年有二百萬人死於天花，十年後，這個數字已降至零」），當我找到他時，他住在位於喬治亞州北部森林的房子裡躲避疫情，他每週只外出一次，購買星期日的《紐約時報》。八十四歲的他的聲音顫抖著。佛吉看著他以前的工作單位和科學本身被邊緣化，越來越不安。他知道，在CDC工作的人，他們為整個職業生涯做足準備，都是為了這一刻，而他現在卻只能眼睜睜地看著他們變得無能為力。他說，自己花了很長時間才接受情況有多糟糕，並嘗試做點什麼。他不想介入其中。但在整個二〇二〇年，佛吉一直活躍於他自己的電子郵件鏈和列表伺服[ii]上，傾聽並與前任和現任CDC科學家合作，他們就像赤色黎明上的科學家一樣，時而沮喪、時而迫切地尋找解決方案。他說，正是這些渠道的存在讓他有信心去做他從未想過會做的事情。

佛吉寫了封情緒激動、鏗鏘有力的電子郵件給當時的CDC負責人羅伯特·雷德菲爾德，懇求他自請下台。他對雷德菲爾德面臨的挑戰表示同情，並告訴我，他不確定若他是CDC主任，他會怎麼做，但他毫不寬恕自春天以來發生的事情。「一個世紀以來最大的挑戰，我們卻讓這個國家失望了，」他寫道，「未來的公共衛生文本將以此為例子，說明如何冷處理傳染病大流行。」[59]當時的原因是眾所周知的：完全沒有國家計畫，政府否認疫情。「約翰福音『認識真理』的主要旨意遭白宮掩蓋，以至於人們和媒體都向學術界尋求真相，而不是向CDC。」佛吉認可那些做了CDC被阻撓的工作的人。在他看來，唯一的解決辦法是讓雷德菲爾德清楚地列出問題所在，並為他自己在這之中的所作所為道歉。「當然，白宮會憤怒地回應，」佛吉總結道。「但正義會站在你這邊。就像宗教改革者馬丁·路德一樣，你可以說，『這是我的立場。我別無選擇。』」

佛吉從來沒有打算將聲音提高到耳語之上——唯一知道這封信的人是他的妻子——但不知何故，它被洩露了出去，並開始在CDC科學家之間流傳，被他們當成一份表達他們集體挫敗感的宣言。「當它公諸於眾時，我感到非常驚訝，」他說。「我就是這麼天真。」但他對自己發出的指控並不感到羞恥，因為在他看來，他只是在傳達電子郵件鏈上的情緒。「我能夠在給他的信中說，他自己下面的人正質疑他的領導能力，」佛吉說，「他應該道歉，但要讓他們知道他承受的壓力。私人電子郵件對話讓我知道這是真的，這就是CDC員工的感受，他們不信任自己的領導人。」這些電子郵件對佛吉來說意義重大。他在他們身上看到了，未來能將CDC破碎的信譽重新黏合起來的接著劑。「我們一直以這種真理和科學的理念，以及對政治的抵抗為榮。」他談到他心愛的機構時說。那裡的工作人員，即使是持不同政見的人士，也忠於這一使命，即使只是默默地這麼做，這一事實給了他希望。

■

i 譯註：《赤色黎明》（*Red Dawn*）為一部美國戰爭電影，台灣譯名為《天狐入侵》，內容講述美國對抗蘇軍入侵的一段經歷。

ii 譯註：列表伺服（LISTSERV）為一電子郵件清單列表應用程式，使用者可透過此應用程式將電子郵件寄到一列表的收件人信箱。

第十章　名字：二〇二〇年，明尼阿波利斯市

米絲奇・努爾（Miski Noor）不需看完這九分二十九秒的酷刑。[1]只需撇一眼喬治・佛洛伊德（George Floyd）被殺死的影片——這名男子趴在地上，戴著手銬，一名警官的膝蓋壓在他的脖子上，令他慢慢窒息——她便確定自己該撇下在明尼阿波利斯市當地冰雪皇后（Dairy Queen）吃霜淇淋的朋友，加入集會抗議活動。這些暴行、死亡發生的時刻被記錄下來，影響了「黑人的命也是命」社運人士的生活。他們的目的是要重新點燃一場社會運動，而這場運動建立在一張駭人的死者累計名單上——艾瑞克・加納（Eric Garner）、珊卓拉・布蘭德（Sandra Bland）、佛雷迪・格雷（Freddie Gray）、塔米爾・萊斯（Tamir Rice）、華特・史考特（Walter Scott）。每一個人名都是控訴美國及其警政體系的書狀中增補的一頁。喬治・佛洛伊德又是新的一頁。他因用二十美元假鈔購買香煙而被警察攔下，死在街上，可悲的是，米絲奇對這樣的事情發展並不感到意外。

但這一次不同。幾年前，這場誕生於一個社群媒體主題標籤（hashtag）的運動曾引起更廣泛的關注。不過，自二〇一六年唐納・川普上任總統，他連續不斷的精彩表演，以及社群媒體上的其他種種，似乎蓋過了這場運動。到二〇二〇年初，人們已將「黑人的命也是命」當成過去式，但從未

停止談論這件事。

這段佛洛伊德被殺死的新影片中，警察的殘忍行徑一清二楚，即使是冷酷的懷疑論者也能看出不公正，「黑人的命也是命」的鐘擺因此再次擺動。而它再次擺動的期間是在二〇二〇年眾人焦躁不安、感覺遭禁錮的夏天——新型冠狀病毒已使得美國大部分地區停工停學的時候——當時人們不用像平常一樣上班上學，有充分的餘裕能採取行動，並且這場公共衛生浩劫正嚴重地撕裂窮人的生活，使他們首當其衝地承受疾病和失業的壓力，眾人的情緒因此已被挑起。

有什麼東西鬆動了。五月二十六日（佛洛伊德死後的第二天），怒火極其強烈的抗議活動於明尼阿波利斯市距離米絲奇家幾個街區的地方展開，兩天後一處警察分局遭縱火，國民警衛隊（National Guard）介入干預。但真正令人震驚的是這股憤怒及哀悼遍佈的廣度。從洛杉磯到納什維爾，再到肯塔基州的路易維爾，美國的每個主要城市都舉行了示威遊行。幾個月前，路易維爾一名二十六歲的緊急救護技術員布倫娜・泰勒（Breonna Taylor）在一次警察突襲行動中，於自己的臥室遭槍擊身亡，她的名字也被添加到了抗議者的咒語中。單單在六月六日——僅僅一日——就有五十萬人出現在美國近五百五十個城鎮的抗議現場。[2]在一個月內，據估計有多達二千六百萬人參加了抗議活動。《紐約時報》的一項分析統計出了四千七百場示威活動，即平均每天一百四十場，而令人震驚的是，那些人們戴著口罩、舉著標語並高呼受害者名字的郡縣，有近百分之九十五以白人佔多數。若你開車穿過美國的農村地區或富裕的全白人郊區，你能看到寫著#BlackLivesMatter（＃黑人的命也是命）的標示牌釘在草坪上，貼在人們的窗戶上，有時是孩童用蠟筆寫的。到了七月三日，《紐約時報》明明白白地宣布這是「美國歷史上最大規模的運動」。[3]

米絲奇站在這場運動的震央，看著這一切如漣漪般不斷地向外擴散。而比起興奮——儘管她也感到興奮——她更感受到一股焦慮：如何抓住這一刻，把握這一次的運動能見度大爆發，並善加引導，使其造就一些實際成果，而不是帶來象徵性勝利後的短暫興奮？六月和七月的每一天都令人有理由感受到這種自豪與謹慎混在一起的奇怪情緒。要怎麼理解像Lululemon這種一條緊身內搭褲賣一百六十八美元的公司，大力宣傳著自己支持努力「揭開歷史抹殺的面紗並抵制資本主義」？[4]或是，要怎麼理解將「傑米瑪阿姨」（Aunt Jemima）的標誌[i]從糖漿瓶上拿下來的決定？移除密西西比州州旗上的叉叉和條紋的決定呢？或者，《條子》（*Cops*）[ii]在三十二季後停播的決定呢？又或者，摩根大通（JPMorgan Chase）執行長傑米・戴蒙（Jamie Dimon）在摩根大通銀行當地分行的一個巨大金庫前鄭重單膝跪地的畫面？[5]如何超越作秀、院子裡豎立的標示牌、肯特布（kente cloth）[iii]，專注於會真正改變人們生活的事情，甚至可能終止殺戮的事情？

以去性別化的「其（they/them）」作為自己人稱代名詞的米絲奇，對被舉起然後放下的感覺並不陌生。他們決心從這種全國情緒宣洩中創造影響力——皮尤研究中心六月初的一項調查發現，三分之二的美國人表示他們支持這項運動，其中包括百分之六十的白人。[6]但這項工作必須在各地進行，最關鍵的是，米絲奇知道，在進行方式上，要避免過去分散注意力的那種震盪。米絲奇和許多其他社運人士想要的並不是什麼象徵性。美國警察制度誕生於十九世紀，某種程度上——至少在南方——是為了抓捕逃跑的奴隸，他們認為若僅通過改革，永遠無法克服這一原罪。在他們看來，警力是為了將黑人送進監獄的社會控制工具——結案。警察對黑人與棕色人種造成的傷害已超越合理範圍，但這一事實卻遭漠視，在一座又一座城市，警察毫無疑問地獲得了預算的最大份額。在應對此一現況的議題上，最強硬的立場為廢除警察制度，完全消除警察局，並以社區需求為導向的新公共安全模式取而代之。通往廢除警察制度的一個策略為撤除警察資金，這意味著將資金從警察手中轉移到其他社會服務部門。這些都是真正的要求。國家輕率、自動地撥出資金給一萬八千個警察局，社運人士希望改變這種資助形式。但首先，他們需要權力，但正如十年前埃及解放廣場的民主追求者所習得的，獲得權力比抗議更難。

米絲奇・努爾來自於東非索馬利亞，但從十四歲起便居於明尼阿波利斯市。其[iv]以移民同時居於不同世界的能力度過其人生。「我是穆斯林。我是酷兒，我認為自己是一個性別非常規（gender-nonconforming）的人。我就是個活在許多邊緣化身分交會點的人。」米絲奇告訴我。其外表看來總是充滿自信，且總是打扮得頗為時髦，戴著巨大的綠色圓形垂墜式耳環，或是掛著能蓋住半張臉的飛行員眼鏡。米絲奇是個經常笑的人，事實證明，在其成為明尼阿波利斯市的「黑人的命也是命」地方分會發言人後，這點很有幫助。

米絲奇於明尼蘇達大學主修政治學和非裔美國人研究，畢業後，其曾與一家非營利組織合作協助重新安置移民，最後進入凱斯・艾里森（Keith Ellison）的辦公室工作。凱斯・艾里森是第一位宣誓就職時將手放在古蘭經上的進步派眾議院議員。米絲奇負責與選民交涉，處理個案工作，但很快就開始感覺到其立法者代理人的角色可能存在的侷限性。因此，在二〇一二年，米絲奇完全退出了政治領域，成為了一名藥技士（pharmacy technician），在其很高興能有一份日常工作的同時，也考慮著以一種更好的方式造成影響——包括參與社區協會領導人競選。米絲奇自豪地告訴我，那是一場靠自己勝選的選舉。就在那時，二〇一四年夏天，聖路易斯郊區佛格森（Ferguson）一名十八歲少年麥可・布朗（Michael Brown）被警察殺害的消息傳出，他的屍體幾乎沒有被遮蓋，暴露在街上好幾個小時。正如米絲奇所說，這起事件「就像按下了黑人解放的起始鍵。」

米絲奇的室友把他們的廚房變成了「黑人的命也是命」明尼阿波利斯市分會的總部，在接下來的兩年裡，這裡成了狂熱的社運中心。每一次新的黑人死亡事件都將他們推到街頭上，他們走上佛格森街頭，面對催淚瓦斯的韻律反映了「黑人的命也是命」主題標籤在社群媒體上爆發的頻率。事實上，透過查看此口號留下的量化記錄，可以最充分地理解那些年的運動動態。

洛杉磯社運人士派翠西・卡洛斯（Patrisse Cullors）於二〇一三年七月十三日創建了主題標籤#BlackLivesMatter。在這之前，她先是看到了來自舊金山的朋友兼社群組織夥伴艾麗西亞・加爾薩（Alicia Garza）的臉書貼文，上面的結尾寫道：「黑人，我愛你。我愛我們。我們很重要。我們的命也是命。」她們是想將此標籤當作戰鬥口號來推廣，並邀請了第三位社運夥伴歐波・托梅蒂（Opal Tometi），她幫助她們建立了臉書和推特帳戶，鼓勵人們分享#BlackLivesMatter的故事。但沒有成功。至少在接下來的一年裡，沒有人十分關注這個主題標籤——儘管發生了一些引人注目的黑人死亡事件，比如艾瑞克・加納，他在紐約史泰登島（Staten Island）被一名警察勒住，重複著「我不能呼吸」十一次，直到他失去知覺。二〇一四年七月整個月，#BlackLivesMatter僅出現在三百九十八條推文中。不到一個月後，麥可・布朗在佛格森被槍殺。當時，#Ferguson（#佛格森）和#MikeBrown（#麥可布朗）這兩個主題標籤讓人們注意到了此事件引爆的警民衝突，並使得在街頭上面對開著裝甲坦克警察的抗議者，能透過影片和圖像以及每分鐘的推文塑造敘事，但#BlackLivesMatter這個標籤卻幾乎沒什麼人有印象。[7]（埃及革命者也在推特上關注此事件，對於被催淚瓦斯噴到，該怎麼處理，他們給予建議：不是用水，而是用牛奶或可口可樂洗眼睛。）

直到二〇一四年十一月二十五日，隨著佛格森事件的緊張局勢消退，也就是在#BlackLivesMatter誕生整整十六個月後，它才成為線上線下的統一口號。那是在大陪審團拒絕起訴擊斃麥可．布朗的警察的隔天，也是克利夫蘭一位警察殺死正在玩玩具槍的十二歲男孩塔米爾．萊斯的三天後。十一月二十五日當天，主題標籤#BlackLivesMatter被使用了十七萬二千七百七十二次，並且從那天開始爆紅。在此之前的三個月，其日均使用次數不到一千五百次，在此之後的三個月，卻超過三萬次。不過，數次出現的使用高峰更能顯示真實的情況。在那名以掐喉方式使艾瑞克．加納窒息身亡的警察成功脫罪的幾天後，#BlackLivesMatter在推特上出現了十八萬九千二百零十次。第二天，它也被使用了十六萬八百零十次。然後這個主題標籤開始出現在全國各地，出現在上百名罷工抗議的黑人國會職員手中舉著的標語牌上，也出現在NBA球員在球衣裡穿著印有「我不能呼吸」（I can't breathe）T恤的運動賽場上。

看看接下來一年半內此標籤使用次數的圖表，你便會看到，每個峰值都與死亡事件相關——二〇一五年四月十九日在巴爾的摩，佛雷迪．格雷死於先前在警用廂型車後座受的重傷，當天超過四萬條推文使用此標籤；六月十七日，一名白人至上主義者在南卡羅來納州查爾斯頓的一座教堂開槍造成九人死亡，當天標籤使用次數達近十萬；七月十三日，也就是珊卓拉．布蘭德（Sandra Bland）因輕微交通違規行為被警察攔下的三天後，她被發現被絞死在牢房中，當天標籤使用次數為十二萬五千。而二〇一六年七月六日，在明尼蘇達州聖保羅郊區的費蘭多．卡斯提爾（Philando Castile）於車內遇害當天，此標籤被使用了二十五萬次，很快就達到單日一百一十萬次的峰值。

每一場運動都需要這樣的時刻，挑起情緒然後造就行動的時刻。我們不會在生活中一直意識到這些問題——即使是那些最有可能受波及的人也會轉移他們的視線。而正是這樣的時刻迫使人們發自內心地對付暴力。一九五五年的民權運動正是在艾默特．提爾（Emmett Till）那張面目全非的臉推波助瀾下發動的。運動人士們依靠這種悲傷和憤怒的事件來維持運動的高漲聲勢，但他們開始從中感受到危機。「我認為人們目睹的是一個社群的喪慟，」派翠西．卡洛斯告訴我，「對於黑人死亡事件的反應，就像是我們在任何時候都可能成為下一個，簡直就像我們在試圖挽救自己的生命，且我們是唯一試圖挽救自己生命的人。」[8]但她也告訴我，那些年她最大的遺憾是，對於這個她首創的主題標籤，她沒有「取得版權」[9]，我認為她的意思是，情緒釋放已成為社群媒體單一且勢不可擋的模式，而在情緒釋放的渴望推動下，這個主題標籤的使用已經難以控制、無法預測。

美利堅大學媒體與社會影響中心（Center for Media & Social Impact）在二〇一六年初分析了#BlackLivesMatter推文，證實了社運人士們的擔憂，這場運動的爆紅的確存在潛在缺點。警察暴行作為一個議題——不同於收入不平等——「極其適合以網路為基地的行動主義」，因為它「具體、在表現形式上為不連續的事件，且最重要的是，清晰可見」。[10]同樣地，「我們都是哈立德．薩伊德」專頁的發展也是受益於這樣的動力。然而，這篇分析報告的結論清楚地表明了：「社運人士在自己創造之大規模線上辯論能達到的程度上，可能會有些受限。」紐約大學教授查爾頓．麥克爾溫（Charlton McIlwain）是此研究的作者之一，我與他交談時，他詳細說明了這一點。「如果沒有死亡，如果沒有催化性的事件，社群媒體上的對話便相對較少，」麥克爾溫說，「我認為這是此侷限性的跡象。」[11]

在明尼阿波利斯市，米絲奇與當地的「黑人的命也是命」分會需要趁著這幾波黑人死亡事件的浪潮來推展運動，而他們發現了這件事有多麼耗人心神。二〇一五年十一月，賈瑪・克拉克（Jamar Clark）遭警察殺害，一些旁觀者稱他在被槍擊時戴著手銬且面部朝下，這起事件導致米絲奇的團體佔領了該市的第四警察分局轄區十八天。他們在寒冷的天氣中搭起帳篷，試圖用自己的身體保持人民的注意力。他們要求警方公布事件相關的行車記錄器和隨身錄影器影帶，要求司法部進行調查，並對警察提出犯罪指控。米絲奇說，最終他們確實實現了三個目標中的兩個：影帶被公開，並且調查也展開了。但是他們並未造成更廣泛的影響，整個過程一直在消耗。很明顯，導致克拉克死亡的情況並沒有改變。很多社運人士都有這種感覺。就連歐巴馬在總統任期結束時，也表達了他對這場運動參與者有限的能力與技巧感到惱怒，他一度告訴抗議者，「你們不能只是一直大喊大叫。」[12]到佛格森事件五週年之際，儘管全國各地的警察部門確實在隨身錄影器上花費了近一億美元，但一份報告發現，在這一切開始的密蘇里州，與二〇一三年相比，黑人被警察攔下的人數增加了百分之五，白人被攔下的人數則減少了百分之十一。[13]

米絲奇告訴我：「面對黑人死亡事件，我們已經厭倦了一遍又一遍地動員起來，提出手段性或象徵性的要求，這些要求從未讓我們獲取保持大量參與人數的影響力。」這一切都造成了嚴重的損失。佔領警局轄區活動後不久，米絲奇就住進了醫院，最後需要輸血四次才得救。「我們中的很多人都有自殺傾向或憂鬱症，」米絲奇說，「我們當時就想，好吧，如果我們真的是為了解放黑人做事，我們必須以可持續的方式來做。不僅僅是響應或回應各事件。」

可以擺脫這種事件回應方式的模範沒有多少。不過，邁阿密的一個組織「夢想捍衛者」（Dream Defenders）曾嘗試過，米絲奇將他們視為行動主義不受社會運動中顛簸起伏所囿的一個範例。主要由大學生組成的夢想捍衛者在二〇一三年舉辦了一場佔領活動，從而引起了全國的關注，這場佔領活動類似於米絲奇幾年後發起的那場。他們圍在位於佛羅里達州塔拉哈西（Tallahassee）的州長辦公室拋光的木門外，高聲呼喊了三十一天，請他重新考慮該州的「不退讓」（Stand Your Ground）法。這是一套許可槍支使用的法規，因為有這套法規，在特雷沃恩・馬丁（Trayvon Martin）從便利商店7-11步行回家的路上遭槍殺後，法院得以宣判凶手無罪，儘管這名少年遭擊斃時手上僅拿著一袋彩虹糖和一罐冰茶。雖說知名度高，夢想捍衛者並不是特別成功，到了二〇一五年夏天，當了很久活動組織者的瑞秋・吉爾默（Rachel Gilmer）成為他們的戰略長，她發現這個團隊失去了活力，厭倦了不得不跟上社群媒體的需求，也厭倦了試圖吸引亮光在令人振奮的短暫時刻照耀在他們身上。[14]這群社運人士覺得他們的優先事項、他們的自我概念，似乎已經被這場社群媒體追逐戰改變了，他們需要停下來一下。所以那年秋天，夢想捍衛者同意舉辦他們所謂的「停電」運動，當時他們的領導人是菲利普・阿格紐（Phillip Agnew），他在剛從佛羅里達農工大學（Florida A&M University）畢業時創建了此組織。

在後佛格森時代，當全國性雜誌以推特上的追蹤人數為準，排出該國最具影響力的前十名社會運動人士名單時，瑞秋和菲利普選擇退出推特。瑞秋表示：「把人氣誤認為權力」太容易了。為夢想捍衛者工作的所有人都必須刪除手機上的社群媒體應用程式，並且他們決定從九月二十一日開始禁用社交平台，直到十二月一日為止，共為期十週。這將是一個機會，能讓他們了解在線下的自己是誰，以找出他們組織所謂的DNA。避免使用社群媒體應用程式對於這個過程至關重要，瑞秋在一份給組織的說明中這麼寫道。她表示：「社群媒體會不斷地激發並消耗我們的自尊心——讓我們同時感到極度自鄙又自戀。」[15]傷害不僅僅是心理上的。社群媒體正在損害他們以富有成效的方式建立聯繫的能力。「社會運動中人與人的關係在網路上受到侵蝕，因為我們在爭奪宣傳自己的時間」，這一切都是因為自我宣傳的時間本身變得稀缺，成為他們都在爭奪的商品。「而且我認為，所有這一切最可怕的部分是，我們沒有意識到這種機制的存在，或者至少，相信我們可以控制它。」

瑞秋和菲利普告訴我，在那幾週中，遠離社群媒體讓他們學到了很多東西。就在米絲奇的團隊在明尼阿波利斯衝向路障的同時，夢想捍衛者們正在邁阿密潛伏蹲守。一方面，他們看到了自己對暴力圖像和影片，變得有多依賴，這些圖像和影片不斷打斷他們的行動主義。「它創造了一片景觀，在那片景觀中，這場運動與死亡更相關而非生命。」瑞秋說。社運人士達內爾．摩爾（Darnell Moore）曾為網紅們發起「前往佛格森的自由乘車活動」[v]，且希望他們能在推特上廣泛轉推發布抗議活動相關資訊，但就連他也同意也同意這一評估結果，並告訴我，他擔心「黑人的命也是命」運動正在利用美國文化中的病態和預先存在的現象，利用這部「使黑人死亡事件壯觀化」的「創傷色情片」，並從中獲利。[16]

他們也更清楚地看到，推特並非其呈現的那般是個民主化平台。這種擁有一百萬個入口點的媒體模式對行動主義左派而言很有吸引力，他們早在社群媒體之前就開始走向水平主義

（horizontalism）。這一趨勢是對共產黨及共產黨領導組織之威權主義傾向的回應，甚至可以追溯到一九三〇年代。一九六〇年代新左派的新穎性某種程度上源自於拒絕威權主義那種自上而下的方法。到二〇一一年「佔領華爾街」抗議活動發生時，社運人士實際上已經對自己的無領導模式產生了迷戀之情。他們完全鄙視麥克風。對於卡洛斯、加爾薩、托梅蒂而言，任何運動都必須盡可能具有包容性，尤其要歡迎過去被邊緣化的酷兒和跨性別社運人士。

但是，如果照理來說推特要突出集體，它卻往往會產生相反的效果，提升了某些個人的地位，而且原因完全不對。德雷・麥克森（DeRay Mckesson）就是一個很好的例子。[17]當麥克森來到佛格森時，他是個抗議人士，在推特上有八百名追蹤者，然而六年後，在我撰寫此書之時，他已經變成了社群媒體明星，追蹤人數達一百萬。麥克森直觀地理解到推特想要的是什麼。他看到推特重視有親密感的表達方式，因此在這座處境艱難的城市裡抗議的路途上，他詳盡敘述了他的想法和感受，並詳細分享了他所觀察的一切，常常會搭配照片和影片。他的文字風格直接而有魅力。在推特上，在他發布情緒激昂的抗議場景之餘，他會寫一些提升士氣（「愛是我們的理由」）與撼動人心的訊息（「正義不是一個抽象的概念。正義是麥可・布朗活著。正義是塔米爾再次在外玩耍。正義是達倫・威爾遜（Darren Wilson）[vi]進監獄。」）。麥克森在佛格森實地待了幾週，窩在咖啡廳工作，借宿當地人家沙發，這段期間他培養出大批追蹤者。他明白在推特上自己是一個角色，於是他開始無論走到哪裡，都穿著藍色蓬鬆的巴塔哥尼亞牌絨毛背心。藍色背心比他最初嘗試的紅鞋和紅襯衫效果更好，很快變成他個人風格的一部分。[18]

他的名氣讓其他社運人士抓狂。麥克森成了這場運動的代言人，不僅登上《紐約時報雜誌》

（*The New York Times Magazine*）人物簡介報導，接受有線電視採訪，且最終頻繁地受邀到歐巴馬總統的白宮，以至於他告訴記者，到那裡不再讓他感到緊張。這樣的他受到了許多隱晦、有時甚至是公開的攻擊。在某些人眼中，尤其是在聲稱創立了此運動的三名女性眼中，麥克森是名過其實。艾麗西亞．加爾薩寫了一篇長篇長文，題為〈#黑人的命也是命運動女史〉（A Herstory of the #Black LivesMatter Movement），感嘆「如今許多人團結起來支持魅力非凡的黑人男性」。[19]

這不單單是計較之言。推特並不為這群社運人士所有或控制，它創造了一個以稀缺性為基礎發展的系統，而讓最了解如何運用它的人成為預設的領導者，這似乎是不對的。更糟糕的是，麥克森不僅在推特上取得了成功，接著，他更是將其視為一種前所未有的變革工具。從這點看來，他有些像「黑人的命也是命」版本的威爾．戈寧。對於瑞秋和菲利普來說，社群媒體令人耗盡精力；但對於麥克森來說，社群媒體可以賦權增能。「我一直認為推特是位永遠醒著的朋友，」他寫道，正如他所經歷的，推特「放大了個人的聲音，總是提醒每個人，他們存在於一個更大的整體。」[20]他在二〇一五年的一次採訪中主張，沒有必要由一個組織來「發起抗議」。[21]相反地，「你一個人便足以發起一場運動。個人可以因他們所知不公正的事情而聚在一起。他們可以引起變化。你的身體可以成為抗議的一部分；你不需要貴賓通行證就能抗議。推特讓這種情況得以發生。」之後會有時間決定一整套抗議的訴求。對麥克森而言，該平台創造了「社群」組成的可能性。然而問題是，這個正在發展成型的社群有它自己的特定規則，而這些規則賦予了他高人一等的地位，為他加冕，卻不加諸責任。他可能覺得這個平台是「有機的」，但在上面發表的每一句話，即使並非有意，都歪向同一方向，朝著一個勝過一切的目標：獲得更多的追蹤者。

瑞秋認為，這整群批評德雷．麥克森的社運人士們患上了某種「盲反德雷症候症」——他們都被德雷赤裸裸的自我推銷氣瘋了——實際上德雷只是一個更大問題中最顯著的症狀。她表示：「我們有點把他當作一隻要打破的皮納塔（piñata）[vii]，但其他人在推特上做的事也跟他完全一樣。」在停電運動期間瑞秋突然看得更清楚了，推特只是在分散大家的注意力。「我認為社群媒體在人們之間創造了一種虛假的同袍情誼，」她告訴我，「我認為我們進行了辯論，但都著重在無關緊要的事上。大家想的是，自己能以一千四百個字元對別人的政治理念發表些什麼簡短俏皮的評論？但這不是策略。而我們又沒有空間來建構策略。」

停電運動打開了那個空間，夢想捍衛者開始真正與他們的社群建立聯繫。他們開始傾聽。而對於所聽到的，他們感到驚訝。當瑞秋挨家挨戶與邁阿密較貧困社區的人們交談時，她很快發現裁撤警察資金或廢除警察制的理想並不是全民共同的夢想。

「人們基本上都講：我們需要更多警力，」瑞秋說，「這對我來說，真的很震撼。我記得某次我和一位女性談話，她的車上有幾個彈孔，是她兒子被殺時留下的，我憑什麼說服這麼一位女性廢除警察制？又不是說，我有替代方案可以提供。所以，當我們思考夢想捍衛者的角色是什麼，以及在與各社群的關係中，我們應該扮演什麼樣的角色，這一切對我們來說都是非常接地氣的，而社群媒體肯定會混淆我們思考的方向。」

這顛覆了他們公認的想法。但是在瑞秋看來，這也指明了前進的方向。如果她真的覺得廢除警察制是答案，那麼這項工作就必須從在地著手，而且必須以向人們展示另一條出路開始。他們必須積極募集並培養一群支持者，而不是枯等人們暴怒的時刻到來。

夢想捍衛者創始人菲利普也有類似的見解。對他來說，停電運動的經歷為他們上了有關各類型力量（power）的一課。借用政治學家喬瑟夫・奈伊（Joseph Nye）的一個概念，他現在開始將社群媒體理解為一種「軟實力」，一種透過爭論和說故事來塑造文化的力量。但也有「硬實力」，奈伊在評估不同民族國家的能力時，將軍事和經濟實力歸納為硬實力。以社會運動來說，硬實力則是遊說立法、選出富有同情心的政治領袖、讓你的事業分配到資源的能力。菲利普現在更清楚地看到，社群媒體擅長建立軟實力。但在硬實力方面，它無能為力。如果對奈伊來說，每個成功的國家都需要兩者的結合，那麼就社會運動來說，情況就更是如此了，而社會運動一開始都沒有豐富的硬實力或軟實力。

建立硬實力的唯一途徑就是實際與公眾接觸。正如瑞秋所說：「你就是不能在籌劃上抄捷徑。」這讓他們想要放棄作秀，放棄追蹤人數的競爭，甚至放棄總是公開自己行為的反射動作——他們會仔細考慮是否以及何時採用如佔領和靜坐之類的策略。菲利普在二〇一六年初從停電運動中走出來露面後，甚至看到了培養更隱蔽的談話與計畫空間會帶來的優勢。社群媒體能達到的是「追隨力（followship）及責任的擴散」。真正的領導力會在線下出現。「對於不了解我們所為，不知我們何時為之以及我們所為與誰相關的每個人，我們必須重新擁抱他們的強大戰略價值。」22

在明尼阿波利斯，身受重創的米絲奇得出了類似的結論。兩年不間斷的抗爭幾乎沒有帶來什麼改變。他們所在城市的運動模式與其他地方一樣：行動主義會膨脹，然後消退，且儘管耗費了這麼多精力，當他們面對更根本的問題時，他們的目標便顯得太小了。於是，米絲奇與其同伴們的目標變成了找出這些問題的挑戰，以及要如何在不會受傷到需要輸血的情況下攻破它們。他們試圖解決普林斯頓大學教授兼「黑人的命也是命」運動密切觀察者基恩加・亞瑪荷塔・泰勒（Keeanga-Yamahtta Taylor）向我指出的兩難困境。[23]她說，不可否認，「黑人的命也是命」運動在二〇一〇年代中期首次出現時產生了有益的影響。美國的血液有史以來第一次被注入制度性種族主義（institutional racism）等概念。然而，除非社運人士找到一種方法「集體評估、討論或思考這是場什麼運動，或這該是場什麼運動」——除非他們完成了這項工作，在推特上無法完成的這項工作——否則這些進展都將是轉瞬即逝的空話。

米絲奇和六個朋友決定建立一個新的組織，一個全面杜絕社群媒體新陳代謝的組織。他們稱其為「集體黑色願景」（Black Visions Collective），最終簡稱為「黑色願景」（Black Visions）。[24]整個二〇一六年及二〇一七年，他們時而探索宏大而抽象的想法，時而全心僅聚焦於如何拉動他們城市的權力槓桿。他們開始研究轉型正義，這也是瑞秋在邁阿密最後決定的替代方案，使用諮詢與調解方法，在小衝突演變成與警察的口角之前，先將其緩解。他們請來了一位這方面的專家培訓他們如何打破暴力循環，他們開始在彼此之間誠實地交談，以確定他們作為一個群體的原則應該是什麼。「你如何在自己的個人生活中實踐懲罰？如果有人有愧於你，你會有什麼反應？」這些親密而強烈的問題，代表著朋友之間得從容進行的工作，不過米絲奇說，這有助他們「達成一致」。

這七名核心成員也更積極參與明尼阿波利斯市當地的政治。早期「黑人的命也是命」抗議活動仰賴於「#BlackLivesMatter」主題標籤使用次數的飆升，推動力來自於全國的關注。如今很明顯，如果他們的重點是警察資金，那麼他們必須在地耕耘，靠著與市議會及市長辦公室合作，因為預算決定是由它們做出的。他們需要學習這些單位的運作機制，並結交一些盟友。

這便是組織籌劃，長期以來做法都是如此，而他們已經很擅長。這也是明尼阿波利斯市與開羅的區別所在。中東缺乏民主或草根政治傳統——甚至無法開始想像如何創造——美國的情況卻非如此。在埃及，長駐解放廣場上的抗議人士一切都要從零開始，且使用了錯誤的工具。但在美國，非裔美國人組織活動已經有很長的歷史了，比矽谷還早出現。米絲奇及其朋友們結識了市議會議員和他們的助手，提供他們多到讀不完的研究材料，又參觀了他們的辦公室，然後也許最重要的是，他們帶人們參加了多場預算討論聽證會，並在一場又一場的論壇中，針對警察所需要的只是多幾台隨身錄影器這種看法，提出反對意見。所有這一切的進行都沒有太過大張旗鼓，而且主要都在線下。

二〇一八年，黑色願景獲取了最早的其中一場勝利，成功將超過一百萬美元的警察預算挪移到衛生部門，以創建所謂的暴力預防辦公室。[25]這筆錢雖不大，卻是一個機會，讓他們能發展替代方案，並向警方展示，每年不經質詢就流向他們的資金是可以被抽走的。暴力預防辦公室會尋求公共衛生解決方案，而不是懲罰性解決方案——例如，當一個無家可歸的人開始行為不端時，他們會派出社工，而不是派遣警察。與此同時，市議會本身的構成也發生了變化。二〇一七年，在黑色願景的助力下，幾位與他們懷抱相同進步派理念的人士選上了新任市議員，例如傑瑞麥亞・艾里森（Jeremiah Ellison），贏得市議會十三個席位中的一席，他是凱斯・艾里森（Keith Ellison）[viii]之子；還有安德莉亞・傑金斯（Andrea Jenkins），美國第一位選上公職的出櫃跨性別黑人女性。黑色願景絕不是只關心單一議題的組織，但改變警政系統是他們的首要任務。當下一次人們開始關心黑人的生命時，他們想把精力放在這點上。「我們一直在思考下一次的觸發時機，」米絲奇說，「確保當它到來時，我們會有更多的人為廢除警察制的建設作好準備。」

他們還憑直覺了解到瑞秋和菲利普在停電運動期間學到的事：推特不是發展想法的好地方。他們傾向於保留他們之間共有的隱私。他們中的一些人住在同一所房子裡。他們刻意不擴大核心團體的規模，只會非常慎重、緩慢地增加成員。如果他們在某個他們的活動中遇到一個特別投入的人，他們會進行幾場一對一的會談，與之共事並建立關係，然後再將他們帶入更大的成員群體中，即使到了二〇二〇年夏天，這個成員群體的人數也不過幾十人。這些成員們會當面交談（或在疫情爆發後用Zoom視訊談話），當他們無法面對面交談時，他們使用加密聊天應用程式Signal來解決問題和制定計畫。「這意味著有時要寫大段的文字，但我們絕對曾用Signal做出決定、轉移工作，或者達成某種共識。」米絲奇告訴我。如果說，「黑人的命也是命」運動被社群媒體的脈動所扭曲了，那麼黑色願景則會設定自己的節奏。

出於這個原因，在喬治．佛洛伊德遭殺害後的幾天裡，米絲奇和其他人幾乎沒有花時間在大規模的抗議活動上。相反，他們試圖在過去三年的努力基礎上繼續發展。以菲利普．阿格紐借用自喬瑟夫．奈伊的術語來說，他們試圖利用佛洛伊德之死所產生的非凡軟實力，將其轉化為推動市議會投入如「廢除警察制」這樣不可思議之事所需的硬實力。這意味著紀律。他們求助於市議會議員，特別是那些與他們建立了關係的議員，並遊說他們。抗議活動開始後，他們在數個晚上致電，發送詳細的計畫，這些計畫的目的是關上流向警察的資金水龍頭，使暴力預防辦公室取代警察成為一個更重要的機構，也就是使該辦公室能作為先遣應急（first responder）單位並對公眾本身負責。為了強化這些私人行動的力道，並確保市議會的重視，黑色願景還在年輕、進步派的市長雅各．佛雷

（Jacob Frey）的房子前舉行了靜坐活動，利用羞愧感進行戰略性的抗衡。[26]

當他們有了明確的意圖時——全國各地令人難以置信的抗議聲仍然響徹雲霄——他們告知這些市議員，他們計劃於六月八日在明尼阿波利斯市的波德霍恩公園（Powderhorn Park）舉行集會。他們稱這場集會為「前進的道路」（Path Forward），他們希望地方領導人立刻承諾解散明尼阿波利斯警察局。他們聚攏了從那一刻起能聚攏的所有道德壓力，然後壓到了那些議會成員的肩上。

公園裡巨大的白蠟樹下，軟實力和硬實力相得益彰。一千人到場了。米絲奇穿著高筒運動鞋和「黑人的命也是命」運動代表色亮黃色的連身褲，看著手機唸出了：「我們有公民審查委員會、隨身攝影器和一位黑人警察局局長，但我們仍然在這裡，看著黑人在我們的街道上被殺害，被噴催淚瓦斯。」在離喬治．佛洛伊德被殺後不到兩週，在那個前方放著斗大印刷體標語「撤除警察經費」（DEFUND POLICE）的舞台上，十三名市議會成員中的九人（無法被否決的多數）[ix]做了五年前社運人士們幾乎想像不到的事：他們承諾要解散這個城市的執法部門。市議會主席麗莎．班德（Lisa Bender）說的話甚至讓米絲奇都感到震驚：「我們承諾終結我們城市與明尼阿波利斯警察局的不良關係，終結我們所知道的警務系統，並重建實際上保證我們安全的公共安全系統。」[27]

那年夏天，曾經被認為過於激進的詞語和概念劈啪作響，在全國爆發開來。科林．韋恩．李奇（Colin Wayne Leach），一位心理學家兼巴納德學院（Barnard College）教授，研究了「黑人的命也是命」抗議活動，他告訴我：「現在，『黑人的命也是命』的意義與二〇二〇年五月二十五日那時非常、非常不同。」他所提及的日期當然就是喬治．佛洛伊德被殺的那日，也就是這場運動的轉捩點，「如今，這句標語是個迷因。但問題是，社運人士是否可以利用這一點得益，或者他們是否會因此而受折磨。」[28]一個迷因代表的是一個能夠無止境地複製並重新利用於不同目的的想法，且能夠從一人手上拋到另一人手上。迷因的美妙之處在於它能觸及每一個人，但危險之處在於它可能轉瞬即逝。在這個時代，空氣中充斥著要求立刻回答的問題。二〇一七年秋天的#MeToo（我也是受害者）運動也出自類似的推動力，在幾位遭控性侵或在職場上開性暗示的玩笑等各種行為的男性身分曝光後，社群媒體上爆發了性騷擾故事的分享浪潮。這幾位有權有勢的男人被一一打倒。但是一旦這場熱潮退去了，人們可以正當合理地問，有什麼改變？#MeToo飛速地燒出了一場蔓延的大火，也許還在它燒過的地方留下了高度敏感的氛圍，但對於某位在工廠廠房工作，主管經常在耳邊低語想要她怎麼樣的女性，這個迷因真的改變了她的處境嗎？

米絲奇所在城市發生的事，也是在這種迷因熱潮的背景之下。而這座城市，明尼阿波利斯市，最清楚地證明了，也許這不僅是一瞬間，也許改變將持續下去。六月及七月在其他地方，也發生了可作證明的實例。亞特蘭大市長推進了幾項計畫，關閉該市最遭詬病的市中心監獄——亞特蘭大市拘留中心（Atlanta City Detention Center），並將此建築物改造為「正義與公平中心」。[29]紐約州議會則廢除了一條允許警察記錄保密的法律，這條法律已有五十年歷史。[30]數十個警察局承諾禁止鎖喉術。抗議活動開始兩週後，美國國會公布了《二〇二〇年警務正義法案》（Justice in Policing Act of 2020）包括多項措施，降低起訴行為不當之警察的困難度——眾議院議長南西．裴洛西（Nancy Pelosi）和時任參議院少數黨領袖的查克．舒默（Chuck Schumer）[x]脖子上披掛著肯特布，在宣布法案後低下頭單膝跪地。

但對於在邁阿密的瑞秋來說，這年夏天的興奮只是掩蓋了一種不安的擔憂。年輕一代的抗議者從未經歷過佛格森事件或後來的事情——錯過了停電運動——他們突然帶著一股「燒毀一切的能量」加入了她的組織行列，她說，她擔心曾經造成這場運動脫軌的「抄捷徑與純粹主義」將捲土重來。瑞秋自認，她已經從二〇一六年投票支持「攪局者」[xi]綠黨總統候選人吉兒·斯坦因（Jill Stein）（瑞秋表示：「我現在明白了，我當時還年輕」），進化成了喬·拜登的務實支持者。她當然是含淚支持這位民主黨候選人，她明白另一選項會是多具破壞性——川普的勝利將推翻她所有的組織工作。夢想捍衛者現在採取了戰略性的方法。在佛洛伊德去世之前，他們一直忙於參與佛羅里達州三名地方檢察官的競選工作，挨家挨戶為候選人拉票，像是加州橘郡（Orange County）的莫妮克·沃雷爾（Monique Worrell），他們希望終止美國的大規模監禁現象，並進行更多警察考察，以及改寫保釋政策。當大規模抗議活動開始時，瑞秋試圖消除噪音，讓社運人士專注於競選活動，而在他們努力的助攻下，沃雷爾成功當選了。

夢想捍衛者還在夏天和秋天時召集了數百人參加縣政委員會會議，推動警務議題，而在這些會議中，他們也意識到，要走的路還很長。「我認為我們當地的群體並沒有完全支持我們的目標。我認為他們不理解，」瑞秋說。「我們甚至與幾位最進步派的縣政委員坐下來討論，他們的反應是：好吧，我明白了，你不希望我們建造這座新監獄。那我們究竟該做什麼呢？」她想修正社運人士使用的言詞，強調這筆原本要花在警用直升機上的錢，能用於進行數項投資，而不是威脅要拿走某樣東西。撤除資金可能不是這個想法的最佳表述。「老實說，我對用詞的堅持不大，而是對這個概念比較堅定。」

瑞秋對於維繫這項工作及其成果感到憂心忡忡，尤其是當「#BlackLivesMatter」主題標籤使用次數再次飆升之時。其他社運人士也很擔心。艾倫・克瓦貝納・佛林龐（Allen Kwabena Frimpong）是一位經驗豐富的活動組織者兼藝術家，曾與紐約市的「黑人的命也是命」分會合作過，他告訴我，在二〇二〇年夏天的一些時刻，他想起了他曾聽說的在小馬丁・路德・金恩（Martin Luther King Jr.）遇刺後爆發的大規模抗議及暴動，儘管出現了各種哀鳴，但每座城市的黑人區最後都只得到一條馬丁路德金恩大道，僅此而已。當他發現人們興奮於印在ＮＢＡ籃球場木地板上的「黑人的命也是命」字樣時，他就想到了這一點。「我們這些長時間組織運動的人可以預見到這一點，」他告訴我，「實際上，這些象徵性的行動最終會進一步鞏固現狀，因為它創造了一種錯覺，使人誤以為處理這一切棘手問題的工作已經完成。」[31]他說，這些符號變成了拍頭的安撫。

在二〇二〇年夏天，瑞秋聲稱，她只看到了一小群社運人士似乎意識到這一點，並且正在考慮長遠計畫。她說，其中一位在明尼阿波利斯市。「這是多年戰略的結果，」瑞秋說，「他們將縣政委員會與支持我們運動的人連結在一起。這造就了抗爭爆發時發生的事情。但總的來說，我認為全國各地存在領導力差距。參與這場運動的人需要承擔更多的責任，實地參與，識別即將到來的抗爭活動領導人，仔細思考他們的訴求。這不僅僅是在社群媒體上寫下『撤除警察資金』。」

她知道關注度會如何上升、下降，最後她覺得，對於充滿革命意識的新抗爭者來說，體驗這個夏天的活力和對其極限的心痛是一件好事。「他們現在經歷了一個運動時刻，認識這點這是必要的，但還不夠。」

到了秋天，抗議人士們依舊高舉著標語牌，但情況起了變化。當時，在華盛頓特區一條通往白宮的街道以及在曼哈頓川普大廈前方街道的柏油路上，那兩道長達三十五英尺、以黃色油漆拼寫出的「黑人的命也是命」字樣仍引人注目，但是，在紐約的那一道已經多次被抹上黑色油漆，遭猛烈破壞。到七月底，抗議活動大多已逐漸平息，而在抗議持續存在的地方，則採取了更具威脅性的風格，特別是在波特蘭和西雅圖等城市，參與抗議的大多是年輕的白人無政府主義者，他們越來越不受控，氣勢囟狠地在郊區街道遊行。儘管「武裝衝突地點與事件數據計畫」（The Armed Conflict Location & Event Data Project，ACLED）[xii]針對五月二十四日至八月二十二日的所有相關示威活動進行了統計[32]，發現其中百分之九十三完全沒有涉及暴力或造成財產損失，但就如任何迷因一般，此迷因的發展也難以控制，對某些人來說它開始成為了危險及混亂的象徵。社運人士們自己似乎對此迷因的某些突變感到不安[33]，例如，受害者奇怪的死後重生形式。布倫娜．泰勒（Breonna Taylor）的人像出現在T恤、馬克杯以及時尚雜誌的光亮封面上——路易維爾甚至舉辦了一場名為「布倫娜大會（BreonnaCon）」的「女性賦權活動」，其中包括一場「布倫比Q（Bre-B-Q）烤肉演唱會」。但也許最令人沮喪的是，當皮尤研究中心在九月調查美國「黑人的命也是命」熱度時，之前六月前所未有的支持率急劇下降，從百分之六十七落到百分之五十五（在白人之間則是從百分之六十掉到百分之四十五）。[34]就連電視節目《條子》也於九月，也就是公開取消播出三個月後重新開始製作。

在明尼阿波利斯市，米絲奇的故事也發生了轉折。

在市議會承諾解散執法單位的幾週後，他們一致投票通過，要舉行一場決定警察局命運的公投。但在此議題被列作十一月的公投表決議題之前，地方法院首席法官任命的一群城市志願者發表了意見。作為明尼阿波利斯憲章委員會成員，這群城市志願者的任務是評估對憲章的任何修改，而憲章基本上就是此市的憲法。他們不贊同廢除警察制。明尼阿波利斯市的犯罪率不斷上升，街上很多人呼籲增加警力，而非減少。對於這些憲章委員們來說，這一切都太倉促了。然後，《明尼阿波利斯明星論壇報》（*Minneapolis Star Tribune*）刊出了一項民意調查[35]，結果顯示，民眾強烈支持將資金從警察預算轉移到社會服務，但明確反對解散警察——百分之五十的黑人持此立場。九月初，憲章委員會投票推翻市議會的決定。[36]這場決定警察局命運的公投不會舉辦了。

讓米絲奇抓狂的是，破壞了其工作的是幾個非經選舉產生的人員，多為白人，他們似乎具有維持現狀的既得利益。這感覺就像憲章委員會打出了一張不民主的王牌，就在米絲奇確信自己所有的組織籌劃都要得到回報的時候，這一個有故障保險設計的系統卻阻止了其成功。且米絲奇同時也面臨著一個令人不安的現實，就如同瑞秋在邁阿密已逐漸接受的現實：一旦對喬治・佛洛伊德死亡事件的激烈反應平息下來，大多數人不會理解或喜歡廢除警察制的想法。對沒有警察的世界持懷疑態度的，憲章委員會遠非唯一。

米絲奇沒有退卻，並將此理解為一個現在已經非常熟悉的循環中的下一階段。「在佛格森事件之後，在麥可・布朗、珊卓拉・布蘭德、賈瑪・克拉克死亡後都有一段時間，人們的關注度會開始消退，那是運動組織者仍然必須深入研究的時刻，」米絲奇說，「這是我們仍然必須與公眾交談的時候，也是我們仍然需要制定敘事策略的時候。我們需要繼續組織籌劃。所以我並不覺得失敗。」與此同時，黑色願景到秋天已經籌集了三千萬美元，一個令人意想不到的金額，並且正研究如何在不失去靈魂的情況下，將自身轉變為一個價值數百萬美元的組織。米絲奇說，他們歡迎這突然到來的平靜間歇期。在動蕩的夏天之後，團隊需要時間聚在一起喘口氣，評估他們的失落和成就，找出他們最佳、最公平的新資源利用方式。他們也了解了在這一階段適合的對話場地——角落對話、他們的Signal私人群組。米絲奇甚至幻想過他們自己的停電運動。「我已經和瑞秋談過了，」米絲奇說。「我們一直在考慮停電運動對我們來說是什麼樣的。」

至於廢除警察的公投，米絲奇打算在次年，即二〇二一年，讓明尼阿波利斯市民投票。[37]為此，黑色願景以米絲奇所稱的「人民議程、人民預算和人民憲章」為核心，組織起簽署運動。他們計劃走上街頭，讓盡可能多的市民簽署請願書，要求該市讓他們在此事上發表意見。且收集簽名有另一個目的。「我們將與明尼阿波利斯成千上萬的人討論治安的樣態，」米絲奇說，「因為如果我們這樣做，然後我們讓人們為我們連署，並表示他們希望明年可以針對此議題投票，那麼憲章委員會或其他任何人都無法阻止這場投票。」他們的遊說還會試圖將問題的框架從「廢除警察制」轉變為他們所謂的「由社區主導的治安系統」。米絲奇告訴我，他們設想請願書不僅能接觸到人們並將運動參與者團結起來，而且還能創造一些小小的交流時刻，為一項十年前沒人能想像得到的事業找到一群支持者，這讓我想起了一八三〇年代英國的男女工人推動自己的人民憲章。

當我們在二〇二〇年底談話時，米絲奇正為一場更迫在眉睫的戰鬥做準備，這場戰鬥關乎城市的預算，如何將更多的錢從警察那裡轉移到黑色願景在二〇一八年協助創建的暴力預防辦公室。自從此辦公室成立起，明尼阿波利斯每年提供的運營經費不超過一百萬美元。但在十二月初，主要是由於黑色願景及其日益增長的政治影響力——市議員開始覺得他們該付出一些什麼給此組織——警察預算的百分之四點五，即近八百萬美元，被轉移到新成立的暴力預防辦公室，用於支付一個心理健康專家團隊的費用，這個團隊能應對以前交給警察處理的情況。[38]「這感覺像是一場勝利。」米絲奇說。黑色願景贏得了這場勝利——透過施加壓力、在深夜打電話，以及不斷出席那些社區會議。他們正在利用不同的新陳代謝，即使緩慢，它也見效了。

■

i 譯註：傑米瑪阿姨為一歷史超過百年的美式鬆餅及糖漿品牌，由於品牌名稱及其黑臉裝扮女性之標誌有種族歧視之嫌，在二〇二一年六月已更換品牌名及標誌。

ii 譯註：《條子》為美國一警匪跟拍真人實境節目，自一九八九年三月十一日在福斯電視台播放，二〇一三年轉由派拉蒙電視網播出。

iii 譯註：肯特布為非洲迦納傳統服飾，在「黑人的命也是命」運動爆發後，民主黨眾議院長裴洛西曾率黨內眾人披戴肯特布在國會大廈單膝下跪，以表紀念。

iv 譯註：這段開始，作者開始以去性別化的they取代she指稱米絲奇，因此此處開始，譯文選以中性的「其」作為指稱代名詞。

v 譯註：自由乘車（Freedom Rides）是美國歷史上一系列反抗種族歧視的社會運動，在此運動中，社運人士會搭跨州巴士到種族隔離現象嚴重的美國南部，挑戰當地種族隔離做法，以此檢視美國最高法院針對相關案件作出的種族隔離不再合法的判決，是否在美國南部確實落實。

vi 譯註：達倫·威爾遜為擊斃麥可·布朗的員警。

vii 譯註：皮納塔是一種源自西班牙傳統的紙糊容器，外型通常是某種動物，裡面會裝著各式糖果，會在節慶或慶祝生日時懸掛起來，讓人們用棍棒打破。

viii 譯註：凱斯・艾里森為現任明尼蘇達州檢察長（二〇一九年上任），曾是美國史上首位信奉伊斯蘭教的國會議員。

ix 譯註：「無法被否決的多數」（veto-proof majority）指的是市長無法實行否決權的多數。

x 譯註：查克・舒默隸屬民主黨，而民主黨已在二〇二一年成為參議院多數黨。

xi 譯註：攪局者（spoiler）一詞在選舉上是指選不上卻有辦法吸走某方選票，使某方敗選的人。

xii 譯註：「武裝衝突地點與事件數據計畫」為一非政府組織，專門收集分析全球各地之武裝衝突及抗議示威事件之相關資料。

尾聲　桌子

在漢娜・鄂蘭（Hannah Arendt）一九五八年出版的哲學專著《人的條件》（*The Human Condition*）中，她擔憂自己口中所謂的「共同世界」（common world）最終會消失。「共同世界」的確切含義一直有點模糊，但對她來說，這個詞似乎意味著構成我們共同現實的所有具體而穩定的元素——從學校到街道標誌等各種機構及人工製品。此書是鄂蘭對於當時加速的太空競賽以及推動自動化的回應，她懷有先見之明地認為，這些行動將導致人們與這個共同世界脫鉤（名副其實地脫離地球界限），轉向合成與虛擬版本的現實，而在這樣的現實中，身為人類的定義將徹底改變。[1]

我們所有人之所以能不孤立、不四處漂流，是因為有一組將大家團結在一起的要素，我深受這樣的想法吸引。對於鄂蘭來說，這些要素不僅是實踐政治、維持社會與文化的先決條件，也是過上有意義生活的先決條件。在書中某段，她以一延伸隱喻描述如果我們失去這些要素會是什麼樣子：「這種情況就如某種通靈降神會一樣怪誕：圍著某張桌子坐的一群人，在某種魔術把戲的作用下，會看到桌子從他們中間消失了，於是原本面對面坐著的兩人不再被隔開，但同時也完全沒有任何有形的東西將他們彼此連結在一起了。」

你們都在一起，共用一張桌子，在這張桌子上吃著午飯、生氣、用拳頭敲桌，或者看著你的口水飛過這張桌子，或者在有木紋的木頭桌面上握手。然後這張桌子消失了，你們彼此便什麼都不是，只是尷尬地坐著的人。鄂蘭所言之意為，桌子的存在本身將我們聯繫在一起，形成了一個群體、一個社群。且我認為她使用桌子作為隱喻是刻意的：使這些人聚在一起的環境，是某個人造的物體，用思想鋸切和雕刻的物體，這個物體主要目的是讓人們進行討論，讓他們的臉轉向彼此。

這就是我在尚未數位化的過去一直尋找的東西——這樣的交流之桌，而我在信件、薩秘茲達及小誌中找到了。對於鄂蘭來說，共同世界的概念大體上較像是在探討，是什麼使人類成為了人類，但她的觀點似乎也適用於任何一群追求超脫社會規範的人，他們需要一種與彼此建立關係的方法，同時與他人有所區隔。正是這樣的交流之桌使得新的身分和可能性得以形成。

當網際網路開始在我們生活的每一個角落殖民時，它承諾了一個無限廣闊的房間，裡面擺滿了這樣的交流之桌。但是在二〇一〇年代中期我開始搜尋這些交流之桌時，我並沒有找到很多。只找得到我們都稱之為「社交」的目的地。我意識到，問題主要在語義上。「社交」的意義變成了什麼？我們可以加入臉書或推特，進入老鼠的獎懲迷宮，讓這些網站的商業模式運轉起來，而自己最終只是感到非常孤獨、心煩意亂且困惑。我們已經看到，社群媒體對阿拉伯之春及「黑人的命也是命」社運人士做了什麼，他們懷著極好的意圖來到這裡，拉把椅子坐下，卻發現自己被打得趴倒在地上。

不過，到了二〇一〇年代末期，這種對「社交」含義的誤判已經幾乎完全消除，很少有人對於在臉書上互動的意義抱有任何幻想——包括馬克・祖克柏本人。祖克柏在二〇一九年三月發布一篇非同尋常的貼文，宣布了公司的新方向，並承認臉書在分類上的混亂。他寫道：「在過去的十五年裡，」他創建的平台幫助人們「在一座數位城鎮廣場上與朋友、社群及喜好興趣建立連結。」然而結果證明，臉書的用戶開始意識到平台上的路邊小販、街頭公告員以及永無止境的八卦所造成的嘈雜喧囂，他們想要一個不一樣的社交領域。「人們也越來越希望在數位客廳裡私密地建立關係。」[2]

這個「客廳」聽起來很像我們的交流之桌。正如祖克柏所描述的，「人們應該擁有單純、私密的場所，讓他們可以明確地掌控誰能與他們交流，並相信沒有其他人能讀取他們共享的內容。」這樣的客廳，隱密而焦點集中，將不再符合祖克柏所說的：他的網站一直以來的目標都是「積累朋友或追蹤者」。不用說，鄂蘭會對「積累」作為任何社交環境存在理由的這一概念感到震驚。這當然不是培養激進思想的方式。

近年來，道德墮落者和異議人士都自行得出了這個結論，他們想方設法重新利用Discord等新平台或電子郵件鏈等舊科技提供他們所需的東西。對交流之桌的渴望屬於人性，並且從未消失過，當你覺醒並意識到自身利益與關注的事可能偏離初衷時，這種渴望尤其強烈。對於那些早期的數位先驅者來說，這就是網際網路的全部意義所在。他們想像自己正在建立脫離社會、自己的公社，一個重建的像素化部落。我們已經偏離了最初的願景，事實上，它本質上始終是一種幻想，是沙漠中的麥司卡林（mescaline）[i]幻覺之旅。但是，如果說，我們現在了解了交流之桌的必要性，那麼如今我們可以在哪裡找到它們，以及它們將來可能位於何方？徹底的變革可無法等到祖克柏開始建造客廳。

如果我們將社群媒體更概括地看成任何使人們能相互交流的數位平台，會如何呢？二〇二〇年，伊桑．扎克曼（Ethan Zuckerman）到騎士第一修正案研究所（Knight First Amendment Institute）擔任客座研究學者時，開始了一項繪製社群媒體全範圍地圖的計畫，而他當時便是這樣看待社群媒體。扎克曼的意圖不僅是要描繪像臉書這樣的大片陸地，還有從大陸伸出的各小島及半島。身為麻省理工學院公民媒體中心（MIT Center for Civic Media）的前任負責人，扎克曼已成為數位行動主義的佛陀，他在職業生涯的早期負責創造彈出式廣告，造成我們上網時的麻煩，他似乎自從那時起一直在為此贖罪。他在思想上傾向不必跳出現有框架，反而是在框架中翻找，確保沒有工具未使用過。這就是這個計畫的推動力。與其幻想可能瓦解臉書的種種規則，批評者需要放眼更遠的地方，「找出打破現狀的平台」。正如他所言，「在主要平台的陰影之外，還有一個多元化的社群媒體空間，我們相信它就在那裡，是開啟不同未來的關鍵所在。」[3]

為了開始這次的搜索，他明確地指出了構成任何社群網路（social network）特質的要素，其中包括它的治理模式（可以接受什麼言論以及由誰決定這件事）、它作為一個平台的思想體系（他說，臉書的意識型態是「連結每個人並最大化股東價值」），以及最有趣的，是他稱之為「功能」的要素，也就是它讓用戶能夠做什麼（分享貼文、「按讚」評論、炫耀「讚」數）。他相信這些是形塑一場對話的特點，並開始使用它們來構建他的地圖。首先，他將全範圍的社群媒體分為廣闊的區域、分開的大陸，各自以不同的「邏輯」驅動。

例如，他發現有一組平台的取向是「在地的」，這代表在這些平台上的聊天內容會圍繞附近的活動，例如尋找丟失的貓，或指出樹上發現的老鷹，或幫辦在自家車庫的二手拍賣打廣告。[4]即使在這些平台之中，扎克曼也以他的測量儀表發現了一些區別。例如，像Nextdoor這樣的網站在預設用途（affordances）的運作上，便與臉書非常相似。任何人都可以發布任何內容，發表的內容會立即出現在網站上，然後其他人能發表評論。而且，就像在臉書上一樣，人們對一些事的發言有時會演變成沒完沒了的怒罵，像是：預設四處遊蕩的是某個黑人是否構成種族歧視，或者是否應該通過新的分區條例。也有其他一些網站採用這種在地性的邏輯思維，但治理和預設用途不同，例如一對佛蒙特州夫妻在兒子患腦性麻痺後為尋求鄰居的支援，創辦了Front Porch Forum。此網站現在提供服務於佛蒙特州的每個城鎮以及紐約、麻薩諸塞州及新罕布什爾州的一些城鎮。與Nextdoor不同，Front Porch論壇設有一個版主團隊負責檢查每則發文，以確保發文符合網站的「社區營造使命」。此外，貼文和評論不會立即浮出，而是每天發出一批，就像當地報紙一樣，這種內建的緩慢機制往往能帶來較多的體貼和較少的爭吵。

我喜歡扎克曼思考社群網路架構的方式，即社群網路的架構是如何鼓勵某些類型的談話，並阻斷其他類型的談話。不過，當我請他指出地圖中的秘密發言群島給我看時，扎克曼的態度更加謹慎了。[5]他說，大多數情況下，當人們被迫離開更大的平台時，就會發生這種私密、激烈、親密的群體對話。「這些團體本質上是在表達：我們在這些環境中無法擁有足夠的言論自由，因此我們將開闢自己的空間。」扎克曼說。他舉出了此類社群的例子，相當令人驚駭。他提到了Mastodon，一個推特的翻版，但它有一個關鍵的不同之處：它是去中心化的，這意味著任何人都可以在此網路中支援自己的伺服器節點（Mastodon用戶將這些節點稱為「實例」），從而使得各團體能創建他們自己較小規模、自我監管版本的推特。

二〇一七年的某個時間點，扎克曼出於好奇，對Mastodon進行了調查，發現它主要發跡於日本，而當他深入挖掘時，他意識到這是因為，最大的節點之一是由蘿莉控愛好者組成的。蘿莉控（請做好心理準備）是漫畫領域中由小女孩的性化圖畫構成的一個分支。推特之前打擊了蘿莉控擁護者，將他們的嗜好歸類為兒童色情，因此他們找到了自己的方式，前往一個不同、較少限制的地方。美國的白人至上主義者也出現了類似的趨勢：在Discord將他們趕走後，他們之中的許多人去了另一個Mastodon節點Gab。在川普總統任期最後一段日子，爆發了美國國會大廈襲擊事件[ii]，之後同樣的模式再度出現，他的一票死忠信徒從Parler[iii]躍升到Rumble上，再到MeWe上，再到DLive上。

我告訴扎克曼，我需要一些更利社會的例子，比如，在這張地圖上的某個地方，「黑人的命也是命」組織者們可以一起制定影響地方市議會的最佳策略。「台灣，」他說，「看看台灣。」事實證明，台灣一直在用我尋尋覓覓的那種平台進行實驗。這一切都始於二〇一四年的「太陽花學運」，當時一群學生佔領了位於台北市的立法院三週，抗議一項即將與中國簽署的貿易法案[iv]，他們擔心這項法案將賦予對岸來勢洶洶的強權對台灣過大的影響力。當時台灣政府試圖解決此僵局造成的緊張局勢，其中一個環節便是邀請太陽花學運人士設計一個平台，以促進政府與台灣青年的交流。一群被稱為g0v（零時政府）、具公民意識的駭客很快創建了vTaiwan平台，一個社群媒體工具，可以將更廣大的群眾帶入立法進程。為這個工具提供動力的是一個名為Pol.is的平台，這個平台似乎以激勵更廣泛的觀點表達及幫助建立共識這兩種方式來翻轉社群媒體。

台灣最初使用Pol.is的其中一次是在二〇一五年，當時台灣政府面臨著如何監管優步（Uber）的問題。[6]年輕人喜歡這項服務，而當地的計程車司機卻厭惡這種競爭。任何關心這個問題並想參與其中的人都受邀加入在Pol.is平台上的辯論。在平台上，他們會看到一系列意見不一的聲明，有的建議完全禁止優步，有的堅持由市場決定，還有一些介於兩者之間（「我認為優步是一種商業模式，可創造彈性的工作」）。參與者也可以添加自己的聲明，但他們不能回覆其他人的聲明。對於其他人的，他們只能表示「同意」、「不同意」或「略過」。Pol.is接著便使用積累的數據來構建實時的意見分布圖。起初，這只是分成支持優步、反對優步的兩大派別，但隨著每個團體都希望拉攏其他派別，人們開始發表不那麼兩極分化的言論，例如「政府應該建立一個公平的監管制度」或「應允許代僱駕駛加入多個車隊和平台。」然後這張分布圖開始分解，從兩大區塊變為七個集群，每個集群都代表了大多數人認為合理的觀點，並成為實際監管的起點。

儘管Pol.is幾乎只用於此類大規模的民主辯論，但實際上是一場社會運動促發了此平台的誕生。Pol.is的構想來自於一小群西雅圖的政治宅，他們的領導人是柯林・梅吉爾（Colin Megil），他之所以制定出此平台計畫，不是因為他有電腦工程師的技能，而是他有國際關係的學位。在看到發生在社運人士身上的事情後，梅吉爾有了開發這個平台的動力：「我看到一大群佔領華爾街運動的人都試圖同時說話，沒有人知道他們是否在為每個人說話，但每個人都認為自己是在為所有人講話。而那個運動確實徹底自我分裂了。」他的下一個數據點是埃及的解放廣場。他說，推特和臉書基本上是「枕頭大戰」的場所，「但是當談到『讓我們寫一部憲法』時，就會覺得，這並不是這個工具的真正用途。這個工具是為了枕頭大戰。」[7]

因此，梅吉爾和他的朋友們仔細地思考，要如何設計出一個平台，讓人們能夠直觀地看到他們的分歧點和共識領域。不允許用戶回覆彼此的意見聲明的決定是有目的的，並且達到了預期的效果。「把社群媒體想像成一座足球場。如果每個人在場內都只是與對面的其他人交談，那就會有肢體衝突，」梅吉爾說，「但如果現在有一則評論來到場上，然後大家都必須排成一排走過它，並打一個勾，那麼就會有一些秩序。」互動仍然存在，「但這樣的互動產生了很多有用的數據。」他說，測試Pol.is的最大團體是德國左派政治運動「起來運動」（Aufstehen），三萬人在上面制定出他們的綱領。

梅吉爾認為社會運動——變革的驅動力——在行動上以及進化和適應能力上受到限制，因為它們依賴只涉及二元論的工具。當你能辨別出各種分歧間的細微差異，就有機會獲取新的策略和盟友。「我們生活在單向的政治維度上，因為我們自我表達的分類法與思考自己和他人的工具是單一軸向的。」他說。

Pol.is肯定是一種社群媒體，埃及革命者或「黑人的命也是命」運動人士本來能充分運用它；在新冠肺炎大流行期間，它甚至能幫助那些急診室醫生努力協調出指導方針，以提供給困惑、恐懼的公眾。但它本質上也是一個意見調查應用程式，具備某種有用的資料視覺化功能。而人們需要的就是能夠表達意見。

我在札克曼地圖中另一個廣闊領域看到了更多希望：WhatsApp、Discord、iMessage、Snapchat、Slack、Telegram和Signal等聊天應用程式。札克曼將它們的定義特徵歸類為「隱私、短暫性和社群治理」，正是因這幾個特徵，互動式媒體的前數位交流形式才會如此有益。到二〇一〇年代末，排名前四的傳訊應用程式的月活躍用戶數量已經超過了排名前四的社群網路應用程序。這可能是馬克·

祖克柏想要將臉書轉向這個方向的原因（以及他在二〇一四年收購WhatsApp，現在看來如此明智的原因）。

正如我們已經看到，這些聊天應用程式可說是非常有助於以數位形式複製出那種由書信、薩秘茲達或小誌撰寫者所創建的小型社群，這一點經常被遺忘，因為我們往往專注在這些應用程式的陰暗面——它們如何逃避監視或提供戀童癖者或仇恨團體的家園。而它們也能帶來一定的生產強度和創造力。Signal的創建者是一位難以捉摸的無政府主義者，名叫馬克西·馬林史派克（Moxie Marlinspike），他在二〇二〇年的《紐約客》個人簡介專文中描述了他創造的平台所扮演的角色。像Signal這樣的應用程式因其密閉的端到端加密而臭名昭著，所以很容易忘記這一切的保密性是為了什麼，並想像最糟糕的情況。但是，馬林史派克認為隱私是使社會變革成為可能的實驗必要成分。他表示：「如果說我對這世界不滿意——我想我可能會不滿意——有個問題是，你的渴望只能根據你的所知。你在這個世界上有一定的經驗，它們會促發一定的慾望，這些慾望會再造這個世界。我們今天的現實只是不斷地自我複製。如果你能創造出顯現不同慾望的不同經驗，那麼這些經驗就有可能創造出不同的世界。」[8]

馬林史派克的Signal使人們能控制房間的大小以及能進入的對象。這個應用程式能確保牆壁的隔音性。對於一群異議人士來說，這是一件了不起的事情。此外，若有任何一群人需要釐清自己要如何挑戰現狀，甚至只需說服自己可以做到，它也能派上用場。

我最近讀到，艾莉莎·納肯（Alyssa Nakken）成為美國職棒大聯盟歷史上第一位在球場上執教的女性。結果發現，她是某個WhatsApp半秘密群組的成員，這個群組由職業棒球界的女性所組成，成員從一開始的十名，在一年之內增加至四十九名，並已成為一個相互共情、分享故事和提供支持的地方。要在男性占主導地位的文化中生存，甚至可能得志，這是她們採用的方式（在大型聯盟中，女性總裁的存在要比女性投手更容易想像得到）。此群組由克里夫蘭印地安人隊（Cleveland Indians）的生活技能協調員發起，建立了女性之間的團結，並充當了滲透這個封閉世界的跳板。「這就像另一種類型的家庭，」納肯說，「如果發生了什麼事，我可以與她們分享，她們會懂的。她們就是會懂。」[9]

像臉書這樣更大的平台能否創造這樣的機會？有些人向我指出，能夠以中國及其廣受歡迎的微信一瞥未來。微信於二〇一一年推出，一開始是一個傳訊應用程式，最終承攬了一系列其他功能，包括提供該國幾乎每個人都會使用的電子商務平台。它的成功在某個程度上與它定義社群網路的方式有關：上面刻意維持小規模的社群網路，反映出一個人在現實世界中的實際社交關係。若在微信上未加好友的兩個人對同一則貼文發表評論，他們永遠都看不到對方寫的內容。由於微信的大部分收入並非來自廣告，因此它從未有過最大化參與度的動力。換句話說，它的目的並不是將人們相互介紹給彼此（儘管有超過十億人使用）。這對中國人來說很有吸引力，他們現在似乎比起微博——中國對推特的回應——更喜歡微信。研究過中國互聯網的作家安曉（An Xiao Mina）向我解釋說，在微博出現各種酸民行徑、錯誤資訊和爭執（聽起來很熟悉？）之後，「大家開始往私人的地方轉向，就像，好吧，至少我有自己的小小綠洲。」[10]

微信當然是個令人擔憂的例子，因為其用戶體驗的隱私是一種錯覺。微信用戶一直受到監視，這得歸功於一個叫「天網」（Skynet）的監控系統，此系統能審查政治敏感詞、鏈結、圖像，精細到連挪揄領導人習近平的玩笑都會被搜出。[11]在新冠病毒爆發的最初幾個月，一個名為「公民實驗室」（Citizen Lab）[v]的監察組織發現，微信上有兩千多個與新冠肺炎大流行相關的關鍵詞被屏蔽。其中包括武漢市一位醫生的名字李文亮，他像赤色黎明一樣，試圖警告同事潛在的新型傳染病出現了，卻遭到官方訓斥[vi]，幾週後死於新型冠狀病毒。

我可以花上很長的時間，在札克曼的社群媒體地圖上漫遊。有些平台，或是有些平台的角落，前景一片光明，不過整體而言，社群媒體似乎越來越依賴資本主義及其熟悉的辯證推論：當某種萬無一失的盈利方式與人們真正想要及需要的東西發生衝突時，就會進行一些調整，如此一來，資金才能繼續流動。臉書真的會將自己改造成一系列的「客廳」嗎？不會，除非它想出一種商業模式，讓這種交流空間變得像它的「城鎮廣場」一樣有利可圖。那麼，像Signal這種用於私密聊天的應用程式可以保有非營利性質嗎？也許吧，但如果它不擴大規模——這需要資金——又如何能觸及那些也許可以使用它提供之「小島」的人們呢？

也許，像這樣苦苦渴求一個完美、神奇的社會與政治變革媒介本身就是錯誤的想法。相反地，未來的希望可能來自心態的改變，我們對於線上交流的思考長期以來一直深受幻想左右，而我們得打破幻想，最終接受事實，也就是社群媒體平台不是中立的。網際網路是一個由錘子與螺絲起子、鋸子與鉗子組成的世界，每一個工具都有自己特定的功能，可以用於某些任務，在另一些任務中卻完全派不上用場。對於現下的先鋒人士——瑞秋．吉爾默或米絲奇．努爾——而言，這是至關重要的洞見：他們所尋求的變革型態和程度不僅取決於他們自身的意願及渴望，也同樣取決於這些工具。因此，他們現在知道，自己必須慎重考慮要選擇哪一樣工具。

當我們回首過往，我們可以看看，當人們實現寧靜的劇烈改革時，得到了什麼回報？我希望歷史能給我們一個肯定的答案，一個伴隨著慶祝鐘鳴的肯定答案，然而即使在最好的情況下，變革也不是這麼一回事。為了看出早期孕育變革故事的後續，以及未來可能的樣貌，我們必須接受以接力賽形式出現的進展。

在第一次世界大戰期間的一九一六年，米娜．洛伊離開佛羅倫斯前往紐約，在接下來的幾十年裡，她在艾茲拉．龐德（Ezra Pound）和馬塞爾．杜象（Marcel Duchamp）等作家和藝術家的陪伴下，來到一個又一個波希米亞飛地，在巴黎和曼哈頓之間來回穿梭，享受著讓她感覺更自由的反主流文化。儘管如此，她也從來都不敢發表她的《女性主義宣言》。米娜人生的最後幾年都在創作俯拾物的集合藝術[vii]作品，並在一九六六年去世於科羅拉多州的亞斯本（Aspen），三年後貝蒂．傅瑞丹（Betty Friedan）發表了著作《女性迷思》（*The Feminine Mystique*）。米娜自己的宣言終於在一九八二年被收錄在她的遺作集當中，而十年後，一群即將成為暴女的年輕女性以她們製作的小誌履行了她的指示，即停止向男性尋求自我定義，並「在自己內心尋找自己是什麼」。在某時某地孕育出的一個激進想法，到了近一百年後才被揭示，寧靜的變革就是如此進行。就這一點來說，未來主義者摩尼教式的反動世界觀促使了米娜自己突破社會傳統，而也是在一個世紀後，與此世界觀高度相似的理念在網路論壇上點燃了另一群年輕人的激情，這時，青蛙佩佩成了他們的墨索里尼。

在某些案例中，看起來很有希望成功的運動隨著時間推移逐漸遭損壞，掩蓋了它們曾經代表的突破。奈及利亞獨立後，納姆迪．阿齊基韋成了第一任總統，卻在一九六六年的一場軍事政變中被免職，且差一點就落得他許多同夥的命運：遭暗殺身亡。他在一九九六年去世，被尊為該國的開國元勳之一，但他也活著看到奈及利亞因約魯巴、伊博和豪薩族之間的部落衝突而衰敗——齊克正是擔心這種宗派之間的暴力會阻礙非洲人的全面自我實現。另一方面，娜塔莎．戈巴涅夫斯卡亞終於在一九七二年從喀山的特殊精神病醫院出院，距離她入院已經過了一年多一點。一九七五年，她永遠離開蘇聯，搬到巴黎，在那裡度過餘生。但她確實在普丁執政十多年後的二〇一三年回到莫斯科，在一九六八年紅場抗議四十五週年之際，再現了這場活動。娜塔莎和九位朋友站在羅波諾耶梅思托石台旁的同一地點，拉開了布條，上面寫著同樣的標語：「為了你和我們的自由」。他們立即被警方逮捕，幾個月後娜塔莎便去世了。

然而，過去的戰鬥時常只是以略有不同的形式重新出現，而人們仍然採用相同的方法培養抵抗力量。費爾格斯．歐康納曾帶著他的請願書在英國鄉村四處遊歷，要求一個更能代表人民的政府，一個半世紀後，史黛西．艾布拉姆斯（Stacey Abrams）在喬治亞州做了同樣的事情。二〇一一年，艾布拉姆斯成為喬治亞州眾議院少數黨領袖，從那時起，她便開始幫助更多有色人種登記為選民[viii]，使他們的擔憂和要求可以發出更大的聲量。不過，她的第一步來自作為聯合衛理公會牧師的父母因想打造教會而參考的指南。他們建議艾布拉姆斯進行親密而頻繁的對話。這就是艾布拉姆斯所做的。她的團隊活動組織者們發起數十次傾聽之旅，而這幾場活動的重點在於新選民的登記，讓他們擺脫無能為力的感覺，讓他們談論自己的需求。艾布拉姆斯的團隊在沒有太多關注的情況下，以十年為預期的時限，緩慢而穩定地努力，最終在二〇二〇年，將二十多年來一直呈紅色狀態的喬治亞州變成了藍色州——自上次選舉以來增加了一百萬新選民。

艾布拉姆斯與歐康納的方法具有一致性，因為此方法體現了像是全民投票權這樣的新想法成為現實的特定運行過程，就如我們所看到的。徹底的變革——刮去灰泥，直通樑柱，提供一個機會，讓我們以新的方式看待自己以及我們與自然或與他人的關係——並不是從大喊大叫開始的。它從深思熟慮開始，一個逐漸增加的節奏，一個首先設定為耳語的音量。要開始想像尚不存在的東西，你還能怎麼做？

無論我們找到什麼新方法來開闢一條超越當前嘈雜環境的道路，都必須考慮到這一點——而且可以肯定地說，我們甚至還沒開始想像，社群媒體還有哪些未知領域，現在只存在於一個工程師的腦袋裡。我們可以反對社群媒體，像我一樣偶爾幻想著使用鋼筆和打字機進行交流，但網際網路，這個各地不同的網路（network）互相連結成的網路，是我們在二十一世紀生活的地方。它幾乎完全消滅了所有其他的交流方式。因此，我們需要確保那些未知空間個別的可能性，特別是在一個扁平的、過於喧鬧的世界裡，我們僅僅將黑暗的角落視為危險的所在。那些未知領域，正是最初的進步轉折點能夠（而且總是如此）出現的地方。

似乎很難想像其他形式的變革。因為正是這種進入那些封閉或半封閉的圈子的行為會從根本上改變身分。面對那片灰色、無止境的現實似乎不那麼孤單了，削弱那片現實也不那麼愚蠢了。你化為不同的存在：一個在交流桌上的人。

i 譯註：麥司卡林為某種仙人掌中提取的致幻物質。

ii 譯註：二〇二一年一月六日，川普的支持者強行闖入美國國會大廈，試圖擾亂總統大選結果的認證過程，此騷亂事件之後被稱作二〇二一年美國國會遭衝擊事件（2021 Storming of United States Capitol）。

iii 譯註：Parler於二〇一八年推出，為一另類科技（alt-tech）社群平台，上面的使用者多為川普支持者、保守派及極右派人士等，在國會大廈襲擊事件發生後，Parler因遭控被用來組織此事件而被各APP商店下架，但網站於二〇二一年二月恢復服務。

iv 譯註：此貿易法案指的是《海峽兩岸服務貿易協議》，而這場抗議運動一開始的主要原因是《海峽兩岸服務貿易協議》遭強行通過審查，反對者認為這將強化中國對於台灣的政治影響力。

v 譯註：「公民實驗室」為一網路安全研究機構，位於加拿大多倫多大學的蒙克國際研究中心。

vi 譯註：二〇一九年十二月三十日，李文亮在微信群組中分享關於華南海鮮市場七人感染冠狀病毒的資訊後，隔日遭醫院高層約談，後又遭公安提出警示訓誡，並在公安要求下簽署了訓誡書。

vii 譯註：集合藝術（assemblage）為一後現代藝術流派，也是一藝術創作技法，講求以隨手拾得的消費文明廢棄物（也就是所謂的「俯拾物」）拼湊成三度空間藝術品，以強調藝術與生活經驗之連結。

viii 譯註：在美國，公民必須透過一定程序登記為選民，才能投票。

致謝

我很高興能寫書。不要誤會我的意思：一路上都很痛苦，挫折感無止無盡——有一次，我妻子說，她覺得這本書是我們婚姻中的第三者，這種話你永遠不會想聽到。寫書是一場傷痕累累的馬拉松，日復一日地跑過自我懷疑及心煩焦躁。然而，生活在一個時間本身就很稀罕的時刻，能夠從事一項需耗數年時間的創造性工作，還有什麼是比這更大的奢侈和特權呢？每當我希望這一切已經結束，我同時也心悅誠服地相信，書本所要求的堅定承諾是它們的力量。我要向我的妻子道歉，你必須和一本書共結連理才能與它一起成長，使它變得更好。能做到這件事，能完全沉浸於一項思想企畫，使童年夢想成為成年後的部分現實，我的感激之情溢於言表。

這本書是以研究和訪談構築而成。它的完成是基於其他書籍與其他思想家的幫助。歷史相關章節在極大程度上受益於二手資料。其中一些專家慷慨地為我撥冗——比如研究憲章運動的馬爾科姆・蔡斯以及研究暴女運動的莎拉・馬庫斯。至於其他學者，在與他們的研究作品相伴數月後，我覺得我已經認識他們了——研究佩雷斯克的彼得・米勒、研究米娜・洛伊的卡洛琳・伯克（Carolyn Burke），以及研究西非殖民地報紙的史蒂芬妮・紐維爾（Stephanie Newell）。而在更現代的章節方面，我與許多樂於幫忙的人進行了交談，他們與我聊了好幾個小時，即使他們知道他們可能好幾年都不會看到這本書的完成。我將許多人，雖然不是全部，都寫在註記中，但我想特別在此感謝約翰・寇特、威爾・戈寧、伊娃・李，以及瑞秋・吉爾默。

我的編輯阿曼達・庫克（Amanda Cook）從本書的企畫還只是喝咖啡時出現的空想，就已經相信它會成真，她從未停止過推動它並與我一起夢想——即使在我最懷疑的時候，她仍然能看見它。我欠她太多了。她是一位與眾不同的編輯——一絲不苟、深思熟慮、始終誠實。身為一名作家，我認為與她一起完成此書是我一生中最幸運的事。如果沒有阿曼達的指導，這本書就不可能存在或成為現在的樣子，她是與我一起踏上這趟旅程的不二人選。

在王冠出版社（Crown）我還受益於凱蒂・貝瑞（Katie Berry）令人難以置信的眼力，她閱讀了多個版本的手稿，並多次將我從自己手中拯救出來。我還要感謝兩位出色的事實核查員蓋伯・李維德里津（Gabe Levine-Drizin）以及喬登・里德（Jordan Reed），他們一絲不苟而迅速地細細檢查了此書。

我的經紀人安德魯・布勞納（Andrew Blauner）多年來一直是我堅定不移的朋友，總是可以鼓舞我的鬥志。

為了寫這本書，我完成了博士學位，這聽起來可能很瘋狂，多年來，我得到了哥倫比亞大學老師和同學的大力支持，他們非常有耐心，也理解我作為兩個孩子的父親，有一份正職工作，總是匆匆地來上課，又匆匆地離去。從此書企畫開始的最初幾年直到它變得更加成形，托德・吉特林（Todd Gitlin）以及麥克・舒德森（Michael Schudson）一直是我的拉比，他們總是將我推往更縝密的方向，為我提供他們的智慧和敏銳的洞見。理查・約翰（Richard John）與安蒂・杜薛（Andie Tucher）

在我完成學位的一路上也幫助了我。我還要特別感謝我的夥伴——柏玖・貝克特（Burcu Baykurt）、麥克斯・法可斯曼（Max Foxman），以及喬思琳・朱里奇（Joscelyn Jurich）——在我逐漸釐清自己想法的過程中，他們不得不聽取這個想法的許多版本。

我要特別感謝我的第一批讀者，他們也是我最親愛的朋友。我很幸運能認識這些才華橫溢的人，我也很高興自己能深深受益於他們的慷慨和智慧：艾蜜莉・伊金（Emily Eakin）、珍妮佛・札萊（Jennifer Szalai），以及布倫特・坎寧罕（Brent Cunningham）。

在我簽約寫這本書的同一個月，我接到一通電話，邀請我在《紐約時報書評》工作。我將永遠感謝潘蜜拉・保羅（Pamela Paul）給了我那個家。那裡的同事對我來說意義重大，我們共同的使命，我們毫不掩飾的書本宅精神，讓我覺得自己就像學生自助餐廳裡那個笨拙的孩子，終於找到一張桌子坐下：這些是我的夥伴。

一路走來，許多朋友給予了重要的鼓勵和支持，在我興奮時、沮喪時傾聽我的心聲，並總是告訴我不要擔心，總會有結果的：雅各・列文森（Jacob Levenson）、傑森・齊諾曼（Jason Zinoman）、卡維塔・拉加戈帕蘭（Kavitha Rajagopalan）、丹妮拉・葛森（Daniela Gerson）、麗莎・高德曼（Lisa Goldman）、阿嘉塔・莉西亞克（Agata Lisiak）、阿德里安・托明（Adrian Tomine）、莎拉・布倫南（Sarah Brennan）、艾列克斯・明德林（Alex Mindlin）、丹妮爾・明德林（Danielle Mindlin）、朱利安・克雷默（Julian Kreimer）、艾倫・哈隆（Allan Jalon）、納撒尼爾・波佩爾（Nathaniel Popper），以及艾莉莎・史特勞斯（Elissa Strauss）。在寫書期間，我能夠依靠我的一些老朋友，海倫・弗雷澤（Helen Frazier）與狄安那・卡卡西（Deanna Kakassy），以及我的一些新朋友——像是塔菲・布羅德塞－阿克納（Taffy

Brodesser-Akner），她是無休止的簡訊談話大師。

當寫書不是你的全職工作——但願是就好了！——創造寫書所需的環境條件總是無法盡善盡美。但沒有什麼比得上，也無法讓我預料到二〇二〇年。本書寫作中最緊張的階段發生在新冠肺炎疫情爆發之後的一年半期間，在這段期間，我與妻子和女兒們一起從布魯克林的家中離開，加入洛杉磯的「家庭泡泡」（family bubble，泡泡是指一小群人的社交圈——譯註）。我很快發現自己把一輛停在車道上的房車變成了臨時寫作工作室。在與世隔絕的那一年，我們彼此變得非常親密。他們每天都看到我工作，並感受到了我完成工作的喜悅。我一直溫暖而充滿愛的家人前所未有地參與了我受折磨的創作生活，我很感激這讓他們能夠看到更完整的我。這個泡泡完全值得肯定：非常支持我的父母，阿米和巴蒂亞，還有娜塔莉、戴夫、瑪雅、亞里夫、艾麗、阿本和阿維夫。還有一直在我們身邊的柯本斯家：艾力克斯與南西、凱文與米凱爾、阿薇加爾與約塔木。

我的兩個女兒，米卡和羅米，特別近距離地看到了我的寫作過程。疫情帶來的痛苦難以言喻，但能有這麼多時間和這兩個女孩在一起，每天一起吃飯、一起讀書、一起探索，是一個意外、珍貴的禮物。她們正在成長為可靠的人，懷著最重要的特質：善良。我覺得非常幸運。

最後，感謝將我們團結在一起的妻子黛博拉．科爾本（Deborah Kolben）。當她決定和我一起生活時，我不確定她是否確切知道要面對什麼，但即使感覺無法兼顧一切，而且我浪費了這麼多時間，她也從未希望我停止追求自己的成就。她的敏捷、她的幽默感和她的美貌支撐著我。從我們見面那天起，我就一直夢想著獻給她一本書，能夠做到這一點是世界上最令人欣慰的事情。

註釋

序曲

1 Saul Alinsky, *Rules for Radicals* (New York: Random House, 1971), xx.

2 Zeynep Tufekci, *Twitter and Tear Gas: The Power and Fragility of Networked Protests* (New Haven, Conn.: Yale University Press, 2017), 75.

3 Marshall McLuhan, *The Gutenberg Galaxy: The Making of Typographic Man* (Toronto: University of Toronto Press, 1962).

4 Neil Postman, *Amusing Ourselves to Death: Public Discourse in the Age of Show Business* (New York: Viking, 1985), 7.

5 Robert Darnton, *Poetry and the Police: Communication Networks in Eighteenth-Century Paris* (Cambridge, Mass.: Belknap Press of Harvard University Press, 2010), 1.

第1章

1 Peter N. Miller, *Peiresc's Europe: Learning and Virtue in the Seventeenth Century* (New Haven, Conn.: Yale University Press, 2000), 38. Biographical information on Peiresc throughout from Miller, *Peiresc's Europe;* Peter N. Miller, *Peiresc's Orient: Antiquarianism as Cultural History in the Seventeenth Century* (Farnham, U.K.: Ashgate, 2012); Peter N. Miller, *Peiresc's Mediterranean World* (Cambridge, Mass.: Harvard University Press, 2015).

2 Peiresc to Gassendi, Aug. 29, 1635, in *Lettres de Peiresc,* ed. Philippe Tamizey de Larroque (Paris, 1893), 4:534–35. A large selection from Peiresc's correspondence was published in seven volumes by Philippe Tamizey de Larroque as *Lettres de Peiresc* (Paris, 1888–98). Another series prepared by the same editor, *Les correspondants de Peiresc: Lettres inédites,* was issued in twenty-one parts (Paris, 1879–97; reprinted in 2 vols., Geneva, 1972).

3 Peiresc to Mersenne, Sept. 1, 1635, in *Correspondance du P. Marin Mersenne*, ed. Paul Tannery, Cornelis de Waard, and Armand Beaulieu (Paris, 1932), 5:374.

4 Peiresc to Gassendi, Aug. 29, 1635, in *Lettres de Peiresc*, 4:535.

5 Miller, *Peiresc's Europe*, 2.

6 David Freedberg, *The Eye of the Lynx: Galileo, His Friends, and the Beginnings of Modern Natural History* (Chicago: University of Chicago Press, 2003), 83.

7 Peiresc to Campanella, July 3, 1635, in *Fra Tommaso Campanella ne'castelli di Napoli, in Roma ed in Parigi*, 2 vols. (Naples, 1887), 2:256.

8 Miller, *Peiresc's Mediterranean World*, 28.

9 Seymour L. Chapin, "The Astronomical Activities of Nicolas Claude Fabri de Peiresc," *Isis* 48, no. 1 (March 1957): 15.

10 Letter from Peiresc, Sept. 20, 1611, quoted in Pierre Humbert, "Le probleme des longitudes entre 1610 et 1666," *Archives Internationales d 'Histoire des Sciences* 2 (1948): 383–84.

11 Peiresc to Pace, Jan. 10, 1611, Bibliothèque Inguimbertine, Carpentras, MS 1875, fols. 105–6. Most of Peiresc's surviving letters are housed at this library and have been digitized and made available online on the Early Modern Letters website: emlo-portal.bodleian.ox.ac .uk/collections/?catalogue=nicolas-claude-fabri-de-peiresc #partners.

12 Lombard to Peiresc, Jan. 8, 1612, Bibliothèque Inguimbertine, MS 1803, fol. 254, quoted in Miller, *Peiresc's Mediterranean World*, 244.

13 John Lewis, *Galileo in France: French Reactions to the Theories and Trial of Galileo* (Bern: Peter Lang, 2006), 142.

14 Miller, *Peiresc's Europe*, 50.

15 Ian F. McNeely and Lisa Wolverton, *Reinventing Knowledge: From Alexandria to the Internet* (New York: W. W. Norton, 2008), 129.

16 From the peroration to Descartes' *Discourse on Method* (1637), quoted in Marc Fumaroli, "The Republic of Letters," *Diogenes* 143 (1988): 135–36.

17 Quoted in Arnaldo Momigliano, *Classical Foundations of Modern Historiography* (Berkeley: University of California Press, 1990), 55.

18 His interests extended Miller, *Peiresc's Europe*, 3.

19 Ibid., 26.

20 Peiresc to Mersenne, July 23, 1635, in *Correspondance du Mersenne*, 5:332.

21 Pierre Gassendi, *The Mirrour of True Nobility and Gentility*, trans. William Rand (London, 1657), 162–63.

22 Miller, *Peiresc's Europe,* 82.

23 Peiresc to Gassendi, April 19, 1635, in *Lettres de Peiresc,* 4:477.

24 Peiresc to P. Dupuy, March 4, 1628, in *Lettres de Peiresc,* 1:548.

25 Peter N. Miller, "Mapping Peiresc's Mediterranean: Geography and Astronomy, 1610–1636," in *Communicating Observations in Early Modern Letters, 1500–1575: Epistolography and Epistemology in the Age of the Scientific Revolution,* ed. Dirk van Miert (Oxford: Warburg Institute Colloquia, 2012), 16.

26 Peiresc to Hazard, July 10, 1635, in Bibliothèque Inguimbertine, MS 1874, fol.374r.

27 Peiresc to Celestin, Nov. 14, 1635, Bibliothèque Inguimbertine, MS 1874, fols. 396v–397r.

28 From Saint Augustine, *The Enchiridion on Faith, Hope, and Love,* chap. 9, quoted in Joyce Appleby, *Shores of Knowledge: New World Discoveries and the Scientific Imagination* (New York: W. W. Norton, 2013), 3.

29 Descartes to Mersenne, Feb. 1634, in *Correspondance du Mersenne,* 4:27.

30 Peiresc to P. Dupuy, Aug. 16, 1633, in *Lettres de Peiresc,* 2:582.

31 Peiresc to P. Dupuy, Feb. 6, 1634, in *Lettres de Peiresc,* 3:28.

32 D'Arcos to Peiresc, June 30, 1634, in "Suite des lettres inédites de Peiresc, communique par M. Millen," ed. Alexandre-Jules-Antoine Fauris de Saint-Vincens, *Magasin Encyclopédique* 5 (1806): 143–44, quoted in Jane T. Tolbert, "Ambiguity and Conversion in the Correspondence of Nicolas-Claude Fabri de Peiresc and Thomas d'Arcos, 1630–1637," *Journal of Modern History* 13 (2009): 19.

33 Peiresc to Barberini, Dec. 5, 1634, quoted in Maurice A. Finocchiaro, *Retrying Galileo, 1633–1992* (Berkeley: University of California Press, 2005), 54.

34 Peiresc to Barberini, Jan. 31, 1635, quoted in Finocchiaro, *Retrying Galileo,* 55.

35 Galileo to Peiresc, Feb. 22, 1635, in Galileo, *Dialogues, lettres choisies,* ed. Paul-Henri Michel (Paris, 1966), 422

36 Peiresc to Celestin, April 29, 1635, in *Lettres de Peiresc,* 7:856–57.

37 Peiresc to Michelange de Nantes, Aug. 1, 1634, in *Correspondance de Peiresc avec plusieurs missionaires et religieux de l'ordre des Capucins, 1631–1637,* ed. Apollinaire de Valence (Paris, 1891), 82.

38 Aix Peiresc to P. Dupuy, March 4, 1628, in *Lettres de Peiresc,* 1:549.

39 Peiresc to Vendôme, May 17, 1635, in Valence, *Correspondance de Peiresc,* 137.
40 Peiresc to Vendôme, Sept. 29, 1635, in Valence, *Correspondance de Peiresc,* 188.
41 Tolbert, "Ambiguity and Conversion in the Correspondence of Nicolas-Claude Fabri de Peiresc and Thomas d'Arcos," 6–7.
42 Peiresc to d'Arcos, April 29, 1635, in *Lettres de Peiresc,* 7:150.
43 Peiresc to d'Arcos, May 11, 1635, in *Lettres de Peiresc,* 7:152–53.
44 Peiresc to M. de Nantes, Aug. 21, 1636, in Valence, *Correspondance de Peiresc,* 257.
45 Peiresc to Fabre, May 21, 1636, Bibliothèque Nationale, Paris, MS Nouvelles acquisitions françaises, 5172, fol. 72v, quoted in Miller, *Peiresc's Mediterranean World,* 136.
46 Peiresc to Constans, Nov. 22, 1635, Bibliothèque Inguimbertine, MS 1874, fol. 402v.
47 Miller, *Peiresc's Mediterranean World,* 351.
48 Peiresc to M. de Nantes, Aug. 21, 1635, in Valence, *Correspondance de Peiresc,* 257.
49 Peiresc to Contour, Nov. 22, 1635, Bibliothèque Inguimbertine, MS 1874, fol. 401v.
50 Gassendi to Peiresc, n.d., Bibliothèque Inguimbertine, MS 1832, fol. 34v, quoted in Miller, "Mapping Peiresc's Mediterranean," 26.
51 Peiresc to J. Dupuy, Aug. 12, 1636, in *Lettres de Peiresc,* 7:182.
52 Peiresc to d'Arcos, July 20, 1636, in *Lettres de Peiresc,* 7:182.
53 Miller, *Peiresc's Mediterranean World,* 1.
54 Momigliano, *Classical Foundations of Modern Historiography,* 54.
55 Jane T. Tolbert, "Fabri de Peiresc's Quest for a Method to Calculate Terrestrial Longitude," *Historian* 61, no. 4 (Summer 1999): 818.

第11章

1 Malcolm Chase, *Chartism: A New History* (Manchester, U.K.: Manchester University Press, 2007), 73.
2 *The Parliamentary Debates from the Year 1803 to the Present Time* (London: Hansard, 1839), 115:226.
3 Ibid., 227.
4 *Correspondence of the Right Honourable Edmund Burke,* ed. Charles William, Earl Fitzwilliam, and Richard Burke (London: Francis & John

Rivington, 1844), 2:61.

5 Frank McLynn, *The Road Not Taken: How Britain Narrowly Missed a Revolution* (London: Bodley Head, 2012), 292.

6 Quoted in James Epstein, *The Lion of Freedom: Feargus O'Connor and the Chartist Movement, 1832–1842* (Kent, U.K.: Croom Helm, 1982), 10.

7 William Lovett, *The Life and Struggles of William Lovett* (New York: Alfred A. Knopf, 1920).

8 Quoted in Chase, *Chartism,* 10.

9 Ramsden Balmforth, *Some Social and Political Pioneers of the Nineteenth Century* (London: Swan Sonnenschein, 1900), 189.

10 Feargus O'Connor, *A Series of Letters from Feargus O'Connor to Daniel O'Connell* (London: H. Heatherington, 1836), v.

11 McLynn, *Road Not Taken,* 284.

12 Friedrich Engels, *The Condition of the Working Class in England,* trans. W. O. Henderson and W. H. Chaloner (Stanford, Calif.: Stanford University Press, 1958), 111.

13 Chase, *Chartism,* 32.

14 Quoted in Epstein, *Lion of Freedom,* 76.

15 "News of the Week," *The Spectator,* Sept. 29, 1835, 912.

16 R. G. Gammage, *History of the Chartist Movement, 1837–54* (Newcastle-on-Tyne: Browne & Browne, 1894), 94–95.

17 *Northern Star,* Feb. 23, 1839, 4.

18 Dorothy Thompson, *The Chartists: Popular Politics in the Industrial Revolution* (1984; repr., London: Breviary Stuff Publications, 2013), 60.

19 John Bates, *John Bates of Queensbury, Veteran Reformer* (Queensbury, 1895), 1, quoted in Thompson, *Chartists,* 60.

20 *Northern Star,* April 21, 1838.

21 Chase, *Chartism,* 64.

22 Letters to the convention quoted in ibid., 64.

23 *Sheffield Iris,* March 3, 1840.

24 Malcolm Chase, "What Did Chartism Petition For? Mass Petitions in the British Movement for Democracy," *Social Science History* 47, no. 3 (Fall 2019): 533.

25 *Northern Star,* May 7, 1842.

26 Chase, "What Did Chartism Petition For?," 535.

27 *Leicestershire Mercury,* Nov. 10, 1838.

28 Paul A. Pickering, " 'And Your Petitioners, &c.': Chartist Petitions in Popular Politics, 1838–48," *English Historical Review* 116, no. 466 (April 2001): 382.

29 Chase, "What Did Chartism Petition For?," 538.

30 *Western Vindicator,* March 30, 1839.

31 Lord Broughton, *Recollections of a Long Life,* vol. 5, *1834–1840,* ed. Lady Dorchester (Cambridge, U.K.: Cambridge University Press, 2011), 240.

32 Chase, *Chartism,* 78.

33 "Riots at Birmingham," *The Scotsman,* July 10, 1839.

34 *The Trial of W. Lovett for a Seditious Libel* (London: Hetherington, 1839), 4.

35 *The Scotsman,* May 22, 1839.

36 *Northern Star,* July 25, 1839.

37 *Northern Star,* Sept. 14, 1839.

38 Thompson, *Chartists,* 79.

39 Chase, *Chartism,* 113.

40 Ibid., 116.

41 Quotation from Chartist Trials, 6, letter from J. Wafins, Dec. 6, 1839, in the case of Joseph Davies, quoted in David J. V. Jones, *The Last Rising: The Newport Chartist Insurrection of 1839* (Oxford: Clarendon Press, 1985), 153.

42 Chase, *Chartism,* 116.

43 Thomas Carlyle, *Chartism* (London: James Fraser, 1840), 6.

44 *London Examiner,* Nov. 10, 1839.

45 *Northern Star,* Nov. 23, 1839.

46 Chase, *Chartism,* 127.

47 *Northern Star,* Jan. 4, 1840.

48 *The Observer,* Jan. 12, 1840.

49 *The Chartist Riots at Newport* (Newport, U.K.: W. N. Johns, 1889), 64.

50 Lord Broughton, *Recollections of a Long Life,* 240.

51 Chase, *Chartism,* 139.

52 Ibid.

53 *Northern Star,* July 17, 1841; A. Briggs, "Industry and Politics in Early Nineteenth-Century Keighley," *Bradford Antiquary,* n.s., 9 (1952): 314, quoted in Chase, *Chartism,* 145.

54 *The Life and Correspondence of Thomas Slingsby Duncombe,* ed. Thomas H. Duncombe (London: Hurst and Blackett, 1868), 293.

55 *Barclay Fox's Journal,* ed. R. L. Brett (London: Bell & Hyman, 1979), 181.

56 Dorothy Thompson, *The Dignity of Chartism,* ed. Stephen Roberts (New York: Verso, 2015), 4.

57 McLynn, *Road Not Taken,* 305.

58 *Northern Star,* March 7, 1840.

59 *Northern Star,* April 25, 1840.

60 *York Gazette,* June 6, 1840.

61 Chase, "What Did Chartism Petition For?," 22.

62 Pickering, "And Your Petitioners, &c.," 371.

第11章

1 *Corriere della Sera,* Dec. 13, 1913.

2 Biographical material on Mina Loy from Carolyn Burke, *Becoming Modern: The Life of Mina Loy* (New York: Farrar, Straus and Giroux, 1996).

3 Biographical sketch (ca. 1915) for Carl Van Vechten's article "Some 'Literary Ladies' I Have Known," quoted in Burke, *Becoming Modern,* 119.

4 Loy to Mabel Dodge Luhan, Feb. 1914, Mabel Dodge Luhan Papers, box 24, folder 664, YCL MSS 196, Yale University Library. I consulted the digitized version of the collections at the Yale University Library.

5 Günter Berghaus, *Futurism and Politics: Between Anarchist Rebellion and Fascist Politics, 1909–1944* (Providence: Berghahn Books, 1996), 23.

6 M. de Filippis, "Giovanni Papini," *Modern Language Journal* 28, no. 4 (April 1944): 352.

7 Ardengo Soffici, *Fine di un mondo: Autoritratto d'artista italiano nel quadro del suo tempo* (Florence: Vallecchi, 1955), 4:328.

8 Günter Berghaus, *Italian Futurist Theatre, 1909–1944* (Oxford: Clarendon Press, 1997), 37.

9 Francis Simpson Stevens, "Today and the Futurists," *Florence Herald*, Dec. 27, 1913.

10 From the manifesto "Le declamazione dinamica e sinottica," March 11, 1916, included in F. T. Marinetti, *Teoria e invenzione futurista* (Milan: Mondadori, 1968), 105–6.

11 Loy to Carl Van Vechten, 1914, Carl Van Vechten Papers, box 76, YCL MSS 1050, Yale University Library.

12 F. T. Marinetti, *Marinetti: Selected Writings* (New York: Farrar, Straus and Giroux, 1972), 14–15.

13 Lawrence Rainey, Christine Poggi, and Laura Wittman, eds., *Futurism: An Anthology* (New Haven, Conn.: Yale University Press, 2009), 62.

14 "Futurist Painting: Technical Manifesto," in Rainey, Poggi, and Wittman, *Futurism*, 64.

15 "Futurist Sculpture," in Rainey, Poggi, and Wittman, *Futurism*, 113.

16 Ernest Ialongo, *Filippo Tommaso Marinetti: The Artist and His Politics* (Teaneck, N.J.: Fairleigh Dickinson University Press, 2015), 19.

17 Berghaus, *Futurism and Politics*, 18.

18 Press reactions to *La donna è mobile* in Giovanni Antonucci, *Cronache del teatro futurista* (Rome: Abete, 1975), 35–41; Berghaus, *Italian Futurist Theatre*, 32–35.

19 Marinetti, *Marinetti: Selected Writings*, 17.

20 Martin Puchner, *Poetry of the Revolution: Marx, Manifestos, and the Avant-Gardes* (Princeton, N.J.: Princeton University Press, 2006), 5.

21 "Against Passéist Venice," in Rainey, Poggi, and Wittman, *Futurism*, 67.

22 F. T. Marinetti, *Critical Writings*, ed. Günter Berghaus (New York: Farrar, Straus and Giroux, 2006), 168.

23 Marjorie Perloff, *The Futurist Moment: Avant-Garde, Avant-Guerre, and the Language of Rupture* (Chicago: University of Chicago Press, 1986), 81.

24 F. T. Marinetti, *Let's Murder the Moonshine: Selected Writing*, ed. R. W. Flint (Los Angeles: Sun & Moon Press, 1991), 80.

25 Loy to Mabel Dodge Luhan, Feb. 1914, Dodge Luhan Papers, box 24, folder 664, YCL MSS 196.

26 Mina Loy, "First Costa Visit," in "Brontolivido," Mina Loy Papers, box 1, folder 2, YCAL MSS 6, Yale University Library.

27 "Esau Penfeld," Loy Papers, box 5, folder 134, YCAL MSS 6.

28 Mina Loy, "Aphorisms on Futurism," in *The Lost Lunar Baedeker: Poems of Mina Loy,* ed. Roger L. Conover (New York: Farrar, Straus and Giroux, 1996), 149.

29 "Manifesto of the Futurist Woman," in Rainey, Poggi, and Wittman, *Futurism,* 109.

30 Marshall Berman, *All That Is Solid Melts into Air: The Experience of Modernity* (New York: Verso, 1982), 25.

31 Mina Loy, "Notes on Johannes and Geronimo," in "Brontolivido," Loy Papers, box 1, folder 6, YCAL MSS 6.

32 Giovanni Papini, *The Failure (Un uomo finito),* trans. Virginia Pope (New York: Harcourt, Brace, 1924).

33 Quoted in Walter L. Adamson, *Avant-Garde Florence: From Modernism to Fascism* (Cambridge, Mass.: Harvard University Press, 1993), 168.

34 Mina Loy, "Songs to Joannes," in *Lost Lunar Baedeker,* 53–70.

35 Loy, "First Costa Visit."

36 Giovanni Papini, "Il massacro delle donne," *Lacerba,* April 1, 1914, quoted in Adamson, *Avant-Garde Florence,* 178.

37 Mina Loy, "Rome," in "Brontolivido," Loy Papers, box 1, folder 7, YCAL MSS 6.

38 Ibid.

39 Marinetti, *Critical Writings,* 208.

40 Robert Wohl, *The Generation of 1914* (Cambridge, Mass.: Harvard University Press, 1979), 169.

41 Giovanni Papini, "La vita non è sacra," *Lacerba,* Oct. 15, 1913.

42 F. T. Marinetti, *Futurismo e fascismo* (Foligno: Campitelli, 1924), 96–97, quoted in Wohl, *Generation of 1914,* 169.

43 Giovanni Papini, "Il dovere dell'Italia," *Lacerba,* Aug. 15, 1914.

44 "Futurist Synthesis of War," in Rainey, Poggi, and Wittman, *Futurism,* 363.

45 Mina Loy, "Italian Pictures," in *Lost Lunar Baedeker,* 9.

46 F. T. Marinetti, *Zang Tumb Tuuum* (Milan: Edizione Futuriste de "Poesia," 1914), 5.

47 Marinetti to Soffici, n.d., in *Archivi del futurismo,* ed. Maria Drudi Gambillo and Teresa Fiori (Rome: De Luca, 1962), 2:344–45, quoted in Selena Daly, *Italian Futurism and the First World War* (Toronto: University of Toronto Press, 2016), 18.

48 Mina Loy, "Vallombrosa," in "Brontolivido," Loy Papers, box 1, folder 9, YCAL MSS 6.

49 G. C. Cook, *The Chicago Evening Post,* Sept. 25, 1914, 7.

50 Carl Van Vechten, *The Trend,* Nov. 1914, 101.
51 Loy to Carl Van Vechten, n.d., Van Vechten Papers, box 76, YCL MSS 1050.
52 "Futurist Men's Clothing: A Manifesto," in Rainey, Poggi, and Wittman, *Futurism,* 194.
53 "The Antineutral Suit: A Manifesto," in Rainey, Poggi, and Wittman, *Futurism,* 202.
54 "The Futurist Synthetic Theater," in Rainey, Poggi, and Wittman, *Futurism,* 204.
55 ibid., 209.
56 Loy to Mabel Dodge Luhan, 1914, Dodge Luhan Papers, box 24, folder 664, YCL MSS 196.
57 Ialongo, *Filippo Tommaso Marinetti,* 55.
58 Wohl, *Generation of 1914,* 172.
59 Loy to Mabel Dodge Luhan, 1914, Dodge Luhan Papers, box 24, folder 664, YCL MSS 196.
60 Marinetti, *Let's Murder the Moonshine,* 80.
61 Mina Loy, "Feminist Manifesto," in *Lost Lunar Baedeker,* 153–56.
62 Aldo Palazzeschi, Giovanni Papini, and Ardengo Soffici, "Futurismo e Marinettismo," *Lacerba,* Feb. 14, 1915.
63 Loy to Mabel Dodge Luhan, ca. 1914, Dodge Luhan Papers, box 24, folder 664, YCL MSS 196.
64 Loy to Carl Van Vechten, n.d., Van Vechten Papers, box 76, YCL MSS 1050.
65 Ibid.
66 Ibid.

第四章

1 Public Record Office, Colonial Office 96/714/6, Bills for Newspapers, Books, and Printing Presses Ordinance, Criminal Code (Amendment) Ordinance, Control of Imported Books, "Memo Signed Arthur Grey Hazlerigg," Feb. 26, 1934, quoted in Stephanie Newell, *The Power to Name: A History of Anonymity in Colonial West Africa* (Athens: Ohio University Press, 2013), 65.
2 L. H. Ofuso-Appiah, *The Life and Times of J. B. Danquah* (Accra: Waterville Publishing House, 1974).
3 "Memo Signed Arthur Grey Hazlerigg," Feb. 26, 1934, quoted in Newell, *Power to Name,* 11.

4 Public Record Office, Colonial Office 96/716/15, Control of the Press of the Gold Coast: Newspapers, Books, and Printing Presses Ordinance, 1934 (closed until 1985), "Memorandum by the Inspector General of Police [Henry W. M. Bamford] Regarding the Draft Bill (44a) Cited as the Newspapers, Books, and Printing Presses Ordinance, 1934," n.d., quoted in Newell, *Power to Name,* 12.

5 Public Record Office, Colonial Office 96/714/6, Bills for Newspapers, Books, and Printing Presses Ordinance, Criminal Code (Amendment) Ordinance, Control of Imported Books, "Message from Shenton Thomas to Alex Fiddian," Feb. 2, 1934, quoted in Newell, *Power to Name,* 67.

6 Public Record Office, Colonial Office 96/716/15, Control of the Press of the Gold Coast: Newspapers, Books, and Printing Presses Ordinance, 1934 (closed until 1985), "Extract from a Note of a Meeting at the Colonial Office," June 14, 1934, quoted in Newell, *Power to Name,* 77.

7 The text of a petition opposing the law, Public Record Office, Colonial Office 96/714/6, 16, Bills for Newspapers, Books, and Printing Presses Ordinance, Criminal Code (Amendment) Ordinance, Control of Imported Books, "Letter from James A. Busum to the Secretary of State for the Colonies," Feb. 16, 1934, quoted in Newell, *Power to Name,* 32.

8 Stanley Shaloff, "Press Controls and Sedition Proceedings in the Gold Coast, 1933–39," *African Affairs* 71, no. 284 (July 1972): 250.

9 J. B. Danquah, "The Gold Coast and Ashanti Delegation: A Gesture and a Lesson," *Keys: The Official Organ of the League of Colored People,* Oct.–Dec. 1934, 23–26.

10 Nnamdi Azikiwe, *My Odyssey: An Autobiography* (New York: Praeger, 1970), 174.

11 Ibid., 40.

12 Ibid., 100.

13 Ibid., 162.

14 Ibid., 217.

15 Ibid.

16 Vincent C. Ikeotuonye, *Zik of New Africa* (New York: P. R. Macmillan, 1961), 121.

17 Richard Wright, *Black Power* (New York: Harper, 1954), 186.

18 *The African Morning Post,* July 7, 1938, 3.

19 *The Gold Coast Leader,* July 5, 1902, 4.

20 J.A.B. Jones-Quartey, *A Life of Azikiwe* (New York: Penguin, 1965), 116–24.

21 *The African Morning Post,* Oct. 4, 1937.

22 *The African Morning Post,* Oct. 5, 1937.

23 Benedict Anderson, *Imagined Communities: Reflections on the Origin and Spread of Nationalism* (New York: Verso, 1983), 6.

24 Ibid., 44.

25 *The African Morning Post,* June 4, 1935.

26 Mabel Dove, *Selected Writings of a Pioneer West African Feminist,* ed. Stephanie Newell and Audrey Gadzekpo (Nottingham, U.K.: Trent, 2004).

27 Marjorie Mensah, "Ladies' Corner," *The Times of West Africa,* Nov. 3, 1934, 2.

28 *The Times of West Africa,* April 24, 1931, 1.

29 Asuana Quartey, letter to the editor, *The Times of West Africa,* April 21, 1931.

30 Marjorie Mensah, "Ladies' Corner," *The Times of West Africa,* April 27, 1931.

31 Jinny Kathleen Prais, "Imperial Travelers: The Formation of West African Urban Culture, Identity, and Citizenship in London and Accra, 1925–1935" (PhD diss., University of Michigan, 2008), 291.

32 *The African Morning Post,* Jan. 29, 1938.

33 Jones-Quartey, *Life of Azikiwe,* 129.

34 Ikeotuonye, *Zik of New Africa,* 134.

35 Nnamdi Azikiwe, *Renascent Africa* (Accra: the author, 1937), 21.

36 *Legislative Council Debates,* March 21, 1934, quoted in Shaloff, "Press Controls and Sedition Proceedings in the Gold Coast," 246.

37 Public Record Office, Colonial Office 96/716/15, Control of the Press of the Gold Coast: Newspapers, Books, and Printing Presses Ordinance, 1934 (closed until 1985), "Memo from Arnold Hodson, Government House, Accra, to the Rt. Hon. Sir Philip Cunliffe- Lister, Secretary of State for the Colonies," Nov. 29, 1934, quoted in Newell, *Power to Name,* 65.

38 Azikiwe, *My Odyssey,* 282.

39 *The African Morning Post,* May 15, 1936.

40 Shaloff, "Press Controls and Sedition Proceedings in the Gold Coast," 245.

41 Azikiwe, *My Odyssey,* 219.

42 Public Record Office, Colonial Office 96/729/31205/1936, Hodson to Cunliffe- Lister, Feb. 12, 1936, quoted in Shaloff, "Press Controls and Sedition Proceedings in the Gold Coast," 255.

43 Public Record Office, Colonial Office 96/731/31230/1937, Extract of Hodson to Bottomley, Jan. 14, 1936, quoted in Shaloff, "Press Controls and Sedition Proceedings in the Gold Coast," 256.

44 Azikiwe, *My Odyssey,* 267.

45 Ibid., 270.

46 Ibid.

47 *Zik: A Selection from the Speeches of Nnamdi Azikiwe* (Cambridge, U.K.: Cambridge University Press, 1961), 57.

48 Shaloff, "Press Controls and Sedition Proceedings in the Gold Coast," 258. 100 "Even breathing" Jones- Quartey, *Life of Azikiwe,* 134.

49 Azikiwe, *My Odyssey,* 272.

50 *The Autobiography of Kwame Nkrumah* (New York: T. Nelson, 1957), 22.

51 這首休斯所寫關於齊克被捕和受審的詩稱作〈阿齊基韋入獄〉，其中之詩句寫道：「英國人對阿齊基韋說，／我們厭倦了你四處亂跑。／我們要抓住你——／讓你吃不完兜著走。／阿齊基韋對英國人說，／那可能是如此——／但要讓我吃不完兜著走／你也不會多輕鬆！」

52 *Autobiography of Kwame Nkrumah,* 18– 19.

第五章

1 Natalya Gorbanevskaya, "Writing for 'Samizdat,' interview with Michael Scammell, *Index on Censorship,* Jan. 1, 1977.

2 Additional biographical information on Gorbanevskaya came from an oral history that was posted on YouTube and translated for me by Lillian Feldman: www.youtube.com/watch?v=8J0Nl52s8Ac.

3 Mark Hopkins, *Russia's Underground Press: "The Chronicle of Current Events"* (New York: Praeger, 1983), 16.

4 "Something's with Me . . ." and "And You . . . ," in *Making for the Open: The Chatto Book of Post-feminist Poetry,* ed. Carol Rumens (London: Chatto & Windus, 1985), 57–58.

5 Hopkins, *Russia's Underground Press,* 23.

6 Mentioned by Gorbanevskaya in oral history.
7 Natalya Gorbanevskaya, *Selected Poems* (Oxford, U.K.: Carcanet Press, 1972), 75.
8 Natalya Gorbanevskaya, "Free Health Service," in ibid., 75–105.
9 Hopkins, *Russia's Underground Press,* 17.
10 Issues of the *Chronicle of Current Events* were translated and published in Peter Reddaway, *Uncensored Russia: Protest and Dissent in the Soviet Union* (New York: American Heritage, 1972), 81.
11 Ludmilla Alexeyeva and Paul Goldberg, *The Thaw Generation: Coming of Age in the Post-Stalin Era* (Pittsburgh: University of Pittsburgh Press, 1993), 206.
12 Hopkins, *Russia's Underground Press,* 17.
13 In addition to Reddaway, *Uncensored Russia,* 456, all issues of the *Chronicle of Current Events* were digitized and made available online: chronicle-of-current -events.com/.
14 Natalia Gorbanevskaya, *Red Square at Noon* (New York: Holt, Rinehart & Winston, 1970), 33.
15 The text of her 1968 letter was reprinted in "The Sludge of Unbridled Lies," *The New York Times,* July 15, 1970.
16 Gorbanevskaya, *Selected Poems,* 10.
17 Reddaway, *Uncensored Russia,* 53.
18 Ibid., 54.
19 Vladimir Ilyich Lenin, *Where to Begin? Party Organization and Party Literature* (1901; repr., Moscow: Progress Publishers, 1966).
20 Hopkins, *Russia's Underground Press,* xx.
21 Reddaway, *Uncensored Russia,* 58.
22 Ibid., 165.
23 Ibid., 116.
24 Gorbanevskaya, *Selected Poems,* 140.
25 Hopkins, *Russia's Underground Press,* 40.
26 Ibid., 42–43.

27 Sidney Bloch and Peter Reddaway, *Psychiatric Terror: How Soviet Psychiatry Is Used to Suppress Dissent* (New York: Basic Books, 1977).

28 Gorbanevskaya, *Selected Poems,* 108.

29 Ibid., 145.

30 Ibid., 11.

31 Ibid., 123.

32 Bloch and Reddaway, *Psychiatric Terror,* 12, from *Chronicle of Current Events,* no. 10.

33 Gorbanevskaya, *Selected Poems,* 99.

34 Alexeyeva and Goldberg, *Thaw Generation,* 109.

35 *Chronicle of Current Events,* no. 18 (March 1971), text found on *Chronicle of Current Events* website: chronicle-of-current-events.com/2015/09/22/18-1-political-prisoners-in-psychiatric-hospitals-a-survey-of-documents/.

第六章

1 Tobi Vail, *Jigsaw,* no. 2 (Feb. 1990). Vail has posted images and transcriptions of early issues of her zine: jigsawscrapbook.blogspot.com/2009/09/jigsaw-2-theres-no-ideas-in-time.html.

2 Paul Tough, "Into the Pit," *The New York Times,* Nov. 7, 1993.

3 *Don't Need You: The Herstory of Riot Grrrl,* directed by Kerri Koch (Urban Cowgirl Productions, 2005).

4 Donna Dresch, *Chainsaw,* no. 2 (ca. 1990), excerpted in *The Riot Grrrl Collection,* ed. Lisa Darms (New York: Feminist Press at CUNY, 2014), 23.

5 Vail, *Jigsaw,* no. 3.

6 Vail to Neuman, May 9, 1990, printed in Darms, *Riot Grrrl Collection,* 28–29.

7 Wolfe, interview with author, Feb. 23, 2018.

8 Sara Marcus, *Girls to the Front: The True Story of the Riot Grrrl Revolution* (New York: HarperPerennial, 2010), 57.

9 Molly Neuman and Allison Wolfe, *Girl Germs,* no. 3 (ca. 1992), reprinted in full in Darms, *Riot Grrrl Collection,* 51–93.

10 Marcus, *Girls to the Front,* 46.

11 *The Punk Singer,* directed by Sini Anderson (Sundance Selects, 2013).

12 Mark Andersen and Mark Jenkins, *Dance of Days: Two Decades of Punk in the Nation's Capital* (New York: Akashic Books, 2003), 310.

13 Marcus, *Girls to the Front,* 59–60.

14 Molly Neuman and Allison Wolfe, *Girl Germs,* no. 1 (Dec. 1990), quoted in Andersen and Jenkins, *Dance of Days,* 311.

15 Marcus, *Girls to the Front,* 82–83.

16 *Riot Grrrl,* no. 1 (July 1991), reprinted in Darms, *Riot Grrrl Collection,* 31.

17 Marcus, *Girls to the Front,* 81.

18 *Riot Grrrl,* no. 2 (1991), quoted in Marcus, *Girls to the Front,* 86.

19 Stephen Duncombe, *Notes from the Underground: Zines and the Politics of Alternative Culture* (New York: Verso, 1997), 70.

20 Marcus, *Girls to the Front,* 91.

21 Joanna writing in *Fantastic Fanzine,* no. 3, in Zan Gibbs Riot Grrrl Collection, MSS.364, box 2, folder 20, New York University.

22 Erika Reinstein, *Fantastic Fanzine,* no. 2 (1992), quoted in Kevin Dunn and May Summer Farnsworth, "We ARE the Revolution: Riot Grrrl Press, Empowerment, and DIY Self-Publishing," *Women's Studies* 41 (2012): 141.

23 Darms, *Riot Grrrl Collection,* 13.

24 Neuman and Wolfe, *Girl Germs,* no. 3.

25 Nomy Lamm, *I'm So Fucking Beautiful,* no. 2 (1994), reprinted in Darms, *Riot Grrrl Collection,* 243–61.

26 Ramdasha Bikceem, *Gunk,* no. 4 (ca. 1993), reprinted in Darms, *Riot Grrrl Collection,* 158.

27 Molly Neuman and Allison Wolfe, *Girl Germs,* no. 4 (ca. 1993).

28 Emily White, "Revolution Girl-Style Now!," *LA Weekly,* July 10–16, 1992.

29 Ibid.

30 Dunn and Farnsworth, "We ARE the Revolution," 139.

31 Marcus, *Girls to the Front,* 166.

32 Elizabeth Snead, "Feminist Riot Grrrls Don't Just Wanna Have Fun," *USA Today,* Aug. 7, 1992.

33 Kathleen Hanna and Melissa Klein, "Riot Grrrl! Meet the Teen Feminist Movement Storming the States," *Off Our Backs* 23, no. 2 (Feb. 1993): 10.

34 Erika Reinstein, *Fantastic Fanzine,* no. 3 (1993), quoted in Kevin Dunn, *Global Punk: Resistance and Rebellion in Everyday Life* (New York: Bloomsbury, 2016), 52.

35 Marcus, *Girls to the Front,* 198–99.

36 Dana Nasrallah, "Teenage Riot," *Spin,* Nov. 1992.

37 Molly Neuman Riot Grrrl Collection, New York University, box 3, folder 10.

38 Tobi Vail, *Jigsaw,* no. 5 (ca. 1993).

39 Marcus, *Girls to the Front,* 244.

40 *What Is Riot Grrrl, Anyway?,* partly reprinted in Darms, *Riot Grrrl Collection,* 184.

41 From *What Is Riot Grrrl, Anyway?,* quoted in Marcus, *Girls to the Front,* 225.

42 Steve Hochman, "Mean, Mad, and Defiantly Underground," *Los Angeles Times,* Nov. 8, 1992.

43 Linda Keene, "Feminist Fury: 'Burn Down the Walls That Say You Can't," *The Seattle Times,* March 21, 1993.

44 Louise Bernikow, "The New Activists: Fearless, Funny, Fighting Mad," *Cosmopolitan,* April 1993.

45 Nina Malkin, "It's a Grrrl Thing," *Seventeen,* May 1993.

46 Marcus, *Girls to the Front,* 237.

47 Dunn and Farnsworth, "We ARE the Revolution."

48 Marcus, *Girls to the Front,* 232.

49 Ibid., 252.

50 Catalog with Hanna's handwriting reprinted in Darms, *Riot Grrrl Collection,* 161.

51 Rebecca Walker, "Becoming the Third Wave," *Ms.,* Jan.–Feb. 1992, 39.

52 "Spice and All Things: In Their Own Words," *The Guardian,* March 11, 1997, A3.

插曲：網路空間

1 Howard Rheingold, *The Virtual Community: Homesteading on the Virtual Frontier* (Reading, Mass.: Addison-Wesley, 1993).

2 Coate, interview with author, Sept. 24, 2019.

3 Fred Turner, *From Counterculture to Cyberculture: Stewart Brand, the Whole Earth Network, and the Rise of Digital Utopianism* (Chicago: University of Chicago Press, 2006), 5.

4 Katie Hafner, *The Well: A Story of Love, Death, and Real Life in the Seminal Online Community* (New York: Carroll & Graf, 2001), 9–10.

5 Jim Windolf, "Sex, Drugs, and Soybeans," *Vanity Fair,* May 2007.

6 Hafner, *Well,* 16.

7 Ibid., 13.

8 Turner, *From Counterculture to Cyberculture,* 145.

9 Rheingold, *Virtual Community,* 26.

10 Howard Rheingold, "A Slice of My Life in My Virtual Community," in *High Noon on the Electronic Frontier: Conceptual Issues in Cyberspace,* ed. Peter Ludlow (Cambridge, Mass.: MIT Press, 1996), 422; Rheingold, interview with author, Sept. 20, 2019.

11 Gans, interview with author, Oct. 3, 2019.

12 "Temperatures Are Rising," Backstage, Topic #103, Feb. 22, 1988.

13 Hafner, *Well,* 85.

14 Ibid., 34–40. 哈夫納（Katie Hafner）在著作《The Well》中使用女性代名詞指稱史密斯，但此書出版後，史密斯在性別中性代名詞時代之前的一篇部落格文章中寫道，他反對被識別為女性：「雖然我從未否認，我的生理性別為女，但在一九八一年，在我發現Well之前幾年，我就已經不再是女人，而我也從未成為男人，也不希望被稱為男人，或就此而言，被稱為女人。」（www.angelfire.com/bc3/dissident/）。

15 John Seabrook, *Deeper: Adventures on the Net* (New York: Simon & Schuster, 1997), 153.

16 Turner, *From Counterculture to Cyberculture,* 152.

17 Horn, interview with author, Oct. 4, 2019.

18 Stacy Horn, *Cyberville: Clicks, Culture, and the Creation of an Online Town* (New York: Warner Books, 1998), 247.

19 Marshall McLuhan and Quentin Fiore, *The Medium Is the Massage* (New York: Bantam Books, 1967), 74.

20 John Coate, "A Village Called the WELL," *Whole Earth Review* (Fall 1988): 84–87.

21 John Perry Barlow, "A Declaration of the Independence of Cyberspace," Davos, Switzerland, Feb. 8, 1996, www.eff.org/cyberspace-independence.

22 Eric E. Schmidt, "Eric Schmidt on How to Build a Better Web," *The New York Times,* Dec. 7, 2015, www.nytimes.com/2015/12/07/opinion/eric-schmidt-on-how-to-build-a-better-web.html.

23 Rheingold, *Virtual Community,* 24.

24 Howard Rheingold, "What the WELL's Rise and Fall Tells Us About Online Community," *The Atlantic,* July 6, 2012, www.theatlantic.com/technology/archive/2012/07/what-the-wells-rise-and-fall-tell-us-about-online-community/259504/.

25 Rheingold, *Virtual Community,* 6.

第七章

1 Wael Ghonim, *Revolution 2.0: The Power of the People Is Greater Than the People in Power* (Boston: Houghton Mifflin Harcourt, 2013), 54.

2 Susan Sontag, *Regarding the Pain of Others* (New York: Farrar, Straus and Giroux, 2003), 104.

3 Ghonim, *Revolution 2.0,* 43.

4 Ibid., 60.

5 Biographical information from Ghonim, interview with author, April 10, 2016.

6 Ghonim, *Revolution 2.0,* 25.

7 Ibid., 24.

8 Ibid., 62.

9 Ibid., 91.

10 Ibid., 69.

11 Ayyash, interview with author, Nov. 18, 2019.

12 Linda Herrera, *Revolution in the Age of Social Media: The Egyptian Popular Insurrection and the Internet* (New York: Verso, 2014), 15.

13 Ghonim, *Revolution 2.0,* 67.

14 Ibid., 84.

15 Wael Ghonim interview, "The Facebook Dilemma," *Frontline,* May 16, 2018, transcript posted online: www.pbs.org/wgbh/frontline/interview/wael -ghonim/.

16 Ghonim, *Revolution 2.0,* 102.

17 Ibid., 104.

18 Ibid., 133.

19 Ibid., 150.

20 Ibid., 204.

21 Wael Ghonim interview, Dream TV, Feb. 7, 2011, video cached as part of "Wael Ghonim Anointed Voice of the Revolution by Tahrir Square Faithful," *The Guardian,* Feb. 8, 2011, www.theguardian.com /world/2011/feb/08/wael-ghonim-tahrir-square.

22 Ghonim, *Revolution 2.0,* 301.

23 Mark Landler, "Obama Seeks Reset in Arab World," *The New York Times,* May 12, 2011. Obama is quoted as saying, "What I want is for the kids on the street to win and for the Google guy to become president."

24 Ghonim, *Revolution 2.0,* 269.

25 Siva Vaidhyanathan, *Antisocial Media: How Facebook Disconnects Us and Undermines Democracy* (Oxford: Oxford University Press, 2018), 144.

26 Mansour, interview with author, Nov. 20, 2019.

27 Thanassis Cambanis, *Once upon a Revolution: An Egyptian Story (New York: Simon & Schuster, 2015), 106; Cambanis, interview with author, Nov. 14, 2019.*

28 Cambanis, *Once upon a Revolution,* 5.

29 "Wael Ghonim's New Book 'Revolution 2.0' Will Benefit Charity Work in Egypt," *MTV News,* May 12, 2011, web.archive.org / web/20120103163040/http://act.mtv.com/posts/wael -ghonims-new-book-revolution-2-0-will-benefit-charity -work-in-egypt/.

30 Gal Beckerman, "The New Arab Conversation," *Columbia Journalism Review,* Jan./Feb. 2007.

31 Mahmoud Salem, "You Can't Stop the Signal," *World Policy Journal* (Fall 2014).

32 Salem, interview with author, Nov. 12, 2019.

33 Cambanis, *Once upon a Revolution,* 200.

34 Ibid., 164.

35 David D. Kirkpatrick, *Into the Hands of the Soldiers: Freedom and Chaos in Egypt and the Middle East* (New York: Viking, 2018), 286.

36 Wael Ghonim, "Let's Design Social Media That Drives Real Change," TED Talk, Geneva, Switzerland, Dec. 2015, www.ted.com/talks/wael_ghonim_let_s_design_social_media_that_drives_real_change#t-12847.

37 From Ghonim, *Frontline* interview, May 16, 2018:「其實，我記得當時很好笑，因為我請他和我合照，而且我不會把我碰到的人的照片傳到網路上。我發現自己不會那樣做。我沒有要評判其他這樣做的人；我只是不會這樣做。但我認為馬克並不喜歡這個想法，他說：『哦，我們可以拍下這張照片，再寄給你。』我說：『當然。』我知道他們永遠不會寄給我，他也從來沒有這樣做。」

38 Wael Ghonim, "Egypt's Revolution, My Life, and My Broken Soul," Medium, March 20, 2018, ghonim.medium.com/egypts-revolution-my-life-and-my -broken-soul-91fae189d778.

39 Signal voice message to author, Dec. 2, 2019.

40 "Alaa Abd El Fattah: There's No Solution—We Need to Talk," *Mada,* May 11, 2019, www.madamasr.com/en/2019/05/11/feature /politics/video-alaa-abd-el-fattahs-interview-with-mada -masr-part-1/.

第八章

1 Events of May 13, 2017, captured on Richard Spencer's Periscope account in uploaded video: www.pscp.tv/RichardBSpencer/1mnGeEwMvdaGX?t=653.

2 二〇二一年七月九日，羅伯特・E・李雕像與石牆傑克森紀念碑皆被移除；Hawes Spencer and Michael Levenson, "Charlottesville Removes Statue at Center of 2017 White Nationalist Rally, *The New York Times,* July 11, 2021.

3 Jonah Engel Bromwich, "White Nationalists Wield Torches at Confederate Statue Rally," *The New York Times,* May 14, 2017.

4 YouTube video of Spencer being punched: www.youtube.com/watch?v=aFh08JEKDYk.

5 Shane Bauer, "A Punch in the Face Was Just the Start of the Alt-Right's Attack on a Berkeley Protester," *Mother Jones,* April 27, 2017, www.motherjones.com/politics/2017/04/berkeley-rally-alt-right-antifa-punch/.

6 John Sepulvado and Bert Johnson, "Californian Who Helped Lead Charlottesville Protests Used Berkeley as a Test Run," KQED, Aug. 14, 2017, www.kqed.org/news/11611600/californian-who-helped -organize-charlottesville-protests-used-berkeley-as-a-test-run.

7 "Unite the Right: Towards Alt-Right Activism," *Occidental Dissent,* July 10, 2017.

8 Dean Seal, "GOP's Stewart Rallies Against Lee Statue Removal," *Daily Progress,* Feb. 21, 2017.

9 The leaks obtained by Unicorn Riot are on their website and its searchable index of hundreds of Discord servers: unicornriot.ninja/2017/charlottesville -violence-planned-discord-servers-unicorn-riot-reports/.

10 Abram Brown, "Discord Was Once the Alt-Right's Favorite Chat App. Now It's Gone Mainstream and Scored a New $3.5 Billion Valuation," *Forbes,* June 30, 2020.

11 Hankes, interview with author, March 23, 2020.

12 All Discord posts from the #general_01 channel of the Charlottesville 2.0 server, which can be found on the Unicorn Riot website: discordleaks.unicornriot.ninja/discord/channel/33.

13 Greg Johnson, "White Nationalism, the Alt Right, and the Alt Light," *Counter-Currents,* Jan. 4, 2017, counter-currents.com/2017/01/white -nationalism-the-alt-right-and-the-alt-light/.

14 Chris Schiano, "LEAKED: The Planning Meeting That Led Up to Neo-Nazi Terrorism in Charlottesville," Unicorn Riot, Aug. 16, 2017, unicornriot.ninja/2017/leaked-planning-meetings-led-neo-nazi -terrorism-charlottesville/.

15 Anti-Defamation League entry for "Proud Boys," includes a description of the initiation process: www.adl.org/proudboys.

16 "Feuding Rallies in DC Reveal Far-Right Group's Different Priorities," Anti-Defamation League, June 27, 2017, www.adl.org/blog/feuding-rallies-in-dc-reveal-far-right-groups-different-priorities.

17 "New Alt-Right 'Fight Club' Ready for Street Violence," Southern Poverty Law Center, Aug. 8, 2017, www.splcenter.org/fighting-hate/intelligence-report/2017 /new-alt-right-%E2%80%9Cfight-club%E2%80%9D-ready -street-violence.

18 Southern Poverty Law Center entry on Michael "Enoch" Peinovich, www.splcenter.org/fighting-hate/extremist-files/individual/michael-enoch -peinovich.

19 Condis, interview with author, Feb. 5, 2020.

20 Glenna Gordon, "American Women of the Far Right," *The New York Review of Books,* Dec. 13, 2018.

21 Andrew Anglin, "A Normie's Guide to the Alt-Right," The Daily Stormer, Aug. 31, 2016.

22 對當天事件的描述來自於美國檢察官提摩西・希菲（Timothy Heaphy）所做的獨立報告，他在二〇一七年十二月提交了二百二十頁的調查結果。

23 "My recommendation: Disperse" Richard Spencer (@RichardBSpencer), Twitter, Aug. 12, 2017, 12:38 p.m., twitter.com/RichardBSpencer/status/896410449654185984.

24 Feidt, interview with author, Feb. 7, 2020.

25 Christine Hauser, "GoDaddy Severs Ties with Daily Stormer After Charlottesville Article," *The New York Times*, Aug. 15, 2017.

26 Brown, "Discord Was Once the Alt-Right's Favorite Chat App."

27 Zack Beauchamp, "The Organizer of the Charlottesville Rally Just Got Humiliated by His Own Father," *Vox*, Aug. 15, 2018, www.vox.com/policy-and-politics/2018/8/15/17692552/charlottesville-unite-the-right-jason-kessler-father.

28 "Full Text: Trump's Comments on White Supremacists, 'Alt-Left' in Charlottesville," *Politico*, Aug. 15, 2017, www.politico.com/story/2017/08/15/full-text-trump-comments-white-supremacists-alt-left-transcript-241662.

第九章

1 Lee, interviews with author, Nov. 12 and Dec. 4, 2020.

2 Matthew Mosk, Kaitlyn Folmer, and Josh Margolin, "As Coronavirus Threatened Invasion, a New 'Red Dawn' Team Tried to Save America," ABC News, July 28, 2020.

3 Email from Caneva, Feb. 16, 2020. The leaked text of the "Red Dawn" emails, covering January 28 to March 17, 2020, was shared by *The New York Times*, int.nyt.com/data/documenthelper/6879-2020-covid-19-red-dawn-rising/66f590d5cd41e11bea0f/optimized/full.pdf#page=1.

4 Email from Gerald W. Parker Jr., March 12, 2020.

5 Email from Richard Hatchett, Jan. 28, 2020.

6 Email from Matthew Hepburn, Jan. 28, 2020.

7 Email from Mecher, Jan. 28, 2020.

8 Email from Mecher, Jan. 29, 2020.

9 Email from Mecher, Feb. 20, 2020.

10 Email from Lee, Feb. 18, 2020.

11 Shannon K. Crawford, "What President Trump Said About the Coronavirus Versus What Bob Woodward Reported in Interviews: Timeline,"

ABC News, Sept. 10, 2020.
12 Email from Lee, Feb. 23, 2020.
13 Email from Kadlec, Feb. 23, 2020.
14 Email from Lee, Feb. 10, 2020.
15 Transcript for the CDC Telebriefing Update on COVID-19, Feb. 25, 2020, www.cdc .gov/media/releases/2020/t0225-cdc-telebriefing-covid-19.html.
16 Email from Lee, Feb. 7, 2020.
17 Email from Mecher, March 3, 2020.
18 Email from Lee, Feb. 28, 2020.
19 Email from Gruber, March 10, 2020.
20 Email from McDonald, March 7, 2020.
21 Email from Gerald W. Parker Jr., March 11, 2020.
22 Email from Redacted, March 5, 2020.
23 Email from Lee, March 5, 2020.
24 Email from Lee, March 3, 2020.
25 Email from Lee, March 12, 2020.
26 Email from Redacted, March 11, 2020.
27 Email from Mecher, March 13, 2020.
28 Email from Mecher, March 17, 2020.
29 Lawler, interview with author, Nov. 15, 2020.
30 Choo, interview with author, Nov. 10, 2020.
31 Spencer, interview with author, Sept. 17, 2020.
32 Craig Spencer (@Craig_A_Spencer), Twitter, March 23, 2020, 12:09 a.m., twitter.com/craig_a_spencer/status/1242302403338219520.
33 Samantha Swindler, "Portland Doctor Esther Choo Responds to Racism in the Emergency Room," *The Oregonian* (Portland, Ore.), Aug. 15,

2017.
34 Libby Cathey, "Timeline: Tracking Trump Alongside Scientific Developments on Hydroxychloroquine," ABC News, Aug. 8, 2020.
35 Neil Vigdor, "Man Fatally Poisons Himself While Self-Medicating for Coronavirus, Doctor Says," *The New York Times,* March 24, 2020.
36 Lisa Singh et al., "A First Look at COVID-19 Information and Misinformation Sharing on Twitter," arXiv, April 1, 2020.
37 Virginia Alvino Young, "Nearly Half of the Twitter Accounts Discussing 'Re-opening America' May Be Bots," Carnegie Mellon University, press release, May 20, 2020.
38 Kass, interview with author, Nov. 17, 2020.
39 Bergstrom, interview with author, Sept. 11, 2020.
40 Rasmussen, interview with author, July 3, 2020.
41 Kevin Schaul, Brittany Renee Mayes, and Bonnie Berkowitz, "Where Americans Are Still Staying Home the Most," *The Washington Post,* May 6, 2020.
42 David Lazer et al., "The State of the Nation: A 50-State Covid-19 Survey," Northeastern University, April 20, 2020.
43 Bill Rankin, "Georgia Tech Continues to Deny Professor Lee Access to Fight COVID-19," *The Atlanta Journal-Constitution,* April 23, 2020.
44 Jeffrey Mervis, "Georgia Tech Researcher Pays a High Price for Mismanaging an NSF Grant," *Science,* April 29, 2020.
45 Email from Lee, March 23, 2020. 這批「赤色黎明」郵件是伊娃提供給我的，包含二〇二〇年三月十九日至七月二十四日該群組的通訊郵件選集。伊娃隱去了許多其他參與者的名字。
46 Email from RH, March 19, 2020.
47 Email from CMH, April 15, 2020.
48 Email from Lee, April 16, 2020.
49 Email from WL, April 17, 2020.
50 Email from Lee, May 4, 2020.
51 Jason Dearen and Mike Stobbe, "Trump Administration Buries Detailed CDC Advice on Reopening," Associated Press, May 6, 2020.
52 Noah Weiland, "How the C.D.C. Lost Its Voice Under Trump," *The New York Times,* Dec. 17, 2020.
53 Email from Lee, July 18, 2020.

54 Morgan Chalfant, "Trump Attacks Whistleblower Bright as 'Disgruntled Employee,'" *The Hill,* May 14, 2020.
55 Bill Rankin, "Judge Thanks and Sentences Acclaimed GA Tech Coronavirus Researcher," *The Atlanta Journal-Constitution,* Aug. 12, 2020.
56 Ibid.
57 Rankin, "Georgia Tech Continues to Deny Professor Lee Access to Fight COVID-19."
58 Foege, interview with author, Nov. 12, 2020.
59 Brett Murphy and Letitia Stein, "'It Is a Slaughter': Public Health Champion Asks CDC Director to Expose White House, Orchestrate His Own Firing," *USA Today,* Oct. 6, 2020.

第十章

1 Noor, interview with author, Oct. 22, 2020.
2 Larry Buchanan, Quoctrung Bui, and Jugal K. Patel, "Black Lives Matter May Be the Biggest Movement in U.S. History," *The New York Times,* July 3, 2020, www.nytimes.com/interactive/2020/07/03/us/george-floyd-protests-crowd-size.html.
3 Ibid.
4 Noah Manskar, "Lululemon Slammed for Promoting Event to 'Resist Capitalism,'" *New York Post,* Sept. 11, 2020.
5 Thornton McEnery, "Jamie Dimon Drops into Mt. Kisco Chase Branch, Takes a Knee with Staff," *New York Post,* June 5, 2020.
6 Kim Parker, Juliana Menasce Horowitz, and Monica Anderson, "Amid Protests, Majorities Across Racial and Ethnic Groups Express Support for the Black Lives Matter Movement," Pew Research Center, June 2020.
7 Statistics on Twitter usage from Monica Anderson and Paul Hitlin, "Social Media Conversations About Race," Pew Research Center, Aug. 2016, www.pewresearch.org/internet/2016/08/15/social -media-conversations-about-race/; Niraj Chokshi, "How Twitter Hashtag Came to Define Black Lives Matter Movement," *The New York Times,* Aug. 23, 2016.
8 Cullors, interview with author, Oct. 25, 2019.
9 卡洛斯在與我的訪談中使用了這個詞，不過我相信她想到的是「商標」，因人們會用此詞來聲明對標誌或短語的所有權。
10 Deen Freelon, Charlton D. McIlwain, and Meredith D. Clark, "Beyond the Hashtag," Center for Media & Social Impact, School of

Communications, American University, Washington, D.C., Feb. 2016, cmsimpact.org/wp-content /uploads/2016/03/beyond_the_hashtags_2016.pdf.

11 McIlwain, interview with author, Dec. 11, 2019.

12 Michael D. Shear and Liam Stack, "Obama Urges Activists to Do More Than 'Yelling,'" *The New York Times*, April 24, 2016.

13 John Eligon, "There Were Changes, but for Black Drivers, Life Is Much the Same," *The New York Times*, Aug. 7, 2019.

14 Gilmer, interviews with author, Dec. 20, 2019, and Oct. 2, 2020.

15 "Social media is constantly" Kate Aronoff, "Inside the Dream Defenders' Social Media Blackout," *Waging Nonviolence*, Sept. 30, 2015, wagingnonviolence.org/2015/09 /inside-dream-defenders-social-media-blackout/.

16 Moore, interview with author, Jan. 10, 2020.

17 Jay Caspian Kang, "Our Demand Is Simple: Stop Killing Us," *The New York Times Magazine*, May 10, 2015.

18 Ibid.

19 Alicia Garza, "A Herstory of the #BlackLivesMatter Movement," *The Feminist Wire*, Oct. 7, 2014, thefeministwire.com/2014/10/blacklivesmatter-2/.

20 DeRay Mckesson, *On the Other Side of Freedom: The Case for Hope* (New York: Viking, 2018), 168.

21 Noah Berlatsky, "Hashtag Activism Isn't a Copout," *The Atlantic*, Jan. 7, 2015, www.theatlantic.com /politics/archive/2015/01/not-just-hashtag-activism-why -social-media-matters-to-protestors/384215/.

22 Agnew spoke at a conference, "The Black Radical Tradition in Our Time," Jan. 7, 2016, Temple University, blackcommentator.com/637/637_up_you_mighty _race_selah_guest.html.

23 Taylor, interview with author, Dec. 20, 2019.

24 Jenna Worthem, "The Vision Forward," *The New York Times Magazine*, Aug. 30, 2020.

25 Jon Collins, "Mpls. Council Moves to Shift $1.1 Million from Police Department," MPR News, Dec. 1, 2018, www.mprnews.org/story/2018/11/30 /mpls-budget-amendment-removes-million-dollars-police.

26 "Minneapolis Mayor Booed out of Rally," *The New York Times*, June 6, 2020, www.nytimes.com/video/us/politics/125225307178355/minneapolis-mayor-booed-out-of-rally.html.

27 Brandt Williams, "Veto-Proof Majority of Minneapolis Council Members Supports Dismantling Police Department," MPR News, June 7, 2020, www.mprnews.org/story/2020/06/07/vetoproof-majority -minneapolis-council-members-gives-support-dismantling -police-department.

28 Leach, interview with author, Nov. 3, 2020.

29 Adele Peters, "This Atlanta Jail Will Transform into a Center for Justice and Equity," *Fast Company,* June 15, 2020, www.fastcompany.com/90515296 /this-atlanta-jail-will-transform-into-a-center-for-justice-and-equity.

30 Christopher Robbins, "New York State Legislature Votes to Repeal Law 50-A That Shields Police from Scrutiny," *Gothamist,* June 9, 2020, gothamist.com/news/new-york-state-legislature-votes-repeal -law-50-shields-police-scrunity.

31 Frimpong, interviews with author, Dec. 23, 2019, and Sept. 29, 2020.

32 "Demonstrations and Political Violence in America: New Data for Summer 2020," ACLED, Sept. 2020, acleddata .com/2020/09/03/demonstrations-political-violence-in -america-new-data-for-summer-2020/.

33 Karen Attiah, "Breonna Taylor Deserves Better Than Memes and Barbecues," *The Washington Post,* Aug. 22, 2020.

34 Deja Thomas and Juliana Menasce Horowitz, "Support for Black Lives Matter Has Decreased Since June but Remains Strong Among Black Americans," Pew Research Center, Sept. 16, 2020, www .pewresearch.org/fact-tank/2020/09/16/support-for-black -lives-matter-has-decreased-since-june-but-remains-strong -among-black-americans/.

35 Eric Roper, "Poll: Cuts to Minneapolis Ranks Lack Majority Support," Minneapolis *Star Tribune,* Aug. 15, 2020.

36 Astead W. Herndon, "A Quiet Retreat from 'Defund' in Minneapolis," *The New York Times,* Sept. 27, 2020.

37 在撰寫本書時，包括「黑色願景」在內的激進組織聯盟似乎已經收集到足夠的簽名數量，以便在二〇二一年十一月進行公投，該公投提議對該市的警務進行重大改革，包括建立一個新的公共安全部門，來使市議會能夠解散目前的警察部門；Liz Navratil, "Minneapolis Residents Will Likely Vote in November on Future of City's Police Department," Minneapolis *Star Tribune,* May 14, 2021.

38 Jenny Gross and John Eligon, "Minneapolis City Council Votes to Remove $8 Million from Police Budget," *The New York Times,* Dec. 10, 2020.

尾聲

1 Hannah Arendt, *The Human Condition* (Chicago: University of Chicago Press, 1958), 53.

2 Mark Zuckerberg, "A Privacy-Focused Vision for Social Networking," Facebook, March 12, 2019, www.facebook.com/notes/mark-zuckerberg/a-privacy -focused-vision-for-social-networking/ 10156700570096634/.

3 Ethan Zuckerman and Chand Rajendra-Nicolucci, "Beyond Facebook Logic: Help Us Map Alternative Social Media!," Knight First Amendment Institute at Columbia University, Oct. 8, 2020.

4 Chand Rajendra-Nicolucci and Ethan Zuckerman, "Local Logic: It's Not Always a Beautiful Day in the Neighborhood," Knight First Amendment Institute at Columbia University, Nov. 30, 2020.

5 Zuckerman, interview with author, Dec. 3, 2020.

6 Chris Horton, "The Simple but Ingenious System Taiwan Uses to Crowdsource Its Laws," *MIT Technology Review,* Aug. 21, 2018.

7 Megill, interview with author, Jan. 8, 2021.

8 Anna Wiener, "Taking Back Our Privacy," *The New Yorker,* Oct. 19, 2020.

9 James Wagner, "They Just Get It': How Women in M.L.B. Found Support in a Group Text," *The New York Times,* Oct. 19, 2020.

10 Mina, interview with author, Dec. 23, 2020.

11 Louise Matsakis, "How WeChat Censored the Coronavirus Pandemic," *Wired,* Aug. 27, 2020.

國家圖書館出版品預行編目(CIP)資料

革命前的寧靜：激進想法的起源,往往在意料之外 / 蓋爾.貝克曼(Gal Beckerman)作；劉議方譯. -- 初版. -- 新北市：黑體文化, 遠足文化事業股份有限公司, 2023.06

面；　公分. -- (黑盒子；14)

譯自：The quiet before : on the unexpected origins of radical ideas

ISBN 978-626-7263-00-6(平裝)

1.CST: 社會運動　2.CST: 公民社會　3.CST: 網路社群

541.45　　111022245

黑體文化　　讀者回函

黑盒子14

革命前的寧靜：激進想法的起源，往往在意料之外

The Quiet Before: On the Unexpected Origins of Radical Ideas

作者・蓋爾・貝克曼（Gal Beckerman）｜譯者・劉議方｜責任編輯・張智琦｜封面設計・蔡佳豪｜出版・黑體文化／遠足文化事業股份有限公司｜總編輯・龍傑娣｜社長・郭重興｜發行人・曾大福｜發行・遠足文化事業股份有限公司・讀書共和國出版集團｜電話・02-2218-1417｜傳真・02-2218-8057｜客服專線・0800-221-029｜讀書共和國客服信箱 service@bookrep.com.tw｜官方網站・http://www.bookrep.com.tw｜法律顧問・華洋國際專利商標事務所・蘇文生律師｜印刷・中原造像股份有限公司｜排版・菩薩蠻數位文化有限公司｜初版・2023年6月｜定價・480元｜ISBN・978-626-7263-00-6